'남남갈등'을 넘어 '남북상생'으로

대북지원정책
거버넌스

'남남갈등'을 넘어 '남북상생'으로

대북지원정책 거버넌스

강동완 지음

COVERNANCE

한국학술정보㈜

머리말

　1995년 북한에서 발생한 큰물피해 지원을 계기로 전개된 대북지원이 지금까지 10여년 이상의 기간을 지나면서 많은 정책적 변화를 겪고 있다. 지원초기 형제애·동포애 차원의 인도적 목적에서 시작된 대북지원이 남북관계 상황 및 정치적 이해관계와 맞물리게 되면서, 대북지원을 둘러싼 찬반양론은 우리 사회 갈등의 한 요인으로 작용할 만큼 주요한 이슈가 되었다. 남북간 군사적 충돌이나 안보현안 발생 시마다 대북지원을 둘러싸고 이른바 "퍼주기론" VS "중단 없는 지원" 이라는 보·혁간 대립양상은 남남갈등으로 확대되어 사회적 긴장을 가져왔다고 해도 과언이 아니다.

　기아와 굶주림으로 고통 받고 있는 북한 주민들의 아픔을 보듬고, 통일의 기반을 마련해 나간다는 차원에서 추진된 대북지원이 오히려 남남갈등을 유발하여 국론의 분열을 가져왔다는 점은 매우 역설적인 현상이라 하지 않을 수 없다. 따라서 대북지원에 대한 국민적 공감대 형성과 행위자 간 이해관계의 조정은 대북지원정책의 효율적 추진은 물론 사회적 갈등 해소 차원에서도 매우 중요한 논의라 할 수 있다.

　이러한 측면에서 대북지원정책 거버넌스(Governance, 協治)는 갈등 해소를 위한 국내 행위자는 물론, 정책의 실질적 수혜자인 북한을 동시에 고려하는 모델이라는 점에서 유용성을 갖는다. 즉, 대북지원을 둘러싼 다양한 행위자의 이해관계를 조정하는 민주성의 문제와, 지원의 실질적 수혜자인 북한이라는 상대자를 효과적으로 관리하기 위한 효율성을 동시에 고려할 수 있다는 점이다.

그런데 거버넌스가 민관(民官)협력을 통해 정책추진의 효율성을 제고한다는 측면에서는 유용성을 갖지만, 동시에 이러한 협력체계가 제대로 작동·운영되지 못할 경우, 오히려 정책과 연계된 이해당사자들의 갈등이 증폭되거나 정책추진의 효율성이 저하되는 문제점이 발생할 수 있다. '네트워크'나 '거버넌스'라는 표현 자체가 갖는 가치함축적 의미로 인해, 마치 거버넌스의 형성 그 자체가 곧 정책의 정당성이나 효율성을 증진시키는 것처럼 간주되는 인식의 오류를 범할 수 있다. 따라서 기존의 거버넌스 조정기제에서 드러난 문제점을 냉철히 파악하고 이에 대한 개선책이 마련되어야 한다.

본 연구는 거버넌스의 한 형태로 규정할 수 있는 정책네트워크(Policy-Network) 모델을 통해 김대중 정부부터 노무현 정부에 이르기까지의 대북지원정책 결정과정의 역동적(dynamic) 흐름을 총체적으로 분석하고자 하였다. 즉, 대북지원정책과정에 참여하는 복잡하고 다양한 행위자들의 상호작용 및 네트워크 구조를 분석하여 협력·갈등 양상의 특징을 살펴본 것이다. 이어 대북지원정책 거버넌스를 통해 도출된 분석결과를 바탕으로 대북지원의 문제점 및 실제효과를 평가하고 이에 대한 발전적 대안을 제시하였다. 이같은 논의를 통해 본 연구는 이전 정부가 추진한 대북지원정책의 성공지점과 실패지점이 어디인가를 찾아내고, 이를 바탕으로 국민적 합의에 기반을 둔 대북지원정책 수립과 대북지원의 효율성 및 효과성을 제고할 수 있는 해법을 제시하는 데 기여하고자 하였다.

향후 대북지원정책의 바람직한 방향은 북한주민의 삶의 질을 개선할 수 있는 실효성은 물론 우리 사회의 갈등요인이 되지 않는 남북 주민 모두가 상호 윈-윈 (win-win)할 수 있는 방향으로 이루어져야 한다. 또한 근본적으로 긴급구호성 지원이 아닌 개발협력 지원으로의 전환이 요구된다. '밑 빠진 독에 물 붓기' 식의 원조 방식으로는 북한 주민의 인권개선은 물론 남북한 주민 모두의 상생을 이룰 수 없다는 점은 자명하다.

지난 수십 년 동안 '정권의 포로'로 '수령의 노예'가 되어 기본적 인권조차 누리지 못한 채 살아가고 있는 북녘 주민들의 실질적 삶의 변화를 촉진할 수 있는 해법이 무엇인지 진정으로 함께 고민해야 할 때이다. 남북한 주민들이 서로 '너나들이'(서로 너니 나니 하고 부르며 허물없이 말을 건네는 사이)하며 '사람과 사람' 사이의 소통과 통합을 이루어 나가는데 도움이 될 수 있는 바람직한 대북지원정책의 방향이 무엇인가에 대해서 말이다.

이 책은 필자의 성균관대학교 정치학 박사학위논문(2007)을 기본 토대로 하여, 이명박 정부 출범 이후의 남북관계 상황과 바람직한 대북지원정책 추진체계 모형에 관한 내용을 보완하여 발전시킨 것이다. 이 책이 나오기까지 수없이 많은 이들의 기도와 격려가 있었음은 두말할 나위가 없다. 먼저 김성주 지도교수님은 석·박사 기간 동안 부족한 제자를 끝까지 믿어 주시며 학문의 길에 정진할 수 있도록 귀한 가르침을 베풀어 주셨다. 임용순 교수님은 학문과 인생의 큰 스승으로서 좋은 길잡이가 되어 주셨다. 류재갑 교수님은 부족한 논문을 검토하시고 여백 하나 없이 꼼꼼히 지적사항을 적어주실 정도로 정성을 쏟아주셨다. 김태효 교수님의 냉철한 지적과 수차례의 보완으로 인해 현실과 괴리되지 않는 실증적 연구가 가능했다고 자부한다. "논문 과정 중에 힘들게 괴롭히는 교수가 지금은 밉고 싫겠지만 나중에 감사할 날이 반드시 올 것이다"라고 하신 그 말씀의 의미를 이제야 알 수 있을 것 같다. 박광기 교수님은 한결같이 곁에서 든든한 버팀목이 되어 주셨다. 나 스스로도 알 수 없었던 내 안에 깊이 감추인 가능성과 잠재력을 발굴해 주신 은인과 같은 분이시다.

거버넌스 분야를 연구할 수 있었던 것은 순전히 황병덕·김국신 박사님의 도움때문이었다. 특히 김국신 박사님은 직접 번역하신 원서 자료와, 정책네트워크에 대한 복사자료까지 일일이 챙겨주실 만큼 후학에 대한 남다른 사랑과 관심을 보여주셨다. 서병철, 박영규, 이봉조 원장님을 비롯한 통일연구원 식구들, 기도로 전폭적인 지원과 격려를 아끼지 않으신 이정수 신우회장님, 든든한 영적 아버지로서 삶의 나침반이 되어주신 권정호(봉화제일교회), 김지철(소망교회), 이재철(100주년기념교회) 목사님, 학문의 대선배이신 박완신 교수님께 지면을 빌어 다시 한번 감사의 말씀을 드린다.

아울러 아세아연합신학대학교 M.Div 6기 동기들, 100주년 기념교회 새터민모임(우리손내밀어) 식구들, 이제 7월이면 존스홉킨스대학에서 세계적 석학의 꿈을 펼칠 안봉오 형제, 귀한 동역자 박현식·최선주 부부에게도 감사를 드린다. 부족한 논문을 출간해 주신 한국학술정보(주)의 강태우 팀장과 편집팀의 김수영 선생님께도 감사의 말씀을 전하고 싶다.

한 좋은 만남이, 한 사람의 인생을, 한 평생 바꾸어 놓을 수 있다는 것을 여실히 보여준 박정란 박사에게 특별한 고마움을 표하고 싶다. 그로 인해 북한선교에 대한 비전과 하나님의 끝없는 사랑을 바라볼 수 있게 되었다. 마지막으로 자식을 위해 새벽녘 기도와 한여름 뙤약볕의 모진 수고를 마다하지 않으신 사랑하는 부모님께 이 책을 바친다.

2008년 5월 북한산 기슭에서 저자 강동완

이제 세상에 나가 너의 젊음으로 낡은 생각들을 뒤엎고,
너의 패기로 세상의 잠든 영혼들을 깨우고,
너의 순수함으로 검은 양심들을 깨끗이 청소하고,
너의 사랑으로 외롭고 소외된 마음들을 한껏 보듬어라.

-장영희, 『문학의 숲을 거닐다』 중에서-

차례

제1장 서론

제1절 연구목적 및 필요성

1. 남남갈등의 심화: 퍼주기 VS 중단 없는 지원

탈냉전, 세계화, 정보화, 민주화 등으로 대변되는 21세기 국제정세 속에서 전통적 국가의 통치(government)가 협치(governance)[1]의 개념으로 점차 변화되고 있다. 기존의 국가 주도에 의한 위계적 통치방식으로부터, 민간분야를 포함한 다양한 행위자 간의 수평적 상호조정체계라 할 수 있는 거버넌스의 등장으로 인해, 국정운영 방식의 변화는 물론 국가의 기능과 역할에 대한 새로운 인식 틀이 점차 확대되고 있는 추세다.

이는 국가의 권력이 존재하나 그 역할과 기능이 예전에 비해서 상대화된 반면, 시장이나 시민사회 섹터의 영향력은 급속히 확장되어 가고 있음을 의미한다.[2] 이에 따라 권위주의 시대 국가의 독점적 영역으로 간주되던 정책결정이 행위자 간 협의와 조정이라는 네트워크 방식으로 이행되고 있으며, 그 영역 또한 공공정책(public policy)은 물론 외교안보 분야에 이르기까지 국가정책 전반에 걸쳐 이루어지고 있다.

---

1) 거버넌스(governance)의 해석과 관련하여 개별 학문적 특성에 따라 주로 협치(協治), 공치(共治), 치리(治理), 국정관리, 자치체제, 통치양식 등으로 쓰이나, 아직 국내적으로 합의된 표현은 없는 것으로 간주된다. 본 글에서는 정치학적 관점에서 여러 다양한 행위자의 협력적 통치관계라는 기본개념에 충실하여 협치로 이해하나, 그 표현에 있어서는 '거버넌스'를 그대로 표기하기로 한다. 거버넌스 개념과 이론의 다차원성에 대한 논의는 김석준 외 『뉴 거버넌스와 사이버 거버넌스 연구』(서울: 대영문화사, 2001), pp.28 – 29 참조.
2) Roland Robertson, *Globalization: Social Theory and Global Culture*(London: SAGE Publications, 1993), p.24.

한국의 대북·통일정책에 있어서도 정부 이외 시민사회단체, 기업, 언론, 국제사회 등 국내외적으로 다양한 행위자 간 복합적이며 다층적인 이해관계가 역동적 (dynamic)으로 작용하고 있다. 특히 대북지원정책의 경우 정부가 전면에 나서서 독자적인 역할을 수행할 수 없는 제약 요인이 상존함으로 인해, 의제설정은 물론 정책집행에 이르기까지 비정부부문의 참여를 비롯한 다양한 정책행위자의 네트워크 현상이 두드러지게 나타나고 있다.

다양한 정책행위자의 네트워크현상이란 상호의존적인 다수 행위자 간의 갈등과 협력이 발현되는 실질적인 연계구조, 즉 정책네트워크 속에서 정책이 이루어지는 과정을 의미하는 것으로 특정한 정책영역에 있어서 정책변화는 정책네트워크의 변화가 없이는 어려울 것이라는 가정을 상정하고 있다.[3]

1995년 8월 북한의 수해발생을 계기로 시작된 한국의 대북지원정책 역시 지금까지 10여 년 이상의 기간 동안 지속되며 많은 정책적 변화가 있었다. 특히 대북지원정책은 분단체제하에서 북한이라는 특정한 상대를 대상으로 하는 정책이기에, 북한을 바라보는 인식[4] 여하에 따라 정책결정 과정에서 사회 제 세력들의 이익투입과 상호작용이 매우 역동적으로 발생하며, 네트워크에 참여하는 행위자의 대응이 정책변동을 초래하는 직접적인 요인이 된다고 볼 수 있다. 또한 대북지원정책은 국제적 차원의 환경변화와 남북관계의 돌발적인 상황 변수가 정책과정의 변화를 야기하는 주요한 요인이 되기도 한다.

---

3) 김경주, "여성정책결정 과정에서의 정책네트워크 분석"(이화여자대학교 행정학과 박사학위논문, 2002), p.2.
4) 다른 국가들과 달리 분단체제로서의 우리 사회에는 '북한을 어떻게 볼 것인가'라는 문제와 '북한을 어떻게 대할 것인가'라는 대북관 및 대북정책을 놓고 가장 극심한 대립 양상을 보이고 있다. 노사문제나 분배문제 등 일반적인 좌우파 간 이슈보다 오히려 남북관계를 놓고 진보와 보수가 대립하는 지금의 모습은 우리 사회에서만 볼 수 있는 특이한 현상이 아닐 수 없다. 김근식, "남남갈등을 넘어: 진단과 해법", 경남대학교 극동문제연구소 편, 『남남갈등: 진단 및 해소방안』(서울: 경남대학교 극동문제연구소, 2004), pp.361‒362.

그런데 문제는 대북지원정책이 국내 공공정책과 달리 북한이라는 특정한 상대를 전제로 하는 정책이기에 정부와 민간단체, 기업, 언론 등 여러 행위자 간 협력 체제를 바탕으로 일관된 정책추진이 이루어져야 함에도 불구하고, 행위자 간 이해관계에 따라 정책이 표류하는가 하면, 정책추진의 국민적 합의기반을 조성하지 못해 국론이 분열되고 사회적 갈등이 초래되기도 하였다는 점이다.

이는 당초 대북지원이 1995년 북한의 대규모 수해에 대한 인도적 지원의 성격에서 출발된 것과 달리, 김대중 정부와 노무현 정부를 지나면서 인도적 목적이 아닌 정치적 목적성을 띠고 전개된 것에서 비롯되었다고 볼 수 있다. 정부의 대북지원이 '북한의 개혁ㆍ개방을 유도'하고 '한반도 비핵화와 남북관계의 안정적 발전'이라는 목표를 이루기 위한 하나의 수단으로 변모하게 됨으로써, 이에 대한 정당성과 적실성에 대한 논쟁이 지속적으로 제기되어 왔다. 즉, 대북지원을 통해 북한의 변화를 유도하여 남북관계 발전을 기할 수 있다는 긍정적 입장과, 남한의 대북지원이 오히려 북한 정권을 유지하고 연장시키는 수단으로 악용된다는 부정적 입장이 충돌하면서 대북지원 목표에 대한 하나의 접점을 찾지 못하고 있는 것이다.

결국 이러한 문제로 인해 대북지원정책이 실시된 이후 지금까지 남북한 군사적 충돌상황이나 안보적 현안이 대두될 때마다 대북지원에 대해 소위 '중단 없는 지원 대(VS) 퍼주기론'의 팽팽한 찬반논쟁으로 국론이 분열되었다. 이러한 보ㆍ혁 간 대립이 노무현 정부에 이르러서는 극단적 이념대결 구도 양상으로 치달으면서 급기야 남남갈등5)의 심화라는 심각한 사회적 문제로 표출되기에 이르렀다. 나아가 이

---

5) '교수신문'은 매년 교수신문과 일간지 등에 칼럼을 쓰는 교수 200명을 대상으로 당해 한국의 정치ㆍ경제ㆍ사회를 정리하는 적절한 표현의 사자성어를 선정하고 있다. 주목할 점은 2004년에는 당동벌이(黨同伐異: 다른 집단은 무조건 배격한다), 2005년에는 상화하택(上火下澤: 위에는 불, 아래는 못이라는 뜻으로 서로 이반ㆍ분열하는 현상), 2006년에는 밀운불우(密雲不雨: 짙은 구름은 가득 끼었으나 비가 내리지 않는다) 등이 선정되었는데 이는 모두 남남갈등이라는 사회상을 반영하고 있다는 점에서 시사하는 바가 크다고 볼 수 있다.

러한 논쟁은 대북지원이 추진된 지 10여 년의 시간이 경과되면서 실제 성과적 측면과 결과론적 관점에서 과연 대북지원이 북한의 변화를 추동하였는가에 관한 평가문제로 확장되어 또 다른 논쟁의 한 축을 형성하고 있다.

이러한 상황에 대해 본 연구가 가지는 문제의식은 크게 두 가지 차원이다. 첫 번째는 대북지원과 관련한 정책결정 과정 전반에 관한 것으로서, 대북지원정책결정의 주도적 행위자는 누구인가, 정책과정에 영향을 미친 요인은 무엇인가, 행위자 간 어떤 이해관계가 상호작용하였기에 대북지원정책을 둘러싼 사회적 갈등이 발생하였는가, 정부는 왜 이러한 행위자 간 갈등을 적절히 조정할 수 있는 리더십을 발휘하지 못하였는가에 대한 문제다.

두 번째는 대북지원의 실제 효과에 대한 평가 부분으로서, 왜 정부가 국민적 합의에 기반을 두지 않은 정책목표(policy goals)를 설정하고 이를 무리하게 강행함으로써 사회적 분쟁의 소지를 낳았느냐 하는 것이며, 아울러 그러한 논쟁을 일축하고 추진한 대북지원정책이 과연 국내외적 차원에서 소기의 성과를 거두었는가의 여부다.

만약 두 정부 시기 동안 추진된 대북지원정책이 당초 정부가 의도한 대로 실제 북한을 개혁·개방으로 유도하고 남북관계의 질적인 발전이라는 목적으로 선용되지 못했다면, 이는 엄밀히 말해 대북포용정책의 한계이자, 국내적으로도 보·혁 간 소모적인 이념 논쟁을 야기하여 국익을 낭비하게 함으로써 국정운영의 총체적 난맥을 드러낸 것이라 평가할 수 있는 것이다.

오늘날 우리 사회에서 대북지원정책은 남남갈등[6]이 가장 첨예하게 대립하는 영역 중 하나로, 향후 효율적인 국정운영을 위해서 대북지원 전반에 대한 사회적 합

---

6) '남남갈등'이라는 말이 생겨난 것은 김대중 정부 들어 남북관계에 혁명적 변화가 일어나면서 이를 둘러싼 국민 간의 분열이 본격화되고부터다. 구체적으로 말해, 최소한 체계적인 추적이 가능한 언론보도를 기준으로 할 경우, 남남갈등이란 말은 2000년 6월 15일 남북정상회담 직후인 2000년 7월 13일자 「조선일보」에 "남북갈등보다 남남갈등 더 심각"이라는 제목으로 처음 등장했다. 함인희, "남남갈등해소와 여성의 기여방안", 『분단·평화·여성』, 통권 제6호(민주평화통일자문회의 사무처, 2002), p.62.

의는 매우 중요한 의미를 지니게 된다. 대북지원정책과정에서 행위자 간 이해관계 대립이 사회적 갈등을 야기하며 국론을 분열시킬 수 있는 하나의 요인으로 작용한다고 본다면, 행위자 간 갈등을 최소화하고 정책에 대한 국민적 지지기반을 강화하기 위한 적절한 방안 마련이 절실히 요청된다.

이에 본 연구는 두 가지 큰 틀에서 연구의 목적을 설정하였는데, 첫 번째는 정책네트워크 변화 자체에 주목하여, 김대중 정부와 노무현 정부 시기 대북지원정책을 둘러싼 정책 환경이 어떻게 전개되었으며, 정책네트워크는 어떤 특징을 보이고 있는가의 문제다. 이를 위해 정책변동에 영향을 미치는 외적 요인으로서 국제·국내·남북관계 차원의 환경요인을 분석하고, 내적 요인으로는 다양한 행위자들의 상호작용에 초점을 둔 정책네트워크 자체의 변화에 주목하고자 한다.

정책과정 참여자와 이들의 상호작용 및 이들이 형성한 네트워크 구조에 따라 정책내용과 산출은 다양하게 변화할 것이라 전제하는 정책네트워크 이론은 현실을 설명하는 인과모형으로서 행위자들 간의 상호작용을 기술해 줄 뿐 아니라 정책과정과 산출 사이에 존재하는 인과관계를 설명하는 유용한 수단이 된다.[7]

두 번째는 대북지원으로 인해 파생되는 일련의 결과에 대한 영향력과 가치판단에 대한 논의로서, 대북지원정책네트워크 분석을 바탕으로 대북지원정책 전반에 대한 문제점을 도출하고, 실제 대북지원 효과의 평가로서 정부의 정책목표 설정에 따른 정책추진이 남북관계는 물론 국내외 차원에서 어떠한 결과를 낳았는가에 대한 문제다.

2. 남북상생을 위한 바람직한 대북지원 방안 모색

앞서 언급한 바와 같이 1995년 8월 북한의 수해를 계기로 시작된 대북지원은 10여

---

7) 이혜승, "한국의 사회보험정책네트워크의 성격에 관한 연구: 국민건강보험 사례를 중심으로"(이화여자대학교 행정학과 박사학위청구논문, 2005), p.3.

년의 시간이 경과하면서 내·외부적 요인에 의해 많은 정책적 변화가 있었다. 이는 대북지원 규모나 방북자 수의 증가와 같은 양적 변화뿐만 아니라, 지원행위 주체나 지원사업의 내용과 방식 그리고 제도와 시스템 등의 질적 변화가 있었음을 의미한다.

대북지원정책의 이러한 변화 양상은 거버넌스 현상이 뚜렷이 나타나고 있는 국내 공공정책 분야와 마찬가지로, 정책결정 과정에 다양한 행위자의 네트워크를 기반으로 하는 거버넌스 형성에서 비롯된 것으로 볼 수 있다. 즉, 대북지원정책이 변화를 거듭하였다는 것은 네트워크에 참여하는 행위자들의 이해관계가 역동적으로 작용하여, 이들 간 갈등과 협력의 상호작용을 통해 입장이 조율되었다는 것을 의미한다.

그런데 거버넌스 현상이 이루어지면서 역설적으로 김대중 정부로부터 오늘에 이르기까지 대북지원정책은 보·혁 간 첨예한 비각(물과 불처럼 서로 상극이 되어 용납되지 아니한 일)으로 인해 늘 사회적 논쟁의 대상이 되었다고 해도 과언이 아니다. 즉, 대북지원의 목적이나 필요성, 방식이나 규모, 행위 주체의 문제 등에 대해 하나의 합일점을 찾지 못하고 갈등을 노정하였다.

국내 공공정책의 경우 정부가 추진하려는 특정 사안에 대해 이해관계를 달리하는 행위자의 '극한 대립'이 발생한다 하더라도, 행위자 간 조정(steering)과 조율(coordination)을 통해 '극적인 타결'을 이루어 정책의 실효성을 제고하는 것이 일반적인 현상이다. 하지만 대북지원정책의 경우 정책결과로 파생되는 수혜가 국내 행위자에게 돌아가는 것이 아니라 일차적으로 북한이라는 특수한 행위자에게 귀결되는 특징을 갖고 있다. 따라서 북한이 수혜자임과 동시에 정책변화를 추동할 수 있는 행위자라는 점에서, 대북지원정책의 실효성에 대한 합의점을 이루기란 그리 쉽지 않아 보인다.

나아가 국내 행위자에 국한되는 대북지원정책네트워크의 발전양상에 발맞추어 과연 북한의 변화가 수반되었는가의 문제에 직면하면 더더욱 대북지원정책의 실효성을 평가하기가 어려워진다. 가령 북한은 불변한 채 남한에서만 정책네트워크가 확대되고 다양화되었다면, 이는 달리 말해 일방적이며 일회적인 대북지원의 맹목적

확대를 초래하였다는 문제점이 대두될 수도 있는 것이다.

대북지원정책은 특정 집단(인)이나 지역에 한정되는 지엽적인 문제가 아니라 대북정책이라는 큰 틀과 궤를 같이하며 이는 곧 국가 전체의 안보문제와 연계된다는 점에서 매우 중요한 의미를 지니고 있다. 따라서 대북지원정책결정 과정에 참여하는 다양한 행위자의 역동적 상호작용과 관계구조를 면밀히 파악하여 갈등의 근원을 밝혀내고, 이를 바탕으로 행위자 간 갈등을 조정할 수 있는 협력 체제의 구축방안이 절실히 요청된다. 또한 현재 대북지원정책을 둘러싼 남남갈등이 사회적으로 우려할 만한 수준까지 이르렀다는 점에 비추어 볼 때, 그동안 추진된 대북지원정책의 허실을 냉철히 평가하고 국민적 합의에 기반을 둔 발전적인 대북지원정책 방향이 모색되어야 한다. 현 상황과 같이 남남갈등을 초래하는 대북지원이 아니라 남북주민의 상생을 위한 바람직한 대북지원 추진방안이 절실히 요청되는 것이다.

한마디로 김대중 정부와 노무현 정부를 지나면서 과연 대북지원정책이 우리에게 남긴 것은 무엇인가에 대한 성찰이 필요하다는 것이다. 10여 년 이상 추진된 대북지원의 궤적에 대한 평가로서, 대북지원정책의 문제점은 물론 대북지원정책의 효과성 및 정당성에 관한 논쟁을 발전적 대안으로 승화시킬 시점이 되었다고 생각한다. 이에 따라 국내적 차원에서는 대북지원정책네트워크에 참여하는 행위자 간 갈등을 조율할 수 있는 효율적인 국정운영기제가 필요한 것이며, 남북관계 차원에서는 북한을 변화시키고 한반도의 공고한 평화를 구축할 수 있는 방향으로의 대북지원정책 방안이 절실히 요청되는 것이다.

한편, 지금까지 대북지원에 관한 국내 연구들은 대북지원의 현황과 문제점, 정책대안 제시 등 다양한 차원의 연구들을 수행해 왔다. 특히 대북지원의 직접적 당사자인 대북지원 현장에서의 생생한 경험과 추진실적, 현황 등을 세밀하게 정리하여 대북지원의 시대적 변천과정을 학문적 영역으로 견인하였다는 점은 높이 평가할 만하다.

그러나 이와 같은 성과에도 불구하고 지금까지 대부분의 연구는 대북지원정책결정 과정 자체에 주목하기보다 대북지원에 관한 실적 위주의 현상적 측면만을 강조하는 한계를 보임으로써, 정책행위자 간 상호관계나 정책변동의 역동성을 종합적이며 거시적으로 보여주는 데는 다소 미흡한 점이 있었다. 특히 정책변화에 영향을 미치는 국내외 및 남북관계 차원의 환경요인과, 정책네트워크의 변화를 종합적으로 비교 분석하여 정책결정 과정의 근원을 설명한 연구는 거의 부재한 것으로 보인다. 나아가 대북지원 분야를 거버넌스의 시각으로 분석한 연구는 아직 활발히 논의되지 못한 실정이다.

따라서 정책과정에 참여하는 다양한 행위자의 갈등양상을 사전에 조율하고 협력체제를 이루기 위한 방안을 모색한다는 점에서, 행위자 자체에 주안점을 둔 정책네트워크에 대한 면밀한 분석이 요청된다. 정책을 둘러싼 환경과, 정책과정에서 나타나는 다양한 행위자들의 네트워크 구조를 통해 정책결정 과정의 역동성을 파악하는 것은 정책에 대한 보다 총괄적인 이해와 정책문제의 올바른 해결을 도모할 수 있다는 점에서 의미가 있다.

본 연구의 의의로는 정책과정에 참여하는 다양한 행위자들의 상호작용이나 관계구조를 맥락적 구조에 의해 역동적으로 파악할 수 있으며, 이러한 분석을 통해 행위자 간 이해관계를 사전에 파악하여 조율함으로써, 정책집행의 투명성(transparency)[8]과 효율성(efficiency)[9]을 제고하는 데 기여할 수 있다는 점이다.

---

8) 투명성이란 적절한 정보 제공을 바탕으로, 한편으로는 정치인들과 고위 공직자들이 누가 정책결정에 투입을 제공했거나 영향을 미쳤는지에 대한 지식을 포함해서 정책결정 과정에 대한 명확성을 의미하며, 다른 한편으로는 정책결정 이전에 있었던 문제 정의와 대안의 고려 과정에 대한 지식의 소유 여부를 의미한다. OECD, "Impact of the Emerging Information Society on the Policy Development Process and Democratic Quality." http://www.olis.oecd.org/olis/1998doc.nsf/LinkTo/PUMA(98)15(검색일: 2007.4.2).
9) 효율성이란 모든 제도와 과정들이 자원을 최상으로 이용하면서 욕구를 충족시키는 결과를 생산하는 정도와 관련된다. 송정호, "한반도 평화번영을 위한 대북정책 거버넌스 실태조사", 『한반도 평화번영 거버넌스의 분야별 현황과 과제』(통일연구원 주최 2006 협동연구 학술회의 발표논문집, 2006년 9월 27일), p.196.

대북지원정책의 경우 상호 행위자 간 정책목표가 사전에 충분히 조율되지 않음으로 인해 정책 집행 이전부터 갈등의 소지를 잉태하였다고 볼 수 있다. 정책에 대한 사전 동의는 사후의 정책 집행 시 어려움을 줄일 수 있다는 점에서,[10) 정책과정 전반에 대한 종합적인 분석을 통해 국민적 합의와 지지를 바탕으로 한 대북지원정책 수립에 기여할 수 있으리라 기대한다. 즉, 이전 정부가 추진한 대북지원정책의 성공지점과 실패지점이 어디인가를 찾아내고, 이를 바탕으로 국민적 합의에 기반을 둔 대북지원정책 수립과 대북지원의 효율성 및 효과성을 제고할 수 있는 해법을 제시하는 데 연구의 의의를 둘 수 있다.

제2절 연구범위와 방법

1. 연구범위

본 연구에서는 분석의 체계성을 제고하기 위해 내용적 범위, 시간적 범위, 요인적 범위를 다음과 같이 설정하였다. 먼저 내용적 범위는 대북지원정책 자체에 주목하여 정부별로 대북지원정책 변화과정을 정책네트워크 이론으로 비추어 살펴보고, 각 시기별로 정책변화에 따른 정책네트워크 유형을 제시하고자 한다. 이러한 논의를 위해 특히 정책과정에서 나타나는 다양한 행위자들의 네트워크 구조를 세밀하게 파악하고, 대북지원정책의 수립부터 평가에 이르는 연속적인 과정을 파악하기 위해 정책의제 형성에서부터 정책평가에 이르는 일련의 정책결정 과정 전반을 살

---

10) 가이 피터스(B. Guy Peters), "참여형 정부의 구축: 스칸디나비아 및 북미국가의 교훈", 남궁근 외, 『스칸디나비아 국가의 거버넌스와 개혁』(서울: 한울 아카데미, 2006), p.119.

펴보기로 한다.[11] 그리고 대북지원정책 거버넌스에 대한 문제점을 지적하고 이에 대한 대안으로서 바람직한 대북지원 방향을 모색하고자 한다.

시간적 범위는 김대중 정부에서 시작하여 노무현 정부에 이르기까지의 시기를 정부별로 구분하였다. 본 연구에서 대북지원정책을 정부별로 구분한 것은 각 시기마다 외적인 환경 및 정책네트워크의 변화가 정부의 정책결정 과정에 영향을 미쳤으며, 이러한 투입의 산출물로서 각 정부별로 대북지원정책에 있어 주목할 만한 변화가 있었기 때문이다. 다시 말해 대북지원정책과 관련된 지원행위 주체나 지원사업의 내용과 방식 그리고 지원 제도와 시스템 등이 각 정부별로 상이하기 때문에 정부별 구분은 의미가 있다고 볼 수 있다.

아울러 본 연구의 시간적 범위를 김대중 정부로부터 시작하는 이유는 이 시기부터 대북지원이 본격적으로 추진되었기 때문이며, 무엇보다 대북지원정책을 둘러싼 거버넌스 현상이 이 시기부터 태동되었다고 보기 때문이다. 김대중 정부 이전 시기에는 대북정책 전반은 물론 대북지원과 관련한 일련의 정책결정 과정에 민간분야

---

11) 정책과정(policy process)은 정책이 산출되어 본래의 목적을 달성하게 되기까지의 연속과정을 의미하는 것으로 학자마다 다양한 분류모형이 제시되고 있다. 대표적으로 존스(Jones)는 문제의 인지와 정의(perception/definition), 결합(aggregation), 조직화(organization), 대표(representation), 의제설정(agenda setting), 정책결정(formulation), 대안의 합법화(legitimation), 예산배정(budgeting), 정책집행(implementation), 정책평가(evaluation), 조정(adjustment)과 종결(termination) 등 11단계로 제시하고 있다. C. Jones, *An Introduction to the Study of Public Policy* (Monterey Calif: Brooks/Cole Publishing Company), pp.27‐30, 다이(Dye)는 문제의 인식(identifying problems), 정책대안의 결정(formulating policy), 정책의 합법화(legitimating policies), 정책의 집행(implementing policies), 정책의 평가(evaluating policies) 등 5단계로 구분하고 있다. T. R. Dye, *Understanding Public Policy.* 5th ed.(Englewood Cliffs, N.J.: Prentice‐Hall, Inc), pp.23‐26, 앤더슨(Anderson)은 문제의 인식(problem identification)과 의제형성(agenda formation), 정책결정(policy formulation), 정책채택(policy adoption), 정책집행(policy implementation), 정책평가(policy evaluation) 등 5단계로 구분하고 있다. James E. Anderson, *Public Policy Making.* 3rd ed.(New York: Holt, Rinehart and Winston, 1984), pp.18‐21.

는 철저히 배제된 채 정부의 독단적이고 일방적인 정책결정이 이루어진 시기였다고 볼 수 있다. 즉, 정부 이외의 행위자가 정책결정 과정에 참여할 수 있는 법적·제도적 장치가 마련되어 있지 않았기 때문에 이를 거버넌스 부재기로 보며 이 시기를 본 연구의 범위에서는 제외하기로 하는 것이다.[12]

물론 1987년 민주화 과정 이후 민주주의가 성숙하고 시민의 참여가 사회적으로 확산되면서 시민사회 섹터[13]의 영향력은 급격히 성장하였다. 국가에 집중된 권력이 분산되는 권력이동이 이루어지면서 NGO를 비롯한 시민사회 영역이 정부의 정책결정 과정에 직접 참여하여 정부와 동등한 수준의 정책행위자로 기능하기도 하였다.

하지만 본 연구의 범위로 다루고 있는 대북지원정책 분야의 경우 권위주의 정부 시기에는 엄밀한 의미에서 대북지원 자체가 활발히 이루어지지 않은 시기일 뿐만 아니라, 대북지원이 정치적 이해관계에 의해 추진되면서 민간의 역할은 극히 미미하였다고 볼 수 있다. 따라서 김대중 정부 이전 시기를 대북지원 거버넌스 부재기로 명명하는 데 크게 무리는 없을 것으로 보인다.

아울러 각 정부별 대북지원 거버넌스의 시기별 구분과 관련하여 김대중 정부를

---

12) 물론 대북지원 거버넌스의 시작을 어느 시점으로 볼 것인가는 학자마다 다소 의견 차이가 있다. 먼저 김근식은 거버넌스 관점에서 대북지원을 세 시기로 구분하는데, 제1기는 거버넌스 부재기(1995년~1999년), 제2기는 거버넌스 형성기(1999년~2004년), 제3기는 거버넌스 제도화기(2004년~현재)로 본다. 이에 반해 서창록·임성학·전재성은 노태우·김영삼 정부에 대해 행위자의 다양성 모색과 이슈영역의 다기화 시작으로 특징지어지는 초기 거버넌스의 성립기로 본다. 본 연구에서는 대북지원에 참여하는 행위자와 정책네트워크 분석에 논의가 집중되는 점을 감안하여, 법적·제도적으로 민간부문의 참여가 허용되는 김대중 정부 시기부터 거버넌스적 현상이 모색되기 시작했다고 보는 것이다.

13) 시민사회는 국가(정부), 시장(기업)으로부터 독립된 제3의 영역, '제3섹터'(third sector)라 부른다. 현대사회를 국가, 시장, 시민사회의 3대 섹터로 이해하는 것이 일반적이지만 3대 섹터들은 각기 분명한 독립적인 영역을 갖고 있으면서 서로 중첩된 영역들이 나타나고 있다. 주성수, 『NGO와 시민사회─이론, 모델, 정책』(서울: 한양대학교 출판부, 2005), p.116.

대북지원 거버넌스 모색기로, 노무현 정부를 대북지원 거버넌스 형성기로 각각 명명하기로 한다. 이러한 시기적 구분은 각 정부별로 나타나는 대북지원 거버넌스의 특성이 확연히 구별되는 데서 기인한 것으로, 거버넌스의 핵심적 특성이라 할 수 있는 행위자의 다양화와 이슈의 다변화가 김대중 정부 시기부터 나타나기 시작하여 노무현 정부에 이르러서는 법적·제도적 장치를 통해 발전된 단계로 확장되기 때문이다.

요인적 범위는 크게 외적 요인과 내적 요인으로 각기 나누어 살펴볼 것이다. 먼저 외적 요인은 정책 환경과 정책과정의 연계성을 파악하기 위해 대북지원정책을 둘러싼 국제·남북관계·국내 차원의 환경변수를 고찰하고자 한다. 내적 요인은 정책네트워크 내부변화에 초점을 두는 것으로서 정책네트워크를 구성하는 핵심적인 요소를 주요한 요인으로 간주한다. 지금까지 학자들마다 정책네트워크의 구성요소에 대한 다양한 주장이 제기되어 왔으나, 여러 가지 주목할 만한 연구들을 종합적으로 고려하여, 본 연구에서는 정책행위자(행위자 수, 주도집단), 관계구조(수평적, 수직적), 상호작용(협력적, 갈등적), 권력(자원의 보유 여부) 등의 네 가지 요인을 정책네트워크의 분석변수로 사용하고자 한다.[14] 이상에서 논의한 연구의 범위를 도식화하면 다음의 <표 1-1>과 같다.

---

14) 정책네트워크 분석변수는 제2장 4절 분석요소 부분에서 상세히 논의하기로 한다.

<표 1-1> 연구의 범위

구 분	내 용		
내용적 범위	- 정부별 대북지원정책 변화과정을 정책네트워크 이론으로 비추어 살펴보고, 각 시기별로 정책변화에 따른 정책네트워크 유형을 제시 - 대북지원정책 거버넌스에 대한 문제점 도출 및 실제 효과 평가		
시간적 범위	정부별 시기	핵심적 정책변화	
	과거 정부 (대북지원 거버넌스 부재기)	- 대한적십자사 창구 단일화 방침 발표(95.9.14)	
	김대중 정부 (대북지원 거버넌스 모색기)	- 민간 차원 대북지원 활성화 조치(98.3.18) - 창구 다원화 조치(99.2.10) - 민간교류협력촉진책 발표(99.10.21) - 대북지원 민간단체협의회(북민협) 결성(01.1.29)	
	노무현 정부 (대북지원 거버넌스 형성기)	- 대북지원민관정책협의회(민관협)결성(04.9.1) - 대북지원사업자 지정요건 완화(05.3.8) - 민관정책협의에 따른 대북합동사업 지원(05.7) - 북한의 미사일 발사에 따른 대북 인도적 지원 중단(06.7) - 일부와 대한적십자사 MOU(양해각서) 체결 (07.1.12) - 대북 현금지원(07.3.12)	
요인적 범위	외적 요인	- 국제·남북관계·국내 차원의 환경변화	
	내적 요인	- 정책네트워크 내부변화	

2. 연구방법

본 연구에서는 사례연구(case study)와 비교역사분석(historical comparative research)을 연구방법으로 적용한다. 사회과학 분야에서 사용하는 주요 연구방법으로는 통계방법(statistical method), 실험방법(experimental method), 사례연구방법(case study) 등이 있다. 사례연구는 통계방법이나 실험방법 등에 비해 상호관계의 내용을 계량화하거나 연구결과를 일반화하기 어렵다는 단점을 갖고 있기는 하나, 특정 대상에 대해 포괄적이고 깊이 있는 연구를 할 수 있다는 장점을 가진다. 특히 정책과정과 관련한 사례연구는 구체적인 정책을 중심으로 정책의 전개과정이나 정책변화에 영향을 미치는 요인들을 다각적으로 분석할 수 있다는 장점을 가진다.

사례연구는 주로 다른 연구방법들과 배타적으로 사용하기보다는 보조적으로 사용할 수 있는데, 사례연구의 한계를 보완하기 위해 비교역사분석을 사용하였다. 비교역사적 방법은 어떤 사건이나 현상을 어느 한 시점에서 평면적으로 분석하는 것이 아니라, 그것의 발전변화에 관심을 갖고 연대기적으로 둘 이상의 시점에서 동일한 현상을 비교 연구하는 것이므로 사례연구에 대한 보충은 물론 특정한 시기의 평면적 분석에 입각한 과도한 이론적 일반화 및 단순화의 위험을 피할 수 있게 해준다.

이와 같은 연구방법을 바탕으로 자료수집방법으로는 1차적 자료(primary data)로서 문헌조사가 이루어졌고, 2차적 자료(secondary data)로서 인터뷰를 실시하였다. 먼저 문헌자료는 정책네트워크나 대북지원정책과 관련한 국내외 이론서, 학위논문 및 정기간행물, 정부 및 시민단체 내부자료, 회의록, 각종 통계자료 및 정책자료, 언론보도내용 등 자료를 총망라하여 살펴보았다.

특히, 지난 10년 간 대북지원정책을 다루면서 면담자가 과거의 기억을 더듬어야 하는 과정에서 정보가 왜곡될 수 있는 우려가 있으므로, 보다 정확하고 객관적인 자료를 입수하기 위해 신문자료를 적극 활용하였다. 신문자료는 국내 종합일간지에 대한 전체검색이 가능한 한국언론정보(KINDS)검색을 이용하여 자료를 입수하였다. 단, 조선일보와 중앙일보의 경우는 자사의 요청에 의해 KINDS 검색에서 제외됨에 따라 각각의 자사 홈페이지 지난 기사 검색란에서 기사를 개별 검색하여 자료를 입수하였다.

정부의 공식입장 및 정부 내부의 정책결정 과정을 살펴보기 위해서는 실제 유관 부처 및 공공기관에서 개최된 회의 결과가 매우 유용한 자료가 될 수 있다. 이에 필자는 '공공기관의 정보공개에 관한 법률'에 따른 정부의 정부공개제도를 적극 활용하여 남북교류협력추진협의회와 남북회담, 정부 부처 내부 회의 등의 자료를 입수하여 연구에 적극 반영하였다. 이 과정에서 필자가 요청한 '국가안전보장회의 회의결과보고서에 대한 자료 공개요청'(접수번호 300004)의 경우 정부로부터 '공공기관의 정보공개에 관한 법률 제9조'(안보분야의 정보비공개원칙)에 의거하여 자료를 공개할 수 없다는 결정통보를 받음으로써 공식적인 정부자료를 입수하지는 못하였다. 한편, 남북관계 차원과 관련한 북한의 입장 및 정책방향을 살펴보기 위해 공식적인 북한의 입장을 대변하는 것으로 볼 수 있는 북한 외무성 담화 및 김정일의 연설이나 담화를 담고 있는 북한문헌을 참조하였다.15)

인터뷰 자료와 관련하여 본 연구에서는 질적 연구방법을 사용하였는데, 이는 정책변동과정에서 정책행위자들의 정책행위나 태도의 해석, 정책과정의 동태성을 구체적이고 심층적으로 관찰할 수 있다는 장점 때문이다. 특히 질적 연구방법 가운데 심층면접은 공식적인 문헌자료에 드러나지 않은 맥락이나 행위자의 숨겨진 의도 등을 파악함으로써 분석의 깊이를 더할 수 있는 내용과 사실을 보충할 수 있다는 점에서 유용하다.16) 면접대상은 정책과정에 실제로 참여한 관계자 및 실무자들을 대상으로 심층면접을 실시하였는데, 통일부를 포함한 정부의 정책결정 담당자, 직접적인 대북지원사업을 주관하는 대북지원NGO 담당자, 그리고 대북지원정책결정 과정에 영향을 미치는 시민사회단체17) 담당자, 학계 전문가, 기업인 등이며 면접기간은 2007년 3월부터 2007년 10월 사이에 진행하였다.

---

15) 물론 북한의 공식적인 발표가 형식적이며 선언적인 성격을 띠고 있어 발표 내용 모두가 정책으로 실현되는 것은 아니다.
16) 질적 연구방법 및 맥락적 연구에 대한 자세한 설명은 박정란, "여성 새터민의 직업가치와 진로의사결정과정 연구: 북한에서 남한에 이르기까지의 맥락적 접근"(이화여자대학교 북한학 박사학위논문, 2006) 참조.
17) 시민사회단체(CSO: Civil Society Organization)는 주로 공익을 추구하는 대변적 비정부조직을 칭한다. 이 범주에는 민주화단체, 소비자·생활단체, 여성단체, 청년단체, 법·행정·정치개혁단체, 인권단체, 평화·통일·민족단체, 환경단체, 지역사회단체, 빈민단체, 노동·농어민(권익단체), 국제(구호)단체 등의 가치 및 신념에 근거해 공익적 이슈를 다루는 조직을 포함한다. 김준기, 『정부와 NGO』(서울: 박영사, 2006), p.23.

제2장 이론적 고찰 및 분석 틀*

* 이 부분 중 일부는 강동완, "정책네트워크 분석(Policy-Network Analysis)을 통한 대북지원정책 거버넌스 연구," 『國際政治論叢』, 제48집 1호(2008)에 요약발표된 내용임.

제1절 정책네트워크의 이론적 논의

1. 거버넌스(Governance)와 네트워크

21세기 탈냉전의 국제정세를 대변하는 키워드(keyword) 중 하나는 세계화,[18] 정보화, 민주화라 할 수 있다. 정보통신기술의 비약적인 발전으로 인해 지구촌이라 불릴 만큼 하나의 단일망이 형성되어 가면서 국민국가의 경계가 모호해지고, 특정 이슈가 국내정치에만 한정되는 것이 아니라 국가 간 상호 밀접하게 연동되어 세계적 차원의 공동이슈로 진전되는 현상이 비일비재하게 나타나고 있다.

과거 냉전시대를 주도해 왔던 군사안보문제가 탈냉전 시대를 맞아 경제 · 환경 · 인권 · 페미니즘 · 마약 · 질병 · 기아 · 인간안보 · 테러문제 등 실로 다양한 차원의 세계적 의제로 전환되면서, 개별국가가 독자적으로 해결하기에는 분명한 한계를 가질 수밖에 없는 이슈의 복잡성을 띠게 되었다.

국가가 통제할 수 있었던 자원들은 점점 개인이나 단체에 의해 통제받게 되고, 과거 국가가 다루지 못한 여러 가지 새로운 사회적 자원의 출현 등으로 인해 국가로서는 여타 행위자들과의 공조가 필수적으로 요청되기에 이르렀다. 세계화의 추세에 직면하여 국가주권 침해의 속도는 빠르게 진행되고 있고, 국가 이외의 다양한 행위자들의 영향력이 국가의 법적 · 제도적 영역을 넘어 전방위적으로 확대되고 있다.[19]

---

18) 세계화에 대한 상세한 이론적 논의는 김태효, "세계안보질서의 지구화에 대한 이론적 소고: 신현실주의적 진단", 『국제정치연구』, Vol.4, No.1(2001), 참조.

19) 그러나 오늘날 국가능력의 감소를 곧 국가의 소멸과 동일시하는 것은 적절치 않다고 본다. 다층적인 여러 행위자들 간 연결고리로서의 국가역할 변화 및 정치적 권위의 재구성(reconstituting) 정도로 이해할 필요가 있다. 세계화 국제정세 속에 나타날 수 있는 민족 및 국가역할 변화, 복합주권(Complex Sovereignty) 개념에 대한 상세한 논의는 다음을 참조. 김성주, "주권 개념의 역사적 변천과 국제사회로의 투영", 『한국정치외교사논총』,

즉, 민주화의 진전으로 정치권력이 확대되고, 정보화의 확장으로 인해 지식권력이 빠르게 확산되면서 전통적으로 국가에 집중되었던 권력이 여러 행위자들에게 분산되어 국가와 동등한 지위를 구가하는 행위자의 수가 증가하고 있는 것이다.[20]

이는 전통적인 국가주권의 개념이 변모하는 것으로서, 세계시민사회[21]의 팽창으로 인해 국가주권이 점차 잠식당하고 있는 것이라 볼 수 있다. 이제 국민은 개별국가의 한 구성원으로서 기능함과 동시에 세계시민이라는 확장된 정체성을 기반으로 다양한 형태의 국제적 관계와 접촉 영역을 확장하고 있다. 국가 간 상호 갈등과 협력 양태로 점철되던 국제관계가 이제 국가 대 세계시민사회라는 새로운 관계구도를 형성하며 더욱 다층적이며 복합적인 양상을 보이고 있는 것이다.

또한 사회는 매우 복잡하고 분화되어 있으므로 어떤 하위체제도 구조적으로 '최종심급에서 결정적'일 수 없으며, 어떤 하나의 조직이 자신의 지배를 모든 곳으로 확장시킬 수 있는 단일한 명령체계의 정점을 형성할 수도 없게 되었다. 다양한 하

Vol.27, No.2(2006), pp.195 – 223, 박광기, "세계화와 한국사회의 변화", 『대한정치학회보』, 제10집, 3호(2003), pp.105 – 126, 존 베일리스(John Baylis)·스티브 스미스(Steve Smith) 편저, 하영선 외 옮김, 『세계정치론』(서울: 을유문화사, 2003), pp.24 – 42. 하영선·김상배 엮음, 『네트워크 지식국가: 21세기 세계정치의 변환』(서울: 을유문화사, 2006), 장하준 지음, 이종태·황혜선 옮김, 『국가의 역할(Globalization, Economic Development, and the Role of the State)』(서울: 부키, 2007). Edgar Grande & Louis W. Pauly, *Complex Sovereignty: Reconstituting Political Authority int the Twenty – first Century*(University of Toronto Press, 2005).

20) Nico Stehr and Richard V. Ericson, "The Ungovernability of Modern Societies: States, Democracies, Markets, Participation, and Citizens", *Governing Modern Societies*, Edited by R. Ericson and N. Stehr(Toronto: University of Toronto Press, 2000).

21) 세계시민사회는 국가와 경제 영역 밖의 시민사회가 지구적 차원으로 확대·연결되어 공동의 목적을 가진 가치·의사소통·조직의 집합을 말한다. 박상필, 『NGO학 강의』(서울: 아르케, 2006), p.393. 이외에 세계시민사회에 대한 상세한 논의는 박재창, 『지구시민사회와 한국 NGO』(서울: 오름, 2006), 김준기, 『정부와 NGO』(서울: 박영사, 2006), 헬무트 안하이어·메어리 칼도어·말리스 글라시우스 공저, 조효제·진영종 옮김, 『지구시민사회―개념과 현실』(서울: 아르케, 2004) 참조.

위체계와 훨씬 더 많은 권력의 중심들이 존재하며, 이들 중 일부는 국가를 포함한 외적 세력들의 직접적 통제를 벗어난 곳에 자신들을 위치시키는 정도까지 발전되어 왔다.[22]

이슈의 다변화 및 행위자의 다양성 증대로 인해 국가의 통치능력이 저하되면서, 전통적으로 국가의 고유한 영역으로 간주되었던 정책결정 과정에 있어서 국가는 더 이상 독점적 지위를 유지할 수 없게 되었다. 웨스트팔리아 조약 이후 국제정치의 중추적 단위였던 국가가 주요 기능의 상당 부분을 상실해가고,[23] 이에 따라 주권의 엄격성에 기반하고 있었던 근대 국제정치의 기본 틀이 흔들리고 있다. 대의민주주의라는 제도를 통해 일정부분 자신의 권리를 국가에 위임하였던 국민들은 국가가 다층적이며 복잡한 여러 행위자들의 이해관계를 효율적으로 조정하지 못한다는 국가능력의 한계를 직시하고, 열린정부[24]를 요구하거나 직접행동[25]과 같은 방

---

22) 밥 제솝(Bob Jessop) 지음, 유범상·김문귀, 옮김,『전략관계적 국가이론: 국가의 제자리 찾기(State Theory: Putting the Capitalist State in its Place)』(서울: 한울, 2000), p.507.

23) 국가는 500년 만에(1648년 웨스트팔리아조약 이후) 처음으로 그 주권과 관련하여 대내적으로나 대외적으로 하강 국면에 들어섰다. 이는 세계경제구조의 전환 때문이 아니라, 지구문화의 전환 때문이며, 무엇보다 인민대중이 자유주의적 개량주의와 화신들에 대해 희망을 잃었기 때문이다. 이매뉴얼 월러스틴, 백승욱 옮김,『우리가 아는 세계의 종언』(서울: 창작과 비평사, 2001), p.107.

24) OECD의 한 연구에 따르면 사회가 변화하면서 시민과 정부와의 관계가 새롭게 정의되는데, 이는 시민들의 열린정부에 대한 요구가 증대되고 있다는 점이다. 여기에서 열린정부란 1)정부의 활동과 그것을 책임지고 있는 사람들에 대한 공공감시, 즉 투명성, 2)정부의 활동에 따른 서비스와 정보에 시민들이 접근할 수 있도록 허용하는 접근 가능성, 3)새로운 아이디어와 요구, 필요에 신속히 반응하는 대응성 등의 세 가지 요소로 정의할 수 있다. OECD, *Modernising Government: The Way Forward*, 2005, OECD정부혁신아시아센터 엮음,『정부혁신 패러다임, 어떻게 변하고 있는가?』(서울: 삶과 꿈, 2006) 참조.

25) '직접행동'은 사람들이 정부 또는 기업과 같은 힘 있는 집단에 압력을 가하는 데 필요한 하나의 수단을 의미한다. 이에 대한 상세한 설명은 에이프릴 카터 저, 조효제 옮김,『직접행동: 21세기 민주주의, 거인과 싸우다』(서울: 교양인, 2007) 참조.

법을 통해 정책결정 과정에 직접 참여하여 자신의 권익을 확보하려 하고 있다.

한마디로 사회의 복잡성(complexity)과 역동성(dynamics), 그리고 다양성(diversity)이 점증하고 있는 상황에서, 조정(steering)과 조율(coordination), 조절(regulation)을 통한 새로운 질서를 형성할 수 있는 통치 · 관리기제에 대한 요구가 높아지고 있는 것이다.[26]

이와 같이 국가중심의 통치 능력은 약화되고 국민들의 통치 요구는 고조되는 상황에서 기존의 국민국가중심의 통치체계에 대한 대안적 인식 틀 마련이 절실히 요구되는 가운데, 다양한 학문분과에서 다차원적으로 논의되고 있는 거버넌스 개념이 주목을 받고 있다.[27] 전 세계적 냉전의 종식과 함께 변화하는 세계 환경 속에서 국가의 새로운 역할을 논의한 이론이라고 할 수 있는 거버넌스 개념의 발전은 탈냉전과 맥을 같이하고 있다.[28] 거버넌스는 세계화의 시대적 현상이 상당히 속도감 있게 진행되면서 국제정치학을 비롯한 사회과학의 전반 영역에 등장하여 주목받는 개념이다. 국가 기능이 약화되어 가는 추세 속에서 국제관계의 특정 영역과 사안의 효율적 관리를 위한 모색을 위해 국제정치의 장에서 거버넌스 개념이 점차 확대되고 있는 것이다.[29] 나아가 이러한 거버넌스에 대한 관심은 국가기능의 쇠퇴와 역할 상실에 따른 대안적 인식 틀을 마련하기 위한 차원을 넘어 이른바 '정부 없는

---

26) J. Kooiman & Vliet, eds., *Modern governance: new government – society interactions*(London: Sage, 1993), p.66.

27) 거버넌스(governance) 단어의 어원을 밝히면, '키를 조정한다 steer'와 '항해한다 pilot'는 의미를 갖는 그리스어 'kybenan'과 'kybernetes'에서 비롯된 것이다. 현대적 의미의 거버넌스 용어가 최초로 등장한 것은 1989년 세계은행이 아프리카 지역에서의 개발실패 문제를 '거버넌스의 위기'로 지적하면서부터 '거버넌스'라는 용어가 글로벌 용어로 널리 사용되었다. 주성수, 『글로벌가버넌스와 NGO』(서울: 아르케, 2001), pp.128 – 129.

28) Martin Hewson and Timothy J. Sinclair, "The Emergence of Global Governance Theory", In Timothy J. Sinclair(ed.), *Global Governance: Critical Concepts in Political Science*(London: Routledge, 2004), p.226.

29) 김기정, "한반도 평화의 거버넌스", 하영선 편, 『21세기 평화학』(서울: 풀빛, 2002), p.459.

거버넌스(governance without government)'[30] 논의로까지 확장되고 있다.

현대사회의 복잡한 문제를 해결하고 다양한 욕구를 충족시키기 위해서는 정부의 운영원리인 권력집중, 계층제, 강제와 명령, 획일성보다는 거버넌스를 강조하는 참여, 분권, 조정, 협력 등이 요구되고 있다. 새로운 문제에 적용하고 대응하기 위해 다양한 하위체계를 통제하고 규제하는 것이 아니라, 개방과 참여를 통해 스스로 자기결정능력을 갖도록 하고 사회적 합의를 달성하는 것이 중요하다. 따라서 정부는 권위의 상당 부분을 정부 밖의 기업이나 각종 비영리단체에 이전하고 상호 협력하지 않을 수 없게 되었다.[31]

한마디로 거버넌스는 전통적으로 국가가 독점적으로 보유해 온 권력 및 기능이 여타 행위자들에게 확장되는 개념으로, <표 2-1>에서 보는 바와 같이 중앙정부의 활동이 국제적, 국내적, 지방적 수준은 물론 공공부문과 민간부문 및 제3부문이라는 다방면으로 분산되는 것을 의미한다.

〈표 2-1〉 21세기 정부활동의 분산

	민간부문	공공부문			제3부문
국제적 수준	초국적기업	↖	국제기구 ↑	↗	국제NGO
국가적 수준	국내기업	←	21세기 중앙 정부	→	국내 NGO
지방적 수준	지방기업	↙	↓ 지방자치단체	↘	지역단체

출처: Joseph S. Nye Jr., *The Paradox of American Power*(Oxford University Press, 2002), p.46 수정 재구성.

---

30) James N. Rosenau. "Governance, Order, and Change in World Politics", James N. Rosenua, & Ernest-Otto Czmpiel, eds., *Governance without Government: Order and Change in World Politics*(Cambridge: Cambridge University Press, 1992).
31) 박상필, 『NGO학 강의』, pp.333-334.

그런데 거버넌스 개념은 학자들마다 다양한 입장에서 여러 가지 수준으로 정의되고 있는바 개념정의가 결코 단순하지 않다. 일례로 키에르는 "일단의 거버넌스 이론들이 너무나 서로 이질적이기 때문에, 우리는 거버넌스라는 단어를 마치 많은 병에 하나의 상표를 붙여 나누어주고, 여러 생산자가 각자 자신의 음료를 채워 넣는 것과 마찬가지라고 생각하게 된다"며 거버넌스 개념 정립의 어려움을 단적으로 표현하기도 하였다.[32]

거버넌스 개념 정리와 관련하여 서창록·이연호·곽진영은 다양하게 전개되는 거버넌스 이론을 학문적 분야별로 정리하여 등장배경 및 개념을 정의하고 있는데, 거버넌스 이론이 가장 많이 논의되고 있는 국내정치과정, 정치경제학, 국제관계이론 등 세 가지 분야로 나누어 살펴보고 있다.[33] 이들의 주장을 도표로 정리하여 도식화하면 다음의 <표 2-2>와 같다.

---

32) 안네 메테 키에르(Anne Mette Kjær) 지음, 이유진 옮김, 『거버넌스(governance)』(서울: 오름, 2007), p.233.

33) 서창록·이연호·곽진영, "거버넌스의 개념: 거버넌스의 개념과 쟁점에 관한 소고", 김석준 외, 『거버넌스의 정치학』(서울: 법문사, 2002) 참조. 물론 이외에도 거버넌스 등장배경 및 개념정의에 대한 다양한 접근이 있음은 재론의 여지가 없다. 그런데 대부분의 논의가 국내정치과정, 정치경제학, 국제관계라는 거시적 차원으로 충분히 설명될 수 있다는 점에서 위의 분류는 중요한 의의를 갖고 있다고 볼 수 있다.

〈표 2-2〉 학문적 분야에 따른 거버넌스의 개념(1)

구 분	분 류	개 념
국내정치 과정	사회적 네트워크로서 거버넌스	-새로운 정치과정의 방식으로서 각기 다른 이해를 갖고 있는 광범위한 정치 행위자들이 특정의 공유된 정책목표가 있을 때 수평적 네트워크를 통한 응집적이고 자율적인 조정을 통해 결정에 이르는 방식.
	신공공관리 모형의 변형으로서 거버넌스	-정책결정 과정의 조정자이면서 그 실질적인 실행자인 국가의 국정운영방식의 변화된 개념으로서의 이해가 동반되어야 하며, 미시적 차원에서 국정운영의 새로운 방식으로서 신공공관리모형(NPM)과 그 맥을 같이함.
정치 경제학	국가중심주의에 대한 비판으로서 거버넌스	-발전국가와 복지국가로 대표되는 국가중심주의에 대한 비판적 대안으로서 각각 네트워크 이론과 규제국가 이론이 등장하였는데 이것이 거버넌스 이론과 접목됨.
	시장중심주의의 대안으로서의 거버넌스	-1980년대 서구의 신자유주의적 개혁으로 인한 복지국가의 붕괴와 1990년대 세계화 현상에 따른 발전국가의 쇠퇴로 자율적이고 독립적인 시장의 등장이 본격화됨. 거버넌스 이론은 이러한 시장중심주의에 대응하여 시장의 역할을 중시하되 시장의 안정을 도모하는 주체로서의 국가의 역할을 강조하는 시각을 제시함.
국제관계 이론		-국제관계이론에서 거버넌스 이론은 전통적인 국가중심의 국제정치이론이 지닌 한계를 극복하고 새로운 행위자들을 포함하려는 의도에서 도출된 개념으로 볼 수 있으나, 이론적 정향에 따라 상이하게 정의됨.
	전통적 국제정치 접근법	-신현실주의: 글로벌 거버넌스는 헤게몬 주도의 국가 간의 상호작용이며 자신의 부와 지배적인 권력을 사용하여 거버넌스를 창조하고 유지하는 헤게몬의 역할에 관심을 둠. -신자유주의: 글로벌 거버넌스는 국가뿐만 아니라 비국가적, 특히 세계경제로 대표되는 행위자들이 참여하여 제도설립과 그 안에서 각 국가의 정책조정을 통해 협력을 추구하는 형태를 상정함.
	신국제정치 접근법	-구성주의: 글로벌 거버넌스는 세계화로 인해 초국가적인 법칙이 전 세계로 확산되면서 일어나는 사회적 법칙의 변화와 혹은 기본법칙의 수정이 형식화되고 이의 이행을 도모하기 위해 형성된 국제기구를 포함한 체계. -비판이론: 글로벌 거버넌스는 시민사회를 기반으로 한 상향식 글로벌 거버넌스이며 이를 위해서는 전 지구적 차원에서의 시민사회의 정치적 권위의 재구성.

출처: 황병덕·김갑식·강동완, "서론", 황병덕 외 『한반도 평화번영 거버넌스의 실태조사 (상)』(서울: 통일연구원, 2006), p.7.

임성학 역시 학문적 접근에 따라 상이하게 나타나는 거버넌스의 개념을 <표 2-3>과 같이 정리하여 제시하고 있다.

<表 2-3> 학문적 분야에 따른 거버넌스의 개념 (2)

	경제, 경영, 행정학	비교정치학	국제관계학
목적	효율성, 효과성	참여성, 형평성	국제협력, 효율성, 평화
분석대상	행위자, 네트워크, 제도	행위자 간 관계, 네트워크, 제도	국제기구, 국제네트워크
정당성	결과	과정(민주성)과 결과(정치경제적 효율성)	과정(민주성)과 결과(국제관계의 효율성)
국가의 역할	축소	보완	축소와 보완

출처: 임성학, "동서양 거버넌스: 수렴과 분화"(한국정치학회 추계학술회의 발표논문, 2005년 10월 14일), Anne Mette Kjær, Governance(Cambridge UK: Polity, 2004).

한편, 거버넌스의 개념을 위와 같은 학문적 분야별로 구분하는 것과 달리, 명확한 개념 정립을 위해서는 '협의의 정의'와 '광의의 정의'로 구분하여 살펴보는 것이 더욱 효과적이라는 주장도 있다.

문순홍은 개념정의의 수준에 따라 거버넌스를 '협의의 정의'와 '광의의 정의'로 구분하는데, 전자가 국가와 시장기제와는 분명히 대별되는 시민사회 영역 내에 존재하는 자발적이고 자율적이며 자기조직적인 조정양식을 의미한다면, 후자는 국가와 시장, 시민사회가 과거와는 다른 새로운 형태의 상호작용과 협력체계를 구성하면서 등장한 조정양식을 의미한다고 주장한다.[34]

박상필 역시 거버넌스의 개념을 명확히 이해하기 위해서는 광의의 의미와 협의의 의미로 나누어 파악하는 것이 효과적이라고 본다. 그의 주장에 따르면 거버넌스의 광의의 개념은 공공목적을 달성하기 위한 새로운 통치양식으로서 자원동원과 권력행사 방식과 관련된다. 즉, 공통의 사회문제를 해결하기 위해 다양한 행위 주체가 참여하고 행위 주체들 간의 권한배분·상호조정·상호협력에 관한 것으로 해석한다. 협의적 의미의 거버넌스는 신공공관리 전략, 정부 내의 상호의존적이고 협력적인 정책결

---

34) 문순홍, 『정치생태학과 녹색국가』(서울: 아르케, 2006), p.219.

정방식, 시민사회 내의 자율적 조정양식 등을 의미하는 것으로 규정하고 있다.[35]

이 외에도 오수길은 거버넌스는 단순히 공공 업무의 효율성과 효과성을 개선하기 위해 정부의 비효율성을 제거하고 성과를 높이는 데만 한정되는 것이 아니라 민주성과 대표성을 확보하는 등 정치과정을 개방·확대하려는 노력이라는 것으로 해석하고 있다.[36]

이상의 논의와 같이 큰 틀에서 거버넌스가 국가－시장－시민사회의 조정양식으로 정의될 때, 거버넌스의 유형은 이들이 맺고 있는 결합의 방식과 정도에 따라 그 통치능력이나 방식이 달라진다. 아래 <그림 2－1>에서 보는 바와 같이 세 주체들이 독립성을 유지하는 독립형, 상호 어느 정도의 자율성과 연대성을 공유하는 연립병존형, 그리고 상호 긴밀하게 연결된 네트워크형 등이 대표적인 모형인데, 김석준은 이 가운데 공통된 가치와 목표를 지니면서 다양한 이슈들을 갈등 없이 관리할 수 있다는 장점에서 네트워크형을 한국적 뉴 거버넌스의 모형으로 제시하고 있다.[37]

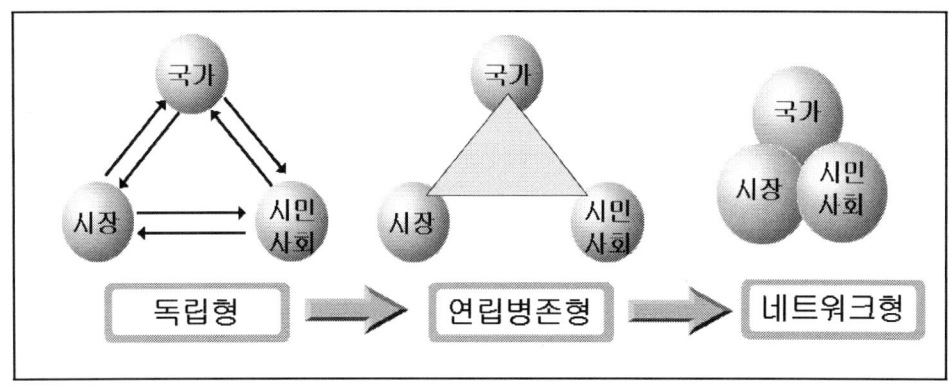

〈그림 2－1〉 국가, 시장, 시민사회의 관계모형

---

35) 박상필, 『NGO학 강의』, p.336.
36) 오수길, 『민관협력의 거버넌스: '지방의제 21' 추진과정의 경험』(서울: 한국학술정보, 2006), p.67.
37) 김석준, "거버넌스의 분석 틀: 21세기 한국사회와 정치의 뉴 거버넌스 모색", 김석준 외, 『거버넌스의 정치학』, p.39－40 참조.

그런데 이상에서 논의한 거버넌스 개념은 국내적 영역에 한정되지 않고, 개별국가 차원을 넘어 국제적 관점으로까지 그 영역이 확대되어 이른바 글로벌 거버넌스[38]의 논의로 결합되는 특징을 보이고 있다. 이는 다국적기업의 출현 등에서부터 예고된 것이기는 하지만, 여러 국가들과 국제기구, 국내기업과 외국기업 및 다국적기업, 국내 시민단체와 국제적인 단체들 등이 한데 뒤섞여 이제 복잡계[39]로서의 거버넌스, 또는 네트워크사회로까지 이어지고 있는 상황이 되고 있는 것이다.[40]

대북지원 분야 역시 국내적 차원의 성격을 넘어 한반도 주변국들의 이해관계가 다각도로 전개됨은 물론 국제NGO 및 국제기구 등의 참여가 활발히 이루어지면서 글로벌 거버넌스의 영역으로 점차 확대되고 있는 추세라 할 수 있다. 따라서 대북지원정책 거버넌스를 논함에 있어 그 영역을 국내적 차원에 한정하는 것이 아니라 글로벌 거버넌스로 확장시켜 나갈 필요성이 대두되는 것이다.

---

38) '글로벌 거버넌스'에 관한 최근의 논의는 서창록, 『국제기구: 글로벌 거버넌스의 정치학』 (서울: 다산출판사, 2007), 마가렛 P. 칸스 & 카렌 A. 밍스트 지음, 김계동 외 옮김, 『국제기구의 이해: 글로벌 거버넌스의 정치와 과정』(서울: 명인문화사, 2007) 등을 참조.
39) '복잡계 패러다임'은 자연과학에서 시작하여 최근에는 인문학과 사회과학을 포함하는 전 학문 영역으로 확산되고 있다. 수학, 물리학, 화학, 생물학 등 전통과학의 핵심으로부터 지배적인 패러다임을 극복하고 새로운 세계관을 제시하기 위해 마련된 것이 바로 복잡계 이론이다. 특히 최근 학문의 경계를 넘어서는 통섭(Consilience)에 대한 논의가 활발히 전개되면서 더욱 주목을 받고 있다. 민병원은 이러한 복잡계 이론을 국제정치의 영역으로 확대하여, 복잡하게 변화하는 세계를 이해하기 위한 새로운 글로벌 패러다임으로 제시하고 있다. 이에 대한 상세한 논의는 민병원, 『복잡계로 풀어내는 국제정치』(서울: 삼성경제연구소, 2005) 참조. 한편, 통섭(Consilience) 및 복잡계(Complexity)에 대한 일반적 논의는 에드워드 윌슨 저, 최재천·장대익 공역, 『통섭(Consilience)』(서울: 사이언스북스, 2005), 최재천·주일우 엮음, 『지식의 통섭: 학문의 경계를 넘다』(서울: 이음, 2007), Murry Gell-Mann's, *Hiden Order: How Adaption Builds Complexity*(Cambridge, Mass.: Perseus, 1996); Richard V. Solé and Brian Goodwin's, *Sign of Life: How Complexity Pervades Biology*(New York: Basic Books, 2001); Yaneer Bar-Yam, *Dynamics of Complex Systems*(Cambridge, Mass.: Perseus, 1997) 등 참조.
40) 강정석 외, 『정부혁신의 이해: 참여정부의 혁신전략과 실천논리』(서울: 한국행정연구원, 2005), p.17.

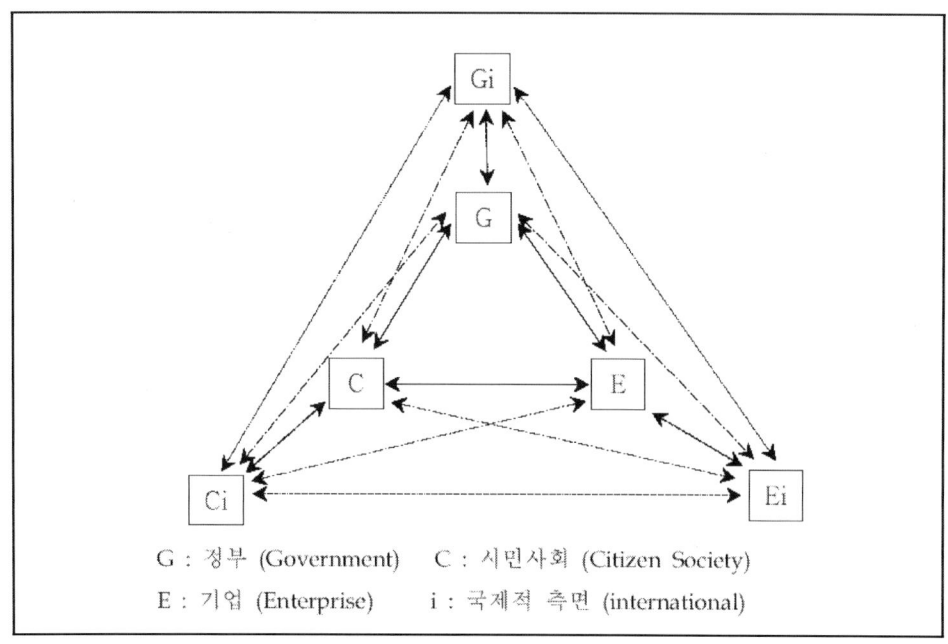

G : 정부 (Government)   C : 시민사회 (Citizen Society)
E : 기업 (Enterprise)   i : 국제적 측면 (international)

출처: 강정석 외, 『정부혁신의 이해: 참여정부의 혁신전략과 실천논리』, p.19.

〈그림 2-2〉 복잡계로서 거버넌스

그런데 국제정치영역에서 다루어지는 글로벌 거버넌스 역시 개념이 명확히 설정되어 있지 않으며 다양한 시각과 인식이 상존한다. 복잡한 이슈와 다양한 행위자들에서 비롯되는 전 세계적 변화에 대응하기 위해 국제적 차원의 협력 형태를 새롭게 정의하기 위해 1995년에 출범된 유엔 글로벌 거버넌스 위원회(UN Commission on Global Governance)는, 글로벌 거버넌스를 '끊임없이 발전하며 변화하는 상황에 대응하는 광범위하고 역동적인 상호의사결정과정'으로 규정하였다.[41]

국제관계에서 나타나는 글로벌 거버넌스의 개념에 대해 크게 3가지 인식 정도로 구분해 볼 수 있는데 첫째, 초국가적 네트워크 내에서의 모든 활동에 관심을 가지

---

41) Commission on Global Governance, *Our Global Neighbourhood: Report of the Commission on Global Governance*(Oxford: Oxford University Press, 1995), p.4.

는 협소한 인식 둘째, 메타의 문제(meta affair) 즉, 거버넌스는 초국가적·정부 간 활동의 총합을 조정하는 과정이라고 하는 폭넓은 인식 셋째, 거버넌스를 세계정부와 동일시하며 그것은 순진한 생각이라고 부정하는 신현실주의자들의 소극적인 정의 등이다(아래 <표 2-4> 참조).[42]

<표 2-4> 글로벌 거버넌스에 대한 시각

	신현실주의	다원주의	자유주의/ 연대주의	지구적 민주주의
지지자	Mearsheimer, Krasner, Waltz	Bull, Jackson	Rosenau, Annan, Commission on Global Governance, Wheeler	Held, Archibugi, Falk
기존 글로벌 거버넌스에 대한 평가	- 글로벌 거버넌스란 없다. 세계화의 진전에도 불구하고 국제체제는 무정부적이다.	- 국제법은 주권과 불개입의 원칙을 지켜준다.	- 국제레짐은 글로벌 거버넌스의 중요한 부분: 국가 하위수준, 국가수준, 초국가수준의 거버넌스는 무정부 상태의 효과를 완충해 준다.	- 지구적 시민 사회와 지구적 시민의 존재는 더 민주적인 글로벌 거버넌스를 요구한다.
글로벌 거버넌스에 대한 비전	- 동맹을 통한 안정적 균형을 이루는 것이 글로벌 거버넌스의 유일한 현실적 속성이다.	- 다원적 규범에 근거한 법적 틀: 독자적이지만 인정된 정치적 질서들 사이의 대화	- 군사분야뿐 아니라 다양한 분야에서 글로벌 거버넌스가 필요하다. 연대주의적 규범은 개인의 권리를 주권과 동일하게 중시한다.	- 세계시민적 민주주의는 세계헌법과 영토의 재조정이 필요하다.

출처: 안네 메테 키에르(Anne Mette Kjær) 지음, 이유진 옮김, 『거버넌스(governance)』(서울: 오름, 2007), p.106.

---

42) 안네 메테 키에르(Anne Mette Kjær) 지음, 이유진 옮김, 『거버넌스(governance)』, p.105.

이상에서 논의한 거버넌스 개념을 토대로 보면, 거버넌스 현상이란 다양한 주체들이 위계적으로나 무정부적으로 연결되지 않고 네트워크 형태로 연결되어 정치질서를 이루는 현상이라고 볼 수 있다. 즉, 정치질서가 사람에 의한 통치(rule by man)에서 법/국가에 의한 통치(rule by law)로 발전하여 온 것이 근대이행이라면, 이후 네트워크를 통한 통치(rule through network)로 발전되었다고 볼 수 있는데, 이를 거버넌스라는 개념으로 통칭할 수 있는 것이다.[43]

한편, 네트워크라는 것은 구조나 패턴, 그리고 형성 원리나 운용방법 등 학제 간 다양한 이론을 파생시키고 있다. 사전적 의미로는 망 상태의 구조물이나 하천, 철도 전기 등의 회선, 비물질적인 것의 상호 연결, 방송망, 원자의 배열 구조 등 여러 가지 어휘로 설명된다. 그러나 이 개념은 통상 사회과학의 범위에서 혹은 현실적 실천 속에서 논의될 때는 보다 독특한 개념, 원리 혹은 가치로서 파악되고 있다.

네트워크는 조직 간 관계로 비계층적이고 수평적이며 자발적인 성격을 갖는데, 그러면서도 정형화되고 즉흥적이지 않고, 어느 정도의 연속성도 지니는 특징을 갖고 있다. 또한 네트워크에 참여한 집단들 간의 의사소통은 유연하게 연계되어 (loosely coupled) 있어야 하며, 경직된 공식조직이 아니며, 공식성을 넘어선 통합이라 할 수 있다. 거버넌스는 이러한 네트워크조직의 사회적 확장과 더불어 모델로 제안되었다.[44]

거버넌스 개념을 이와 같은 네트워크 관점에서[45] 보면 정치과정이나 행정과정

---

43) 서창록, "한반도 평화번영의 거버넌스 구축을 위한 이론적 틀", 『한반도 평화번영 거버넌스의 분야별 현황과 과제』(통일연구원 주최 협동연구 학술회의 발표논문집, 2006년 9월 27일), p.8.
44) 조성한, "거버넌스에 대한 새로운 이해", 『국가정책연구』, Vol.19, No.2 (2005), p.60.
45) 네트워크 이론은 정치학에서는 주로 정책네트워크로 이해되고 있는데 초기 발전국가모델의 국가-사회라는 이분법적이고 수직적인 분리의 문제점을 극복하고, 국가와 사회를 매개하는 연결고리로 네트워크를 도입하여 발전국가의 문제점을 보완하려 했다. Moon, Chung-in and Rashemi Prasad, "Beyond the Developmental State: Institutions, Politics, and Network", Governance 7-4(1994), pp.360-386.

등 국정관리 과정에서 공공부문의 정부와 민간부분의 시장 그리고 NGO 등이 자율적인 행위자로서 이들 간에 상호작용이 존재하는 양식을 말한다. 나아가 이들 간 연계양식이 연결망에 그치는 것이 아니라 주요 이해당사자들의 자율적 참여를 통한 수평적 관계구조를 형성하고 이들 간 상호의존에 의해 공동의 목표가 달성될 수 있도록 하는 협력적 조정기제를 의미한다고 볼 수 있다.

거버넌스 개념 속의 협조적 네트워크는 공공정책 부문의 주요 행위자들 간에 존재하는 상호의존성에 대한 인식이 만들어 낸 결과라고 할 수 있다. 이러한 상호의존성에 대한 인식은 대리인 체제라고 할 수 있는 대의민주주의 체제가 야기한 비능률과 상호불신이라는 부작용을 최소화하고 직접민주주의 체제로 가기 위한 전이단계에서 국가운영의 능률성과 효율성을 제고하기 위한 필요성에서 대두되었다.[46] 결국 거버넌스는 상호의존성(interdependence), 자원교환(resource exchange), 게임의 규칙(rules of the game)과 국가로부터의 자율성(autonomy from the state)으로 특징짓는 조직 간 자발적 네트워크로 규정되는 것이다.[47]

2. 정책네트워크 개념 및 구성요소

국가에 집중되었던 권력이 다방면에 걸친 행위자에게 점차 분산되면서 국가의 기능과 역할이 분절화(disaggregation of state)[48]의 과정을 겪고 있다. 정책결정 과정에 있어서도 지금까지 국가 주도에 의해 독단적으로 시행되었던 상명하달식 통치행위는 다양한 행위자들의 이해관계를 조정·조율하지 못하는 한계를 노정하였

---

46) 김석준 외 공저, 『뉴 거버넌스 연구』(서울: 대영문화사, 2000), p.132.
47) R. A. W. Rhodes, *Understanding Governance: Policy Networks, Governance, Reflexivity and Accountability*(Buckingham Philadelphia: Open University Press, 1997), p.15.
48) Anne‐Marie Slaughter, *A New World Order*(Princeton: Princeton University Press, 2005), p.46.

고, 상호 영역의 침투로 인해 복잡하고 다차원적인 연계구조를 형성하면서 행위자 간 경계가 급속히 허물어지고 있다.

따라서 다양한 정책행위자 간 수평적 상호작용을 통해 정책을 둘러싼 갈등을 최소화하고 정책의 투명성과 효율성을 극대화할 수 있는 메커니즘으로서 거버넌스가 주목받고 있으며, 이러한 거버넌스 개념에 입각한 이론 모형 중 하나가 바로 정책 네트워크(policy network) 모형이라 할 수 있다.

과거의 국정관리가 이성과 합리성에 기초한 모더니티를 대표하는 가장 합리적인 조직으로서 계층제와 관료제의 언어였다면, 거버넌스는 여기에다 3E(Economy, Effectiveness, Efficiency)를 강조하는 시장주의와 다양성·개방성·자율성·상호의존성 등을 주창하는 네트워크적 개념을 내포하고 있다.[49] 거버넌스 체제에서는 관료제의 합리성을 지탱해 온 핵심적인 제도 기반이었던 계층제 대신 수평적 조정이 새로운 조직 원리로 작용한다. 또한 국가의 절대적 권위를 기초로 상명하복식의 지휘, 통제 시스템을 구축하는 대신, 시민사회와 시장의 자율성과 창의성을 존중하며 공공부문과 사적 부분이 상호 교류하는 데 역점을 둔다. 때문에 국가의 권위를 상징하는 엄정한 법 집행 대신 서로 다른 주체들 사이의 경쟁과 협력을 모색하며, 평등 원칙에 근거하는 동질성의 확보보다 네트워크와 참여를 강조한다.

거버넌스의 출현과 관련하여 그 첫 번째 징후는 1980년대에 영국, 뉴질랜드, 미국, 호주 등 국가군에서 시작된 시장 중심적 신공공관리(New Public Management) 체계이며, 두 번째 징후는 1990년대에 유럽의 복지 선진국들에 의해 시작된 시민 중심적 정책네트워크(policy network)의 물결이다.[50] 신공공관리와 정책네트워크는 각기 지향하는 목표와 이념적 배경을 달리하지만 개별국가가 직면한 역사적·사회적·경제적 맥락에서 주어진 문제를 해결할 수 있는 최선의 해법을 찾기 위한 노

---

49) 이현출, "거버넌스와 NGO", 김영래·이정희 외 공저, 한국정치학회 편 『NGO와 한국 정치』(서울: 아르케, 2003), pp.212-213.
50) 강정석 외, 『정부혁신의 이해: 참여정부의 혁신전략과 실천논리』, p.100

력의 표현이라는 점에서 공통분모를 갖고 있다.

아직 하나로 합의되지 못한 거버넌스에 대한 실체규명 작업의 한계에도 불구하고, 거버넌스의 개념 속에는 경쟁과 협력이라는 두 가지 궁극적인 지향점이 있다. 그 전자인 경쟁 또는 시장의 논리가 신공공관리론으로 나타난다고 한다면, 협력은 정책영역에서의 네트워크라는 기제를 통해 발현된다고 할 것이다. 이러한 정책네트워크의 개념 속에서 참여적 발전과 상호협력의 기제를 발전시킬 수 있다.[51]

앞서 본 연구의 시간적 범위인 김대중 정부 시기를 거버넌스가 모색된 시기로 규정하였는데, 엄밀히 말해 이 시기는 정부가 민영화와 탈규제, 작고 효율적인 정부라는 목표를 내걸고 시장형 개혁을 추진한 이른바 신공공관리(NPM) 모형에 의한 개혁 시기라고 볼 수 있다. 즉, 1997년 말에 외환위기를 겪은 한국 정부는 '신공공관리(NPM)' 또는 '기업가적 정부' 등 개혁 모형을 적용하여 거버넌스 체제를 개혁하려고 노력을 기울였다. 이는 사기업의 관리방식과 시장경쟁과 같은 유인체계를 공공부문에 도입함으로써 경쟁, 고객, 성과 등을 강조하는 것이었다.[52]

그럼에도 불구하고 본 연구에서 김대중 정부 시기를 정책네트워크 모델로 분석하는 이유는 김대중 정부가 비록 신공공관리 모델을 띠고 있지만 이것이 정책공동체와 완전히 분절되어 나타나는 것은 아니라는 점 때문이다. 즉, 아래 <그림 2-3>에서 보는 바와 같이 정책네트워크를 강조하는 굿 거버넌스 이론은 시기적으로 앞선 신공공관리를 토대로 한다는 것이며, 양자는 그 이론적인 차이점에도 불구하고 시간적 순차성과 개념적 연속성이 있다는 사실이다.[53]

---

51) 김석준 외 공저,『뉴 거버넌스 연구』, p.128.
52) 정용덕, "세계화 시대의 거버넌스", 정용덕 외『거버넌스 제도의 합리적 선택』(서울: 대영문화사, 2002), p.99.
53) 강정석 외,『정부혁신의 이해: 참여정부의 혁신전략과 실천논리』, p.117.

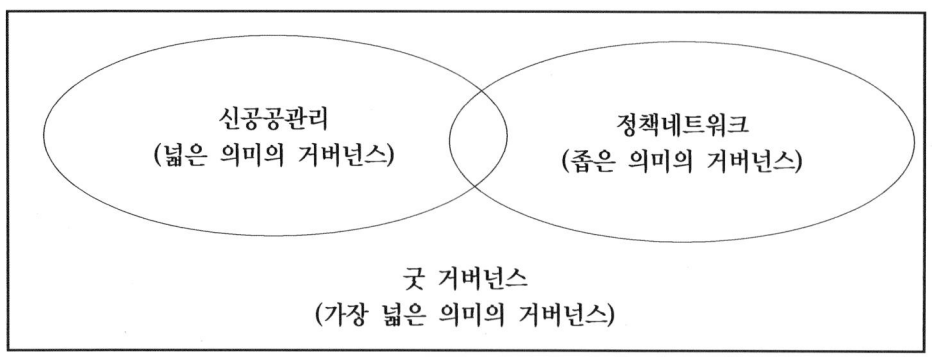

출처: 은재호 외, 『정부혁신의 이해Ⅱ: 참여정부 정부혁신의 연속성과 비연속성』(서울: 한국행정연구원, 2006), p.30.

〈그림 2-3〉 거버넌스 패러다임의 중층적 구성

한편, 하나의 정책은 단순히 '사회의 개별 이익집단들의 일방적 요구' 또는 '국가나 정치제도'에 의해 만들어지는 것은 아니다. 즉, 전자는 사회중심이론의 방법론적 개체주의에 입각하여 개인과 집단 등의 주도에 의하여 국가정책이 결정된다고 보는 관점이며, 후자는 국가중심의 방법론적 전체주의에 입각하여 개별행위 주체의 역할보다 국가나 국가를 형성하고 있는 거시적인 구조가 정책현상을 설명하는 데 주도적인 역할을 한다는 관점이다.54) 그런데 이와 같은 사회중심이론과 국가중심이론의 두 축을 형성해 온 행위자 중심적 접근과 구조중심적 접근 모두 획일적인 이분법적 틀에 의해 어느 일면만을 주장하는 오류를 범하면서 정책과정의 역동적인 흐름을 파악하지 못한다는 한계점을 갖고 있다.

따라서 행위자와 구조를 주요 변수로 간주함은 물론 이 둘 사이의 매개과정을 포괄하는 중간영역을 이론화의 수준으로 설정하여, 국가중심이론과 사회중심이론을 상호 수렴하는 기능적 역할이 인정되면서 정책네트워크 모형이 정책연구에서 각광을 받게 되었다. 즉, 정책네트워크 이론은 국가중심의 조합주의적 접근법이나 사회

---

54) 염재호, "국가정책과 신제도주의", 『사회비평』, 11(1994).

중심이론인 다원주의적 접근방법이 정책과정에 있어서 정부와 이익집단의 관계를 설명하기에는 충분하지 못하다는 논거로서 대두된 것이다.[55] 정책네트워크 접근은 정책분석 분절화의 필요성을 강조하고, 정책 분야에 따라 민간부문과 정부 간 관계도 변화함을 강조한다.[56] 다시 말해 정책네트워크는 국가와 집단 간의 정치적 이익을 매개하는 제도적 틀로서 매우 융통성 있고 가치중립적인 중범위(mid‒range)적 분석모형이라고 할 수 있다.

그런데 정책네트워크의 개념은 학자들마다 강조점 및 정의가 매우 다양하게 나타난다. 예컨대 "정치시스템에서 다수의 정책결정을 이해하기 위한 핵심 열쇠로서 공사 행위자들 간 연결 관계", "공공정책의 결정과 집행에 있어서 조직화된 이익집단과 국가와의 관계", "자원의존을 통해 상호 연계된 조직의 군집 또는 복합체", "비공식적이고 분권화된 그리고 수평적 관계가 지배적인 정책결정배열" 등 실로 다양한 관점에서 정의되고 있음을 알 수 있다. 또한 정책네트워크 개념과 관련하여 국내 공공정책 분야 연구에서 정립된 국내 학자들의 정의를 들 수 있는데, 이는 다음의 <표 2‒5>와 같이 정리할 수 있다.

55) 이순호, "노동복지 정책네트워크의 변화: 고용보험제도를 중심으로"(고려대학교 행정학과 박사학위논문, 2000), p.39.
56) R. A. W. Rhodes, *Understanding Governance: Policy Networks, Governance, Reflexivity and Accountability*, p.32.

<표 2-5> 정책네트워크에 대한 국내학자들의 개념정의

연구자	정책네트워크 개념
이순호 (1999)	정치·사회적 환경 내에서 공식·비공식 행위자들 간의 모든 관계(linkage)로 규정
배응환 (2000)	정책과정에서 정책네트워크 구조 내에 관련되는 정부와 이익집단 사이의 공식적 비공식적 상호작용이 이루어지는 이익중개구조
방민석 (2002)	정책과정에서 동태적 변화를 유도하는 복수의 행위자들 간에 형성되는 관계구조로서, 상호의존적 작용이 지속적으로 이루어지는 집합양식
김경주 (2002)	정책결정 과정에 영향을 미치기 위한 다양한 공사행위자들의 상호작용을 통한 관계구조
양재대 (2003)	정책자원의 분산으로 인해 행위자들은 상호의존적이지만, 각각의 전략과 목표 및 선호를 갖는 자율적인 존재이며, 이들 간의 상호작용과 연계구조에 따라 정책이 결정되는 것
신영균 (2003)	정책에 참여하는 다양하고 복잡한 이해관계자들이 특정한 정책이슈와 정책이익을 위해 역동적으로 상호작용하는 수평적인 연결망
김주환 (2004)	특정 정책에 대한 정책이익을 중심으로 형성된 정책행위자들의 정형화된 관계이며, 정책결정은 이들 정책행위자들 간의 상호작용의 산물
이혜승 (2004)	정책과정에서 참여하는 공사부문을 포함한 다양한 정책행위자들 간의 상호작용과 관련된 수평, 수직적 연계구조

이와 같이 정책네트워크에 대해 학자들마다 개념정의 및 강조점이 다양하지만 이들 논의들에서 공통적으로 인정하고 있는 것은, 정책네트워크를 규정하는 필요충분조건으로서 정부와 비정부부문을 포함한 다수의 정책행위자, 상호의존을 바탕으로 행위자 간 관계구조, 정책이익을 둘러싼 권력의 배분 등과 같은 구성요소를 중요시하고 있다는 점이다.

정책네트워크 개념의 이론적 정교화를 이루었다는 평가를 받는 Jordan과 Schubert의 개념 정의 역시 넓은 의미로 보면 정책네트워크의 구성요소에 의한 개념정의라 볼 수 있다. 그들의 정의에 따르면 하나의 정책네트워크는 행위자(actor), 그들 간의 연계(linkages), 경계(boundary)로 이루어져 있다는 것이다. 여기에는 주로 공공부문 및 민간조직의 행위자들로 구성되는 비교적 안정적인 행위자(actors)들이 포함된다. 행위자들 간의 연계(linkages)는 의사소통과 전문지식, 신뢰, 그리고 여타 자원을 교환하는 통로로서 작용한다. 하나의 정책네트워크의 경계(boundary)는 공식기관들에 의하여 결정되는 것이 아니라 기능적 적합성과 구조적인 틀에 의존하는 상호인지(mutual recognition)의 과정으로부터 결정된다는 것이다.[57]

본 연구에서는 이상의 논의를 종합적으로 고려하는 한편, 무엇보다 정책네트워크의 구성요소에 기반을 두어 정책네트워크를 "특정 정책결정 과정에 참여하는 다양한 행위자들의 역동적이며 복합적인 상호작용에 의해 나타는 관계구조와 권력교환의 장"으로 개념 정의하기로 한다.

그런데 정책네트워크의 개념정의가 구성요소에 의해 상이하게 나타난다고 전제한다면, 여러 가지 구성요소 중 어떤 요인을 선택하여 어디에 중점을 두느냐에 따라 정책네트워크의 특징은 물론 유형도 여러 가지 형태로 나타날 수밖에 없다. 즉, 하나의 개념을 규정하고 설명하기 위해서는, 먼저 측정 가능하며 주요한 변수들을 추출한 후 이들 변수 간 관계구조를 체계적이며 객관적으로 분석하는 것이 무엇보다 중요하다.

따라서 정책네트워크를 이루는 구성요소에 대한 논의는 정책네트워크의 특성 및 유형을 파악하는 데 있어 의미 있는 분석지표라 할 수 있다. 정책네트워크에 대한 분석이 정책변화의 역동적 과정을 면밀하게 파악하기 위한 도구적이며 수단적 연구임을 감안할 때, 정책네트워크를 구성하는 분석변수의 선정 여부는 정책변화과정의 행위자 간 인과관계를 분석하는 핵심적인 키워드라 해도 과언이 아닐 것이다.

아울러 정책과정에 참여하는 다양한 행위자들 간 상호작용의 연계로 형성되는 정책네트워크는 어느 특정한 하나의 요인이 일방적이며 독립적으로 작용한다기보다 여러 구성요소가 상호 간 영향을 미치게 된다. 다음의 <표 2-6>에서 보는 바

---

57) Grant Jordan & K. Schubert, "A Preliminary ordering of policy network labels, "*European Journal of Political Research*, 21(1992), p.12.

와 같이 정책네트워크 구성요소에 대해서도 학자별로 조금씩 상이한 분석변수를 제시하고 있다. 또한 하나의 동일한 분석변수를 선택했다 하더라도 하위변수는 각기 상이한 형태를 띠는 경우도 있음을 간과해서는 안 된다. 예컨대 행위자라는 동일한 분석변수라 하더라도 행위자의 수와 유형이 무엇인가, 누가 주도집단이 되는가, 행위자 간 역할범위는 어떠한가, 행위자의 성격은 어떻게 규정되는가, 행위자별 목표는 어떻게 구분되는가 등 연구자가 어디에 중점을 두느냐에 따라 다양한 하위변수로 나타난다.

따라서 정책네트워크를 구성하는 모든 요소를 일일이 고려할 수는 없으며, 정책네트워크를 규정하는 데 결정적 영향을 미칠 수 있는 한정된 분석변수를 선험적으로 선택하여 연구에 적용할 필요가 있다. 지금까지 대부분의 정책네트워크 관련 연구에서 공통적으로 언급되고 있는 정책네트워크 구성요소로는 행위자, 상호작용, 연계유형, 권력자원의 배분 등을 들 수 있다. 다음에서는 이 네 가지 요소에 대해 좀 더 자세히 논의하고자 한다.

〈표 2-6〉 연구자별 정책네트워크 구성요소

연구자	정책네트워크 구성요소
Rhodes & Marsh (1992)	구성원(membership), 통합(integration), 자원(resource), 권력(power)
Waarden (1992)	행위자(actors), 기능(function), 구조(structure), 행위규칙(rules of conduct), 권력관계(power relation), 제도화(institutionalization), 행위자전략(actor strategies)
Knote (1996)	정책영역(policy domain), 정책행위자들(policy actors), 정책이익(policy interests), 권력관계(power relations), 집단적 행위(collective), 정책결과 (policy outcomes)
이순호 (1999)	정책행위자의 수와 유형, 연계구조, 상호작용, 정책행위자 관계의 제도화

연구자	정책네트워크 구성요소
배응환 (2000)	정책행위자, 정책이익, 권력관계, 상호작용통로
강은숙 (2001)	행위자, 통합성정도, 권력비교, 네트워크 유형, 상호작용, 정책변동규모
방민석 (2002)	정책행위자(참여범위, 역할기능, 이해관계), 관계구조(개방성, 연계성, 원활성, 지속성), 상호작용(역할분담, 주도기능, 조정기제)
김경주 (2002)	정책행위자, 상호작용(내용과 양태), 네트워크관계구조
양재대 (2003)	행위자(목표, 정책선호, 전략), 상호작용(갈등적, 협력적), 연계구조
신영균 (2003)	행위자(수, 주도세력), 기능(협상, 조정, 신뢰), 상호작용관행(상호호혜성, 사익추구, 정보개방성), 권력분포(이익집단 자율성, 균형 및 공생)
김주환 (2004)	행위자(수와 성격), 응집성(행위자들 생각하게 갈등 정도)
이혜승 (2004)	행위자(수와 유형, 주도집단), 상호작용의 성격(갈등적, 협력적), 구조(개방성과 연계유형), 권력(자원보유)

가. 행위자

정책은 정책결정 과정에 누가 참여하느냐에 따라 그 성격이 달라진다. 이때 정책결정 과정에 참여하는 일련의 당사자들을 통칭하여 정책행위자라 한다. 정책과정에서 여러 행위자들은 각기 다양한 주장과 이해관계를 갖고 있으며, 자신들의 이익을 최대한 보장받을 수 있는 방향으로 정책을 수립하기 위해 노력한다.

특히 오늘날 국가와 시민사회의 영역이 허물어지고, 국가에 집중되었던 권력이 사회 제 세력들에 배분되면서 정책행위자의 수와 양상이 복잡화, 다양화되는 경향을 보이고 있다. 이러한 정책행위자들의 수와 양상에 따라 정책네트워크의 크기 및 유형이 결정된다는 점을 감안할 때, 정책행위자 분석은 정책네트워크 분석에서 가장 기본적이면서도 핵심적인 분석요인이라 할 수 있다.

정책네트워크 분석요소로서 행위자는 상기에서 언급한 바와 같이 여러 가지 하위변수로 나누어 살펴볼 수 있다. 먼저 행위자 분석에서 가장 많이 사용되는 기본적인 하위변수로서는 행위자의 수(member)와 유형(type)을 살펴보는 것이다. 행위자의 참여 수는 정책네트워크의 크기(size)를 결정할 뿐만 아니라, 관련된 행위자의 성격에 의해 정책네트워크의 유형은 물론 정책 산출 변화에 직결된다고 볼 수 있다.

다음으로 정책과정에 참여하는 행위자의 정책목표(policy goal) 및 전략을 분석하는 것이다. 정책네트워크에서 행위자들은 각기 정책과정에 참여하여 얻고자 하는 실질적인 이해득실, 즉 정책목표를 갖고 있다. 행위자들은 특정 정책의 이해득실을 고려하여 정책변화에 대한 지지와 반대의사를 명확히 주장함은 물론, 나아가 정책목표의 극대화를 위해 나름의 전략을 구사하기도 한다. 따라서 행위자가 지향하는 목표와 이를 달성하기 위해 구사하는 세부전략에 따라 정책네트워크 유형이 다르게 나타날 수 있다.

마지막으로 정책네트워크 내에서 어느 행위자가 주도적인 역할을 하며 영향력을 행사하고 있는가를 살펴보는 것이다. 정책과정에 참여하는 행위자들은 각기 동일한 권력자원을 보유한 것이 아니기 때문에 자신이 보유하지 못한 권력자원을 획득하기 위해 행위자 간 상호작용의 과정을 겪게 된다. 이 과정에서 이들 개별 행위자들이 획득할 수 있는 자원동원능력에 따라 정책산출 및 정책결정에 미치는 영향력은 차별성을 갖게 되며 결국 조직이나 개인이 갖는 역량에 따라 주도행위자가 달라질 수 있다.

이상에서 살펴본 정책행위자의 수와 주도세력 변수요인에 따라 정책네트워크의 하위유형이 다양한 형태로 나타난다. 가령 정책공동체는 행위자의 범위가 정부 부처, 의회의 상임위원회, 그리고 특정 이익집단과 전문가집단으로 한정되는 반면, 이슈네트워크의 경우는 다양한 행위자들이 정책과정에 참여하며 개방적인 형태를 띠고 있다.

한편, 정책네트워크에 참여하는 정책행위자는 큰 틀에서 보면 정부부문과 비정부부문, 제도적 행위자와 비제도적 행위자, 공식적 행위자와 비공식적 행위자 등의 형태로 구분할 수 있다. 일반적으로 정부부문과 공식적 그리고 제도적 행위자란 법적·제도적으로 보장된 행위자를 의미하는 것으로, 행정부·입법부·사법부와 같은 국가기관과 싱크탱크(Think‐Tank)를 비롯한 정부유관기관 등을 포함한다. 이에 반해 비정부부문, 비제도적, 비공식적 행위자는 정책과정 참여가 법적·제도적으로 보장되는 것은 아니지만 정책과정에 참여하여 실질적인 영향력을 행사할 수 있는 행위자를 의미하며, 여기에는 정당, 언론, 기업, 국내외 NGO, 이익집단, 주변국 및 국제기구 등을 들 수 있다.[58]

나. 상호작용

정책네트워크에 참여하는 다양한 행위자들은 자신의 이해관계와 정책목표를 달성하기 위해 여타 행위자들과 상호작용을 한다. 행위자들의 행동에 대한 조정은 중앙의 방향설정이나 사전에 설정된 어떤 조화의 결과가 아니라, 각각의 행위자들의 목적지향적인 상호작용의 결과로 본다. 그리고 이들 각각의 행위자들은 정보와 여타 적절한 자원들을 교환함으로써 평행적인 행동(parallel action)이 가능하게 된다.[59] 정책네트워크의 상호작용은 행위자들의 신념, 욕구, 자원 및 전략이 교환되

---

58) 행위자의 분류가 이와 같이 다양한 형태로 명명되지만 행위자의 특성을 고려하면 결국 정부부문과 비정부부문으로 분류할 수 있다는 것에 대체로 공감한다. 정책행위자 분류에 대해서는 다음을 참조. 김규륜, "남북경협 거버넌스 실태조사", 『한반도 평화번영 거버넌스의 분야별 현황과 과제』(통일연구원 주최 2006협동연구 학술회의 발표논문집, 2006년 9월 27일), pp.236‐254, 송정호, "한반도 평화번영을 위한 대북정책 거버넌스 실태", pp.198‐208, 노화준, 『정책학원론』(서울: 박영사, 2003), pp.106‐115, 정정길, 『정책학원론』(서울: 대명출판사, 2006), pp.141‐143.
59) Patrick Kenis and Volker Schneider, "Policy Networks and Policy Analysis; Scrutinizing a New Analytical Toolbox" in Berned Marin and Renate Mayntz(eds.), *Policy Network; Empirical Evidence and Theoretical Considerations*(Boulder, Colorado: Westview Press,

는 실제적 과정으로서, 정책네트워크는 행위자들의 이러한 상호작용에 의해 형성, 유지, 변화되는 것으로 볼 수 있다.

한편, 정책목표란 정책을 통하여 달성하고자 하는 바람직한 미래의 상태를 의미하는데, '바람직한' 상태에 대하여 국가체제나 사회구성원들마다 다른 견해를 가질 수 있기 때문에 정책목표는 극히 주관적이며 규범적 성격도 갖는다. 또한 정책목표를 둘러싸고 다양한 견해가 표출될 수 있고 경우에 따라서는 서로 대립과 충돌을 가져올 수도 있다.[60] 따라서 행위자 간 동일한 정책목표를 지향할 때는 상호 전략적 제휴나 협력적 관계를 형성하게 되고, 이에 반해 정책목표의 지향점이 상이할 때는 갈등관계를 가질 수 있기 때문에, 행위자 간 상호작용의 성격에 따라 정책과정의 진척이 달리 나타나게 된다. 이러한 이유에서 행위자 간 상호작용은 정책네트워크 연구에 있어서 필수적인 분석요소라 할 수 있다.

정책네트워크에서 행위자 간 상호작용에 대한 분석은 상호작용의 형태와 성격으로 나누어 살펴볼 수 있다. 전자는 행위자 간 각기 보유하고 있는 자원이 어떠한 형태나 제도를 통해 교환되는가라는 이익표출의 방법을 살펴보는 것이며, 후자는 이러한 과정에서 행위자 간 맺어지는 관계의 성격이 어떠한지를 고찰하는 것이다.

먼저 상호작용의 형태와 관련하여서는 넓은 의미에서 볼 때 각각의 행위자가 보유하고 있는 정보, 자원, 인력 등의 교환이 이루어지는 형태나 제도에 주목하는 것으로 행위자 간 접촉 빈도 및 교환방법 등을 중요한 요소로 지적한다. 행위자가 자신이 보유하고 있는 정보 및 자원을 교환하는 과정에서 정책네트워크는 이들의 상호접촉통로로서의 기능을 담당하게 된다. 이러한 교환의 방법에는 공식적 연계의 형태로 이루어지는 세미나·공청회·토론회·정기보고회 등이 있으며, 비공식적 연계로서 수시로 이루어지는 간담회, 방문, 면담, 전화, 서신교환 등의 방법이 있다.

아울러 조직 간 상호작용을 좀 더 심도 있게 보기 위해서는 이러한 양적 지표

1991), pp.25 - 39.
60) 박호숙, 『정책결정과 정책집행』(서울: 조명문화사, 2005), p.5.

외에 보고명과 위원회 기능까지 함께 고려하여 질적인 연구를 할 필요도 있다. 또한 정보 및 물적 자원 교환뿐만 아니라 인적자원 교환도 중요한 측정지표가 될 수 있다. 즉, 정부 부처 간 및 비정부부문 내부의 인력이동은 물론, 제도권의 진입이라는 의미에서 비정부부문에서의 정부부문으로의 인적 이동도 중요한 기준이 될 수 있다.

다음으로 상호작용의 성격은 행위자 간 정책목표의 상이성에 따른 전략의 차별성과 연관된다. 행위자 간 상호의존성에 기인하여 상호작용이 발생하는데 이 과정에서 행위자들은 달성하고자 하는 정책목표의 일치 여부에 따라 협력 및 갈등 양상을 보이게 된다. 이에 정책네트워크 행위자 간 성격이 협력적인가 갈등적인가의 여부를 파악함으로써 정책결정 및 집행상의 난이도를 예측할 수 있다(아래 <표 2-7> 참조).

<표 2-7> 연구자별 상호작용의 내용에 대한 분류

연구자	상호작용의 내용
Van de Ven(1976)	정보의 흐름, 자원의 흐름(유·무형 자원)
Rhodes & Marsh(1992)	상호작용 빈도, 지속성, 합의, 자원배분, 권력(정책네트워크 유형분류 기준)
권용현(1995), 강은숙(2001), 김상복(2001), 임을기(2001)	편견의 동원, 정책학습, 권력구조의 재배열
윤석환(1996), 이순호(2000)	연계구조
김석현(1998)	인적·물적 자원유통, 종합적 정보교류기관, 공동정책수립
배응환(2000)	정보흐름, 자원흐름, 경계침투
한인숙, 김희연(2001)	행위자들의 유대, 행위자들 간 관계내용, 행위자들 간 상호 호혜성 정도, 상호작용의 빈도, 네트워크 지속성
윤석환(1996), 김상복(2001)	행위자 간 갈등, 협력
강은숙(2001)	촉발적 기제, 문제인지 및 대응, 채널 및 전략
김경주(2002)	정보의 흐름, 자원의 흐름, 인사흐름, 연계행위
유영아(2003)	빈도, 성격, 경로, 유형

출처: 박진경, "성매매방지법 제정과정의 정책네트워크 분석"(이화여자대학교 정책과학대학원 석사학위논문, 2006), p.23

다. 관계구조

정책네트워크의 관계구조는 행위자들 간 관계의 유형(pattern of relations)으로서, 어떠한 구조와 형태로 네트워크가 구성되는가의 문제를 살펴보는 것이다. 정책네트워크에 참여하는 행위자들의 영향력은 동일하지 않으며 관계의 속성 및 상호작용을 통한 연계방식에 따라 구조적 측면에서 다양한 형태가 나타날 수 있다. 관계구조는 정책과정에 참여하려는 행위자들의 진입구조를 의미하기도 하며, 정책네트워크 내부에서 행위자 간 상호인식에 따라 정형화된 관계의 성격으로 볼 수도 있다.

네트워크를 형성하는 행위자 사이의 관계란 무엇인가에 대해서는 아래 <표 2 - 8>에서 보는 바와 같이 보통 7개에서 9개의 사회적 관계로 분류할 수 있다.[61]

〈표 2-8〉 사회적 관계와 네트워크의 행위자 간 관계성

사회관계 유형	네트워크의 행위자 간 관계성의 예
거래관계	재정적 관계, 물질적 지원 및 교환 관계
의사소통 관계	출판적 관계, 회의 참여, 정보 교환
상호침투 관계	활동에 관한 관계, 인재적 관계
도구적 관계	활동에 관한 관계, 설립에 관한 관계
감정적 관계	·
권위·권력 관계	조직적 관계, 제도적 관계, 단체의 멤버십
친족 관계	·
물리적 연결	시설의 공유 또는 근접 관계
공간적 연결	활동에 관한 관계, 인재적 관계

행위자 간 관계구조는 여러 가지 하위변수로 살펴볼 수 있으나 일반적으로 정책네트워크에 참여할 수 있는 진입구조의 개방성 여부, 행위자 간 자원보유에 따른

---

61) 황병덕·김영호·강동완, "서론", 황병덕 외, 『동북아 지역내 NGO 교류협력 활성화 및 인프라 구축방안(총괄편)』(서울: 통일연구원, 2006), p.17.

위계서열의 형성 여부, 정책네트워크 행위자 간의 관계가 어느 정도 시간적인 지속성을 갖고 있는가라는 관계구조의 지속성 등을 들 수 있다.

먼저 진입구조의 개방성 여부는 정책에 참여하고자 하는 행위자들의 진입구조를 파악하는 것으로 참여자들이 얼마나 손쉽게 네트워크에 참여할 수 있는가라는 개방성 정도에 따라 개방적, 폐쇄적 형태로 특징지을 수 있다. 정책행위자들이 네트워크에 참여하는 데 있어 진입장벽에 가로막히지 않고 자유롭게 진출입이 가능하다면 정책을 둘러싼 여러 다양한 행위자들의 참여가 확대되며, 이는 곧 정책이 특정한 집단에게 유리한 방향으로 결정, 집행되는 것을 견제할 수 있다는 의미를 가진다.

이와는 반대로 네트워크 참여가 일부 특정 조직에 한정되어 다른 행위자들의 참여가 폐쇄적이며 경직된 구조라면 상대적으로 여러 다양한 참여자들의 공동인식에 근거한 합리적이며 최상의 합의모색과정을 수반하지 못하는 결과를 초래할 수 있다. 따라서 네트워크에 참여하려는 행위자들의 진출입의 개방성 여부는 정책변화 및 정책네트워크의 유형을 결정짓는 중요한 분석변수이다.

다음으로 행위자 간 자원보유에 따른 위계서열의 형성 여부를 살펴볼 수 있다. 앞서 살펴본 개방성 여부가 네트워크라는 구조에 접근할 때 나타나는 외적 관계의 특성을 파악하는 것이라면, 행위자 간 자원보유에 따른 위계서열은 네트워크에 참여하고 있는 행위자 간 내적 구조의 특성을 파악하는 것이라 할 수 있다. 즉, 네트워크를 형성하는 정책행위자는 상호의존성에 기인하여 연계구조를 형성하는데 이러한 연계유형이 수직적인가 아니면 수평적인가라는 특성을 살펴보는 것이다. 그리고 이러한 행위자 간 연계유형을 파악하는 것은 거시적인 틀에서 보면 정부와 비정부부문 간의 상호의존이 어떠한 관계유형으로 나타나는가의 여부이며, 미시적으로는 정부 내부 부처 간 관계, 혹은 비정부부문의 조직 내의 상호작용에 따른 관계의 유형을 파악하는 것이라 할 수 있다.

그런데 정책네트워크에 참여하는 행위자 간 연계유형이 수직적이라고 해서 이것을 힘에 의한 통제와 명령체계로 대변되는 위계적 서열구조로 단정 지을 수는 없으며, 동시에 행위자들 간 관계가 수평적이라고 해서 이것이 모든 관계유형의 동일성을 의미하는 것은 아님을 주목할 필요가 있다.

즉, 정책네트워크는 상호의존적일 뿐만 아니라 이질적이기도 한 행위자로 구성되며, 그러한 행위자들이 갖는 자원의 차이로 인해 일정 정도의 비대칭성이 존재하는 것이다. 따라서 다양한 형태의 구조가 형성될 수 있으며, 상호작용, 정책과정에의 참여 등의 기준에 따라 연계구조를 세분하고, 연계의 구조적 속성을 정교하게 할 수 있다.[62)]

라. 권력자원

정책네트워크에 참여하는 행위자는 자원의존에 입각하여 상호 자신의 부족한 자원을 여타 행위자로부터 획득하고자 한다. 이때 행위자가 보유하고 있는 자원은 정책네트워크 내에서 영향력을 행사할 수 있는 실질적인 권력으로 나타난다. 그런데 정책행위자의 특성 및 규모에 따라 동원할 수 있는 자원의 질과 양은 상이하며 이에 따라 정책네트워크에서 점유할 수 있는 지위도 달라진다. 또한 이러한 자원의 보유뿐만 아니라 어떠한 자원을 얼마나 동원할 수 있는가, 그리고 이러한 자원을 활용할 수 있는 능력이 있느냐에 따라 행위자들의 영향력이 달라질 수 있다.

정책결정의 참여자들은 어느 한 단계에서만 활동을 하고 멈추는 것이 아니고, 단계를 따라 계속적으로 자기 이익을 위해 노력을 한다. 이러한 과정에서 결국은 지원(resources)이 많은 쪽의 주장이 관철될 것이다.[63)] 따라서 정책네트워크에 참여하는 행위자 간 자원의 동원·보유·활용능력 등에 따라 정책결정 및 집행과정에서

---

62) 양재대, "정책네트워크 관점에서 본 도시계획 결정과정에서의 지방의회 역할에 관한 연구"(서울시립대학교 박사학위논문, 2003), p.31.

63) 박호숙, 『정책결정과 정책집행』, p.26.

발휘되는 영향력이 상이한 점을 감안할 때 행위자들의 권력자원을 파악하는 것은 정책네트워크 분석에서 중요한 요인 중 하나라 할 수 있다.

정책네트워크에서 영향력을 행사할 수 있는 기반으로서 작용하는 권력자원[64]으로는 아이디어, 전문지식, 인적동원력, 예산(budget), 기금(fund), 강제(coercion), 선거(votes), 조직에 대한 통제(organization's control over policy output), 전문성, 독점성, 조직의 결집력, 연대활동과 같은 자원교환 등이 있다.

3. 정책네트워크의 유형

정책네트워크 이론은 정책에 참여하는 다양한 행위자 간에 발생하는 역동적이며 상호의존적 관계구조를 심층적으로 분석하여 정책결정 및 변화과정을 면밀히 파악할 수 있다는 장점을 갖고 있다. 정책결정 및 집행에 이해관계를 가지는 다양한 행위자들의 상호작용을 기본 전제로 인식하는 정책네트워크는 앞서 살펴본 바와 같이 정책네트워크 구성요소에 따라 다양한 개념으로 정의되며, 각각의 변수 중 어느 요인에 주안점을 두느냐에 따라 정책네트워크 유형 역시 다양하게 나타나고 있다.

그런데 정책네트워크 유형은 정책네트워크를 구성하는 여러 가지 요소 중 특정한 하나의 독립적인 요소에 의해 결정된다기보다 네트워크에 결합되는 행위자 간 상호작용의 통합 정도 및 구조적 특성에 따라 결정된다고 할 수 있다. 네트워크의 개념은 포괄적으로 보면 국가 – 집단 관계를 범주화하는 개념이다. 그 범위는 제한된 정보교환으로부터 정치과정에서의 집단의 제도화까지 포괄적이다. 따라서 네트

---

64) 이선미는 자원(resources)을 권력의 원천 및 권력행사의 필수 요소로 보고, 한국의 시민사회가 보유하고 있는 자원을 인적자원, 재정적 자원, 조직적 자원으로 나누어 제시하고 있다. 이에 대한 자세한 논의는 이선미, "NGO의 권력이동", 박길상 편저, 『한국사회 권력이동』(서울: 굿인포메이션, 2006), pp.207 – 214 참조.

워크의 통합 정도도 조합주의적 특성에 가까운 제한되고 안정적인 참여자를 가진 폐쇄적이고 긴밀한 네트워크에서부터 다원주의적 특성에 가까운 개방적이고 느슨한 네트워크에 이르기까지 다양하다.

일반적이고 포괄적인 정책네트워크 유형을 제시한 Waarden은 국가의 개입과 이익집단의 개입의 정도에 따라 국가주의, 조합주의, 철의 삼각, 다원주의, 이슈네트워크 등으로 구분하고 이를 세분하여 11가지 유형으로 분류하였다. Marsh & Rhodes는 하위정부의 대안으로 특정의 정책네트워크가 정책공동체와 이슈네트워크의 연속선상에 존재한다고 보고, 구성원(Membership), 통합성(Integration), 자원(Resource)의 배분, 권력(Power)의 균형상태라는 네 가지 구성요소에 따라 정책네트워크 유형이 달라진다고 보고 그 특성을 비교하였다. Rhodes는 정책네트워크를 자원의 의존에 의해 상호 연계된 조직의 복합체(complex) 또는 클러스터(cluster)로 정의하면서, 정책공동체(policy community), 전문가네트워크(Professional network), 정부 간 네트워크(Intergovernmental network), 생산자 네트워크(Producer network), 이슈 네트워크(Issue network) 등의 다섯 가지 유형으로 분류하고 있다.[65]

이상의 논의를 종합하여 정책네트워크 유형을 배열하면, 다음의 <그림 2-4>에서 보는 바와 같이 정책행위자들의 참여가 제한적인 국가주의와, 이에 반해 정책행위자들의 참여에 제약이 거의 없는 이슈네트워크를 양극단에 두고, 이 사이에 국가조합주의, 사회조합주의, 하위정부, 정책공동체, 압력다원주의 등을 연속선상에 위치시킬 수 있다.

---

65) Van Frans Waarden, "Dimensions and types of policy networks", *European Journal of Political Research* 21(1992), pp.29-52; David Marsh & R. A. W. Rhodes, *Policy Network in British Government*(Oxford: Oxford University Press, 1992); R. A. W. Rhodes, *Understanding Governance: Policy Network, Governance, Reflexivity and Accountability.*

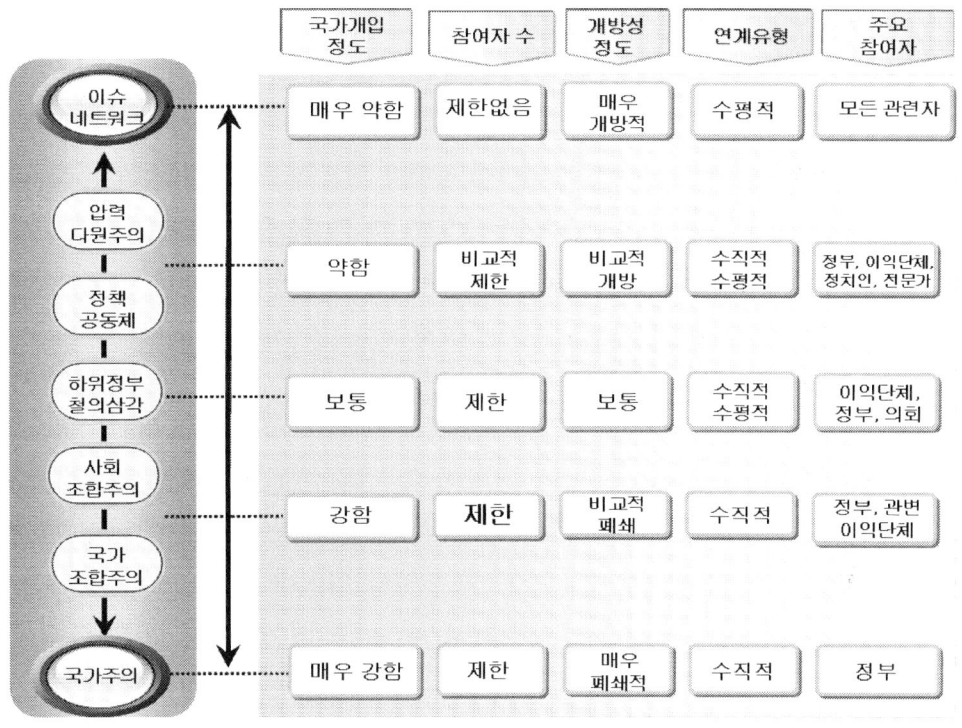

	국가개입 정도	참여자 수	개방성 정도	연계유형	주요 참여자
이슈 네트워크	매우 약함	제한없음	매우 개방적	수평적	모든 관련자
압력 다원주의 정책 공동체	약함	비교적 제한	비교적 개방	수직적 수평적	정부, 이익단체, 정치인, 전문가
하위정부 철의삼각	보통	제한	보통	수직적 수평적	이익단체, 정부, 의회
사회 조합주의	강함	제한	비교적 폐쇄	수직적	정부, 관변 이익단체
국가 조합주의 국가주의	매우 강함	제한	매우 폐쇄적	수직적	정부

〈그림 2-4〉 정책네트워크 유형 변화

이하에서는 오늘날 실제 정책과정에서 주로 나타나는 정책네트워크 유형으로서 하위정부모형(sub-government model), 정책공동체모형(policy community model), 이슈네트워크 모형(issue network model)에 대해 각각의 내용을 좀 더 자세히 살펴보고자 한다.

먼저 하위정부모형은 의회의 위원회, 행정부처, 정책에 이해관계를 갖는 일부 이익집단의 소수 행위자로 구성되는 폐쇄적 정책망을 의미한다. 정부와 이익집단의 소수 엘리트들이 연합한다는 의미에서 철의 삼각(iron-triangle)으로 불리기도 하는 이 모형은 제한된 행위자들이 정책이익을 상호 공유하며 협상이 용이하기 때문에 갈등적 관계보다는 안정적이며 적극적인 협력관계가 형성된다고 볼 수 있다.

하위정부모형은 각 영역별 이익집단이 의회의 관련 위원회와 행정부 소관의 관료조직과 연계해서 상당히 독립성을 지닌 하위정부를 구축하여 해당 정책 분야의 정책결정과 집행에 영향을 미치고 있다는 것이다. 각 정책영역별 하위체제를 구축하고 있는 이들 참여자들은 제한된 참여를 통해서 정책을 통제하려는 목적을 지니고 있기 때문에 다른 참여세력의 개입을 저지하면서 독립성을 유지하려고 한다.66)

이러한 하위정부모형은 Ripley & Franklin에 의해 주로 미국 정치체제에서 정책결정구조의 특징을 기술하는 이론으로 제시되었으며, 1960년대와 1970년대에 미국의 정책네트워크에 관한 모형으로 상당히 인기가 있었다. 그러나 1980년대와 1990년대에 접어들면서 상당수의 학자들은 하위정부모형이 미국 정부정책결정 과정의 복잡성을 적절하게 설명하지 못한다는 점에서 매우 비판적인 입장을 보였다. 이러한 비판과 관련하여 실제로 정책연구에서 하위정부모형은 미국 연방정부의 정책네트워크를 나타내는 가장 전형적인 모형으로서의 위치를 잃어가고 있다고 보기도 하며, 쇠퇴의 징후를 보임에도 불구하고 일부 학자들은 미국연방정부에서 대부분의 정책결정이 여전히 하위정부모형에 입각해 이루어지고 있다는 입장이 상존하고 있다.67)

다음으로 정책공동체모형(policy community)은 폐쇄적인 하위정부모형의 한계를 인식하고 이에 대한 비판적 대안으로 제시된 정책네트워크 유형 중 하나이다. 상기

---

66) 정정길 외 공저, 『정책학원론』, p.236.
67) 현재 미국 정책결정 과정에서 정책네트워크 유형 중 하나인 하위정부모형이 여전히 존속되고 있느냐에 대한 논의는 본 연구의 논지를 벗어나는 것이므로 어떠한 판단을 내릴 수는 없다. 다만, 하위정부모형과 정책공동체모형을 구분하는 뚜렷한 기준점으로 전문가 집단의 참여 여부를 들고 있는데, 현재 미국 정책결정 과정에서 전문가 집단으로서 싱크탱크의 역할이 매우 주요한 행위자임을 감안하면, 하위정부모형의 적실성은 다소 퇴색되고 있다고 볼 수 있다. 미국의 정책결정 과정에서 싱크탱크의 역할에 대해서는 다음을 참조. 제임스 스미스 저, 손영미 역, 『미국을 움직이는 두뇌집단들』(서울: 세종연구원, 1996), 정선환, 『세계를 움직이는 미국의 싱크탱크』(서울: 모색, 1997), 소에지다 다카히코 저, 신동욱 옮김, 『누가 미국을 움직이는가』(서울: 들녘, 2001), 박영호, 『미국 외교정책에서의 정책연구기관(Think Tanks)의 역할과 한반도 문제』(서울: 통일연구원, 2005).

에서 전술한 하위정부모형이 미국에서 발현된 것이라면 정책공동체모형은 유럽의 학자들에 의해 제시된 개념이라 할 수 있다. 특히 Richardson과 Jordan은 정책공동체 개념을 영국적인 상황하에서 발전시키고, 서구정치 체제하에서 다양한 정책형성을 이해하는 안내개념이라고 주장하였다. 이들이 제시하는 정책공동체는 "일반대중과 격리된 제한된 수의 참여자와 이들 간의 안정적이고, 지속적인 관계, 구성원들 간의 높은 상호의존성 등의 특징을 갖는 정책체계"를 의미한다.

정책공동체의 참여자들은 가치, 이데올로기, 정책에 대한 선호도 등을 공유하며 안정적이고 지속적인 관계를 형성한다. 그러나 협력과 합의에 의해 정책결정이 이루어진다는 하위정부모형과 달리, 정책공동체에서는 반드시 협력적 관계만 이루어진다고 볼 수 없으며, 행위자 간 갈등관계를 고려하기도 한다.

한편, 정책공동체모형이 하위정부모형과 뚜렷이 구별되는 요인 중 하나는 바로 정책과정에서 행정관료, 정치인, 이익집단을 주축으로 하면서 이른바 '전문가'(expert) 집단이 추가로 참여한다는 점이다. 즉, 정책공동체의 주요 구성원은 ① 관료들과 그 소속행정기관, ② 개개 정치인과 그들의 집단, ③ 조직화된 이익집단과 그 지도자 및 각료들, ④ 그리고 정책에 대하여 생각하고 연구하는 대학 및 기타 연구기관과 정부 내의 '전문가'들이다. 정책공동체모형은 하위정부모형과 비교할 때 참여자의 수가 비교적 제한적이지 않으며 정책행위자의 참여 범위가 확대되는 특징을 보인다고 할 수 있다.

마지막으로 이슈네트워크 모형은 1970년대 후반에 Heclo가 하위정부모형을 비판적으로 검토하면서 정책이슈를 중심으로 유동적이며 개방적인 참여자들 간의 상호작용 현상을 묘사하기 위한 모형으로 제안하였다. Heclo는 하위정부모형이 잘못되었다기보다는 매우 불완전(incomplete)하다고 지적하는데, 이는 폐쇄적 삼각관계만을 볼 경우, 정부결정에 미치는 영향이 커지고 있는 상당히 개방적인 사람들의 네트워크를 간과하게 된다는 것이다. 그러므로 정책결정이 규모가 훨씬 큰 이슈네트워크 내에서 이루어진다고 보는 것이 가장 적절하다고 주장한다.[68] 미국의 정책결정 과정을 의회 위원회, 관료, 이익집단이라는 삼자 간 동맹체제로만 보기에는 다원화된 사회인 미국의 상황을 제대로 설명할 수 없는 한계점을 분명 지니고 있다는 것이다. 이슈네트워크의 특성은 무엇보다 정책행위자의 범위가 확대되는 것으로 참여자의 경계가 불분명하고 정책에 관계된 거의 모든 참여자들이 자율적으로 참여하며 네트워크로의 진·출입이 용이한 특성을 갖고 있다.

특히 정책과정이 보다 전문화되고 복잡해지며, 참여자들 간의 경쟁이 치열해지기 때문에 정책결정에서는 전문성이 중요시된다. 전문지식을 가진 새로운 참여자가 이슈네트워크에 쉽게 접근하여 중심적 역할을 수행할 수 있으므로 쟁점에 관한 전문성의 수준에 따라 네트워크에서의 영향력의 정도가 결정되기도 한다.

그런데 네트워크에 참여하는 행위자들의 경계가 명확하지 않고 중심적이며 주도적 행위자에 의한 협의와 조정이 부재하면서 오히려 이슈의 복잡성이 더욱 증대되는 경향을 보이기도 한다. 특히 행위자 간 합의된 정책목표를 공유하지 않기 때문에 갈등이 상존할 수 있으며 특정의 정책결정이 모두에게 이익이 되기보다 여타 행위자에게는 오히려 불이익을 초래하게 되는 경우도 나타날 수 있다.

제2절 선행연구

1. 정책네트워크 관련 선행연구

한국의 정치체제가 권위주의 체제에서 민주주의 체제로의 이행기를 거치면서 그

---

68) H. Heclo, "Issue Networks and the Executive Establishment", in A. King.(ed.), *The New American Political System*(Washington, D.C: American Enterprise Inc, 1978), p.87.

동안 국가의 고유한 영역으로 간주되던 정책결정 과정에 NGO를 비롯한 시민사회의 영향력이 급격히 확대되고 있다. 국내적으로 민주화에 따른 사회적 변혁이 수반됨과 동시에 대외적으로 세계화, 정보화 등의 영향으로 정부와 비정부 영역의 경계가 모호해지면서 다양한 행위자들이 정책과정에 접근하는 진출입로가 더욱 확장되었다.

이러한 행위자의 다양화와 복잡화로 인해 다원화된 현대사회에서, 기존의 국가와 시장의 수직적 관계만을 다루는 단편적 시각으로는 시시각각 급변하는 정책과정을 다각적으로 조망하기 어렵다는 한계점이 노정되었다. 이에 따라 정책결정 과정에 참여하는 여러 행위자 간의 다층적이며 역동적인 상호작용을 분석하려는 연구의 필요성이 제기되었으며 정책결정 과정 자체에 대한 연구가 활발히 이루어지고 있다.

국내에서는 1980년대 후반부터 정책과정에 참여하는 행위자의 연계구조를 분석하는 연구가 부분적으로 이루어지다가 2000년 이후 정책네트워크 이론을 중심으로 한 연구가 늘어가고 있는 추세이다. 정책네트워크 이론은 한마디로 다양한 행위자들 간 이해관계를 포괄적이며 종합적으로 설명할 수 있다는 점에서 그 유용성을 가진다고 할 수 있다. 국내에서 정책네트워크 모형을 실제 정책 분야에 적용한 연구들을 박사학위논문을 중심으로 살펴보면, 아래 <표 2-9>에서 보는 바와 같이 노동복지, 경제, 그린벨트, 정보통신, 여성, 도시계획, 의약분업, 사회보험정책 등의 공공정책 분야에 적용되었다.

〈표 2-9〉 정책네트워크 이론을 적용한 국내 선행연구

연구자	정책 분야	연구자	정책 분야
김순양(1994)	의료보험정책	방민석(2002)	정보통신정책
김병완(1995)	환경정책	송미원(2002)	정보통신정책
정용남(1998)	사법개혁정책	김경주(2002)	여성정책
이순호(1999)	노동복지정책	양재대(2003)	도시계획정책
배응환(2000)	산업정책	신영균(2003)	의약분업정책
강은숙(2001)	그린벨트정책	김주환(2004)	의약분업정책

이상의 연구들은 모두 해당 분야의 정책과정을 시간의 흐름에 따라 정책행위자들 사이의 다양한 이해관계와 활동의 역동성을 비교 분석함으로써 행위자 간 이해관계를 면밀히 밝혀내고 있다. 또한 정책결정 과정의 환경변화와 정책네트워크 형성 및 지속과정을 다각적으로 분석하여 정책결정 과정의 종합적인 흐름을 분석함으로써 정책을 둘러싼 이해당사자 간 갈등을 조정할 수 있는 기틀을 마련함은 물론 정책집행의 효율성을 극대화할 수 있는 다양한 정책방안을 제시하고 있다.

그런데 지금까지 정책네트워크와 관련된 연구는 대부분 행정학이나 정책학에서 다루어짐으로써 연구의 주제 역시 경제, 산업, 보건복지, 노동, 환경, 여성, 정보통신정책 등의 국내 공공정책 분야에 한정되고 있다. 대북·통일정책 분야에 있어서 정책네트워크 이론을 적용한 연구는 아직까지 활발히 전개되고 있지 않은 것으로 간주된다.

다만, 박사학위논문은 아니지만 정치학계 연구자들로 구성된 '거버넌스연구회'나 국책연구기관인 '통일연구원'에서 수행하고 있는 거버넌스 관련 일부 연구들에서 정책네트워크 이론을 다소 적용하여 정책에 참여하는 행위자 간 관계유형을 파악하려는 시도가 있기는 하였다.

대북·통일정책[69] 분야 연구 중 거버넌스를 원용한 연구들을 살펴보면, 먼저 이 분야의 선구적 연구로 평가할 수 있는 여인곤 외(2004)의 "정보화 시대 통일정책 거버넌스 개선방안" 연구를 들 수 있다. 이 연구는 거버넌스 개념을 통일정책 분야에 처음으로 원용한 연구로서 '통일정책 거버넌스'라는 개념을 정의하고 배경과 필요성 및 통일정책 거버넌스 분석 틀을 처음으로 제시하였다는 데에 의의가 있다.

---

69) '통일정책'의 개념과 관련하여 통일정책 역시 '공공성'을 갖는 정책으로 '국가기관에 의해 취해지거나 국가기관과 관련되는 공식적인 결정 또는 행동계획'이라는 점에서 공공정책의 개념과 크게 다르지 않다고 볼 수 있다. 그럼에도 일반 공공정책과 두드러지게 구별되는 몇 가지 특성이 있는데, 이는 남북의 적대적 상황, 보안과 기밀 유지, 이념적 대립과 갈등, 언론의 역할 등이다. 이 부분에 대한 상세한 논의는 여인곤 외, 『정보화 시대 통일정책 거버넌스 개선방안』(서울: 통일연구원, 2004), p.9 참조.

김국신(2005)은 "남북한 통합을 위한 바람직한 통일정책 거버넌스 구축방안" 연구를 통해 통일정책 거버넌스 개념을 더욱 정교화하고, 국내외 차원의 복합적이고 중층적인 거버넌스 체계를 정리하여 남북연합 거버넌스 논의로까지 확장하고 있다.

다음으로, 거버넌스의 효율적 운영과 관련하여 국책연구기관인 통일연구원에서 2006년부터 2008년까지 3개년 계획으로 추진 중에 있는 '거버넌스 협동연구'가 있다. 이 연구는 통일연구원이 총괄연구기관이 되고, 경남대 · 고려대 · 대전대 · 서울시립대 · 국제노동법연구원 · 한국행정연구원 등이 협력기관으로 참여하여 40여 명의 연구자가 공동으로 수행하고 있는 대형 프로젝트 연구이다. 이 연구는 변화하는 대북정책 환경 속에서 남북관계 거버넌스의 추진 실태를 파악하고, 이를 바탕으로 '바람직한 거버넌스(good governance)'를 모색하기 위한 정책적 대안을 찾는 데 연구의 목적을 두고 있다. 이러한 연구목적 수행을 위해 2006년에는 1차연도 연구로서 「한반도 평화 · 번영 거버넌스의 실태조사」란 제목으로 거버넌스의 개념을 이론적으로 정립하고, 거버넌스 실태를 자율성 · 전문성 · 참여성 · 분권화 · 네트워크 · 효과와 효율성 등의 6가지 지표로 나누어 면밀히 분석하였다.[70] 이 연구가 갖는 의의는 기존의 공공정책에서 논의되던 거버넌스 모델을 남북관계 문제에 적용하여, 거버넌스 평가지표를 개발하고 이를 남북관계 제반 분야에 적용하여 거버넌스 운영 실태를 조사하였다는 데 있다(아래 <표 2 - 10 참조).

---

70) 황병덕 · 김갑식 · 강동완, "한반도 평화번영 거버넌스의 실태조사: 서론", 참조.

<표 2-10> 남북관계 분야별 거버넌스 평가 비교

분 야			평가지표						거버넌스 유형
			자율성	전문성	참여성	네트워크	분권화	효율성	
정치·안보	외교안보 정책	한미동맹	상	중	중	중	중	중	집권형
		동북공정	중	중	중	중	중	하	집권형
		일본교과서	중	중	중	중	중	중	관리형
	한반도 평화체제		상	상	중	하	중	하	관리형
	다자안보 대화	NEACD	중	상	하	하	하	하	집권형
		CSCAP	상	중	중	중	상	중	관리형
	대북정책		상	중	상	중	중	하	집권형→관리형
경제	남북경협		중	중	중	중	하	중	관리형
사회·문화	사회문화 협력	남북교류	상	중	중	하	하	중	분권형
		대북지원	중	중	중	하	하	중	관리형
		북한인권 문제	상	중	하	하	하	하	저발달
	탈북자정착지원		상	중	중	하	하	하	집권형
법제도	법제도	교류협력법	-	-	중	-	-	-	집권형
		남북관계 발전법	-	-	상	-	-	-	집권형→분권형
		개성공단법	-	-	상	-	-	-	관리형→분권형
교육	한반도 평화교육	학교교육	중	중	상	중	하	중	집권형→관리형
		사회교육	하	중	상	중	중	중	관리형
		NGO교육	상	중	상	중	상	중	분권형

출처: 황병덕·김갑식·강동완, "결론", 황병덕 외, 『한반도 평화번영 거버넌스의 실태조사(총괄편)』 (서울: 통일연구원, 2006), p.455.

주 1) 거버넌스별로 평가기준이 상이하고 면접대상자의 수와 전문성이 각기 다름. 그리고 심층면접과 설문조사를 병행하는 연구도 있음. 따라서 이 표에서는 평가지표 평가를 상, 중, 하로 하여 전반적인 추이만을 살펴보았음. 물론 상, 중, 하는 평가지표의 수준과 정도를 의미하는 것이지 좋고(good) 나쁨(bad)을 나타내지는 않음.

주 2) 네트워크는 네크워크의 유형과 그 수준을 감안하여 상, 중, 하로 책정하였음. 일반적으로 정부 주도 수직적 단허브/다허브의 경우에는 하, 정부관리 수평적 다허브/탈허브는 중, 시민사회중심 탈허브/전방위허브는 상으로 판별하였음.

주 3) 평가지표가 행위자와 행위자 간 관계를 중심으로 구성되었기 때문에 행위를 분석대상으로 한 법·제도 거버넌스에서는 평가지표별 분석을 제외하였음.

그런데 이러한 연구들은 정책네트워크 이론 자체를 실제 정책에 적용하였다기보다, 정책네트워크의 구성요소 중 일부를 분석변수로 사용함으로써 행위자 간 상호작용의 역동적인 관계를 면밀하게 파악하지 못한 한계를 갖고 있다. 아직까지 거버넌스 이론 자체가 국내에서 명확히 정립된 단계는 아니며, 더더욱 남북관계 분야에 있어 거버넌스를 원용한 연구는 아직 시작단계에 불과하다고 볼 수 있다. 따라서 본 연구는 넓은 의미의 거버넌스 시각에서 정책네트워크 이론을 남북관계 문제 중 대북지원정책이라는 특정 분야에 적용하여, 이 정책과 연계된 국내외 관련 행위자들의 역동적인 상호작용과 관계구조를 파악하고자 한다.

한편, 정책네트워크 이론과 관련하여 국내 연구는 정책네트워크의 실제 적용 가능성과 유용성에 대한 연구가 주를 이루는 반면, 국외연구들은 정책네트워크의 이념 및 유형화, 정책네트워크와 정책과정, 정책네트워크 유형, 특정 정책영역을 대상으로 한 국가 간 비교연구 등 정책네트워크의 이론적 논의가 매우 폭넓게 연구되고 있다.

2. 대북지원 관련 선행연구

1995년 북한의 수해에 대한 지원을 계기로 대북지원이 본격적인 국가 정책으로 운영되기 시작한 것과 궤를 같이하여, 대북지원과 관련한 연구들도 1995년 이후 대북지원의 현황과 성과에 대한 논의를 중심으로 이루어지고 있다. 특히 대북지원 사업이 추진된 지 10년이 경과되면서, 지난 기간 동안의 활동 및 성과를 뒤돌아보고 향후 과제를 모색하는 방향의 연구가 활발히 이루어지고 있다.

대북지원과 관련한 국내 연구의 동향을 행위자 중심으로 구분하여 살펴보면, 국책연구소나 북한학 관련 대학을 중심으로 한 학자들의 연구와 대북지원NGO에 종사하는 현장 활동가들의 연구 및 개별단체의 보고서, 그리고 학위논문 등으로 나눌 수 있다.

대북지원이 분단체제[71]하에서 북한이라는 특정한 상대[72]를 대상으로 하기에 이 분야의 연구 역시 한국 정부가 취해야 할 국가정책 제안 차원에서의 논의가 주를 이루고 있다. 대표적으로 통일연구원, 한국농촌경제연구원, 한국법제연구원, 한국보건사회연구원 등을 비롯한 여러 국책연구기관의 연구보고서와 정책건의서 등은 대북지원의 효율성을 제고하기 위한 발전방안 내용을 주로 다루고 있다. 이들의 연구는 개별기관의 전문화된 특성을 살려 대북지원 전반은 물론 농업, 보건·의료, 법제 등 세분화된 연구 성과를 도출해 내고 있는 것이 특징이다.

이를 좀 더 자세히 살펴보면 이금순 박사(통일연구원)의 경우 대북지원의 초기 시절부터 대북지원단체의 지원 현황 및 동향을 종합적으로 분석하였으며, 이러한 연구 성과를 바탕으로 최근에는 대북지원의 파급효과 및 영향력에 관한 연구를 통해 대북지원의 실효성을 제고하는 정책적 방안을 제시하고 있다. 그의 연구 가운데 특히 주목할 것은 대북지원의 효과에 관한 평가지표 개발 연구로서, 지난 10여 년 동안 수행되어 온 대북지원이 정치, 경제, 사회적으로 어떠한 파급효과를 미쳤는지에 관한 인과성을 객관적인 평가지표와 정교한 분석 틀로 제시하였다는 점에서 큰 의의가 있다고 볼 수 있다.

한편, 대북지원사업의 방향이 단기적 긴급구호 차원에서 탈피하여 북한의 농업생

---

71) 백낙청은 '분단체제'라는 용어 사용과 관련하여 분단된 남북한의 현실을 조금이라도 더 총체적이고 체계적으로 인식하려는 노력의 일환이라고 본다. 즉, 분단현실을 남북의 국가 간이나 상반된 이념 간의 대립 위주로 인식하기보다 한반도 전역에 걸쳐 작동하는 어떤 복합적인 체제와 그에 따른 다수 민중의 부담이라는 차원 위주로 파악하는 발상의 전환을 요구하는 것이다. 백낙청, 『한반도식 통일, 현재진행형』(서울: 창비, 2006) 참조.

72) 북한을 '특수한' 혹은 '특정한' 상황으로 볼 것인가의 문제는 논쟁을 요하는 사항이다. 북한의 특수성에 대한 고찰은 조한범, "북한 사회연구의 쟁점과 과제", 『현대 북한 연구와 남북관계』(북한연구학회 2004추계학술회의 발표논문집, 2004년 9월 17일), pp.40 - 42 참조.

산성 향상이나 보건의료 체계의 인프라 구축을 위한 개발 지원 논의로 확장되면서 이에 대한 연구가 활발히 진행되고 있다. 보건의료 분야의 경우 황나미 박사(한국보건사회연구원)가 남북 보건의료 교류 및 협력을 위한 사업모형 개발과 같은 연구를 지속적으로 수행하고 있으며, 농업분야에서는 김운근, 권태진 박사(한국농촌경제연구원) 등의 연구를 들 수 있다.

학계의 연구는 주로 대북지원NGO 활동에 관여하고 있는 교수들을 중심으로 활발한 연구가 이루어지고 있다. 대표적으로 이기범(숙명여대)의 경우 남북어린이어깨동무 사무총장을 맡고 있으며, 최대석(이화여대)의 경우 역시 우리민족서로돕기 평화나눔센터 소장으로 활동하며 현장의 생생한 목소리를 학문적 논의로 이끄는 견인차 역할을 하고 있다.[73] 이 외에도 법·제도, 경제적 효과, 보건의료 분야 등에서 활발한 연구가 진행되고 있다.

대북지원NGO의 경우 개별 단체별로 정기발간물과 보고서를 통해 해당 단체의 대북지원 현황 및 실적을 소개하고 있으며, 아울러 현장 활동에서의 경험을 기반으로 대북지원의 효율성을 제고하기 위한 다양한 정책적 방안을 제시하고 있다.

학위논문의 경우 활발한 연구 성과를 이루고 있지 못한 실정으로 이 분야를 주제로 한 박사학위논문은 아직 발표되지 않은 것으로 보인다. 다만, 민간단체의 대북지원 활동, 보건의료 분야의 대북지원과 관련한 석사학위논문이 그나마 발표되어 대북지원 연구에 대한 학문적 관심을 제고시키는 데 기여하였다.

석사학위논문의 경우 주로 대북지원NGO의 활동사례에 관한 연구가 활발히 이루어지고 있다. 먼저 김광휘(2002)는 "국내 NGO의 대북지원사업과 교류협력 활성화 방안 연구: 대북지원 민간단체협의회를 중심으로"라는 연구에서 대북지원NGO들의 공식적 협의체 기구인 대북지원 민간단체협의회 활동사례를 통해 대북 인도적 지원 사업의 현황을 파악하고 발전방안을 제시하는 연구를 수행하였다. 송경민

---

73) 개별 단체에 대한 상세한 소개는 각각의 홈페이지를 참조하기 바람. 남북어린이어깨동무(www.okedongmu.or.kr), 우리민족서로돕기 평화나눔센터(www.ksm.or.kr).

(2005)은 "대북인도지원운동의 전개과정과 발전방향—우리민족서로돕기운동 활동을 중심으로"를 통해 대표적 대북지원NGO 중의 하나라 할 수 있는 우리민족서로돕기운동의 활동사례를 종합적으로 분석하여, 대북 인도적 지원운동의 전개과정과 발전방향을 파악하고, 대북인도지원운동의 역할 및 영향을 고찰하고 향후 과제를 제시하였다. 여정순(2005) 역시 "민간단체의 대북지원 평가: 한민족복지재단 사례 연구"를 통해 대북지원NGO 단체인 '한민족복지재단'의 구체적인 활동사례를 통해 민간단체들의 대북지원 활동을 평가하고 개선과제를 도출하였다. 오현숙(2004)은 "남북한 교회교류와 대북지원에 관한 연구"를 통해 대북지원 분야에서 활발한 활동을 벌이고 있는 교계의 대북지원을 종합적으로 파악하고 있다.

이와 같은 개별적 대북지원 단체에 대한 연구와는 달리 보건의료 분야 교류협력이라는 좀 더 세분화된 영역에서 대북지원을 다루고 있는 연구로서 최세문(2004)의 "보건의료 분야 대북지원사업의 평가"와 김진숙(2005)의 "남북한 보건의료 분야 교류협력에 대한 연구" 등이 있다.

이 외에도 이상준(2002)은 "대북 인도적 지원에 있어 북한 당국과의 협력관계 연구"를 통해 대북 인도적 지원의 종합적 상황과 지원기구들의 대북지원사업의 내용과 특색, 북한 당국의 태도를 연구대상으로 하여 북한 당국과의 효과적인 협력방안을 제시하였다. 이종무(2005)의 경우 "대북 인도적 지원 시스템의 발전방안 연구"를 통해 오랜 기간 대북지원활동 일선 현장에서의 생생한 경험과 노하우를 학문적 연구로 연결하여 민관협과 합동사업 그리고 유엔의 인도주의 시스템에 대한 분석을 통해 대북 인도지원 시스템의 발전방안을 제시하고 있다. 지금까지의 논의를 총괄적으로 정리하면 다음의 <표 2-11>과 같다.

<표 2-11> 대북지원 관련 선행연구

구분		성명(소속)	연구제목(출판연도)
학위논문	박사학위	.	.
	석사학위	김광휘(연세대행정대학원)	- 국내 NGO의 대북지원사업과 교류협력 활성화 방안('02)
		김진숙(경남대북한대학원)	- 남북한 보건의료 분야 교류협력에 대한 연구('05)
		송경민(성공회대)	- 대북 인도적 지원운동의 전개과정과 발전방향('05)
		여정순(서강대)	- 민간단체의 대북지원 평가: 한민족복지재단 사례 연구('05)
		오현숙(경남대북한대학원)	- 남북한 교회교류와 대북지원에 관한 연구('05)
		이상준(카톨릭대)	- 대북 인도적 지원에 있어 북한 당국과의 협력관계 연구('02)
		이종무(경남대북한대학원)	- 대북 인도적 지원 시스템의 발전방안 연구('05)
		최세문(서울대보건대학원)	- 보건의료 분야 대북지원사업의 평가('04)
학계 및 연구소		권태진 (한국농촌경제연구원)	- 북한의 농업개혁과 남북 농업교류·협력 과제('05) - 대북 농업지원의 성과와 향후 협력 방향('07) 외
		박형중(통일연구원)	- 대북지원 체계화를 위한 북한 평가 모델과 공동 지원프로그램 개발에 관한 연구('04) - 구호와 개발 그리고 원조('07) 외
		이기범(숙명여대)	- 대북협력 NGO 활동 10년의 평가와 과제('05) 외
		이금순(통일연구원) 이우영(북한대학원대학교)	- 국제기구 및 비정부기구의 인도적 지원 사례('97) - 대북 인도적 지원 개선방안: 개발구호를 중심으로('00) - 대북 인도적 지원의 영향력 분석('03) - 대북지원 민간단체의 남북교류협력 연구('04) - 대북 인도적 지원의 실효성 연구: 평가지표와 과제('05) 외 - 대북지원을 둘러싼 쟁점 및 대책, 그리고 갈등해결 방안('06) 외

구분	성명(소속)	연구제목(출판연도)
학계 및 연구소	배성인(명지대)	- 국제사회의 대북 인도적 지원('04) - 대북 인도적 지원과 북한의 변화('05) 외
	제성호(중앙대)	- 대북 민간지원 활성화를 위한 법제도 개선방향('99) 외
	최대석(이화여대)	- 노무현 정부의 대북 인도적 사업 현안과 발전전망('04) - 긴급구호에서 개발 지원으로: 국내 NGO의 지원 경험과 향후과제('06) 외
	양문수(북한대학원대학교)	- 대북 인도적 지원의 성적표: 경제사회적 효과 분석('07) 외
	최철영(한국법제연구원)	- 남북협력기금과 대북지원시스템의 입법적 전환('04) 외
	황나미 (한국보건사회연구원)	- 남북 보건의료 교류협력을 위한 기반 구축 전략 개발('03) - 남북 보건의료 교류 및 협력을 위한 사업모형 개발('04) 외
대북지원 NGO		- 지원백서 및 기관 자체보고서

그런데 지금까지 살펴본 이러한 연구들은 대북지원사업의 현장 활동 사례와 실적 등을 종합적이며 체계적으로 파악하여 실제 정책적 대안을 제시하였다는 점에서는 큰 의미를 부여할 수 있지만, 동시에 대부분의 연구가 대북지원사업의 현황 및 실적 보고 위주가 주를 이루는 연구의 편향성을 갖고 있음을 지적하지 않을 수 없다. 특히 학위논문의 경우 박사학위는 전혀 발표된 것이 없으며, 석사학위논문의 경우에도 대북지원NGO 단체의 활동 사례 분석과 보건의료 분야, 대북지원체계 발전방안 등 극히 제한적인 주제만을 다루고 있는 실정이다.

또한 실제 대북지원정책이 어떤 행위자에 의해 어떻게 결정되는지에 대한 총체적이며 입체적인 분석은 이루어지지 못했다고 평가할 수 있다. 결국 대북지원을 둘러싼 환경적 변화요인이 무엇인지, 그리고 대북지원정책결정 과정에서 정부와 비정부부문을 포함하는 다양한 행위자들이 어떠한 영향력을 행사하는지 등에 관한 역동적인 관계유형을 면밀히 파악한 연구는 아직 이루어지지 않고 있는 실정이다.

다만, 이우영 교수(북한대학원대학교)가 수행한 "대북지원의 쟁점과 대책"이라는 연구는 이전의 연구와는 다른 관점에서, 대북지원에 영향을 미치는 요인 분석과 갈등해결 방안에 논의의 초점을 둠으로써 대북지원 관련 연구의 범위를 한 단계 높였다고 평가할 수 있다. 이 연구는 대북지원에 영향을 미치는 요인들을 각각 남한 요인, 북한 요인, 남북관계 요인, 국제 요인으로 구분한 후 이에 대한 개별적 지표를 설정하여, 대북지원의 형식, 규모, 범위의 결정에서 +의 경우 긍정적, -의 경우 부정적인 영향을 미치는 것으로 설명하고 있다(아래 <표 2-12> 참조).

⟨표 2-12⟩ 각 요인이 대북지원에 영향을 미치는 요소[74]

남한 요인	대북인식	호의적	+
		적대적	-
	대북정책	공존추구	+
		경쟁추구	-
	경제상황	호황	+
		불황	±
북한 요인	대외정책	개방지향	+
		고립지향	-
	경제상황	침체	+
		활황	±
남북관계 요인		화해관계	+
		갈등관계	-
국제 요인	북한위상	신뢰회복	+
		불신심화	-
	미국의 정책	북한관계 정상화	+
		적대적 태도유지	-
	지원역량	지원역량충분	+
		지원역량 부족	-

하지만 이 연구 역시 대북지원에 영향을 미치는 환경적 요인 분석에 논의의 초점을 두고 쟁점에 대한 현상만을 다룸으로 인해, 대북지원정책네트워크에 참여하는 여러 행위자들의 역동적인 상호작용과 관계에 대한 분석은 물론 이들 행위자 간 이해관계를 조정하여 갈등을 최소화할 수 있는 정책적 해결방안으로까지 이어지지 못한 아쉬움을 남기고 있다. 더욱이 대북지원정책에 영향을 미치는 요인에 관한 개별지표를 제시하였으나, 정작 이 지표에 따라 각 정부의 대북지원정책에 직접 적용하여 결과를 도출하지는 못한 한계점을 안고 있다.

이제 대북지원사업의 본격적인 활동이 10여 년을 넘어서면서 대북지원의 기능과 실효성 그리고 정치, 경제, 사회적 면에서의 파급효과에 대한 평가가 양분되는 상황임을 감안할 때, 무엇보다 대북지원정책결정 과정에 대한 논의를 통해 정책결정에 참여하는 행위자들의 이해관계를 사전에 파악하고 행위자 간 갈등을 조정하여 정책의 실패를 최소화할 수 있는 종합적인 연구가 절실하게 요청되는 시점이라 할 수 있다.

이에 본 연구는 지난 10여 년 동안 대북지원과 관련하여 수행된 일련의 연구동향과 궤를 달리하여 대북지원 연구의 방향을 대북지원정책결정 과정에 집중하고자 한다. 즉, 이전 연구들이 주로 다룬 대북지원의 활동 및 실적보고 위주의 연구를 지양하고, '대북지원정책' 자체에 주목하여 정책네트워크 모델을 통해 대북지원정책결정 과정 전반에 대한 구조를 역동적으로 파악하는 데 논의의 초점을 두고자 하는 것이다. 이는 대북지원의 방식과 규모, 지원 주체 등을 둘러싸고 한국 사회 내 이념적 갈등이 표출되고 있는 상황에서 대북지원정책 변화에 영향을 미치는 요인 분석을 통해 정부별 갈등의 원인을 진단할 수 있을 뿐만 아니라, 향후 대북지원정책을 둘러싼 논쟁을 일축시킬 수 있는 처방을 마련할 수 있다는 점에서 큰 의의가 있다.

---

74) 이우영, "대북지원의 쟁점과 대책", 『북핵 실험 이후 남북관계 쟁점 분석과 갈등해결방안: 사회적 합의를 위한 시민사회의 역할과 대책』(우리민족서로돕기운동 평화나눔센터 제7차 정책토론회 발표논문집, 2006년 12월 13일), pp.76‒77.

본 연구에서는 먼저 대북지원정책이 추진된 지난 10여 년 동안의 대내외 환경적 요인을 면밀히 분석하여 이러한 환경적 요인이 대북지원정책 변화에 어떠한 영향을 미쳤는지를 살펴볼 것이다. 이러한 작업은 대북지원정책의 변천과정과 변화요인을 시대별 흐름에 따라 정리함으로써 대북지원정책의 흐름을 한눈에 파악할 수 있는 종합적 연구가 될 것이다. 덧붙여 대북지원정책이 국제적, 국내적, 남북관계의 상황에 따라 어떻게 변화되었는지를 살펴봄으로써 각각의 환경요인에 따라 가장 효율적인 정책결정을 내릴 수 있는 가이드라인을 제시할 수 있을 것으로 본다.

또한 본 연구는 김대중 정부와 노무현 정부 시기 대북지원정책결정 과정에 참여한 여러 행위자들의 상호작용과 관계구조를 비교 분석함으로써 대북지원을 둘러싼 제 세력 간 갈등의 원인을 진단하여, 향후 합의와 조정을 통해 최적의 효율성을 구현할 수 있는 정책적 대안을 제시할 수 있을 것으로 기대한다. 마지막으로 최근 모든 학문 영역에서 귀추가 주목되는 거버넌스 모델을 연구에 원용하여 대북지원정책의 효율적 추진을 위한 굿 거버넌스(Good governance)를 제시함으로써 대북지원과 관련한 연구의 수준을 한층 더 격상시키는 데 기여하고자 한다.

제3절 거버넌스 모델의 남북관계 적용

1. 거버넌스 모델의 적용 가능성

거버넌스 현상은 정책결정 과정에 참여하는 여러 다양한 행위자의 복합적 관계구조에 의해 정부의 권한이 분산되는 것을 의미하며, 이해당사자들의 이익을 극대화할 수 있는 협력체계의 구축을 지향한다. 즉, 정부가 독점적으로 수행하던 국정운영 방식으로부터 탈피하여, 이해관계를 달리하는 행위자들의 직접적인 참여를 통해 정책의 효율성을 극대화하고자 하는 것이다. 국내적 차원에서 볼 때도 민주화의 진전에 따른 시민사회의 성숙과 정보화로 인한 급속한 사회변동 등에 기인하여 공공정책 분야의 거버넌스 현상이 활발히 전개되고 있다.

대북·통일정책의 경우 김대중 정부 시기 대북포용정책이 추진되면서 정부 이외의 비정부부문이 주요한 행위자로 등장하면서 거버넌스 현상이 모색되기 시작하였다. 특히 2000년 남북정상회담 이후 남북관계의 양적·질적 전환이 이루어지고 시민사회 영역의 다양한 참여가 이루어지면서 거버넌스 현상이 본격적으로 전개되는 계기를 맞게 된다. 이후 노무현 정부 시기에 이르러 국정운영 과정에 참여와 분권이 강조되면서 거버넌스 형성의 외형적 요소가 어느 정도 구비되었다고 볼 수 있다.

그런데 정책의 이해당사자와 수혜자가 명확히 드러나고 예측 가능한 상황을 전제로 하는 국내 공공정책과 달리, 남북관계 문제에 있어서는 북한이라는 특정한 상대와 남북 간 불확실한 대치 상황, 나아가 이해관계를 달리하는 주변국을 포함한 국제사회로까지 그 논의의 영역이 확장되면서, 과연 남북관계 문제에 거버넌스 모델을 적용할 수 있는가의 문제가 대두된다. 특히 정책의 주요한 관련자인 북한을 행위자로서 어떻게 규정해야 할 것인가의 문제는 거버넌스 모델의 남북관계 적용 가능성과 적실성을 더욱 어렵게 만든다고 볼 수 있다.

또한 거버넌스 현상을 설명하는 주요한 구성요소 중 하나로 네트워크를 주목하는데, 과연 이질적인 정치체제와 국정운영시스템을 갖는 남북한이 하나의 네트워크로 연결되어 상호 공동의 이익을 도모할 수 있는 협력정치를 이룰 수 있겠는가의 문제다. 더욱이 북한의 폐쇄성과 전체주의 체제의 특성으로 인해 한국의 시민사회와 협력적 파트너로 기능할 수 있는 시민사회 영역이 부재하다는 점을 감안하면 더더욱 딜레마에 빠질 수밖에 없다.

거버넌스 이론은 다원주의 정치체제가 정착되고 후기 산업사회에 접어든 선진국들의 국정운영 경험을 배경으로 발전되어 온 이론이다. 따라서 아직도 많은 불확실성을 내포하고 있는 남북관계를 다루는 분야에 적용하기에는 너무 앞서가고 있다는 비판이 제기될 수도 있다. 하지만 이와 같은 한계와 문제점을 직시하면서도, 남북관계 영역에 있어 거버넌스 모델 적용의 유용성을 다음과 같이 제시할 수 있다.

먼저 국내적 차원에서 볼 때 다양한 영역에서 다층적으로 표출되고 있는 시민사회의 영향력 확대로 인해, 그동안 정부의 독점적 영역으로 인식되던 대북·통일정책 분야에서도 비정부부문이 주요한 행위자로 기능하고 있다는 점을 주목할 필요가 있다. 정부가 국가적 차원의 모든 문제를 해결할 수 있는 만능이 아니라는 점을 감안할 때, 분명 비정부부문의 역할은 정부의 기능을 보완할 수 있는 협력적 파트너로 기능할 수 있다는 점이다. 거버넌스 체제는 이러한 다양한 행위자들의 이해관계를 적절히 조율할 수 있는 협력적 조정기제로서 의미를 지니는 것이며, 나아가 각각의 행위자들이 보유하고 있는 자원을 총체적으로 집약하여 시너지 효과를 극대화할 수 있다는 장점을 지닌다.

아울러 국내 공공정책의 경우 행위자와 수혜자가 직접적 이해당사자들 간의 문제로 한정되는 것에 비해, 대북·통일정책의 경우 정책결정의 결과 및 정책의 영향이 특정인(지역)에 국한되지 않고 대다수의 국민들에게 파급된다는 특성이 있다. 남북관계 문제는 현재 국내적으로 보·혁 간 이념 갈등의 정점에 놓여 있는데, 이러한 갈등이 상대방에 대한 맹목적 반대에 그치지 않고, 발전적이며 비판적인 대안으로 진전되기 위해서는 이들 행위자의 이해관계를 적절히 조정할 수 있는 협력적 기제가 요청되는 것이다. 이러한 차원에서 다양한 행위자의 요구를 적절히 수용하고, 행위자 간 이해관계의 불일치에서 표출되는 갈등을 최소화하여 정책의 효율성과 효과성을 제고할 수 있는 국정운영 기제로서 거버넌스 모델이 유용성을 지닌다고 볼 수 있다. 즉, 정부가 효율적인 거버넌스 운영을 통해 양극단의 이념적 대립을 원만히 조정하는 완충작용을 할 수 있다는 것이다.

특히 북한을 개혁·개방으로 유도하여 남북한 통합의 기틀을 마련하기 위해서는 남한의 통일역량 강화가 무엇보다 중요한 요인으로 고려될 수밖에 없다. 이러한 관점에서 보면 현재 남북통합의 문제보다 더 시급히 해결되어야 할 사회적 문제는 바로 남남갈등의 해결이라 해도 과언이 아니다. 결국 다양한 행위자의 갈등과 이해관계를 조정하여 협력적 관계를 이루어 나가는 거버넌스 체계는 남남갈등의 문제를 해결할 수 있는 대안으로 제시될 수 있으며, 나아가 남북이 하나의 공동체로 나아갈 수 있는 기틀을 제공할 수 있는 협력기제로 기능할 수 있다는 의미를 가지는 것이다.

다음으로 국제적 차원에서 볼 때 남북관계는 민족 내부의 문제이면서 동시에 한반도 주변국의 이해관계와 국제기구, 그리고 세계시민사회의 형성에서 비롯되는 국제NGO 등의 영향을 받을 수밖에 없다. 국내 행위자의 다양성과 마찬가지로 국제적 차원의 행위자 역시 다층적인 이해관계를 갖고 있으며, 더욱이 국내외 행위자가 개별적으로 행동하기보다 이들 간 복합적인 이해관계가 형성되면서 남북관계 문제는 포괄적이고 거시적인 틀에서 조명할 필요가 있는 것이다. 특히 개혁·개방을 통해 북한을 국제사회의 일원으로 참여시키기 위해서는 국제사회에서 통용되는 규범과 원칙의 적용이 필수적으로 이루어져야 하는데, 이 경우 '규칙의 간주관적 체계'[75])로서 글로벌 거버넌스 모델의 적용이 매우 효용성을 가진다.

마지막으로 남북관계 차원을 살펴보면, 국내 공공정책 거버넌스가 국가와 시장, 그리고 시민사회라는 국내적 차원의 행위자 간 관계구조에 집중하는 것과 달리, 대북·통일정책 분야의 거버넌스는 반드시 북한이라는 특정한 상대를 염두에 두지 않을 수 없다. 그런데 북한은 남한의 정책결정 과정에 영향을 미칠 수 있는 하나의 행위자이지만, 동시에 일당독재체제 아래 시민사회 영역이 부재하여 사실상 남한의 시민사회에 조응할 수 있는 카운터파트가 존재하지 않는다는 이중적인 특성을 갖고 있다. 특히 시민사회의 개념을 다양한 자발적 결사체의 참여와 연대를 통해 국가권력을 견제하고 국가가 할 수 없는 각종 공공서비스를 생산하는 것으로 정의할

---

75) 국제정치에서 거버넌스는 '규칙의 간주관적 체계'로 정의할 수 있는데, 이는 국제적 현안의 관리방식에 관한 규칙들이 이 게임에 참여하고 있는 대다수의 행위자들에게 '받아들여지는' 규칙이냐의 여부가 거버넌스 성립의 관건이라는 것을 의미한다. 이에 대한 자세한 논의는 다음을 참조. James N. Rosenau, "Governance, Order, and Change in World Politics", pp.6 - 7.

때,[76] 북한에서 이와 같은 정의에 부합하는 시민사회의 형성 가능성은 현재로서는 희박해 보인다. 즉, 현재 북한에서는 주민들의 자발성을 바탕으로 한 아래로부터의 저항 가능성은 현저히 낮다고 보이며, 여전히 위로부터의 명령에 순응하는 폐쇄구조를 보이고 있는 것이 사실이다.

이러한 이유에서 지금까지 거버넌스나 네트워크에 대한 논의에서는 북한을 블랙박스로 간주한 채 주로 국내적 차원의 행위자만 고려하는 한계를 보이기도 하였다. 그런데 북한을 정책네트워크의 공식적 행위자로 간주할 수는 없지만, 그렇다고 북한을 하나의 행위자로 설정하지 않고 국내 행위자 간의 네트워크 운영 기제만 고려해서는 정책추진의 효율성과 효과성을 절대 담보할 수 없다. 따라서 국내적 차원의 다양한 행위자가 북한 내부의 행위자와 접촉할 수 있는 운영기제가 필요한데, 이러한 점에서 남한의 거버넌스는 북한 내부의 변화를 촉발할 수 있는 하나의 침투기제로 기능할 수 있다고 보인다.

앞으로 남북관계의 진전에 따른 다방면의 접촉과정에서 남한의 다양한 단체에 대응하기 위한 북한 기관 및 단체의 '기능적 분화'가 이루어질 수 있으며, 나아가 이를 통해 위로부터의 일방적 국가통제 기반이 약화되면 북한에서의 시민사회 형성 가능성은 그만큼 높아질 것이다. 실제로 현재 북한의 모든 주민이 신민화(臣民化)되었다고 보기는 어려우며, 오랜 기간 경제난에서 기인한 배급체제의 붕괴와 사회결속력 약화로 인해 북한체제의 내구력이 점차 약화되고 있다고 볼 수 있다. 이는 곧 국가의 통제영역을 벗어난 제2의 경제 및 사적 영역이 미약하게나마 존재하고 있다는 점을 시사하며, 앞으로 북한 내부에서 다양한 행위자가 출현할 수 있다는 점을 예고하는 것으로 볼 수 있다.

이와 더불어 향후 남북 간 통합에 대한 논의가 진전되고 북한 내부의 다양한 행위자들과의 연계가 이루어질 경우 남북한 행위자들이 그물망으로 연결되는 전방위

---

76) 박상필, 『NGO를 알면 세상이 보인다』(서울: 한울, 2007), p.130.

적 네트워크로의 이행구도를 마련할 수 있다는 점에서 거버넌스 모델의 남북관계 적용은 유용성을 갖는다고 볼 수 있다. 결국 남북관계 문제에 대한 거버넌스 모델의 적용을 통해 국내적 차원에서는 다양한 행위자들의 이해관계를 조정하여 남남갈등을 극복할 수 있으며, 국제적 차원에서는 주변국을 비롯한 국제사회의 참여를 통해 북한을 국제사회의 책임 있는 구성원으로 이끌어 낼 수 있는 공동의 합의기반을 조성할 수 있게 되며, 남북관계 차원에서는 북한 당국의 일방적 통제 기제를 완화할 수 있는 시민사회의 출현을 추동할 수 있게 되는 것이다.

지금까지 논의한 국내적, 국제적, 남북관계 차원의 관점을 종합하여 보다 거시적 관점에서 남북관계 문제에 대한 거버넌스 모델의 적용을 고찰해 보면, 이는 우리 정부의 통일정책이 지향하고 있는 남북연합 단계로의 진입을 추동할 수 있는 하나의 협력적 메커니즘으로 그 논의의 수준을 확장할 수 있다.[77] 즉, 우리 정부가 공식적으로 표방하고 있는 통일정책은[78] 남북관계의 점진적 발전을 통해 남북연합체제의 형성을 목표로 한다. 통일정책은 궁극적으로 단일정부 수립이라는 목표를 향하여 추진되고 있으며 그 공간적 추진 범위는 국제·지역·국내·지방 등 다수준에 걸쳐 있다.

따라서 '통일정책 거버넌스'는 남북한이 접촉을 확대하며 평화적 통일을 달성하는 시점까지 한반도 통일문제에 관련된 다양한 국내외 이해당사자들이 수평적으로 연계되어 공동 협력을 모색하는 상호조정체제로 정의할 수 있다. 다차원적인 문제를 다루고 있는 통일정책 거버넌스의 분석 틀은 다음의 <그림 2-5>에서 보는 바와 같이 국제수준의 글로벌 거버넌스와 남북한 국내수준의 행위자(정부·기업·민

---

77) 통일정책 거버넌스로부터 남북연합 거버넌스로의 확장에 관한 이하의 논의는 김국신 외, 『남북한 통합을 위한 통일정책 거버넌스 구축방안』(서울: 통일연구원, 2005), pp.14-16 참조.

78) 현재 우리 사회 일각에서는 '대북정책'과 '통일정책'을 구분하지 않고 혼용하여 사용하는 경향이 있다. 이 두 개념은 엄연히 구분되는 것으로서, 한국 정부의 공식적인 '통일정책'은 '한민족공동체통일방안'에 기초하고 있다. 따라서 엄격히 말해 지난 김대중 정부 시기부터 참여정부에 이르기까지 북한과 관련된 일련의 정책은 현 상황의 북한을 관리한다는 측면에서 '통일정책'이라기보다 '대북정책'에 가깝다고 볼 수 있다.

간단체) 및 남북한이 통합하여 형성되는 남북연합 거버넌스로 확장되는 것이다.

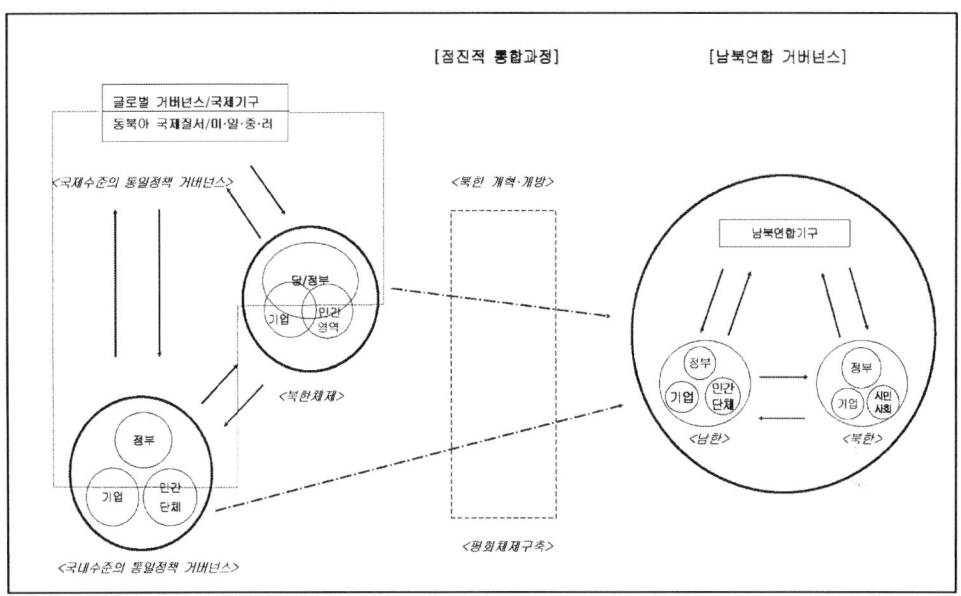

출처: 김국신 외, 『남북한 통합을 위한 바람직한 통일정책 거버넌스 구축방안』(서울: 통일연구원, 2005), p.32.

〈그림 2-5〉 통일정책 거버넌스 분석 틀

아울러 분단국의 사례를 통해서도 거버넌스 연구의 유용성을 확인할 수 있는데, 현재 독일에서는 베를린자유대학이나 베를린 거버넌스 연구소(베를린 사회과학연구센터 내) 등을 중심으로 거버넌스에 대한 연구가 활발히 진행되고 있다는 점을 주목할 필요가 있다.[79] 특히 소련이 붕괴된 이후 나타난 문제점, 이전의 독재화 정권

---

79) 필자는 2006년 7월 12-19일까지 독일 베를린 거버넌스 연구소를 방문하고 거버넌스를 주제로 한 「한·독 국제워크숍」에 참석하였다. 이 자리에서 독일 및 유럽의 거버넌스 경험으로부터 한국적 거버넌스 적용의 시사점을 도출하고자 하였는데, 이러한 점에서 슈퍼트(Gunnar Folke Schuppert) 베를린 사회과학연구센터 교수의 거버넌스 문화에

에서 민주화되어 가는 과도기 과정의 국가들이 겪고 있는 제반 문제를 거버넌스 연구를 통해 분석하고 있는 점은 향후 북한의 체제변화 과정에 대비한 시사점을 발견할 수 있다는 점에서 의의를 둘 수 있다.

한편, 거버넌스의 한 형태로서 정책네트워크에 대한 논의가 기존의 정책학이나 행정학뿐만 아니라 정치학에서도 중요하게 다루어져야 하는 이유는 바로 행위자의 수평적 연계구조에 의한 민주적 대안 제시가 가능하다는 점에 있다. 즉, 정책네트 워크에 참여하는 행위자의 관계구조는 종국적으로 민주화의 수준 및 정도와 직결 된다고 할 수 있다. 오늘날 간접민주주의의 한계를 극복하기 위해 정책과정에서 대중의 관여와 숙의(deliberation) 기회의 필요성이 강조되고 있는데, 이는 대중이 정책과 프로그램 설계에 참여하여 자신의 의견을 심층적으로 개진할 수 있는 숙의민주주의(deliberative democracy)를 의미한다. 따라서 정책의 효과성과 효율성을 제고하는 측면뿐 아니라 간접민주주의의 한계를 극복할 수 있는 대안을 제시한다는 정치적 시각에서 정책네트워크를 발전시킬 필요가 있는 것이다.

2. 대북지원정책 거버넌스의 함의

행위자의 다양성과 이슈의 다변화로 대변되는 정책 환경의 급속한 변화로 인해, 대북·통일정책 분야 역시 다층적이고 복합적인 관계구조가 역동적으로 작용하고 있다. 본 연구에서 다루고자 하는 대북지원정책 역시 행위자의 다양성과 이슈의 다변화를 응축하고 있다. 이는 정책결정 과정에 참여하는 행위자가 국내적 차원에 한정되는 것이 아니라, 한반도 상황에 이해관계를 달리하는 주변국과 국제기구, 국제

대한 내용은 매우 흥미가 있었다. 즉, 현재 남북한의 문화가 매우 상이한데, 향후 한국이 통일되었을 때 양자의 문화를 어떻게 이끌어 갈 수 있는지의 문제를 거버넌스의 관점에서 바라볼 필요가 있다는 주장이었다.

NGO, 다국적기업 등 글로벌 거버넌스 차원의 중층적 행위자가 복합적으로 연계되어 있다는 것이다. 또한 대북지원정책은 이슈의 다변화와도 직접적으로 관계되는데, 국내적으로 보·혁 간 갈등의 한 축을 형성하고 있음은 물론 북핵문제와 연계되기도 하며, 북한개발 지원 사업의 경우 동북아 지역협력 차원의 논의로 확장되어 지역 협력체 차원에서 논의되기도 한다. 또한 지원체계에 대한 불투명성의 문제는 보편적 가치로서의 인권문제와 결부되어 논의되기도 하는 등 실로 다차원적인 논의 구조를 형성하고 있는 것이다.

이와 같이 대북지원문제는 단순히 어느 특정 집단 혹은 국내외 특정 지역에 국한되는 정책이슈라기보다, 미시적으로는 국내적 차원의 사회적 통합 관점에서 시작하여, 거시적으로는 국가 안보와 외교문제로까지 결부되는 중층적인 성격을 갖는다. 이러한 의미에서 볼 때 대북지원을 둘러싼 정책결정 과정은 여러 다양한 행위자들의 상이한 이해관계가 조율되고 절충되는 협력의 장이면서, 동시에 자신들의 정책목표와 이해관계를 최대한 달성하기 위해 권력자원의 교환과 갈등이 발생하는 투쟁의 장으로서의 이중성을 담고 있다고 볼 수 있다.

그런데 본 연구의 이러한 인식과는 달리 "대북지원에 참여하는 행위자들의 정책목표는 인도적 차원이라는 공동의 이익을 추구하기 때문에 이들의 정책목표가 상이하다고는 볼 수 없다. 그리고 대북지원 민간단체의 경우 정책변동에 따른 이익을 직접적으로 받는 정책수혜자가 아니라 공공이익을 목표로 하는 비영리단체라는 점에서 정책이익을 둘러싼 갈등은 존재하지 않는다"는 반론을 제기할 수도 있겠다.

그러나 대북지원을 둘러싼 행위자들의 정책목표는 결코 하나의 합일점을 형성한 것이 아니며, 이들이 지향하는 정책결과의 성과는 저마다 상이하다는 점을 주목할 필요가 있다. 정부의 경우 대북지원의 목표는 종국적으로 남북관계의 안정적 관리와 북한의 변화를 이끌어 내기 위한 수단으로서 추진되고 있다는 점은 주지의 사실이다. 즉, 정부의 공식 발표 자료[80]에 따르면 정부는 식량차관의 필요성을 네 가지로 설정하고 있는데 첫째, "대북식량지원은 남북 간 대화와 협력을 이어지게 함으로써 북핵문제로 인한 대내외 위기감 확산의 방지와 한반도 상황의 안정적 관리에 기여한다" 둘째, "대북식량지원은 북한을 남북대화로 유도하고, 남북대화를 우리가 주도해 나가기 위한 유력한 수단이다" 셋째, "대북식량지원은 북한의 변화와 개방유도라는 중장기 전략적 목표 측면에서도 필요하다" 넷째, "대북식량지원 시 우리의 정책목표 달성을 위한 수단을 강화해 나감으로써 식량지원의 효과를 제고할 수 있다"는 것이다. 이는 정부의 대북지원이 인도적 차원의 지원이 아니라는 점을 명백히 밝히고 있는 것이다.

대북지원NGO의 경우 역시 명목상 정책목표는 순수한 인도주의 차원의 지원임을 표방하고 있지만, 일부 단체의 경우 대북지원 활동이 기관의 위상과 입지를 강화하기 위한 수단으로 전락해 버렸다는 점을 지적하지 않을 수 없다. 이는 곧 민간단체들이 자신의 조직 내 이익을 극대화하거나 자신들이 수립한 정책적 방향으로 정책변화를 유인하려는 의도를 갖고 있다는 것을 반증한다고 볼 수 있다. 실제로 대북지원NGO 간 과다경쟁에 대한 폐해는 대부분 공감하는 사실이다. 아울러 현재 북민협에 참여하고 있는 대북지원단체 수가 매년 크게 증가하고 있는 현상에 대해, 이들의 참여의도를 순수한 대북지원목적으로만 볼 수 있겠는가라는 조심스러운 의문을 제기해 보며, 이에 대한 냉철한 분석이 요구되는 것이다. 기업의 지원 역시 인도적 차원에서만 이루어진다고 판단하기 어려운데, 이는 단기적으로는 기업 이미지 제고에 대한 영업이익을 기대하는 것이며, 중장기적으로는 기업이익을 극대화하기 위한 일종의 투자 개념으로 접근하고 있음을 주지해야 한다.

결국 중요한 것은 대북지원에 참여하는 행위자의 정책목표가 이같이 각각의 이해관계에 따라 달리 설정됨으로 인해 갈등의 소지가 있다는 것이며, 만약 이러한 갈등이 발전적 대안으로 조정되지 못할 경우 정책추진의 표류는 물론 사회적 문제로까지 확장될 수 있다는 사실이다.

---

80) 통일부, 『대북 쌀제공 관련 해설자료』, 2003.5.

바로 이러한 이유에서 대북지원정책의 복합적이며 다차원적 환경에 대한 거시적이며 체계적인 분석이 요청되는 것이며, 이러한 취지에서 거버넌스 모델의 원용은 매우 유의미한 것이라 할 수 있다. 즉, 대북지원정책과정에 참여하는 다양한 행위자들의 역동적이며 복합적인 상호작용에 의해 나타나는 관계구조를 면밀히 분석하고 이들이 교환하는 권력자원의 형태를 분석하여, 갈등의 근원을 밝히고 이를 조율할 수 있는 협력체계를 마련할 수 있는 것이다. 아울러 대북지원정책을 어느 특정 행위자의 협소한 시각으로 바라보는 것이 아니라, 정책네트워크라는 거시적인 틀 안에서 행위자 간 복합적인 연결망을 면밀히 분석함으로써, 정책과정에서 드러난 대북지원정책의 허와 실을 명확히 도출해 낼 수 있다는 점에서 대북지원정책 거버넌스는 유용성을 지닌다.

그런데 한 가지 주목할 점은 '네트워크'나 '거버넌스'라는 표현 자체가 갖는 가치지향성으로 인해, 마치 거버넌스의 형성 그 자체가 곧 정책의 정당성이나 효율성을 증진시키는 것처럼 간주되는 인식의 오류를 범할 수 있다는 점이다. 거버넌스의 형성이 동시에 정책의 효율성이나 효과성을 담보하는 것은 아니라는 점을 분명히 밝혀둘 필요가 있다. 만약 거버넌스의 형성이 바람직한 거버넌스(good governance), 그리고 효율적인 거버넌스(effective governance)로 작동되지 못할 경우, 오히려 정부주도(government)보다 정책추진의 실패 확률이 더 높을 수도 있기 때문이다. 따라서 본 연구는 거버넌스 형성 그 자체에 가치를 부여하는 것은 아니다. 특정정책의 거버넌스에 대한 평가는 '거버넌스 형성' 그 자체가 아니라 그것이 실제로 어떻게 운영되고 작동되었는가의 정책결과와 연동하여 평가가 이루어져야 한다.

제4절 연구분석의 틀

1. 분석모형

본 연구는 한국의 대북지원정책결정 과정에 주목하여 대북지원정책결정에 영향을 미치는 요인은 무엇이며 각 정부별로 어떤 특징을 보이는가를 살펴보고자 한다. 이를 위해 거시적 차원에서 대북지원정책이 각 정부별로 어떠한 양상으로 변화, 발전되어 왔는가에 초점을 두었으며, 미시적 차원에서는 정책네트워크 이론을 통해 정책과정에 참여하는 행위자와 이들이 형성한 네트워크 구조에 대해 면밀히 분석하고자 한다. 정책과정 참여자와 네트워크 구조에 따라 정책내용과 산출이 다각도로 변화한다고 볼 때, 정책네트워크 이론은 환경변화에 따른 행위자들 간의 역학관계를 규명함으로써 정책과정과 산출 사이에 존재하는 인과관계를 설명하는 데 유용한 도구가 될 수 있다.

본 연구의 논의과정을 순차적으로 설명하면 먼저 정책과정에 영향을 미치는 요인을 내·외적 요인으로 구분하여 외적 요인으로는 정책 환경의 변화를, 내적 요인으로는 정책네트워크 변화 자체를 살펴보고자 한다. 이를 좀 더 구체적으로 설명하면 외적 요인의 정책 환경 변화는 다시 국제적 차원, 국내적 차원, 남북관계 차원이라는 세 가지 영역으로 구분하여 정책을 둘러싼 다각도의 환경변화를 심층적으로 분석하는 것이다. 이어 내적 요인인 정책네트워크의 변화는 정책네트워크를 구성하는 요인으로서 행위자, 상호작용, 관계구조, 권력의 보유라는 네 가지 변수를 종합적으로 고려하여 정책네트워크의 특징 및 변화 양상을 파악할 것이다. 그리고 이러한 내·외적 요인의 변화에 따른 김대중 정부와 노무현 정부 시기의 대북지원정책 변화 양상을 살펴보고, 이러한 시기적 특성에 따른 정책네트워크 유형을 각각 제시할 것이다. 아울러 정책결정 과정의 변화 양상에만 주목하는 것이 아니라 대북지원정책네트워크에 대한 논의를 좀 더 진전시켜, 정책의 실제 집행 효과에 대한 평가를 통해 대북지원정책의 공과를 논의할 것이다. 즉, 정부별 대북지원정책네트워크의 분석결과를 바탕으로 대북지원정책 거버넌스 문제점을 도출하고, 나아가 대북지원의 효과에 대한 평가로서 실제 정부가 설정한 정책목표가 소기의 성과를 거두었는지에 관한 실증적 논의를 하고자 한다. 본 연구의 분석 틀을 도식화하면 다음의 <그림 2-6>과 같다.

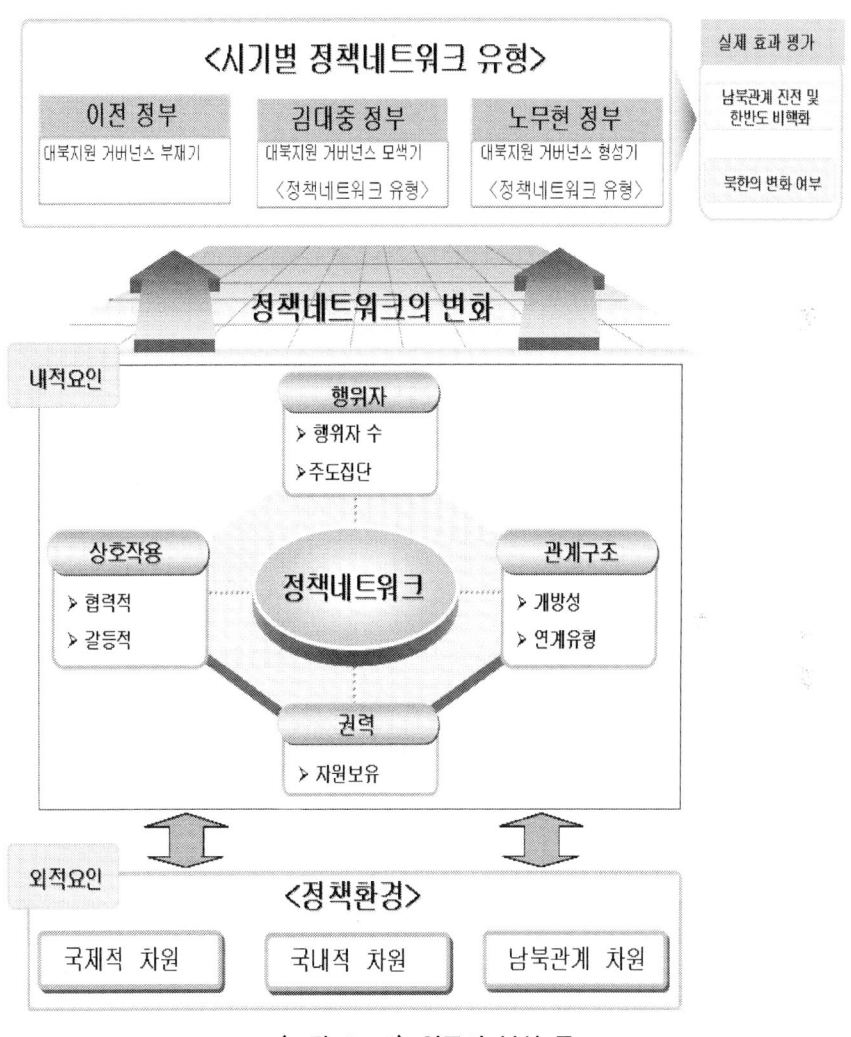

〈그림 2-6〉 연구의 분석 틀

2. 분석요소

가. 정책 환경요인

정책 환경이란 정책결정 체계를 둘러싸고 있는 일체의 외부요소라 할 수 있다. 정책 환경의 변화에 따라 행위자들의 대응이 상이하게 나타나게 되며, 이는 곧 정책네트워크의 변화를 통해 정책과정의 변화를 수반한다. 그렇다면 어떠한 환경요인이 행위자들의 의사결정 구조에 영향을 미치는가는 중요한 문제로 거론될 수 있다.

본 연구에서 주목하는 환경적 요인으로는 정치체제의 변동이나 정권교체, 주변국가, 이데올로기 변화, 제도의 변화 등이다. 한국의 대북지원정책은 분단국가라는 특수성으로 인해 북한이라는 정책적 상대를 염두에 두는바, 이데올로기 변화와 같은 환경요인은 정책네트워크를 변화시킬 수 있는 중요한 변수가 될 수 있다고 본다. 이상의 논의를 바탕으로 각각의 요인들을 세분화하여 살펴보면 다음과 같다. 먼저 국제적 차원을 살펴보면, 한반도 문제는 민족 내부의 문제이면서 동시에 국제적 이해관계를 내포하고 있는 이중구조의 성격을 갖는다. 한반도를 둘러싼 주변국들의 이해관계가 역학적으로 작용하여 이제 남과 북이라는 민족 내부의 논리만으로는 분단의 문제를 해결할 수 없게 되었다.

즉, 한반도 문제는 자주화와 국제화라는 두 개의 논의구조 속에서 해결을 모색하지 않으면 안 되는 이중성을 지니게 되었고, 이 과정에서 미국을 비롯한 주변 국가들이 중요 변수로 등장하였다.[81] 한반도 주변국들은 정책네트워크에 참여하는 주요한 행위자이면서 동시에 이들에 의해 주도되는 한반도 정세변화는 정책네트워크에

---

81) 심지연은 남북관계의 기본 구조를 '자주화'와 '국제화'라는 이중 구조로 파악하고, 한반도 평화와 협력, 통일은 이 두 흐름이 변증법적 과정을 거쳐 완전한 조화를 이룰 경우에만 실현될 수 있다고 본다. 심지연, "한반도 평화와 협력: 민족공영의 모색", 한국통일포럼 편, 백영철 외, 『한반도 평화프로세스』(서울: 건국대학교 출판부, 2005), pp.344 - 345 참조.

참여하는 여타 행위자들의 인식 및 대응에 영향을 미치게 된다. 특히 대북지원정책에 있어 주변국들의 북한에 대한 인식 여하는 정책산출의 변화를 가져오는 핵심적 요소라 할 수 있다. 또한 국제기구 및 국제비정부기구(INGO), 개별국가 등과 같은 국제사회 차원에서의 대북 인도적 지원이 활성화됨에 따라 국제사회의 협약 및 관련법규도 정책네트워크 변화를 추동하는 요인 중 하나라 볼 수 있다.

다음으로 국내적 차원으로는, 정권교체에 따른 정부나 엘리트 구성의 변화와 같은 정치적 요소를 주요한 변화 요인으로 꼽을 수 있다. 대북지원정책 자체가 정부의 대북·통일정책과 연계되어 그 범위 내에서 추진될 수밖에 없는 제한적 특성을 고려할 때, 정권교체에 따른 정부별 대북·통일정책의 변화[82] 역시 정책네트워크에 참여하는 행위자들의 인식변화를 가져오는 주요 요인이 된다. 대북·통일정책을 둘러싼 보·혁 간 대립은 한국 사회에 뿌리 깊게 자리 잡고 있는 갈등의 근원지로서, 이들 제 세력들에 의해 끊임없이 조장, 형성되는 이념적 대결구도의 결과인 이데올로기의 변화 양상 또한 대북지원정책의 변화를 초래할 수 있는 요소로 간주할 수 있다.

마지막으로 남북관계 차원으로는, 분단국가의 특수성에서 기인하여 남북한 상호 간 상대방에 대한 인식의 차이 및 정치·안보 차원의 상황적 변화를 주요한 요인으로 꼽을 수 있다. 1992년에 체결된 남북기본합의서에는 남북한을 특수한 관계로 명시하고 있는데, 이는 곧 남북한이 형제국이면서 동시에 적대국이라는 이중적 성격을 가진다는 것을 잘 보여주고 있다. 즉, 남북한이 민족적 관점에서 교류와 협력을 지속하면서도, 동시에 군사적 충돌로 인해 언제든지 정책적 변화를 수반할 수 있다는 점을 의미한다. 지난 시기 자유주의와 사회주의라는 양대 진영의 극단적 이념 대립으로 점철되었던 냉전체제의 그늘 아래에서, 남북한은 공히 자신의 권력과 체제를 정당화하기 위해 상대국을 적성국으로 간주하여 내적 결속력을 강화하는

---

82) 역대 정부별 통일정책에 대한 자세한 논의는 다음을 참조. 임현진·정영철, 『21세기 통일한국을 위한 모색: 분단과 통일의 변증법』(서울대학교 출판부, 2005), pp.31-55, 전득주 외, 『남북한 통일정책 비교』(숭실대학교출판부, 2001), pp.139-194.

정치기제로서 '적대적 공범관계'[83]를 형성해 왔다. 냉전시기 내내 극단적으로 대치해 온 남북 간 체제 대립으로 말미암아 상호갈등은 확대 재생산되었고, 세계적 차원에서 냉전의 종식에도 불구하고 남북한 간 냉전적 갈등구도는 여전히 지속되고 있다. 물론 남북한도 탈냉전기 조류 속에서 교류·협력을 증진함으로써 갈등을 해소하려고 노력하였고, 특히 분단 이후 55년 만에 처음으로 남북정상회담을 개최함으로써 남북관계 진전에 중요한 계기를 마련하기도 하였다.[84]

그러나 남북한 각기 다른 체제를 존속시키기 위한 합법적인 무력수단으로서 군대를 보유하는 한 예기치 않은 군사적 충돌 상황으로 인한 안보적 위협이 상존하는 것이 작금의 현실이다. 따라서 서해교전사태[85]와 같은 남북한 간 군사적 충돌과 강릉 잠수함 침투사건, 북한의 미사일 발사, 핵실험 등 돌발적 사태는 대북지원정책 변동에 심대한 영향을 미치는 요인으로 작용한다고 볼 수 있다(다음의 <표 2-13> 참조).

〈표 2-13〉 정부별 남북한 주요 안보현안 및 대북정책의 변화

시 기		주요사건	대북정책 변화
김대중 정부	1998년 6월 22일	강릉 잠수함 침투사건	정경분리 정책 유지
	1998년 8월 31일	대포동 1호 미사일 발사	남북 간 교류협력 지속
	1999년 6월 15일	1차 서해교전 도발	일시적 사태에 일희일비 하지 말자
	2002년 6월 29일	2차 서해교전 도발	평화증진 노력 계속 천명
노무현 정부	2005년 2월 12일	북한의 핵무기 보유 선언	대북지원 계속 추진
	2006년 7월 5일	대포동 2호 미사일 발사	정부, 쌀·비료 대북제공 유보, 포용정책 지속
	2006년 10월 9일	북한의 핵실험	포용정책 수정 시사

83) 임지현, 『적대적 공범자들』(서울: 소나무, 2005) 참조.
84) 홍용표, "남북한 갈등관리와 한반도 평화체제", 체제통합연구회 편, 김계동 외, 『한반도의 평화와 통일』(서울: 백산서당, 2005), p.71.
85) 서해상 국가안보 위협과 관련해서는 김성주, "서해상 국가안보 위협: 현황과 과제", 『한국정치외교사논총』, Vol.26, No.2(2005), pp.287-321 참조.

또한, 남북한의 공식적 대화채널인 당국 간 회담을 통해 정책적 변화가 발생하는 점을 감안할 때 정부별 공식회담의 형태 및 성격 역시 정책을 변화시킬 수 있는 주요한 요인이 될 수 있다. 이상에서 논의한 정책 환경 변화에 대한 논의를 정리하면 <표 2-14>와 같다.

〈표 2-14〉 정책 환경 변화 평가지표

정책 환경	평가지표
국제적 차원	- 국제사회의 대북 인도적 지원 동향 - 한반도 주변국의 대북인식
국내적 차원	- 정부구성의 변화(엘리트 변화) - 통일정책, 이데올로기의 변화 - 국민의 대북인식 변화
남북관계 차원	- 남북한 간 군사적 충돌, 안보현안 발생 - 당국 간 협상의 형태 및 성격

나. 정책네트워크

(1) 행위자: 수와 유형, 주도집단

행위자는 정책과정에 영향을 주고받는 개인 또는 집단으로서 정책과 관련된 모든 이해관계자를 말한다.[86] 정책행위자는 정책과정에 누가, 어떻게 참여하는가의 문제로 정책네트워크의 가장 중요한 구성요소이자 분석의 최소 단위라 할 수 있다. 즉, 정책행위자의 수와 유형은 정책네트워크의 크기 및 구조와 같은 특성을 결정짓는 핵심적인 설명변수이며 정책네트워크의 성격에 가장 큰 영향을 미친다.

---

86) 그러나 정책결정에 참여하고자 하는 모든 세력들이 정책네트워크에 참여할 수 있는 것은 아니다. 각각의 행위자들이 보유하고 있는 정책자원에 의해서 참여와 배제가 결정된다고 할 수 있다.

주도집단은 정책과정에서 핵심적인 역할을 수행하여 정책의 변화를 일으키는 가장 큰 영향력을 가진 행위자를 말한다. 주도집단에 대한 분석은 어떤 유형의 행위자가 정책과정을 주도하였는가를 분석하는 것으로써, 정책네트워크가 정책변화에 어떤 영향을 미치는가를 좀 더 명확히 파악하는 데 도움이 된다.

엄밀한 의미에서 정책과정은 정책행위자들의 상이한 이해관계가 조율되고 절충되는 협력의 장이면서, 동시에 그들의 주장과 이해관계를 최대한 반영시키기 위한 정치적 갈등과 권력다툼이 발생하는 투쟁의 장이라는 이중성을 띠고 있다. 특히 적지 않은 NGO 시민단체가 대북사업과 관련하여 통일부가 관리하는 협력기금에 의존하고 있는 현실에서 유사한 조직은 협력의 대상이 되기보다는 한정된 재원을 두고 경쟁하는 대상이 되는 경향이 없지 않다. 비록 유사단체끼리 협의체를 운용하고 있으나 정보를 공유하고 사업의 효율성을 높이는 데 협의조직을 활용하는 것이 아니라, 다른 조직의 활동을 견제하는 통로로 이용하기도 한다.[87] 따라서 정책네트워크에 참여하는 행위자를 명확하게 규명하기 위해서는 각각의 행위자가 선호하는 구체적인 정책목표가 무엇인지, 또한 어느 행위자가 주도집단이 되는지를 파악하는 것은 매우 중요한 요소이다.

한편, 정책네트워크에 참여하는 행위자 분류와 관련하여 김국신은 정책학적 일반분류에 의거하여 행위자를 공식적, 비공식적 행위자로 분류하고 있다. 공식적 행위자란 정책과정에의 참여가 법적·제도적으로 보장된 행위자를 말하며, 일반적으로 입법부, 행정부, 사법부 등을 말한다. 이에 비해 비공식적 행위자란 정책과정에의 참여가 법적·제도적으로 보장되지는 않지만 어떠한 방식으로든 정책과정에 참여하여 영향력을 행사하는 행위자를 말한다.[88] 김근식은 원조활동의 주요 행위 주체가 일반적으로 후원자, 지원기관, 수혜자로 구분됨을 감안하여, 대북지원의 주요 행

---

87) 이우영·최수영, 『한국 NGO 통일운동의 실태와 한계』(서울: 한국행정연구원, 2002), p.61.
88) 김국신 외, "한반도 평화번영을 위한 대북정책 거버넌스 실태조사", p.575.

위 주체 역시 후원자와 지원기관, 수혜자로 구분하고, 국내 차원에서의 주요 행위 주체는 후원자와 지원기관의 역할을 맡으며, 북한은 수혜자로서 남북관계에서의 주요 행위 주체로 분류하고 있다.[89]

그런데 이러한 행위자 분류는 정책을 둘러싼 행위자의 수와 유형이 다양화되어 참여의 경계가 모호해지는 거버넌스 현상을 파악하기에는 한계가 있다. 공공정책은 주요 정책결정자와 이해당사자뿐만 아니라 수많은 시민들 사이의 상호작용이라는 복잡한 정치체계 과정을 거쳐 결정되고 집행되기 때문에,[90] 행위자의 영향력이 특정 영역에 한정되어 법적으로 뚜렷이 구분된다고 보기는 어렵다.

특히 공식적, 비공식적의 구분은 법적·제도적 참여 여부로 인해 판가름되는데 본 연구에서 살펴보고자 하는 대북지원정책네트워크의 경우 노무현 정부에 이르러서는 이전 정부에서 비공식적 행위자로 분류되던 대북지원NGO가 민관협이나 남북교류협력추진협의회와 같은 공식기구를 통해 법적·제도적으로 참여가 보장되는 것을 알 수 있다. 따라서 법적·제도적 참여 여부만으로 행위자를 공식적, 비공식적으로 구분하기보다는 거버넌스 시각을 적용한 좀 더 실제적인 분류가 적용될 필요가 있다. 이러한 점을 감안하여 본 연구에서는 대북지원정책네트워크의 행위자로서 대북지원 수행여부를 기준으로 직접적 행위자와 간접적 행위자로 구분하여 살펴보기로 한다. 직접적 행위자는 대북지원을 직접 담당하는 자로, 북한과의 협상 및 재원 조달, 그리고 사업의 기획·실행·모니터링·평가라는 대북지원사업의 사이클을 전체적으로 관리 집행하는 행위자를 말한다.[91] 이러한 직접적 행위자로는 정부, 대북지원NGO, 지방자치단체, 국제사회(국제기구, INGO, 개별국가)[92] 등이

89) 김근식 외, "남북한 사회·문화 협력 거버넌스 실태조사", pp.872 - 873.
90) C. Lindbloom and E. Woodhouse, *Policy - Making Process*(New Jersey: Prentice - Hall, 1993), p.3.
91) 김근식, "남북한 사회·문화 협력 실태조사", 『한반도 평화번영 거버넌스의 분야별 현황과 과제』(통일연구원 주최 2006 협동연구 학술회의 발표논문집, 2006년 9월 27일), p.275.

다. 간접적 행위자로는 대북지원사업에 직접적으로 참여하지는 않지만 대북지원정책과정에 영향을 미치는 행위자로서 정당, 기업, 언론, 사회·시민단체 등 행위자를 말한다. 이상의 논의를 종합하면 아래 <표 2 - 15>와 같다.

〈표 2 - 15〉 분야별 정책행위자

구분	분야		대상
직접적 행위자	정부		- 대통령, 정부 부처, NSC, 각종 위원회 등
	국내 대북지원NGO[93]	시민사회 분야	남북농업발전협력민간연대, 남북어린이어깨동무, 어린이의약품지원본부, 우리민족서로돕기운동, 전남도민남북교류협의회, 평화의숲 등
		종교분야	기독교대한감리회서부연회, 대한예수교장로회총회, 원불교은혜심기운동본부, 조국평화통일불교협회, 천주교민족화해위원회, 한국대학생선교회, 한기총, KNCC 등
		사회복지 분야	국제기아대책기구, 굿네이버스, 월드비전, 한민족복지재단 등
		직능분야	대한의사협회, 대한치과협회, 대한한의사협회 등
	국제사회 (INGO, 국제기구, 개별국가)		- 국제기구: 세계식량계획(WFP), 유엔인도지원국(UNDHA), 식량농업기구(FAO), 유엔아동기금(UNICEF) - 국제NGO: 옥스팜(Oxfam), 국경없는의사회(MSF) 등 - 개별국 원조전담기구: 미국국제개발청(USAID), 유럽연합인도국(ECHO)
간접적 행위자	- 정당, 기업, 언론, 시민사회단체		

---

92) 국제사회(국제기구, 국제NGO, 개별정부)의 대북지원 현황에 대한 상세한 논의는 김국신 외, 『남북한 통합을 위한 바람직한 통일정책 거버넌스 구축방안』, pp.30 - 42 참조.
93) 세부 분류는 이종무·최대석, "동북아 대북지원NGO의 현황과 교류협력 실태", 『동북아 NGO 연구총서』(서울: 통일연구원, 2005), p.181 참조.

(2) 행위자 간 상호작용: 협력적 · 갈등적 관계

행위자 간 상호작용의 결과로 정책네트워크가 형성 또는 유지된다고 할 때, 상호 작용을 통해 형성되는 관계에 따라 구조적 측면에서 다양한 형태 및 독립적인 하 위체제가 나타날 수 있다. 정책네트워크에서 상호작용은 행위자 간 상호의존성에 기반을 둔다. 따라서 상호작용에 대한 분석은 상호의존적인 각 행위자들의 전략적 상호작용이 어떠한 성격을 나타내고 있는지를 분석한다.94) 즉, 행위자 간 상호작용 의 성격이 협력적인가 아니면 갈등적인 양상을 보이는가에 대한 관계여부를 파악 하여 정책네트워크의 성격을 규명하는 것이다.

이순호는 행위자들이 설정한 목적의 상호관련성을 기준으로 해서 행위자 간의 목적이 서로 촉진적인 경우를 협력적 상황으로, 행위자 간의 목적이 서로 방해적인 경우를 경쟁적인 상황으로 파악하고 있다. 아울러 협력적 연계는 참여자들이 공동 의 이익을 위해서 함께 목표를 추구하려는 연계를 갖는 구조의 상황이며, 경쟁적 연계는 참여자들이 각기 자신의 이익을 최대화시키려는 쪽으로 노력하는 연계구조 를 갖는 상황으로 정의하고 있다. 양재대는 행위자들의 전략적 선택은 기존의 상호 의존관계를 고려하여 이루어지는 것으로, 타 행위자들과의 기존 협력 · 갈등관계에 기반을 두어 각자의 전략을 형성 · 재생산 · 변화시키는 것으로 파악한다. 여인곤은 대북 인도적 지원 사업에 있어서 이해당사자 간 관계를 공조와 갈등관계로 규명하 고 있다. 대북지원사업에 있어 정부, 기업, NGO, 언론, 북한을 주요 행위자로 규정 하고 이들의 관계에 대해 각각 '긴밀공조', '대체로 공조', '대체로 갈등', '극한 갈 등'이라는 네 가지 영역으로 구분하고 있다. 이혜승은 상호작용의 성격을 협력적 상호작용과 갈등적 상호작용으로 구분한다. 협력적 상호작용이란 행위자들이 공통 의 목표나 정책결과를 위해 서로 우호적 · 촉진적인 상호작용을 하는 경우이고, 갈

---

94) 양재대, "정책네트워크 관점에서 본 도시계획 결정과정에서의 지방의회 역할에 관한 연 구", p.28.

등적 상호작용이란 행위자들이 각자의 목표나 정책결과를 위해 서로 방해·대립하고 사익을 추구하며 상호작용하는 경우를 말한다고 정의하고 있다.[95]

본 연구에서도 이상의 논의와 같이 정책네트워크에서 행위자 간 상호작용의 성격을 협력적 상호작용과 갈등적 상호작용으로 구분하는 것에 동의한다. 그런데 대북지원정책 자체가 북한이라는 특정한 정책적 상대를 대상으로 하는 정책임을 감안할 때, 대북지원정책 자체에 대한 찬반논쟁으로 갈등국면이 조성되는가 하면, 대북지원정책에는 찬성하나 구체적인 이행방식을 둘러싸고 행위자 간 이견과 갈등이 나타나는 복잡한 양상을 보이기도 한다.

따라서 본 연구에서는 단순히 갈등적·협력적이라는 이분법적 양상으로 행위자 간 상호작용을 파악하기보다 정책목표라는 거시적인 측면과, 세부적 방안 및 전략이라는 미시적 측면으로 나누어 이를 적극적 협력과 소극적 협력, 강한 갈등과 약한 갈등이라는 네 가지 경우의 수를 상호작용의 성격으로 규정하고자 한다. 그리고 상호작용의 강도를 측정함에 있어서 '강한', '약한', '거의', '대체로', '긴밀' 등 계량화되지 않은 평가기준은 애매모호하며 다분히 자의적일 수밖에 없다는 지적이 있다.[96] 본 연구에서 위와 같이 목표와 전략의 상호관계성에 근거하여 평가지표를 설정한 것도 바로 이러한 지적을 감안하여 좀 더 객관적인 평가지표를 제시하기 위함이다. 지금까지 설명한 목표와 전략에 따른 정책네트워크 행위자 간 상호작용을 나타내면 아래 <표 2-16>과 같다.

---

95) 이순호, "노동복지 정책네트워크의 변화: 고용보험제도를 중심으로.", 양재대, 위의 글, 여인곤, "정보화 시대 통일정책 거버넌스 개선방안.", 이혜승, "한국의 사회보험정책네트워크의 성격에 관한 연구" 참조.
96) 조희연·홍일표·김정훈, 『정부·기업 정책형성과정에서 NGO의 역할』(서울: 한국행정연구원, 2003), p.15.

〈표 2-16〉 행위자 간 상호작용

		목표	
		협력적	갈등적
전략	협력적	적극적 협력	약한 갈등
(이행방식)	갈등적	소극적 협력	강한 갈등

(3) 행위자 간 관계구조

정책네트워크 구성요소 중 관계구조와 관련하여 지금까지 수행된 국내 대부분의 연구들은 Waarden[97])이 제시하는 중요한 하위변수들 중 중복되거나 모호하지 않고 적실성이 있다고 판단되는 몇 가지 요인을 채택하여 연구에 적용하고 있다. 이 가운데 특히 주목을 받는 하위변수는 개방성과 연계유형이라 할 수 있다.

본 연구에서도 정책네트워크 구조를 명확히 분석하기 위해 개방성과 연계유형을 중심으로 살펴보고자 한다. 먼저 정책네트워크에서 개방성이 중요한 이유는 정책과정이 논리적으로는 합리적인 과정이기도 하지만 실제로는 관련 행위자들의 공식적, 비공식적 참여로 인한 상호작용이 존재하는 정치적인 과정이기 때문이다.[98])

정책네트워크에 참여하는 행위자들은 각기 보유한 정책자원의 상호의존성에 기인하여 관계구조를 형성하는데, 이때 자신이 보유한 정책자원의 역량에 따라 행위자 간 경계(boundary)를 형성한다고 볼 수 있다. 이러한 경계는 공식적인 제도에 의해 결정되기보다 행위자 간 기능적 적합성과 상호 인정과정을 통한 결과로 나타

---

97) Waarden은 행위자들 간 상호작용을 통해 형성되는 관계의 패턴으로서 네트워크의 경계(개방적 또는 폐쇄적), 멤버십의 형태(강제적 또는 자발적), 연계의 경향(무질서 또는 질서정연), 관계의 강도(상호작용의 빈도나 지속성), 밀도나 다면성(다양한 관계에 의해 행위자들이 연결되는 정도), 조정의 유형 또는 연결패턴으로서 수평적 협의와 협상, 멤버십의 중복, 상호 연계된 리더십, 관계의 속성(갈등적, 경쟁적, 협조적)을 들고 있다. Van Frans. Waarden, "Dimensions and types of policy networks", pp.29-52 참조.

98) 안해균,『정책학원론』(서울: 다산출판사, 1993), p.106.

난다. 다시 말해 정책네트워크에 참여하는 행위자들은 정책자원 교환과정에서 상호 의존성에 기인하여 참여와 배제가 이루어지는데, 이때 행위자가 자신이 필요한 정책자원을 여타 행위자로부터 획득할 수 있는가 여부에 따라 네트워크 진입구조가 결정되는 것이다. 따라서 다양한 행위자들로 구성되는 정책네트워크의 특성을 감안할 때 행위자의 참여가 개방적인가 아니면 폐쇄적인가의 개방성 여부는 정책네트워크의 유형을 분석하는 데 유용한 측정지표가 될 수 있다.

대북지원정책과정에서 대북지원사업 초기에는 정부가 민간의 참여를 배제한 채 대한적십자사를 통해 독자적인 사업을 시행하였으나, 민간단체의 정책참여에 대한 요구가 증대하고 정책결정 과정의 투명성 및 개방성을 요구하는 목소리가 점증하자 정부는 대북지원 민간단체 활성화 조치 및 창구 다원화 조치를 단행하기에 이른다. 이에 정부가 독자적으로 수행하던 대북지원사업에 민간단체의 참여가 활성화됨은 물론, 대북지원정책결정 과정에 중요한 행위자로 부상하여 사안에 따라 정부와 협력 및 갈등관계를 형성하였다.[99] 따라서 대북지원정책네트워크에 비정부부문의 참여와 배제 여부를 파악하는 개방성 문제는 반드시 고찰해야 할 필요성이 있다. 이와 관련하여 본 연구에서는 네트워크의 경계가 열려 있어서 비정부부문 행위자가 정책네트워크에 쉽게 진퇴할 수 있는 구조를 개방적 구조로, 네트워크의 경계가 닫혀 있어 비정부부문 행위자가 정책네트워크에 진입할 수 없거나 진입하기 어려운 구조를 폐쇄적 구조로 정의한다.

한편, 정책네트워크에 참여하는 행위자는 늘 상호의존적인 관계만 형성하는 것은 아니며 정책자원의 차이에 따라 행위자 간 비대칭성이 존재한다. 연계유형은 행위자들이 보유하고 있는 자원에 대한 지배력으로 결정되는데 이는 자원교환의 속성

---

99) 김국신은 NGO들이 전문지식과 여론동원 능력 그리고 실행능력이라는 자원을 통해 대북정책과정에 기여하고 있다고 본다. 구체적으로 NGO들은 대북정책과정에서 의제설정 활동, 자문역할, 정책제안 역할, 사회적 갈등조정과 협력 창출, 대북정책의 정당성 부여, 효율성 증진과 같은 역할을 수행함을 주장한다. 김국신 외, "한반도 평화번영을 위한 대북정책 거버넌스 실태조사", pp.214-215 참조.

에 따라 수직적 관계와 수평적 관계로 구분 지을 수 있다. 수직적 관계는 정책네트워크에 참여하는 행위자들이 각기 보유한 자원의 영향력 정도에 따라 위계적인 관계가 형성되어 상대적으로 상층에 위치한 행위자가 하층에 속한 여타 행위자를 종속시키거나 통제력을 행사하여 지배할 수 있는 구조를 의미한다. 이에 반해 수평적 관계는 어느 특정 행위자가 다른 행위자에 대한 영향력을 행사할 수 없을 정도의 동등한 권력을 행사하며 상호 등가의 정책자원 교환을 이루는 구조를 말한다.

아울러 이러한 수직적, 수평적 연계유형에 대한 고찰은 정책네트워크에 참여하는 행위자 상호뿐만 아니라, 개별 행위자의 내부 조직 자체에 대한 연계유형에 대해서도 고려할 필요가 있다. 다시 말해 행위자 간 연계유형으로서 정부부문과 비정부부문의 연계유형을 살펴보고, 동시에 정부 내부의 조직구조나 정부와 지방정부 사이의 관계, 시민단체 본부와 지부의 관계, 시민단체 내부의 의사결정구조[100] 등을 파악하여 연계유형을 살펴보아야 한다.

정책네트워크 연구에서 행위자의 연계구조가 수평적이냐 수직적이냐를 분석하는 것은 정책과정의 민주성을 판단하는 데도 도움이 된다. 국가의 역할에 초점을 둔 기존의 정책과정에서 정책결정의 핵심 행위자는 국가였기 때문에 의사결정은 언제나 하향적으로 이루어졌으며, 국가가 거의 모든 정보를 갖고 있었기 때문에 다른 행위자들은 무시되거나 분석의 대상이 되지 못하였다. 하지만 국가는 더 이상 우월적이지 않고 동등한 권력을 가진 여러 행위자들 중의 하나일 뿐이라고 가정하는 정책네트워크 모형에서는 수평적 연계구조라는 민주적 대안[101] 제시가 가능하다.[102]

---

[100] 한국의 시민단체 내부 의사결정 구조에 대한 자세한 논의는 다음을 참조. 김준기, 『한국시민단체의 내부의사 결정과정에 관한 연구』(서울대학교 출판부, 2006), 김준모·양현모·이기식·소재진, 『한국 NGO의 활동실태와 과제』(서울: 한국행정연구원, 2002), pp.70–103.
[101] 이러한 주장에 대해서는 주성수, 『시민참여와 민주주의』(서울: 아르케, 2006), Jon Pierre·Guy Peters 저, 정용덕 외 역, 『거버넌스, 정치 그리고 국가』(서울: 법문사, 2003), 박상필, 『NGO학 강의』, 송정호, "21세기 통일정책 환경 변화와 시민참여: 참여민주주의에 관한 논의를 중심으로", 『통일정책연구』, 제15권 1호 (2006) 참조.

1987년 민주화 이후 한국사회의 전반적인 민주화의 물결을 타고, 대북정책의 결정, 집행과정도 민주적 절차가 이루어졌으며, 이는 1988년 7·7선언 이후의 대북정책에서 돌이킬 수 없는 중요한 경향으로 자리 잡게 되었다.[103] 대북지원정책은 이와 같은 정부의 대북·통일정책 추진 기조와 연계되어 시행될 수밖에 없는 점을 감안할 때, 대북지원정책에 참여하는 민간단체와 정부 간 행위자들의 수평적 연계구조를 파악하는 것은 정책결정 과정의 민주적 의사결정을 제고하는 차원에서 반드시 요구되는 작업이라 할 수 있다.

한편, 사회학적으로 '네트워크 정치단위체'는 기계적인 시스템이 아니라 하나의 유기체로서 인식된다. 구조의 특성을 기준으로 본다면 전통적 중앙집중형 조직들이 수직적 연계로 이루어진 일대다(一對多)의 위계질서인 반면, 네트워크형 조직들은 수평적·수직적 연계가 복합적으로 중첩된 다대다(多對多)의 다층질서(heterarchy)를 만들어낸다.[104]

〈표 2-17〉 행위자 간 관계구조

연계유형	수평적	폐쇄적·수평적 네트워크	개방적·수평적 네트워크
	수직적	폐쇄적·수직적 네트워크	개방적·수직적 네트워크
		폐쇄적	개방적

개 방 성

---

102) 이혜승, "한국의 사회보험정책네트워크의 성격에 관한 연구", p.53.
103) 서창록, "한반도 평화번영의 거버넌스 구축을 위한 이론적 틀" 『한반도 평화번영 거버넌스의 분야별 현황과 과제』(통일연구원 주최 2006협동연구 학술회의 발표논문집, 2006년 9월 27일), p.18.
104) 민병원, "세계화 시대의 네트워크 국가", 하영선·김상배 엮음, 『네트워크 지식국가: 21세기 세계정치의 변환』, p.496.

(4) 행위자 간 권력보유

권력은 일정한 사회관계 속에서 특정한 개인 혹은 집단의 의사가 타인들의 반대에도 불구하고 관철되도록 하는 능력이다. 일반적으로 어떤 사회를 분석해 보면 사회를 구성하고 있는 집단과 계층 간에 나름대로의 사회적 관계가 형성되어 있고 이것에 의해서 사회를 구성하고 있는 집단 간의 힘의 배분구조가 결정되고 있다.[105]

힘에 의해 집단 간의 배분구조가 결정된다면 정책과정에서 행위자 간 힘의 보유역량, 즉 권력에 따라 정책결정에 미치는 영향력 또한 상이한 형태로 나타날 수밖에 없다. 정책네트워크에서 권력관계는 정책과정에 참여하는 행위자들이 자신의 이해관계를 정책에 최대한 반영시키기 위해 나타나는 행위자 간 영향력관계를 의미한다. 행위자들이 보유한 정책자원은 행위자가 정책과정에서 영향력을 발휘할 수 있는 원천이 되는 것으로서 상호관계의 적합성에 따라 정책네트워크의 유형은 물론 정책의 방향을 결정짓는 핵심적인 요인이 된다.

정책네트워크에서 행위자 간 권력보유에 관한 논의는 자원의존이론(resource dependency theory)을 바탕으로 한다. 자원의존이론의 논의에서 개별조직은 다수의 다른 조직들의 집합으로 이루어진 환경에 둘러싸여 있다고 가정한다. 이러한 환경은 자본이나 인력, 지식 등의 개별 조직이 요구하는 다양한 자원들을 통제하게 되며, 개별 조직은 이들과의 관계를 통해 자원을 획득하게 된다는 것이다.[106]

---

105) 여기서 힘이란 정치적, 사회적, 그리고 심리적으로 행사할 수 있는 영향력을 의미한다. 정치적 영향력이란 단순하게 선거권이나 투표권을 의미하는 것이 아니라 집회, 결사를 통해서 집단적 영향력을 발휘할 수 있는 힘을 의미한다. 또한 사회적 영향력이란 생산기반, 즉 정보, 지식, 기술, 사회조직의 참여, 재정자원에 대한 접근성은 물론 집단의 목표설정 능력과 성취능력 등을 포함하게 된다. 아울러 심리적 영향력이란 자신의 능력에 대한 자신감을 포함하여 개인이나 집단이 갖고 있는 사회적 인식과 신념 등을 포함하는 의미로 이해할 수 있다. 박광기, "세계화와 한국사회의 변화", p.123.
106) 김준기·이민호, "한국의 네트워크 거버넌스에 관한 연구", 『행정논총』, Vol.44, No.1(2006), p.94.

네트워크에서 권력은 자원교환의 형태로 나타나는데 권력자원은 조직의 크기, 예산(budget), 기금(fund), 강제(coercion), 조직에 대한 통제(organization's control over policy output), 전문성, 독점성, 조직의 결집력, 연대활동 등을 들 수 있다.

본 연구에서는 대북지원정책의 특성을 종합적으로 고려하여, 권력자원을 측정하기 위한 변수로서 예산(budget), 기금마련능력, 전문성, 조직 응집력 및 규모, 연대활동, 여론동원 능력, 정보수집 능력 등을 설정하였다. 대북지원정책은 일반 공공정책과 달리 네트워크에 참여하는 행위자가 정책의 직접적인 수혜자가 되기보다, 인도적 차원의 물적 지원이라는 정책집행의 수혜를 받는 북한이라는 정책적 대상자를 고려할 수밖에 없는 특수한 성격을 갖는다. 따라서 북한에 지원할 수 있는 물적 기반 확보는 대북지원정책네트워크 내에서 영향력을 행사할 수 있는 주요한 요인이 될 수밖에 없다.

또한 대북지원단체의 경우 기금마련 과정에서 얼마나 많은 지지여론을 형성할 수 있는가에 따라 조직의 위상이 결정되며, 이는 곧 조직의 규모 및 재정과도 밀접한 관련성을 가짐으로 행위자 간 권력보유량의 차이를 가져올 수 있다. 또한 지난 10년간의 지속적인 대북지원과정에서 대북지원단체와 북한 간의 상호 신뢰도와 북한에 대한 정보수집능력 등도 행위자의 권력을 측정하는 주요한 지표가 될 수 있다. 지금까지 설명한 대북지원정책네트워크 분석요소와 그에 따른 하위변수를 종합하면 아래 <표 2-18>과 같다.

〈표 2-18〉 대북지원정책네트워크의 분석요소

분석요소	하위변수		
행위자	수와 유형		
	주도집단		
상호작용	상호작용의 성격	협력적	
		갈등적	
관계구조	개방성	개방적	
		폐쇄적	
	연계유형	수직적	
		수평적	
권력	권력자원의 특성		

(5) 정책네트워크의 유형

본 연구에서는 각 정부의 대북지원정책결정 과정 특성을 좀 더 명확하게 입증하기 위해 정책네트워크 구성요소를 종합적으로 평가한 후 이를 바탕으로 대북지원정책네트워크의 유형을 범주화하고자 한다. 정권별 정책네트워크 유형을 범주화하여 정책변화 양상을 입체적이며 다각적인 차원에서 분석하는 것은, 정책과정 전반의 문제점 및 보완점을 파악하여 정책추진의 시행착오를 최소화할 수 있는 유용성을 지닌다.

다만, 실제 정책과정에서 여러 네트워크 유형이 하나의 정책에서 동시에 나타날 수도 있고, 정책네트워크 유형이 상호 배타적이지 않으므로 정책네트워크가 반드시 어느 특정 유형에 해당한다고 단정하기는 어렵다. 그럼에도 불구하고 오늘날 정책환경에서 이슈의 다변화 및 행위자의 다양화는 거스를 수 없는 시대의 흐름이라 할 수 있다. 그러므로 정부부문과 비정부부문 간 어떠한 이해관계도 형성되지 않는 강한 폐쇄성을 특징으로 하는 국가주의와 같은 유형은 오늘날 정책과정에 적용될 확률이 매우 낮다고 단언할 수 있다. 이에 본 연구에서는 대북지원정책네트워크의 유형으로 오늘날 실제 정책현장에서 논의되고 있는 하위정부와 정책공동체, 그리고 이슈네트워크를 연속선상에 놓고 각각의 정부별로 어느 지점에 위치하는가를 살펴보고자 한다.

<표 2-19> 정책네트워크 유형 분류

변수/유형		하위정부	정책공동체	이슈네트워크
행위자	수와 유형	정부 부처 및 관련된 특정집단 (제한적)	정부 부처 및 약간의 관련된 집단들 (비교적 제한적)	정부 부처 및 관심 있는 다양한 집단 (무제한적)
	주도집단	정부부문	정부부문, 비정부부문	정부부문, 비정부부문
상호작용	상호작용의 성격 (협력적·갈등적)	협력적	협력적, 갈등적	협력적이지만 갈등이 항상 존재
관계구조	개방성 (폐쇄적·개방적)	폐쇄적	보통	매우 개방적
	연계유형 (수직적·수평적)	수평적, 수직적	수평적, 수직적	수평적
권력	자원보유	보유자원의 특성	보유자원의 특성 참여자 간 권력균형	보유자원의 특성 참여자 간 권력불균등

자료: March & Rhodes, Policy Network in British Government(Oxford: Oxford University Press, 1992), p.251, 이혜승, "한국의 사회보험정책네트워크의 성격에 관한 연구: 국민건강보험 사례를 중심으로", p.63을 참조하여 구성

제3장 김대중 정부의 대북지원정책네트워크 분석

제1절 대북지원정책의 내용과 추진과정

1. 대북지원 현황

김대중 정부가 추진한 일련의 정책들 가운데 중점적으로 추진하고자 했던 정책 분야 중 하나는 이른바 햇볕정책으로 통칭되는 대북정책 분야라 할 수 있다. 햇볕정책은 실천성이 결여된 통일이라는 거대담론의 허상을 좇아 무리하고 성급한 정책을 추진하기보다, 당장 실현 가능한 교류·협력을 통해 장래에 다가올 통일의 기반을 조성하겠다는 것이 기본취지였다.

이 시기 남북 간 인적·물적 교류가 활발히 추진됨으로써 대북지원 역시 이전 정부 시기와 비교할 때 괄목할 만한 증가를 이루었다. '보다 많은 대화와 접촉'을 통해 남북 간 긴장을 완화하고 상호 적대감을 해소하자는 정책취지에 잘 드러나듯이, 정부는 남북 간 사회문화 분야의 교류를 강조하여 남북 주민들 간 자유왕래를 촉진함은 물론 다방면의 접촉 증대를 위한 방안들을 모색하고자 하였다.

1998년 이후 사회·문화 분야의 교류협력은 이전과 비교하여 획기적인 증가세를 보였다. 1998년 한 해 금강산 관광객 10,554명을 제외하고도 3,317명이 북한을 방문하였다. 이 수치는 정부가 민간인의 방북을 승인한 1989년 이후 1997년까지의 총 방북인원 2,408명보다 많은 수치였다.[107) 또한 경제분야에 집중되었던 남북협력 사업자 승인이 2000년 남북정상회담을 기점으로 사회문화 분야에서도 꾸준한 증가세를 나타내기 시작하였다.[108)

---

107) 조한범 외, 『비정부기구(NGO)를 통한 남북한 교류·협력 증진 방안 연구』(서울: 통일연구원, 2000), p.25.

108) 사회문화 분야의 교류협력은 크게 종교교류, 예술·스포츠·학술교류, 언론교류, 남북 공동행사 교류 등으로 나누어 살펴볼 수 있다. 이에 대한 세부적 현황 및 실적에 대

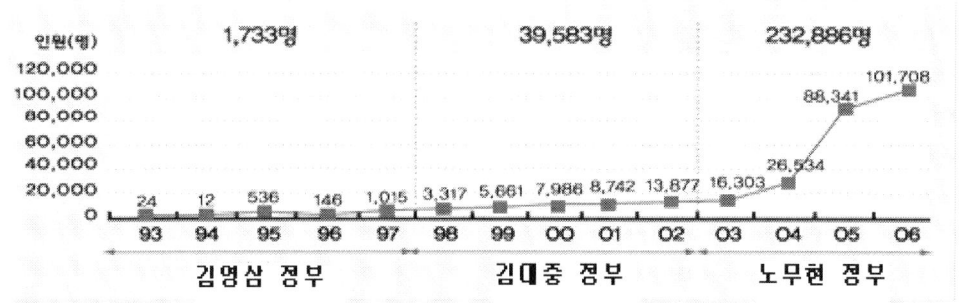

〈그림 3-1〉 각 정부별 남북 간 인적 왕래 현황

남북교류협력 확대라는 큰 틀 속에서 대북지원과 관련한 인적 교류 역시 활발히 진행되었다. 대북지원 NGO 관계자들은 협력사업 논의 및 모니터링 목적으로 방북하여, 자연스러운 남북 주민 간 접촉을 통해 화해협력 분위기 조성에 일조하였다고 볼 수 있다. 민간단체의 방북이 허용된 1999년 이후 2002년까지 대북지원 민간단체의 방북인원은 아래 <표 3-1>과 같다.

〈표 3-1〉 김대중 정부 시기 대북지원 민간단체 방북인원

연도	1999	2000	2001	2002	계
인원 (건)	49 (15)	144 (39)	384 (76)	1,715 (119)	2,292 (249)

1998년부터 2002년까지 김대중 정부 시기 5년 동안 추진된 대북 인도적 지원의 규모는 총 8,557억 원이었으며, 이 중 정부 차원의 지원은 식량 114만 톤, 비료 80만 톤을 비롯하여 총 6,153억 원이며, 민간 차원에서는 2,404억 원이 지원되었다.[109]

해서는, 통일노력 60년 발간위원회 편, 『하늘길 땅길 바닷길 열어 통일로』(서울: 다해, 2005), pp.335-352 참조.
109) 통일부 공식 통계 자료 근거.

한편, 남북정상회담 이후 변화된 남북관계는 대북 인도적 지원운동에 상당한 영향을 미쳤다. 정부 차원에서 대규모의 비료, 식량 지원이 이뤄지면서 민간단체의 지원물자 중 식량이 차지하는 비중이 급격히 낮아졌다. 또한 남북교류 및 협력에 대한 관심이 급격히 고조되면서 지방자치단체 및 기업들이 대북지원 단체들의 주요한 후원자로 나서게 되었고, 각 지방의 특산물과 잉여 농수산물의 지원이 이뤄지면서 대북지원 규모가 급증하였다.110)

다음의 <그림 3-2>에서 보는 바와 같이 2000년 6월 남북정상회담 이후 남북 간 교류협력이 급물살을 타고 진행되면서 대북지원은 급격한 증가세를 보였다. 이후 2001년 조금 하락하는 경향을 보이긴 하였으나 전반적으로 집권 5년의 기간 동안 대북지원은 양적, 질적으로 지속적인 증가세를 보였다고 볼 수 있다.

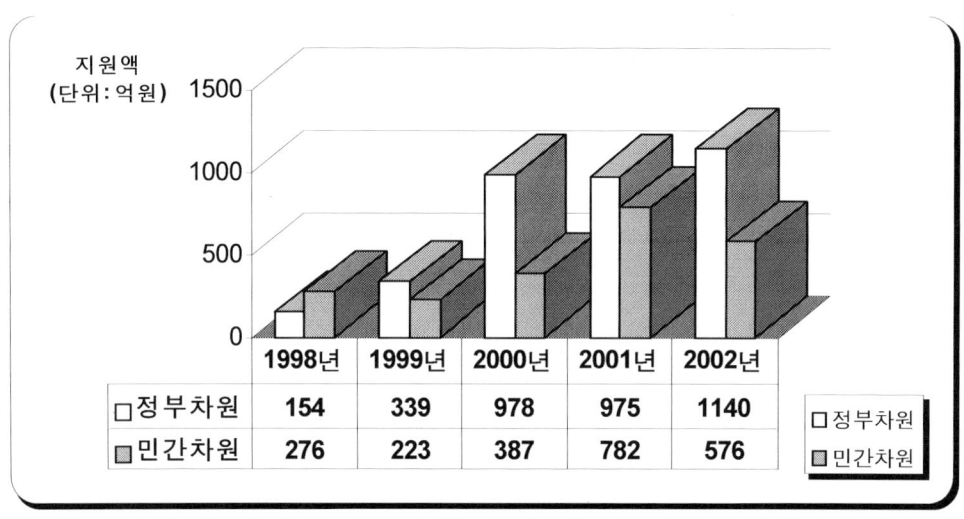

	1998년	1999년	2000년	2001년	2002년
정부차원	154	339	978	975	1140
민간차원	276	223	387	782	576

<그림 3-2> 김대중 정부 시기 대북지원 현황

110) 우리민족서로돕기운동, "대북 인도적 지원운동의 성격과 전개과정"(우리민족서로돕기운동 창립5주년 활동 자료집, 2001), p.218.

대북지원 품목과 관련하여 김대중 정부 초기에는 주로 식량과 비료가 정부 차원에서 지원되었으며, 민간 차원에서는 밀가루, 옥수수, 식용유, 비료, 한우, 젖소, 비닐, 분유, 설탕 등과 같은 긴급구호 차원의 생필품에 한정되었다. 그러다가 2001년부터 단순한 긴급구호 차원에서 탈피하여 북한 농업구조의 근본적 개선을 목적으로 한 남북농업협력과 개발 지원을 위한 민간단체의 남북 협력사업이 본격적으로 추진됨으로써 농기계와 같은 기자재 및 북한 현지에 협동농장 설립을 위한 인적·물적 지원이 추진되었다.[111] 협력사업은 주로 농업협력과 보건의료 사업이 주축을 이루었는데, 보건의료 분야의 협력도 진척되면서 각종 의약품 및 의료장비가 지원되기도 하였다(표 3 - 2 참조). 특히 남북정상회담 개최 이후 대북지원 및 협력사업에 대한 관심이 점증하면서, 지역·부문별로 특화된 다양한 사업들이 추진되었다. 지자체 차원에서 제주도 감귤 보내기, 완도군의 미역 보내기 캠페인을 비롯하여 교육·여성·문화예술·체육 등 부문별 단체들이 대북지원에 참여하였다.

---

111) 대표적인 대북지원 민간단체 중 하나인 우리민족서로돕기운동은 2001년에 북한 조선 농업과학원과 공동으로 남북 농업 협력사업을 추진할 것을 협의하여, 경운기 200대, 이앙기 50대, 육묘상자 18만 장, 콤바인 15대 등을 우선적으로 지원하였으며, 이들 물자를 조선 농업과학원 산하 지방분원 농장에 배분하였다. 또한 1단계 농기계 수리 공장 설립 및 견본기 공급, 실증시험, 2단계 농기계 조립공장 건립, 3단계 민족적 농기계 협력 개발 등을 추진하기로 하였다. 송경민, "대북인도지원운동의 전개과정과 발전방향"(성공회대학교 NGO대학원 시민사회단체학과 석사학위논문, 2005), p.33.

<표 3-2> 분야별 대북지원 민간단체의 협력사업

사업분야	사업단체	사업내용
취약계층	한민족복지재단, 남북어린이어깨동무, 굿네이버스, 남북나눔운동, 한국 JTS, 원불교, 예장총회 등	어린이 등을 위한 급식공장 운영, 의류 및 기타 생필품 지원
보건의료	우리민족서로돕기운동, 한민족복지재단, 남북어린이어깨동무, 굿네이버스, 유진벨, 건강관리협회 등	안과병원 건립, 제약공장설비 복구, 어린이심장병센터 건립, 병원현대화, 어린이영양센터건립, 전염병 퇴치, 구충, 기초의약품·의료기자재, 정수·식수 개발 등 지원
농업개발	우리민족서로돕기운동, 굿네이버스, 월드비전, 국제옥수수재단, 새마을운동중앙회, 강원도협력협회, 평화의 숲 등	농기계 수리공장, 젖소·젖염소목장, 닭목장, 산란종계장, 종자개량·보급, 연어자원보호·증식, 산림복구, 해충방제, 온실영농, 비료·비닐 등 각종 농기자재 지원

출처: 통일부.

2. 대북지원정책의 추진과정

　김대중 정부 시기 대북지원과 관련한 일련의 정책적 조치들은 그동안 정부주도로 추진되어 온 대북지원정책과정에 민간부문의 참여 확대와 이에 따른 대북지원의 양적, 질적 변화를 모색하는 방향으로 전개되었다.

　김대중 대통령의 취임사에 잘 나타난 바와 같이 대북지원 확대를 위한 정부의 정책변화는 출범 당시부터 이미 예견된 것이었다. 김대중 정부 시기 대북지원정책은 정부의 민간에 대한 '규제에서 자율'이라는 정책 전환의 과정을 거친 시기로 볼 수 있다. 시기별로 볼 때 대북지원과 관련하여 김대중 정부가 제일 먼저 취한 조치로는 1998년 3월 18일에 발표한 '민간 차원 대북지원 활성화 조치'이다. 이 조치는 이전 정부와 구분되는 대북정책 기조를 반영한 것으로서, 정부의 대북지원정책

방향은 첫째, 남북 주민 간 접촉 증대 및 민간단체의 희망을 고려하여 민간 차원의 대북지원을 활성화하고, 대북지원이 북한주민들에게 실질적으로 도움을 주며, 남북관계 개선에 기여하는 방향으로 질서 있게 추진되어야 한다는 것이다. 둘째, 우선 민간의 대북지원 참여 및 모금활동을 확대 허용하여, 그동안 민간단체들이 제기한 남북 주민 간 접촉 증대에 도움이 되는 조치들을 강구하였다. 또한 국내외 민간단체들이 추진하고 있는 대규모 모금행사 및 협력사업 방식의 대북지원 등이 정부와의 협조하에 이루어질 수 있도록 하는 조치를 포함하고 있다. 셋째, 이산가족 문제 해결 계기 마련을 위해 남북적십자사 간 지원구도는 당분간 유지하며, 남북적십자사 간 지원 재개 후 이산가족 문제 해결 등 진전에 따른 대북지원 창구 확대방안을 강구한다는 것이다.[112]

정부는 "남북한 간 화해와 협력을 증진시키기 위해 민간단체의 대북지원을 적극 권장하기로 했다"고 그 취지를 밝히고 다음의 내용을 골자로 하는 세부조치를 발표하였는데, 이는 민간단체 대표들의 대북지원 협의 및 분배결과 확인을 위한 방북 허용, 남북적십자 간 지원물품의 인도·인수과정 시 민간단체 대표들의 참여 허용, 언론사와 기업체가 협찬·후원하는 대북지원모금을 위한 자선음악회·바자회 등 이벤트성 행사개최 허용, 민간단체가 추진하고 있는 북한 내 식료품공장·합영농장 등 협력사업 방식의 대북지원 허용 등의 내용을 담고 있다.

이 조치 이전까지 정부의 대북지원창구 단일화 방침과 민간단체에 대한 활동 규제로 인해 대북지원 민간단체는 자체적으로 모금한 것을 직접 북한에 전달할 수 있는 어떠한 접촉도 허용되지 않았으나, 이 조치로 인해 대북지원 협의 및 모니터링 목적을 위한 방북의 길이 열렸다는 데 큰 의의가 있다고 할 수 있다.

그런데 이 조치 역시 그동안 대북지원창구 다원화를 통해 직접 지원방식을 희망하였던 민간단체의 요청[113]을 정부가 받아들이지 않음으로써 민간단체의 기대수준

---

112) 통일부, "3·18 민간 차원 대북지원 활성화 조치" 참조.
113) 민간단체는 적십자사 창구 단일화하에서 지정기탁을 허용해 줄 것을 정부에 요청하였

에 미치지 못한다는 한계로 인해 정부와 민간단체 간 갈등의 불씨는 사그라지지 않았다. 정부의 입장에서는 대한적십자사를 통한 대북지원 단일창구가 여러 가지 장점을 갖고 있다고 판단하였는데, 이는 창구 단일화를 통해 북한과의 연락통로를 확보할 수 있고 저렴한 물류비용은 물론 분배 투명성의 제도적 장치를 마련할 수 있다고 보았기 때문이다.

이에 반해 정부의 적극적인 활성화 조치를 기대했던 민간단체들은 창구 일원화 유지에 대해 강한 불만을 제기하였다. 민간단체들은 대한적십자사 창구 단일화는 민간단체의 의견수렴과 상호 협의 없이 정치적 이해에 기초한 정부의 일방통행에 따른 조치라고 비난하면서, 대한적십자사가 내세우는 분배투명성 확보 및 구호활동의 전문성 등이 의심스러우며 협상 등을 해야 함에 따라 적시적소에 지원하는 것이 어렵다는 점을 지적하였다.[114]

이후 대북지원 창구 확대를 둘러싼 정부와 민간의 의견대립 속에서, 민간단체는 사회적 여론 확산을 통해 지속적으로 창구 다원화를 요청하였고 결국 정부는 민간단체의 요청에 부응하여 대북지원정책과 관련하여 패러다임의 전환이라 할 수 있는 '대북지원 창구 다원화' 조치를 발표(1999.2.10)하게 되었다. 김대중 정부 출범 이후 김대중 대통령의 직접 지시[115]에 의해 그 세부방안이 모색된 이 조치는 남북

다. 1997년 7월에는 민간단체들이 '민족화해를 위한 100만 인 서명운동 및 평화행진'을 전개하면서, 정부 차원의 대량지원, 기업과 언론의 모금참여 허용, 대북지원 창구 다원화, 민간교류 허용을 정부에 촉구하였다. 8월에는 대북 인도적 지원을 호소하는 각계 대표 348명(국회의원 70)의 발기인과 해외동포 2만 명을 포함한 108명의 서명부를 정부에 전달하였다. 대북협력민간단체협의회 · 대북지원민관정책협의회 편, 『대북지원 10년 백서』(서울: 늘품, 2005), p.47.

114) 이금순, "대북 인도적 지원의 성과와 한계", 『사회과학연구논집』, Vol.27, No.1(2001), p.22.

115) 김대중 대통령은 1998년 3월 17일 강인덕 통일부장관으로부터 업무보고를 받는 자리에서 이산가족과 종교단체 등 민간단체가 적십자사를 통하지 않고 독자적으로 북한에 식량을 지원할 수 있게 하는 방안을 검토, 대북지원 창구의 다원화 방안을 강구하라고 통일부에 직접 지시했다.

간 상호 접촉을 촉진하여 남북관계를 발전시키고자 한 정부의 강한 의지가 표출된 것이라 할 수 있다. 대북지원 창구 다원화 조치는 대한적십자사로 일원화해 왔던 대북지원창구를 민간단체의 독자창구를 허용하여 대북지원절차를 보다 간소화하고 북한이 원하는 물품을 적절한 시기에 소량씩 지원할 수 있다는 이점을 고려한 조치였다. 이 조치로 인해 민간단체의 대북지원이 적기적소에 시행될 수 있는 기틀이 마련되었으며, 거시적으로 볼 때 남북 주민 간 접촉확대를 통해 남북관계의 발전을 도모한다는 측면에서도 큰 의의를 가질 수 있었다.

그런데 이 조치 역시 한 가지 한계점으로서 당시 대북지원에 관여하던 모든 민간단체에 대해 문호를 개방한 것이 아니라 대북지원 실적을 고려하여 정부가 민간단체를 취사선택하여 참여 범위가 일부 단체에 한정된 점을 지적할 수 있다. 당시 통일부는 "민간단체의 독자지원창구는 지난 95년 9월 이후 대북지원에 참여해온 민간단체의 실적과 전문성을 고려, 종합적으로 판단해 10여 개 단체를 선정할 방침"이라고 밝혔다.

이러한 창구 다원화 조치 이후 북한의 조선그리스도교연맹이 세계기독교교회협의회(WCC)를 통해 요청한 의류지원에 대해, 한국기독교 북한동포후원 연합회가 20여 개 의류업체로부터 기탁받은 아동복 2만 6,000벌(시가 7억 1,000만 원 상당)을 북한에 지원함으로써 대한적십자사를 통하지 않고 지원물품을 직접 보낸 첫 사례로 기록되었다.

이후 대북지원 민간단체의 참여 폭이 확대되면서 대북지원에 있어 주요한 역할을 담당하게 되자 정부와 민간의 적극적인 협력 방안이 모색되었다. 이러한 취지에서 정부는 1999년 10월 21일 임동원 통일부장관 주재로 제60차 남북교류협력추진협의회를 개최하여 남북경제교류협력에 대한 "남북경제 교류협력에 대한 남북협력기금 지원지침"(의안 제96호)과 "인도적 차원의 대북지원사업 처리"(의안 제97호) 규정을 의결했다.116)

이 정책의 내용은 남북교류협력기금에서 중소기업에 대한 경협자금대출과 민간 대북지원 단체에 대한 무상지원을 실시한다는 것이다. 정부가 이와 같은 지원을 결정하게 된 것은 민간 대북지원이 그 규모에 비해 남북 간 직접교류를 촉진하고 분배투명성 측면에서도 효과적인 면이 있고, 안정적 재원 확보를 통해 확대·지속되는 것이 바람직하다고 평가했기 때문이다. 민간단체들은 식량 위주의 일회성 지원에서 농업개발·보건의료·산림복구 등으로 지원 분야를 다원화·특화하는 등 상당한 경험과 전문성을 제고시켜 왔으나, 국내 경기부진으로 인한 모금부족으로 지원사업에 어려움을 겪으면서 지속적으로 정부에 대해 재정지원을 촉구하여 왔다. 정부는 이러한 사항들을 고려하여 민간 대북지원사업의 적정하고도 효율적인 추진과 이를 위한 남북협력기금 지원에 관한 기준을 마련하고자 "인도적 차원의 대북지원사업처리에 관한 규정"을 제정하게 되었다.[117]

이 규정을 좀 더 자세히 살펴보면 대북지원사업의 범위는 식량난의 근본적인 해결과 취약계층에 대한 지원을 위주로 하여 ① 이재민 구호 및 피해복구 지원, ② 식량난 해소를 위한 농업개발 지원, ③ 보건위생 개선 및 영양결핍 아동과 노약자 등 지원, ④ 자연재해 예방차원의 산림복구·환경보전 지원 등의 내용을 담고 있다. 대북지원사업자의 자격요건으로 제시된 사항은 ① 남북교류 및 모금 등에 있어 관련 법규의 준수, ② 북한 상대방과 안정된 관계유지 및 재원의 안정적 확보, ③ 대북지원 물품의 분배투명성 확보 등으로 규정되었고, 이러한 자격요건을 갖추지 못한 소수 단체 및 개인은 기존의 대한적십자사 창구를 이용하도록 하였다.

민간단체의 대북지원사업에 대해 남북협력기금을 매칭 펀드 방식으로 지원한다는 내용을 핵심으로 하는 이 규정에 의해 실제로 2000년 3월 제65차 남북교류협력추진협의회에서 '민간대북지원단체에 대한 남북협력기금 지원'(의안 제105호) 의결을 필두로 2000년 당시 7개 민간단체[118]의 대북지원사업에 33억 8천만 원의 남북

---

116) 통일부, "제60차 남북교류협력추진협의회 개최 결과보고서", 참조.
117) 최철영, "대북포용정책에 따른 대북민간지원활성화방안", 『한국정치외교사논총』, Vol.-21, No.2(2000), p.275.

협력기금이 지원되었다.[119] 대북지원의 내용별로는 농업개발 분야 5개 사업 27억 원, 보건의료 분야 2개 사업 16억 5천만 원, 취약계층지원 2개 사업 10억 6천만 원 등이었으나, 남북나눔운동의 어린이 영양사업 등이 계획대로 진행되지 못한 이유로 실 집행액은 33억 8천만 원(62.5%)에 머물렀다.

한편, 2001년 2월 29일에는 대북지원 민간단체 간 유기적 협조체제 구축을 위한 목적으로 '대북지원민간단체협의회'(약칭 북민협)가 공식적으로 출범되었다. 기존의 '대북지원 민간단체모임'을 확대, 공식화한 것으로 소속 단체들 간 활발한 대북 정보 교환과 협력을 통해 효율적인 북한동포 지원 사업을 벌이고자 하였다. 지금까지 논의한 김대중 정부 시기의 대북지원과 관련한 일련의 정책적 조치들을 종합하면 다음의 <그림 3 - 3>과 같다.

---

118) 이들 7개 단체 및 지원액 규모는 ▲국제옥수수재단(8억 5천800만 원) ▲유진벨재단(7억 9천200만 원) ▲월드비전(5억 200만 원) ▲JTS(2억 8천700만 원) ▲한민족복지재단(1억 7천800만 원) ▲우리민족서로돕기(1억 4천만 원) ▲ 한국이웃사랑회(6천100만 원) 등이다.

119) 이금순은 정부의 이와 같은 조치로 인해 민간 대북지원이 안정적 재원의 뒷받침 위에 지속적으로 추진될 수 있다는 점에서 북한주민에게 실질적 도움을 줄 수 있는 조치라고 평가하고 있다. 이에 대한 상세한 논의는 이금순, 『대북지원 민간단체의 남북교류협력 연구』(서울: 통일연구원, 2004), pp.22 - 23 참조.

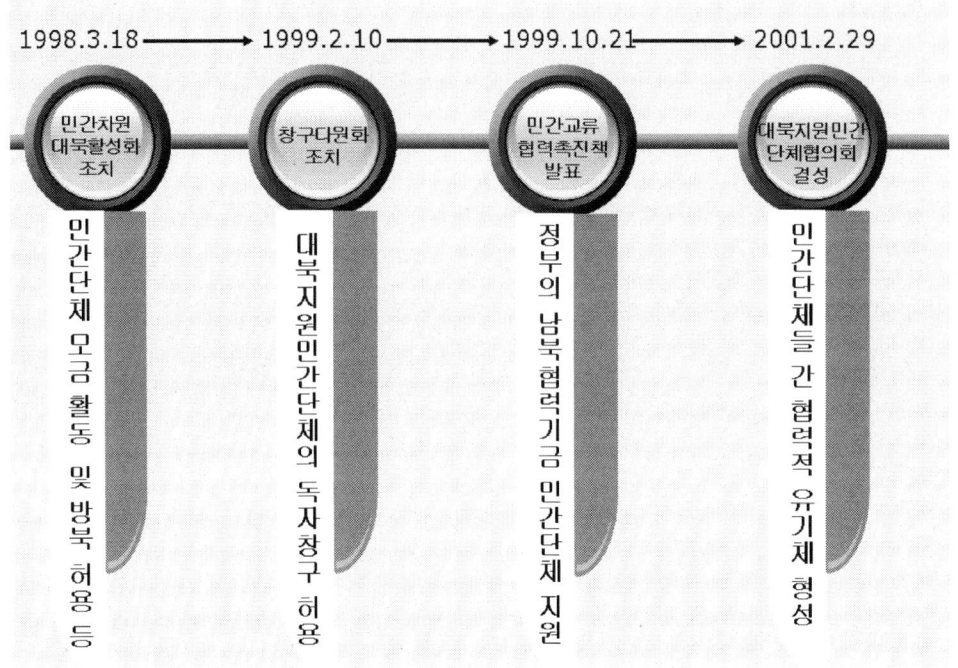

<그림 3-3> 김대중 정부 시기 대북지원관련 정책적 조치

제2절 대북지원정책의 환경요인

1. 국제적 차원

대북지원정책은 일반 국내 공공정책과 달리 북한이라는 특정한 상대를 전제로 하며, 주변 관련국을 비롯한 국제사회의 다양한 행위자들의 이해관계가 복합적으로 얽혀 있다. 한국 정부의 입장에서는 대북지원정책결정 과정에 있어 관련 주변국과 국제기구의 대북인식 및 정책방향을 고려하지 않을 수 없으며, 이러한 국제적 차원의 환경적 요인은 대북지원정책결정 과정에 영향을 미치는 주요한 요인으로 작용한다.

특히, 대북지원이 국내외적 차원에서 본격적으로 전개된 계기가 국제사회의 지원과 협력에서 기인하였다는 사실은 대북지원정책결정 과정을 분석함에 있어 국제적 차원의 변수를 중요시하게 다루어야 할 이유 중 하나인 것이다. 북한은 1995년 8월 큰물피해 이후 유엔대표부를 통해 유엔인도지원국(UNDHA)에 긴급 구호 요청을 하였고, 이에 따라 유엔인도지원국은 현지 공동조사결과를 바탕으로 대북지원을 위한 모금을 국제사회에 호소하였다. 이는 국내외적으로 북한에 대한 인도적 지원이 본격적으로 발현될 수 있는 단초를 제공하였다는 점에서 의미가 있다.

시기별로 볼 때 1997년부터 1999년까지 북한의 자연재해와 경제적 파탄에서 비롯된 극심한 식량난을 해소하기 위해 국제사회의 인도적 지원이 더욱 활발히 전개되면서 국제사회의 대북지원정책에 대한 환경 및 인식은 매우 긍정적인 방향으로 전개되었다.

하지만 2001년 9·11 테러 사태를 기점으로, 미국 부시 행정부의 대북정책이 이전 클린턴 행정부와는 달리 대북강경책으로 선회함으로써 UN을 비롯한 국제기구는 물론 주변국의 대북인식 역시 악화되었다. 이로 인해 국제사회의 대북지원이 상대적으로 위축되는 결과를 가져왔다. 이와 더불어 김대중 정부 후반기에 불거진 대북비밀자금송금문제와 2002년 10월 미국의 대북특사 켈리의 방북 시 북한의 핵개발 의혹이 불거짐에 따라 국제사회의 대북 인도적 지원에 대한 인식은 매우 부정적으로 나타나 급기야 대북지원의 규모와 범위를 축소할 수밖에 없는 상황까지 이르게 되었다.

이와 같은 전반적인 특성을 바탕으로 이하에서는 김대중 정부(1998－2002) 시기를 1998년부터 2000년까지의 전반기, 그리고 2001년부터 2002년까지의 후반기로 각각 구분하여 국제기구와 주변국의 대북인식을 중심으로 대북지원정책을 둘러싼 국제적 차원의 환경요인에 대해 좀 더 자세히 살펴보고자 한다.

가. 전반기(1998-2000): 주변국 및 국제기구의 긍정적 대북인식

1998년부터 2000년까지의 기간은 앞서 언급하였듯이 UN을 비롯한 국제기구와 주변국의 대북인식이 긍정적 방향으로 전개되면서 활발한 대북지원이 추진된 시기였다. 이 기간 동안 국제기구의 대북지원 활동은 북한의 심각한 식량난에 따른 인도적 차원의 지원을 확대하는 특징을 보였다. 이 시기 유엔의 대북지원은 그 이전과 비교할 때 과히 획기적으로 증가하였는데, 김대중 정부 출범 초기인 1998년에 유엔은 북한의 식량난을 돕기 위해 총 3억 8,324만 달러(약 6천 6백50억 원) 규모의 4차 지원 계획을 마련하고 국제사회에 지원을 호소했다. 유엔의 이와 같은 대북지원계획 규모는 대북지원이 시작된 1995년부터 이후 1997년까지 모두 3차례의 지원계획액수(1억 8천5백만 달러)보다 2.24배나 많은 것으로, 아래 <표 3-3>에서 보는 바와 같이 1998년의 실제 지원실적 면에 있어서도 이전 3년과 비교할 때 뚜렷한 급증세를 확인할 수 있다. 이는 김대중 정부 출범 첫해 대북지원에 대한 국제기구의 활동이 매우 활발히 전개되었음을 단적으로 보여주는 사례로 볼 수 있다.

세계식량계획(WFP)의 대북지원이 개별국가의 지원을 받아 추진되는 점을 감안할 때, 이와 같은 대북지원 규모의 확장은 곧 한국 및 주변국의 지원 확대로 이어졌고, 이는 곧 한국 정부의 대북지원정책을 추동할 수 있는 긍정적 환경으로 작용했다고 볼 수 있다. 아울러 세계보건기구(WHO)가 2001년 6월 평양에 상주대표사무소를 개설하여 대북지원 활동을 더욱 강화하는 계기를 마련하는 등 UN을 비롯한 국제기구의 대북지원정책은 매우 협력적인 양상으로 전개되었다.

<표 3-3> 대북지원 UN합동호소에 대한 국제사회의 지원실적

구분	목표 (만 달러)	실적 (만 달러)	실적률 (%)	국가별 지원액 (만 달러)
1차('95)	2,032	927	45.6	미국 222.5, 일본 50, EU 30 등
2차('96)	4,364	3,470	79.5	미국 717, 일본 600, 남한 339, EU 860 등
3차('97)	18,439	15,781	85.6	미국 4,537, 일본 2,700, 남한 2,633, EU 2,752 등
4차('98)	38,324	21,587	56.3	미국 17,185, EU 1,380, 남한1,100, 캐나다 395, 호주 270, 노르웨이 239 등

자료: http://www.reliefweb.int(UNOCHA, Financial Tracking System Database).

한편 국제기구의 이와 같은 활발한 대북지원으로 인해 긍정적 환경요인이 형성된 것과 마찬가지로, 주변국의 대북인식 역시 개별 지원을 확대하는 등 긍정적인 방향으로 이루어졌다. 미국을 비롯한 동북아 주변국은 한반도의 급진적인 상황변화보다는 한반도 분단의 안정적 관리에 우선을 두는 현상유지정책을 선호함으로써, 이들 국가의 대북지원 역시 동북아 지역에서의 급격한 불안정을 미연에 방지하고자 하는 사전포석의 성격을 띠고 매우 활발하게 추진된 점이 큰 특징이라 할 수 있다.[120]

세계 최대 정치·경제·군사대국의 지위를 가진 미국은 당시 4자회담을 통해 북한의 연착륙을 유도하고자 하였으며, 김대중 정부 초기에는 긴밀한 한·미 공조체

---

120) 국가별 대북지원 동기 및 본질에 대해 '정치적'과 '인도적'이라는 수사(rhetoric)에 따라 논쟁이 있는 것은 사실이다. 이는 대북지원의 동기가 순수한 인도주의적 차원인가 아니면 공여국의 이해관계와 이익을 달성하기 위한 자국 이익적 차원의 조치인가의 논쟁이다. 이러한 문제에 대해 김덕준은 미국과 일본의 경우 북한 정권에 대한 장기적 관점에서의 북한체제의 생산능력을 제고시키는 사업을 지원한 의도가 없음을 근거로, 미국과 일본의 대북지원은 공여국의 이익이 지원의 동기 혹은 특성을 설명하는 유력한 요인으로 작동하고 있다고 주장한다. 국가별 대북지원 이유 및 대북지원의 흐름에 영향을 미치는 기제가 무엇인지에 대한 상세한 논의는 김덕준, "인도적 대북지원 동기에 관한 연구", 『북한연구학회보』, 제9권 2호(2005), 참조.

제를 유지하며 북한의 개혁·개방을 이끌어 내고자 하였다. 이와 같은 한·미 양국의 노력으로 인해 1998년 8월 북한의 대포동 1호 미사일 발사에도 불구하고 미국은 대화의 채널을 열어 놓음으로써 한반도에서의 갑작스런 상황변화를 방지하고자 하였다. 이러한 정책취지의 일환으로 북한에 대해 전년도와 비교할 때 두 배 정도 양에 달하는 대규모 식량지원을 실시하기도 하였다. 미국이 이처럼 북한에 대해 대규모 지원을 고려하였던 것은 물론 4자회담의 틀을 유지하면서 북한을 연계시키겠다는 의도에서 나온 것이었다. 이미 궤도에 오른 4자회담을 지속시키기 위해서는 비록 인도주의적 명분을 내세우기는 하지만 북한에 대해 대규모 식량지원을 확실히 하는 것이 필요하다는 판단에서 비롯된 것이라 볼 수 있다.[121]

일본도 대북 수교교섭을 재개하여 북한과의 관계 개선을 도모하면서, 대북지원을 통해 북한의 안정이 유지되도록 협력하였다.[122] 1999년 오클랜드 한·미·일 정상회담은 기존 대북 포용정책에 대해 3국 사이의 입장을 재확인하는 계기가 되었다.[123] 한·미·일 3국은 북한체제의 안정적 관리라는 목적을 상호 공유하고 이러한 전략적 고려에 의해 인도적 차원의 대북지원 활성화를 위한 긴밀한 공조체제를 형성하였다고 볼 수 있다.

중국 역시 두 개의 한국정책을 통해 한반도에 대한 영향력을 확대하면서 북한에서 사회주의체제가 유지되도록 지속적으로 원조를 제공하였다. 중국은 북한체제의 안정유지와 대북 영향력 유지를 위한 전략적 고려에 따라, 1998년 자국 역사상 최악의 홍수피해에도 불구하고 북한에 대규모의 식량과 원유를 무상으로 제공하는 등 대북지원정책에 대해 긍정적 조치를 취하였다.

또한 이 시기 북한은 대외 이미지 제고와 원조확보 등을 목적으로 유럽연합(EU)

---

121) "4자회담 순항위해 북에 식량 '당근'", 『한국일보』, 1998년 1월 8일.
122) 민족통일연구원, 『통일환경과 남북한 관계: 1998 - 1999』(서울: 민족통일연구원, 1998), p.53.
123) 『국민일보』, 1999년 9월 13일.

과의 관계 개선을 위한 외교정책을 구사하였는데, 이러한 배경에서 유럽연합의 대북지원 역시 매우 활발히 전개되었다.[124] 북한이 2000년 1월 4일 서방 선진 7개국 (G7) 회원국과는 처음으로 이탈리아와 대사급 외교관계를 수립함으로써 김정일 체제 이후 적극 추진해 온 '서진(西進)정책'이 첫 결실을 보게 됐다. 북한은 이로써 유럽의 핵심지역인 로마에 서방 진출 교두보를 확보하는 한편 로마에 본부를 둔 유엔식량농업기구(FAO)를 비롯한 대북지원 국제기구들과의 연대를 강화하고 로마 교황청과도 관계정상화를 모색할 수 있는 계기를 마련하였다.[125]

〈표 3-4〉 김대중 정부 시기 국제사회의 대북지원 현황

연　　도	목표액	지원액	비　　고	지원/목표
4차 (98.1~8.12)	3억 8,324	2억 1,587	미국 17,185, EU 1,380, 한국 1,100 캐나다 395, 노르웨이 239, 이집트 280, 호주 132, 체코 2	56%
5차 (99.1~9.12)	2억 9,208	1억 8,980	미국 16,070, EU 798, 스웨덴 383 캐나다 340, 호주 227, 덴마크 194, 핀란드 72	51.5%
6차 (00.1~0.12)	3억 1,375	1억 5,310	일본 3,522, 미국 2,922, 한국 1,807, 호주, 628, EU 478	48.8%
7차 (01.1~1.12)	3억 8,633	2억 4,796	일본 10,370, 미국 8,999, 한국 1,579, 독일 291, 호주 288	64.58%
8차 (02.1~2.12)	2억 683	3억 1,932	미국 6,346, 한국 1,623, EU 458, 호주 339	129.4%

출처: <http://www.reliefweb.int/fts/reports/pdf/OCHA 1 620.pdf> 재구성

---

124) 당시 북한의 외교정책 기조는 조선중앙방송 논평을 통해 간접적으로나마 확인할 수 있다. 즉, "우리는 21세기에도 자주적인 외교정책을 계속 실시하면서 국제사회 성원들과의 친선협조 관계를 발전시켜 나갈 것"이라고 주장하고 있다. 『조선중앙방송』, 2001년 1월 4일.

125) "北, G7 상대 '서진정책' 첫 결실", 『문화일보』, 2000년 1월 5일.

한편, 주변국과 국제기구의 활동이 대북지원정책 추진에 긍정적 영향으로 작용한 배경으로, 국제사회의 대북지원 유형과 형태의 변화를 들 수 있다. 즉, 국제사회는 그동안 진행되어 온 식량위주의 긴급구호 차원 형태에서 탈피하여, 북한 농업의 구조적 개선을 위한 농업개발 협력사업과 어린이 및 노약자와 같은 취약계층 보호를 위한 보건의료 사업으로의 전환을 모색하였다.

이미 1997년 10월 유엔은 북한의 식량부족 상황이 단순한 자연재해에서 기인하는 것이 아니라는 평가하에 북한을 복합위기상황(Complex Emergencies)으로 규정하였고, WFP 등 UN 산하 기구 및 국제NGO들은 지원 초기인 1998년경부터 긴급구호에서 개발협력으로의 전환 필요성을 인식하고 있었다.[126] 이후 1999년 2월에 이르러서 유엔은 Three Track Approach[127]를 채택하기로 합의하였다.

특히 1999년 국제적십자연맹이 대북 인도적 지원의 투명성을 문제 삼아 대북식량지원을 중단[128]함에 따라 대한적십자사 역시 이러한 입장을 따라갈 수밖에 없었으며, 무엇보다 국제사회의 대북지원이 군사용으로 전용[129]된다는 부정적 인식이 국제사회에 빠르게 확산되면서 국제사회는 물론 한국 정부 역시 정책적 변화를 수반하지 않으면 안 되는 상황을 맞게 되었다. 175개 개별국 적십자사로 구성된 국제적십자사연맹(IFRC)이 그동안 국제사회의 대북지원을 주도하며 북한의 식량사정 개선을 위한 중대한 역할을 수행해 왔다는 점을 감안할 때, 이 같은 조치가 한국의

---

126) 최대석, "긴급구호에서 개발 지원으로: 국내 NGO의 지원경험과 향후과제", p.326.

127) 이 조치는 첫째, 인도적 지원은 지속하고, 둘째, 단순구호는 근본적인 문제해결에 도움이 되지 않으므로 복구와 개발 사업을 실시하고, 셋째, 북한의 역량기반 구축에 지원한다는 내용이며 현재까지 국제사회의 대북지원방향으로 추진되고 있다.

128) 당시 IFRC 결정은 북한에서의 분배투명성이 보장되지 않은 결과다. 체제공개를 꺼리는 북한의 폐쇄성이 인도적 견지에서 돕기 위해 방문한 국제기구 직원들의 등을 돌리게 만든 것이다. IFRC의 대북지원계획 수정은 지난 1998년 11월 7~14일에 방북한 아스트리드 하이버그 IFRC 회장 등 관계자들의 판단이 고려된 것으로 보인다. 연맹 관계자들은 식량배급의 투명성에 의심을 가졌고 방문지역도 북한 당국으로부터 제한받았다. 『세계일보』, 1998년 12월 28일.

129) 『한겨레』, 1998년 12월 26일.

대북지원정책 변화는 물론 북한의 식량수급 사정에 상당한 영향을 미쳤음을 알 수 있다.

이러한 국제사회의 지원양식 및 형태의 변화는 곧 한국 정부의 대북지원정책 변화로 이어지는 결과를 가져왔다. 즉, UN을 비롯한 국제기구는 물론 대북지원과 관련한 국제NGO 역시 대북지원에 있어 개발협력으로의 전환을 모색하였는바, 네트워크를 통한 인식공유를 통해 국내 NGO 역시 이러한 개발협력으로의 전환에 공감하고 정책적 변화를 정부에 요구하였다.

나. 후반기(2001 - 2002): 미국의 대북강경정책과 국제사회의 대북지원 피로현상

전반기(1998 - 2000)의 국제기구와 주변국의 활발한 대북지원활동과 긍정적 대북인식으로 인해 긍정적 환경요인이 형성된 것과는 달리, 2001년부터 2002년까지의 후반기는 미국의 대북 강경정책과 국제사회의 대북지원 피로현상(donor's fatigue)이 누적됨으로써 대북인식 악화로 인해 대북지원 규모가 다소 후퇴하는 경향을 보였다. 이 시기에 대북지원에 대한 국제적 차원의 환경요인이 악화된 주된 원인 중 하나는 9·11 테러 이후 미국의 대외정책이 강경일변도로 변화되면서, 북한에 대한 태도 역시 강경정책으로 급선회한 데서 기인한다. 2001년 12월 미국은 이란, 이라크와 함께 북한을 세계 3대 안보위협국가로 거론하고, 북한을 생물무기개발국으로 지명하는 등 북한에 대한 강경일변도의 정책을 펼쳐 나갔다.

특히 부시 대통령은 2002년 연두 국정연설에서 전 세계 테러조직 소탕과 대량살상무기 개발 국가들로부터의 위협 방지를 테러와의 전쟁의 2대 목표로 제시면서, 북한·이란·이라크를 '악의 축'으로 규정하고 이들 국가들의 대량살상무기 개발에 강력히 대응할 것임을 경고하였다. 이와 같은 부시 대통령의 악의 축 발언에 대해 북한은 외무성 대변인 담화(2.22)를 통해 "부시가 우리를 악의 축이라고 망발한 것은 그 어떤 무기 문제나 테러와의 연관성 문제가 아니라 본질상 우리 최고수뇌부와 우리 제도에 대한 체질적인 거부감에서 나온 것이 명백해졌다"고 주장하며 "우리 인민이 선택한 제도를 힘으로 변경시켜 보려는 부시 패거리와는 상종할 생각이 없다"고 선언함으로써 북미 간 갈등이 노정되었다. 이어 2002년 10월 켈리 미 국무부 차관보를 통해 북한의 핵개발 프로그램이 국제사회에 알려지면서 북·미 간 갈등이 더욱 첨예화됨으로써 대북지원에 대한 부정적 인식이 확산되었고 그 결과 대북지원이 더 이상 확대되지 못하였다. 일본의 경우 역시 2002년 9월의 북일 정상회담 이후 일본인 납치 문제가 일본 내부에서 중요한 정치적인 문제로 부각되면서 정부 차원의 대북지원이 중단되는 상황을 맞게 되었다.

이와 같이 미국과 일본을 비롯한 주변국들의 대북인식 악화에 따른 대북지원 감소 추세와 함께, 그동안 대북지원의 중추적 역할을 수행해 왔던 국제기구 역시 대북지원 피로현상이 누적되면서 대북지원을 축소하는 경향을 보였다. 세계식량계획 등 국제기구는 그동안 국제사회의 대북지원에 관하여 많은 의구심을 갖고 있었다. 즉, 국제사회가 지난 1995년 8월부터 수십 차례에 걸쳐 엄청난 양의 식량이나 생필품 등을 지속적으로 지원해 왔음에도 불구하고 그 사정이 점점 더 나빠지고 있다는 점에 큰 의문을 갖게 된 것이다.[130]

그런데 이 시기 주목할 만한 특징 중 하나는, 주변국의 대북인식 악화와 국제기구의 대북지원 위축에도 불구하고 북한과 EU 간 관계는 그나마 협력적으로 이루어짐으로써 북한이 국제사회와 완전히 단절되는 것은 피할 수 있었다는 점이다. 2001년 유럽연합의 경제대표단이 북한을 방문하였으며 북한경제대표단의 서방국가 방문이 추진되었다. 이러한 EU와 북한의 교류분위기가 고조되어 동년 5월에는 유럽연합 의장국인 스웨덴의 페르손 총리의 방북이 이루어지고 북한과 유럽연합의 외교관계 수립계획이 발표되기도 하였다. 또한 2002년 3월 유럽연합의 집행기관인 유럽위원회는 북한과 2004년까지 북한에 제공할 협력과 지원의 기본원칙을 담은

---

130) 배성인, "국제사회의 대북 인도적 지원", 『國際政治論叢』, 제44권, 1호 (2004), p.271.

대북지원협력 전략문서를 채택하였다. 유럽위원회는 이 문서가 "유럽연합의 대북지원을 지도, 감시, 검토하기 위한 기본 틀을 제공한다"며 "북한의 세계경제 체제 편입, 주민생활 개선 등 현재 직면하고 있는 경제, 사회, 환경 분야의 도전을 다루고 있다"고 밝혔다. 문서는 북한의 세계경제 편입을 돕기 위한 구체적인 정책 제안과 1500만 유로 추가지원 등 각종 지원계획을 명시했다.[131]

이상에서 살펴본 바와 같이 김대중 정부 시기 전반기(1998-2000년)에는 주변국의 대북인식에 대한 호의적인 입장과 국제기구의 대북지원이 활발하게 전개되면서 국제적 차원의 환경요인이 한국 정부의 대북지원정책 추진에 매우 긍정적인 영향을 미쳤다고 볼 수 있다. 하지만 후반기(2001-2002년)에는 9·11 테러에 따른 국제정세의 악화와 미국의 대북 강경정책으로 인해 주변국의 대북인식이 급격히 악화되고, 국제기구의 대북지원이 감소하는 경향을 보임으로써 한국의 대북지원정책 추진에 다소 부정적 영향을 미쳤다고 볼 수 있다.

2. 남북관계 차원

국내 공공정책과 달리 대북지원정책은 정책의 대상자이면서 동시에 수혜자로서 북한이라는 특정한 상대가 있는 정책이기에 남북관계의 변화 여부에 지대한 영향을 받는다고 볼 수 있다. 특히 남한 사회 내에 뿌리 깊게 자리 잡고 있는 냉전문화의 영속성으로 인해 안보와 직결된 사안이 발생할 때마다 대북지원정책은 여지없이 보·혁 간 논쟁의 한 중심에 놓이게 되었다.

김대중 정부 시기 남북관계는 패러다임의 전환이라 할 수 있을 만큼 기존의 남북관계와는 전혀 다른 성과와 진전을 이룩한 것이 사실이다. 남북한 교류협력이 활

---

131) "EU 대북협력 전략문서 채택", 『한겨레』, 2002년 3월 6일.

발히 전개되었고, 분단 이후 최초의 금강산 관광과 역사적인 남북정상회담의 개최, 경의선 복원, 이산가족상봉, 남북경협 활성화 등 남북한 교류협력이 괄목할 만한 성장을 이루었다. 그러나 이러한 가시적 성과와 남북관계의 진전 이면에는 북한 잠수정 침투, 미사일 발사, 서해교전, 북한의 금창리 지하 핵시설 의혹 등 여전히 심각한 안보위협 요인에 의한 남북 간 군사적 대치상황이 지속되고 있었다.

당시 남북관계의 양면성을 여실히 보여주는 현상으로서, 한쪽에서는 금강산 관광객을 태운 유람선이 동해안을 유유히 지나는 화해의 무드가 조성되었고, 또 다른 한쪽에서는 서해교전의 발발과 같은 남북의 군사적 충돌과 대결이 지속되었다. 반세기 이상 지속되어 온 반목과 갈등의 높은 장벽을 허무는 일은 결코 쉽지 않았으며, 남북한은 피차간 체제유지의 필요성에 따라 화해와 협력 또는 갈등과 대립을 반복하였다. 이하에서는 남북관계 차원의 환경적 요인의 변화를 살펴보고, 남북관계 차원의 환경적 요소가 대북지원정책결정 과정에 어떠한 영향을 미쳤는가를 알아보고자 한다.

가. '협력과 대결'의 남북관계 양면성

김대중 정부가 출범한 1998년은 동시에 북한에서도 김정일 국방위원장 체제가 시작된 시기로서, 남북한 모두 새로운 지도체제의 출범으로 인해 상대방 정권의 의도와 속성을 파악하기 위해 그 어느 때보다 보이지 않는 신경전을 펼친 기간이라 할 수 있다.

북한은 헌법개정을 통해 김일성 주석 사망 이후 4년 만에 김일성을 영원한 주석으로 규정하고 김정일을 국방위원장에 재추대하여 김정일 체제를 공식적으로 출범시켰다. 이 과정에서 북한은 사상강국 · 정치대국 · 군사강국 · 경제강국을 특성으로 하는 이른바 강성대국론을 선언[132]하고, 김정일 체제의 중요한 통치도구이자 정치방식으로 군부를 우선시 하는 선군정치 사상[133]을 주창하였다.

김정일 국방위원장체제 출범 이후 북한은 '강성대국건설'이라는 국가목표 아래 '선군정치'를 김정일식 정치방식으로 강조하고, 주민들을 '선군사상'으로 무장시킴으로써 외교적 압박과 경제난 그리고 사회적 불안정을 일거에 해결하고자 하였다.[134] 북한체제의 유지를 위한 핵심세력으로 군부가 최우선시되고 권력의 중심으로 등장함에 따라, 북한은 남한에 대한 군사적 도발을 통해 체제유지의 고삐를 더욱 옥죄고자 하는 경향을 보였다.

그런데 이와 같은 군사적 위협과 함께 다른 한편으로 경제적 지원 확보를 위한 경제적 차원의 전략적 접근도 병행하였다고 볼 수 있다. 즉, 심각한 경제난으로 인해 주민들에게 내핍(물자가 없는 것을 참고 견딤을 일컫는 순 우리말)을 강요하던 북한 당국으로서는 이러한 위기상황을 타개하고 경제적 지원을 확보하기 위한 수단의 한 방편으로서, 남한은 물론 주변국과의 관계수립을 위한 외교적 전략을 추진하고자 하였던 것이다. 따라서 북한의 이와 같은 강온 양면의 정책적 이중성으로[135] 인해 남북관계 역시 협력과 갈등, 안정과 혼란이라는 양극단을 오가는 국면을 맞게 되었다.

---

132) 『로동신문』, 1998년 8월 22일, 『조선중앙방송』, 1998년 8월 23일.

133) 북한의 선군정치는 1994년 7월 김일성 사후 김정일이 최고사령관으로서 북한을 통치하면서 시작되었다고 할 수 있으나, 북한은 "1995년 1월 1일 경애하는 장군님께서 다박슬초소를 찾으신 날은 이 땅 위에 선군정치의 첫 포성이 울린 역사의 날"이라고 주장한다. 이후 선군정치가 공식화된 것은 1997년 10월 7일 중앙방송 정론을 통해 김정일이 '경제사정이 아무리 부담이 크더라도 선군후로(先軍後勞)하라'고 한 발언에서 찾을 수 있으며, 이후 북한은 경제에 대한 총대의 우위를 반복해서 강조하고 있다. 최진욱, 『김정일 정권과 한반도 장래』(서울: 한국외국어대학교 출판부, 2005), pp.90 – 91.

134) 허문영, 『6 · 15 공동선언 이후 북한의 대남협상 형태: 지속과 변화』(서울: 통일연구원, 2005), p.84.

135) 전현준의 연구에 따르면 북한의 대남정책은 주기적으로 강경과 온건 사이를 '반복'하는데, 남북 간 일련의 사건을 통해 일정한 패턴을 발견할 수 있다고 주장한다. 그것은 '무력도발⇒대화제의⇒대타협 및 대화, 대외개방⇒대화 파기 및 중지⇒무력도발'이라는 사이클(cycle)이다. 이에 대한 상세한 논의는 전현준, 『북한의 대남 정책 특징』(서울: 통일연구원, 2002) 참조.

나. 북한의 전략적 의도에서 기인한 남북관계의 진전

　　남한으로부터 경제적 지원을 확보하고자 했던 북한의 의도와 남북관계의 진전을
목적으로 했던 남한의 정책목표가 상호 결부되어 형성된 남북관계의 안정적 상황
은 2000년 남북정상회담으로 귀결되었다. 2000년 남북정상회담은 분단 반세기 만
에 최초로 남북한 최고지도자가 만남을 가졌다는 것에 의미를 부여할 수 있으며,
오랜 세월 반목과 갈등의 악순환을 거듭해 온 한반도의 긴장을 누그러뜨리고 평화
의 불씨를 지폈다는 데 의의[136]를 둘 수 있다. 2000년 남북정상회담 이후 남북한
교류협력은 급물살을 타고 진전되어 김대중 정부 시기 총 8차례의 남북장관급회담
과 2차례의 특사회담, 적십자회담 등을 비롯한 당국자 회담이 정례화되었고, 이산
가족 교환방문, 경의선 철도복원 합의, 남북경제협력 확대 등 인적·물적 교류의
괄목할 만한 증가가 이루어졌다.

　　그런데 이러한 남북관계의 진전 상황과 관련하여 한 가지 간과해서는 안 될 점
은, 북한이 남한으로부터의 경제적 지원을 받기 위한 의도에서 경제협력 및 지원과
관련한 일련의 당국자 회담 등에서 협력적 자세를 견지하였다는 점이다. 특히 남북
간 제반 현안문제들을 협의하는 중심 협의체로서 남북 장관급회담을 통해 대북지
원과 관련한 일련의 정책적 조치들이 논의되었다. 북한은 장관급회담을 통해 남북
관계 차원에서는 민족공조를 활용하여 경제적 실리를 확보하는 한편, 국제적 차원
에서는 미국으로부터의 일방적 공격을 피할 수 있는 통로로 활용코자 하였다.

---

136) 손기웅은 한반도 평화 프로세스와 관련하여 분야별 교류협력 형성의 실태에 따라 남
　　 북관계의 진전구도를 '적대적 대결⇒적대적 협력⇒평화공존⇒남북연합⇒통일단계'로
　　 구분하고, 남북정상회담은 당시 "적대적 협력의 초입단계"에 놓여 있던 남북관계를
　　 "평화공존의 초입단계"로 급전시키는 계기가 되었다고 평가하고 있다. 이에 대한 상
　　 세한 논의는 손기웅, "남북정상회담 이후 남북관계 발전과 향후 과제", 『6·15정상회
　　 담과 한반도 평화체제』(통일연구원 주최 국제학술회의 발표논문집, 2007년 6월 7일)
　　 참조.

다시 말해, 북한은 장관급회담을 대북지원 협의 창구와 더불어 대미협상기반 구축창구 및 대남 통일전선사업 추진창구로 활용하고 있다고 볼 수 있다. 북한은 장관급회담을 초기에는 경제적 이익을 확보하기 위한 창구로 사용하였고, 중반 이후 (8차 회담) 핵 위기 상황에 직면해서는 미국 대 남북민족 대결의 민족공조를 더욱 강화하는 창구로 사용하고 있는 것이다.[137]

〈표 3-5〉 김대중 정부 시기 남북장관급회담 개최 현황

	일시 및 장소	수석대표		대북지원관련 주요내용
		남한 측	북한 측	
제1차 회담	2000.07.29~07.31 신라호텔(서울)	박재규 (통일부장관)	전금진 (내각 책임참사)	
제2차 회담	2000.08.29~09.01 고려호텔(평양)	〃	〃	- 차관형태의 식량 제공문제 검토 추진
제3차 회담	2000.09.27~09.30 롯데호텔(제주)	〃	〃	- 남북경제협력추진위원회 협의·설치
제4차 회담	2000.12.12~12.16 고려호텔(평양)	〃	〃	- 남북 간 전력협력문제 논의
제5차 회담	2001.09.15~09.18 올림피아호텔(서울)	홍순영 (통일부장관)	김령성 (내각 책임참사)	- 당국 간 대화, 협력과 함께 민간 차원의 접촉과 왕래, 협력사업을 적극 지원
제6차 회담	2001.11.09~11.14 금강산여관(금강산)	〃	〃	
제7차 회담	2002.08.12~08.14 신라호텔(서울)	정세현 (통일부장관)	〃	
제8차 회담	2002.10.19~10.22 고려호텔(평양)	〃	〃	

---

137) 허문영, 『6.15 공동선언 이후 북한의 대남협상 형태: 지속과 변화』, p.88.

한국 정부가 추진하고자 하는 대북지원정책이 결국 북한의 호응에 의해 영향받을 수밖에 없음을 감안할 때, 6·15 남북정상회담 이후 북한이 보여주고 있는 일련의 행태는 남한으로부터의 지원을 이끌어 내기 위한 숨겨진 의도를 갖고 있음은 부정할 수 없는 사실이라 할 수 있다. 북한은 남북정상회담 이후 6·15 공동선언이 "민족자주통일선언으로 민족끼리 힘을 합쳐 자주적으로 조국통일을 이루자는 것을 온 세상에 천명한 것이다"라고 하면서, 조국통일을 위해 남북대화와 협상을 발전시켜 나가야 함을 주장하였다.[138]

북한의 입장에서는 체제안정성 확보에 우선순위를 두도록 국가목표를 수정·조정함에 따라 남측으로부터 지원을 확보하는 것이 매우 중요한 사안이 되었으며, 이에 따라 북한의 대남 정책은 물론 실제 협상형태에서도 변화된 모습을 보였다. 즉, 북한체제의 생존권을 확보하고 남측으로부터 경제적 지원을 받아야 할 수세적인 사정이기 때문에 북한 대표들이 과거와는 달리 회담 상대방을 비난하는 일이 적으며 과거처럼 회담에서 억지를 부리지 않고 회담 상대방에게 부드럽게 대하는 변화된 모습을 보이고 있다는 것이다.[139]

북한의 이와 같은 호의적 입장과 함께 남북관계의 안정을 바라는 한국 정부의 입장이 상호 결부되면서 이 시기 남북관계는 매우 안정적인 상황이 지속되었다. 특히 군사적 안보현안의 대두로 인해 국내 보수층을 중심으로 대북지원정책에 대한 재고와 대북지원 중단을 요구하는 여론이 끊임없이 제기되었음에도 불구하고 정부의 대북지원정책은 지속되는 특징을 보였다.

북한의 계속된 대남 도발과 이에 따른 북한에 대한 격렬한 비판여론에도 불구하고 대통령은 흔들리지 않고 햇볕정책을 계속 밀고 나갔다. 서해에서 남북해군 간 교전이 벌어지고 있는 긴박한 상황에서도 동해에서는 유람선이 수백 명의 관광객

138) 장석, 『김정일 장군 조국통일론 연구』(평양: 평양출판사, 2002). pp.220-236 참조.
139) 박재규 전 통일부장관 인터뷰(2002.4.15), 양영식 전 통일부차관 인터뷰(2002.4.16), 송종환, 『북한 협상행태의 이해』(서울: 오름, 2002), p.273 재인용.

을 태우고 금강산을 향해 항해하고 있었고, 서해교전이 일어난 그 다음 날에는 비료를 가득 실은 선박들이 북쪽을 향해 떠났던 것이다.[140] 김대중 정부 집권 기간 동안 정상회담이 개최된 2000년을 제외하고 거의 연차적으로 군사적 위협이 발생했음에도 불구하고 정부는 대북지원을 지속하였다(아래 <표 3－6> 참조).

〈표 3－6〉 김대중 정부 시기 안보관련 주요현안에 대한 정부의 입장

안보관련 주요사건	정부의 입장
강릉 잠수함 침투사건 (1998.6.22)	－ 박지원 청와대 대변인은 잠수정 침투사건으로 정부의 햇볕정책이 흔들리거나 변할 것으로 보아서는 안 된다고 밝힘. － 강인덕 통일부장관은 정부는 잠수정사건에도 불구하고 인도적 차원의 대북지원, 정경분리원칙의 남북경제협력, 상호주의에 따른 당국 간 대화는 계속돼야 한다는 입장을 밝힘.
대포동 1호 미사일 발사 (1998.8.31)	－ 정부는 북한의 탄도미사일 발사실험에도 불구하고 대북정책 기조인 햇볕론을 유지해 나갈 방침이라고 밝힘.
1차 서해교전 (1999.6.15)	－ 임동원 통일부장관은 국지전 등 최악의 상황이 벌어지지 않는 한 정경분리와 인도적 대북지원의 원칙에는 변함이 없을 것이라고 밝힘
2차 서해교전 (2002.6.29)	－ 정부는 정세현 통일부장관 주재로 NSC 상임위원회를 열어 북한의 사과나 유감 표명 및 재발 방지 대책을 요구한 정부의 방침을 재확인했으며 이에 상응하는 조치가 없을 경우 당분간 식량지원 등 대북지원을 중단키로 의견을 모음.

이상의 논의에서 볼 때 김대중 정부 시기 남한으로부터 경제적 지원을 확보하려는 북한의 의도와, 남북관계의 안정적 관리를 도모하고자 하였던 남한의 의도가 상호 결부되면서 남북관계 차원의 환경적 요인은 대북지원정책결정 과정에 매우 긍정적인 요인으로 작용하였다고 볼 수 있다. 물론 남북관계 역시 국제적 차원의 환

---

140) 김충남, 『대통령과 국가경영: 이승만에서 김대중까지』(서울: 서울대학교 출판부, 2006), pp.615－616.

경변화에 영향을 받을 수밖에 없는 이중적 구조임을 감안할 때, 미국의 9·11 테러 이후 미국의 대북강경정책이 주를 이루자 북한은 남한과의 대화에 부정적인 모습을 보이며 남북 간 당국자 회담을 연기하는 등 남북관계가 교착상태에 접어들기도 하였다.

일례로 북한은 대미 테러발생과 아프가니스탄 전쟁 발발 이후 우리 측이 행한 경계강화조치가 대화 분위기를 흩뜨리고 북한 인사들의 신변안전을 보장하지 못한다는 등의 이유를 들면서 이산가족방문단 교환 등 제5차 장관급회담에서 합의한 일련의 당국 간 남북대화를 중단하기도 하였다.[141] 하지만 이러한 남북관계의 소강상태가 장기간 지속된 것이 아니라 일시적 국면에 머물렀으며, 무엇보다 대북지원정책 변화에 영향을 미칠 만큼 남북관계의 단절로 비약되지는 않았다는 점을 주목할 필요가 있다. 결국, 국내외 정세의 급박한 변동과 남북 간 안보적 위협이 상존하는 상황적 어려움에도 불구하고 김대중 정부 시기 전반적으로 볼 때 남북관계 차원의 환경적 요인은 대북지원정책의 활발한 추진을 가능하게 한 긍정적 변수로 작용하였다고 볼 수 있다.

3. 국내적 차원

가. 대북지원 확대에 대한 최고지도자의 정책추진 의지

국내적 차원의 환경적 요인은 정책결정 과정에 직접적인 영향을 미치는 변수로서 무엇보다 정책결정자의 인식과 태도의 변화, 정부 부처의 조직, 그리고 정책을 바라보는 대국민정서 등이 주요한 지표가 된다. 김대중 정부 시기 국내적 차원의

---

141) 통일연구원 편, 『통일환경 및 남북관계: 2001-2002』(서울: 통일연구원, 2001), p.77.

환경요인 가운데 주목할 점 중의 하나는 바로 최고지도자의 강력한 의지에 기반을 둔 대북포용정책의 추진과, 이로 인해 국민의 북한에 대한 관심이 현저히 높아졌다는 점이다.[142]

대북지원정책은 북한이라는 특수한 상대가 있다는 점에서 일반 공공정책과 구별되지만, 반면 정부가 추진하는 국가정책의 한 부류라는 점에서는 대북지원정책 역시 최고정책결정자의 인식 및 정책추진의 추동 역할을 하는 대국민적 지지는 매우 중요한 요인이 아닐 수 없다. 최고지도자의 대북지원에 대한 확고한 의지와 인식은 정부의 대북지원정책결정 과정에 그대로 투영되었다.

김대중 정부가 추진한 대북정책은 이전 정부와 비교할 때 패러다임의 전환이라 할 수 있을 만큼 많은 변화와 성과를 이루었다고 볼 수 있다.[143] 당시 김대중 정부가 제시한 대북 통일정책은 그동안 한국 정부가 주장해 온 자주·평화·민주의 원칙을 바탕으로 하면서도 앞으로 새롭게 전개될 통일 환경에 대응하기 위한 구체적이고 실현 가능한 정책대안들이 제시되었다.[144] 김대중 대통령은 1998년 2월 취임사를 통해 "정부와 민간이 합리적 방법을 통해 북한에 식량을 지원하는 데 인색하지 않을 것"임을 밝히며, 출범 초기부터 남북관계 개선 및 대북지원의 확고한 의지를 천명하였다. 당시 김대중 정부의 대북포용정책 목표는 '평화·화해·협력'의

---

142) 주요 행위자로서 대통령의 역할에 대한 논의는 제3절 대북지원정책네트워크의 행위자 부분에서 상세히 다루기로 한다.

143) 김대중 정부의 대북포용정책에 대한 평가는 아직도 현재진행형이다. 따라서 본 글에서 밝힌 평가의 의미 및 범위는 대북정책 전반에 대한 것이라기보다 본 논문에서 다루고 있는 대북지원정책에 한정된 평가이다. 김대중 정부는 대북지원정책과 관련한 다양한 정책적 조치들을 취하였고, 실제 이전 정부와는 뚜렷이 구별될 만큼 남북 간 교류협력 부분에서 괄목할 만한 성장을 이루었다는 점 등을 고려할 때 긍정적으로 평가할 수 있다는 의미이다. 대북포용정책에 대한 이론적 재고찰 및 효과에 대한 최근 연구로는 전재성, "대북 포용정책의 이론적 고찰", 김근식, "대북포용정책과 강경정책의 효과 비교", 『한반도와 동북아 평화』(동북아시대위원회·경제인문사회연구회 공동 주최 참여정부 출범 4주년 기념 심포지엄 발표논문집, 2007년 2월 27일) 참조.

144) 박완신, "신(新)정부의 통일정책 과제", 『북방학회논집』 Vol.5(1999), p.352.

실현을 통한 남북관계의 개선이며, 이를 위한 3대원칙으로 "첫째, 평화를 파괴하는 일체의 무력도발을 허용하지 않으며 둘째, 흡수통일을 배제하며 셋째, 남북한 화해 협력 추진"을 제시하였다. 한마디로 햇볕정책의 요체는 남한이 냉전체제의 대결구도를 깨고 북한에 햇볕(물자지원 및 서방국가와의 관계 개선을 위한 도움)을 계속 쬐어 북한을 뒤덮고 있는 얼음을 녹이게 되면 북한 체제가 스스로 변하여 궁극적으로는 우리의 염원인 민족통일을 달성하는 데 도움을 줄 수 있다는 것이다.[145]

<표 3-7> 김대중 정부 대북포용정책의 구도

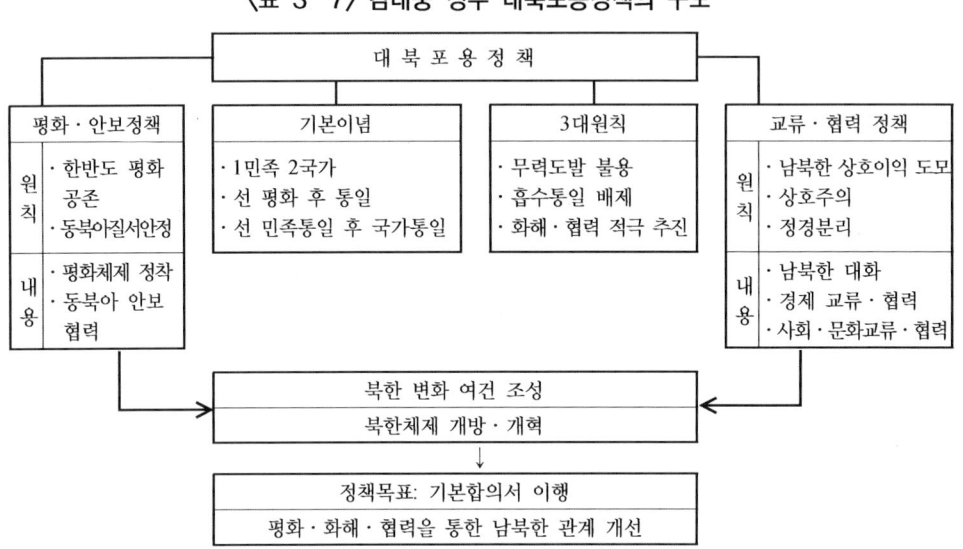

출처: 황병덕, "대북포용정책: 기본방향과 구조", 통일문제연구협의회, 『대북포용정책과 한반도 평화체제의 모색』(서울: 통일연구원, 1999), p.158.

대북정책 3대 원칙의 기조를 바탕으로 대북정책 추진방향의 주요 골자로는 ① 남북 간 대화를 통한 남북기본합의서의 이행·실천, ② 정경분리 원칙에 입각한 남북경제협력의 활성화, ③ 남북 이산가족 문제의 우선적 해결, ④ 북한 식량문제의

---

145) 박홍원 외, 『대북정책과 언론―국가 관계』(서울: 한국언론재단, 2001), p.38.

해결을 위한 대북지원, ⑤ 대북 경수로 지원사업의 차질 없는 추진, ⑥ 한반도 평화환경의 조성을 들고 있다.

이 가운데 특히 본 글에서 논의 중인 대북지원정책과 관련하여 살펴보면, ④ 북한 식량문제의 해결을 위한 대북지원을 정책의 기본방향으로 설정하고 추진하였음을 주목할 필요가 있다. 이는 화해와 협력을 통한 남북관계 개선이라는 정책 기조를 달성하기 위한 하나의 하위 전략으로서 대북지원정책이 추진되었음을 표면적으로 알 수 있는 대목이기도 하다. 즉, 대북포용정책의 큰 틀 안에서 대북지원정책은 남북관계의 안정적 관리를 추동하는 전략적 수단이자 동시에 목표로 추진되었다고 볼 수 있다. 따라서 이러한 정책목표를 달성하기 위한 북한에 대한 대규모 지원과 인적·물적 교류가 이루어졌다고 볼 수 있다.

정부는 '보다 많은 접촉', '보다 많은 대화', '보다 많은 협력'을 추진하였고, 민간의 대북지원활동을 새로운 시각에서 긍정적으로 바라보기 시작했다. 이에 따라 정부의 민간대북지원에 대한 남북협력기금 지원 등 보다 적극적인 활성화 조치들이 발표되었다.[146] 아울러 북한의 식량난이 구조적 요인에 기인하고 있는 만큼 북한의 농업 생산성 향상 등을 위한 남북 농업개발 협력도 병행해 나간다는 방침 아래 정부 차원의 대규모 직접지원은 '상호주의' 원칙하에 탄력적으로 전개해 나가는 등[147] 대북지원의 규모와 질의 확대를 위한 다양한 대북지원정책이 수립·집행되었다.

다음의 <표 3-8>에서 보는 바와 같이 김대중 정부 시기 통일안보 라인의 수장들이 취임 인터뷰 시 밝힌 정책적 기조는 대부분 대북지원정책의 지속적 추진을 통해 남북관계를 발전시키겠다는 의중을 담고 있음을 간접적이나마 확인할 수 있다. 대표적인 사례로 김대중 정부 출범 후 1998년 3월 7일 첫 안보대책회의가 개

---

146) 대북협력민간단체협의회·대북지원민관정책협의회, 『대북지원 10년 백서』, p.52.
147) 윤재문, "김대중 정부의 대북 화해협력정책: 성과와 한계"(조선대학교 정치외교학과 박사학위논문, 2005), p.71.

최되었을 때, 김대중 정부 출범 이후 통일외교안보팀은 강인덕 통일부장관, 박정수 외교통상부장관, 천용택 국방부장관, 이종찬 안기부장, 임동원 청와대외교안보수석 등으로 구성되었다. 김대중 정부 첫 통일안보팀이었다는 의미를 부여하여 이들 개개인의 취임 당시 언론과의 취임기념 인터뷰를 살펴보면 대부분 남북 간 교류협력을 적극 추진하며 대북지원정책에 대해 긍정적인 인식을 갖고 향후 정책적으로 이를 확대하고자 하였음을 확인할 수 있다.

〈표 3-8〉 김대중 정부 첫 통일·안보부처 주요인사의 언론과의 인터뷰 내용

주요 인사	언론명	인터뷰 내용
임동원 (외교수석내정자)	동아일보 (1998.2.13)	- 남북관계는 정경분리와 민간의 자율적 추진이라는 2대 원칙에 따라 남북관계를 풀어나가겠다. 남북기본합의서를 토대로 남북 간의 교류협력을 적극 추진하겠다.
박정수 (외교통상부장관)	경향신문 (1998.3.5)	- 대북식량지원과 관련하여 북한식량문제가 심각하다는 것을 잘 알고 있다. 동포입장에서 가슴 아프게 생각한다. 인도주의적 차원에서 가능한 범위 내에서 지원을 하겠다. 우리 정부도 경제가 어려운 상황이라 지원해주고 싶은 대로 다 주기는 힘들지라도 정부와 대한적십자사 채널로 상당량을 제공할 용의가 있다. 다만 북한식량난이 농업구조적 결함 때문에 발생하는 것이므로 이 부분의 개선에 도움이 되도록 할 생각이다.
강인덕 (통일부장관)	서울신문 (1998.3.10)	- 북쪽동포들을 도와주는 것은 혈육의 문제이며 그동안 대한적십자사 중심으로 잘 진행되어 왔지만 민간단체, 종교단체들에도(직접지원을) 허용할 수 있을 것이다.
정세현 (통일부차관)	문화일보 (1998.3.10)	- 그간 한적이 민간의 대북지원을 전담해 왔지만 우리 민족서로돕기운동이나 종교단체, 비정부기구(NGO) 등을 몇 개의 그룹으로 만들어 직접지원을 하도록 대북지원창구를 복수화하는 것이 좋다.

나. 대북지원에 대한 긍정적 국민 인식

대북지원정책 추진에 대한 최고지도자를 포함한 정부의 이와 같은 확고한 의지와 궤를 같이하여 당시 대북지원정책을 둘러싼 국민의식 역시 상당히 협력적이며 긍정적이었다고 볼 수 있다. 먼저 대북 인식에 대한 국민의식 변화와 관련한 여론조사 결과를 살펴보면 아래 <표 3-9>에서 보는 바와 같이, 대북포용정책이 추진된 이후인 1999년의 경우 이전 정부와 비교할 때 북한을 적대 및 경계대상으로 보는 비율은 감소한 반면, 협력 및 지원대상으로 바라보는 경향은 상대적으로 증가하였음을 알 수 있다. 특히 1995년의 경우 국내외적 차원에서 북한에 대한 대북지원이 본격적으로 시행된 시기임에도 불구하고, 오히려 이 시기보다 1999년의 조사에서 북한을 협력과 지원대상으로 바라보는 인식이 더욱 높게 조사되었다는 점을 주목할 필요가 있다.

〈표 3-9〉 대북인식에 대한 국민 여론조사 결과(1995, 1999)

(단위: %)

	1995년	1999년
적대대상	15.9	8.2
경계대상	43.7	28.7
경쟁대상	3.5	3.1
협력대상	25.2	32.6
지원대상	11.7	19.3
무응답	0.0	8.2

출처: 통일연구원, 『국민여론조사 결과』(서울: 통일연구원, 1995·1999) 참조.

또한 아래 <표 3-10>에서 보는 바와 같이, 남북정상회담 개최 이후인 2001년과 2002년에 실시된 여론조사에서도 대북지원에 대한 국민의식은 매우 긍정적이었음을 알 수 있다.

〈표 3-10〉 대북지원 인식에 대한 국민 여론조사 결과(2001, 2002)

	지원규모 늘림	현재수준 적절	지원규모 삭감	불필요	무응답
01.9.21-22 코리아리서치센터	12.5	40.0	32.5	11.3	3.7
02.4.8-10 리서치앤리서치	20.3	41.5	24.4	12.5	1.3
02.6.11-12 리서치앤리서치	21.3	44.8	22.4	8.8	2.7

그런데 국내적 차원의 환경요인 역시 앞서 살펴본 국제적 차원 및 남북관계 차원과 마찬가지로 집권 후반기에는 대북비밀자금송금문제로 인해 대북지원정책에 대한 국민적 반대여론이 급격히 악화됨으로써 정책 추진의 어려움을 겪게 되었다.

집권 후반기 김대중 대통령 자신은 물론 국내외적으로 정책의 신뢰도에 치명적 문제를 불러일으킨 대북비밀자금지원설은 한나라당의 두 국회의원이 정부가 남북정상회담의 대가로 기업을 통해 막대한 양의 자금을 송금했다는 주장에서 시발되었다. 집권 후반기에 불거진 대북비밀자금송금문제로 인해 김대중 정부의 신뢰도는 급격히 추락하였고, 정부가 추진하는 대북지원정책에 대한 반대여론이 급속히 확대되면서 대북지원정책의 변화가 불가피한 상황에 이르게 되었다. 결국 국내적 차원의 환경적 요인 역시 집권 후반기에는 부정적 변수로 작용하였다고 볼 수 있다.

하지만 이전 국제적·남북관계 차원의 변수와 마찬가지로 이러한 집권 후반기에 발생한 국내적 차원의 제약요인이 대북지원정책의 전반적 수정을 가할 만큼의 파급효과를 미치지 못하였기에, 대북지원정책이 중단되거나 위축되는 정책적 조치가 이루어지지는 않았다. 결론적으로 김대중 정부 전 시기에 걸쳐 국내적 차원의 환경적 요인 역시 대통령을 비롯한 정부의 강력한 정책추진 의지와 대북지원에 대한 대국민의식의 협력적 분위기가 결합되면서 대북지원정책을 추진할 수 있는 안정적인 변수로 작용하였다고 볼 수 있다.

제3절 대북지원정책네트워크

1. 정책행위자

가. 행위자의 수와 유형

대북지원정책네트워크 분석을 위한 가장 기본적인 작업으로는 네트워크를 형성하는 주요한 행위자들이 누구인지, 그리고 이들 가운데 어느 집단이 주도적인 역할을 하는지를 살펴보는 것이 선행되어야 한다. 대북지원정책네트워크를 형성하는 행위자를 큰 틀에서 분류하면 정부, 대북지원NGO, 언론, 기업, 시민사회단체, 국제사회, 북한 등으로 구분할 수 있다. 이 가운데 국제사회와 북한의 경우 앞서 논의한 환경적 요인 부분에서 그 역할과 관계에 대해 상세히 살펴보았다. 아울러 국제사회와 북한이 한국의 대북지원정책네트워크의 직접적 참여자로 보기에는 한계가 있기에 본 논의에서는 제외하기로 한다. 이하에서는 대북지원정책네트워크에 참여하는 행위자의 수와 유형을 살펴본 후 이러한 여러 행위자 중 어떠한 행위자가 주도집단으로 기능하였는지를 살펴보고자 한다.

먼저 김대중 정부 시기 대통령을 포함한 정부는 대북지원정책결정은 물론 실제 정책의 집행과정에서 중심적 역할을 수행한 주요한 행위자라 할 수 있다. 대북포용정책이라는 큰 틀을 바탕으로 다양한 교류협력을 통해 남북관계를 발전시킨다는 정책목적은 자연스럽게 대북지원의 확대로 귀결되었다. 이 과정에서 정부는 대북지원에 대한 확고한 의지와 노력을 통해 정책 추진의 주도권을 행사하였다.

대북지원정책결정 과정에 대한 행위자로서 정부의 역할을 규명할 때 가장 먼저 언급해야 할 대상은 대통령[148]의 역할이라 할 수 있다. 대통령은 안보정책적인 측면이 강한 대북정책에 있어 상당한 영향력을 행사하는 존재라 할 수 있고, 정책체계 내에서 가장 구심적인 위치에 있는 존재이다. 요컨대 대통령 중심제인 한국의 정책결정체계에서 볼 때 대북정책의 수립과 집행의 주역은 대통령이다.[149] 이러한 차원에서 김대중 대통령 자신의 대북정책에 대한 열정과 관심이 실제 정책결정 과정에 그대로 투영되었다고 볼 수 있다. 이러한 최고지도자의 목적지향에 따라 통일부와 국가안전보장회의(NSC), 국가정보원 등 유관기관 간 각종 사안에 따라 협력을 하는 한편, 때로는 부처 내 주도권을 선점하기 위해 정부 부처 간 갈등이 야기되기도 하였다. 이들 부처 간 갈등을 조절하고 정책집행의 효율성을 구가한다는 목적에서 정부는 '남북교류협력추진협의회'라는 기구를 운영하였다. 1995년 대북지원이 실시된 이후 대북지원과 관련한 일련의 정책결정 및 정부 부처 간 협의 조정은 남북교류협력추진협의회를 통해 이루어졌다.

한편, 대북정책 분야에 있어 주요한 역할을 수행하는 국가안전보장회의는 김대중 정부가 들어서면서 외교·국방·통일정책을 총체적이고 통합적으로 운영하기 위한 정책기구로 재출범하였다.[150] 당시 임동원 외교안보수석은 안보관련 직제 개편을 발표하면서 "국가안전보장회의를 명실상부한 통일외교안보 관련 최고정책기구로 만들기 위해 안보회의 산하에 6인 상임위원회를 설치하고 상임위 아래 실무조정위와 정세평가위를 두며 상설집행기구로 사무국을 설치할 방침"이라고 밝힘에 따라 국가안전보장회의의 기능이 강화되었음을 알 수 있다.

다음으로 김대중 정부 시기 대북정책의 전반은 물론 대북지원정책에 영향을 미친 주요한 정부 행위자 중 하나로 대통령 특보와 같은 특정인물의 영향력을 배제할 수

---

148) 박봉현은 한반도와 독일의 역대 지도자를 대상으로 통일 리더십을 비교한 한 연구에서 통일은 지정학적 요인, 경제적 요인, 사회문화적 요인 등 여러 가지 요인이 작용하는데 이러한 여러 요인들을 조화롭게 엮어내는 것이 바로 최고지도자의 리더십이라고 주장한다. 박봉현, 『대통령 리더십과 통일정책』(서울: 한울, 2002), p.167.
149) 김국신 외, "한반도 평화·번영을 위한 대북정책 거버넌스 실태조사", 황병덕 외, 『한반도 평화·번영 거버넌스의 실태조사(중)』(서울: 통일연구원, 2006), p.576.
150) 김국신 외, "한반도 평화·번영을 위한 대북정책 거버넌스 실태조사", p.578.

없다. 앞서 언급한 바와 같이 김대중 대통령의 대북포용정책 추진에 대한 강력한 의지는 곧 자신을 대리하는 특정인들에게 권한이 위임되어 이들을 통해 정책적 방향이 결정되었다고 볼 수 있다. 지금까지 살펴본 바와 같이 김대중 정부 시기 정부부문의 주요 행위자로는 대통령과 특보, 통일부, 국가안전보장회의(NSC) 등이다.

다음으로 정부 이외 민간부문의 대표적 행위자로서 시민사회단체의 역할을 살펴볼 수 있다. 시민사회단체는 건의서, 기자회견, 캠페인 등 방법을 통해 국민적 여론을 형성하여 정책결정 과정에 영향력을 행사하였다. NGO의 역량 및 시민참여에 대한 요구가 증대되면서 과거 전통적 안보개념에 입각하여 민간의 참여가 철저하게 배제되었던 통일·안보 분야 정책결정 과정에서도 시민사회단체는 정부의 감시자 겸 후원자로서의 역할을 수행하고 있다. 김대중 정부 시기 이른바 남남갈등은 보수와 진보 간 세력이 이념적 격차는 물론 대북인식의 차이를 극복하지 못하고 분열적 양산을 보인 데서 기인하였다고 볼 수 있다. 보·혁 간 양대 진영은 자신들의 세를 규합하여 사회적 운동을 전개하며 국민적 여론을 형성함은 물론 정부의 정책결정에 영향을 미치고자 하였다. 다음으로 대북지원이라는 특화된 분야에서 활동하고 있는 대북지원NGO를 들 수 있다. 대북지원NGO는 대북지원을 위한 국내 여론형성·모금활동·방북·분배모니터링 등 대북지원과 관련한 일련의 활동을 직접 수행하는 지원기관으로서, 대북지원정책결정 과정에도 직·간접적으로 참여하는 대북지원정책네트워크의 주요한 행위자 중 하나이다. 앞서 살펴본 바와 같이 김대중 정부 시기에는 대북지원과 관련하여 민간부문 확대, 창구 다원화, 매칭 펀드 도입 등 대북지원 확대를 위한 다양한 정책적 조치가 취해졌다. 이 과정에서 대북지원NGO는 여러 활동을 통해 사회적 이슈를 제기하고 의제설정 및 정책결정 과정에 직접적인 영향력을 발휘하였다.[151]

---

151) 최대석은 대북지원에 있어서 국내 NGO들의 역할을 다음과 같이 제시하고 있다. 첫째, 북한에 관한 신속, 정확한 정보 제공자로서의 역할을 수행, 둘째, 정부 차원의 지원과 달리 국내정치와 경제상황으로부터 비교적 자유로운 점, 셋째, 북한이 향후 남한 또는 외부의 정보, 물자, 인력을 대량으로 유입하는 상황에서 발생할 충격에 적응하는 기회를 제공, 넷째, 남한 사회 내의 남북관계 또는 통일 이슈를 공공의 어젠다로 끌어

다음으로 행위자로서 언론은 정보를 전달하고 여론을 수렴하는 단순한 전달통로의 기능을 넘어, 특정 이익집단이나 정책지지를 위한 여론을 주도하기도 하며, 언론 그 자체가 하나의 거대한 권력기구로 정치사회적 이슈 생산자 및 대안자의 역할을 수행한다. 오늘날 미디어는 사회문화적 환경의 영향을 받는 종속변수로서가 아니라 사회질서 자체를 구성하는 '규범적·본질적' 요소로서 독립적으로 자리매김 되고 있다.152) 미디어는 정책 이슈나 사건들에 특별한 의미를 부여하게 되는데 이처럼 미디어가 부여하는 의미들은 정책입안자들이나 일반 시민들이 그 정책과 관련한 판단을 내리는 데 중요한 준거자료가 된다는 점에서 미디어의 영향은 다분히 상징적이거나 의미작용적이라고 할 수 있다.153)

김대중 정부 시기 이후 대북정책을 둘러싼 사회 제 세력의 보·혁 간 갈등 구조 속에서 국내 언론이 이들 세력을 결집하는 구심점으로 작용하면서, 대북정책 전반은 물론 특히 대북지원정책결정 과정에서 언론의 역할은 그 깊이와 범위가 갈수록 확장되고 있다. 즉, 언론은 정치적·사상적·이념적 경향에 입각한 하나의 권력기제로서 정부의 정책에 대한 찬반양론의 경계선을 명확히 설정하여, 정책의 정당성 및 효율성이라는 정책추진 자체에 대한 심의와 논의보다는, 정권에 대한 선호도에 따라 무조건이며 획일적인 찬반 입장을 견지하며 여론을 주도하고 있는 것이다.154)

들이는 매개집단으로서의 역할을 수행. 이에 대한 상세한 논의는 최대석, "긴급구호에서 개발 지원으로: 국내 NGO의 지원경험과 향후과제", 『북한연구학회보』, 제10권 1호 여름호 (2006), pp.316-317 참조.

152) 함인희, "미디어의 권력이동", 박길상 편저, 『한국사회 권력이동』, pp.241.

153) 박홍원 외, 『대북정책과 언론-국가 관계』(서울: 한국언론재단, 2001), p.10.

154) 한국에서의 보·혁 논쟁은 정책논쟁의 성격보다는 사상논쟁의 형태로 시현되었으며, 특히 남북한 정권에 대한 민족사적 정통성 평가나 한국 현대사에 대한 해석, 그리고 통일정책을 포함한 관점의 범주와 맞물려 표출되고 있다. 다시 말해서 지배적 담론으로서 보수주의의 위상에도 불구하고 보수주의는 민주화 과정에서 진보주의로부터 격렬한 도전을 받아 왔는바, 실제로 장기 쟁점들에 관한 입장 차이가 '색깔논쟁'의 본질이며 한국의 보수주의와 진보주의를 구분하는 데 보다 확실한 잣대로 부상하고 있는 셈이다. 박효종, "민주정치와 한국 보수주의의 위상", 『한국의 보수주의』(고양: 인간사

정책결정 과정 구조에서 볼 때 언론은 정부정책이 확정되기 이전 이슈제기 및 의제설정 과정에 중요한 영향을 미치기도 하며, 정부정책결정 이후 정부정책에 대한 사전평가 및 전망을 통해 국민적 여론을 형성·주도한다. 대북지원정책과 관련하여서도 대북지원에 대한 찬반 여론을 조성하여 이슈제기 및 의제설정에 중요한 역할을 수행하기도 하며, 정부의 정책적 조치가 취해지면, 언론은 단순한 사실 전달만의 기능을 넘어, 정책 자체에 대해 평가하고 향후 정책추진방향을 제시하는 역할을 한다.

마지막으로 기업의 역할을 살펴보면, 대북정책에 있어 기업은 경제 분야와 인도적 물자지원 분야에서 주요한 역할을 한다. 2000년 남북정상회담 이후 남북 경제협력 사업이 진전되면서 기업은 대북정책에서 매우 중요한 공적 기능까지 담당하고 있다. 또 실제로 북한을 자유롭게 왕래하며 남북 공동사업을 하면서 남북교류협력의 교두보 역할을 하기도 한다.[155]

나. 주도집단

김대중 정부는 대북정책의 성공적 추진이라는 거시적 목적을 달성하기 위해 대북지원에 적극적인 입장을 보였고, 이에 따라 대북지원정책은 김대중 정부가 여러 국정현안 가운데 역점을 두고 시행한 정책 중 하나였다고 볼 수 있다. 이는 곧 김대중 정부 시기 대북지원정책네트워크에 참여하는 여러 행위자 중 정부—특히 대통령을 중심으로 한 권력 엘리트—가 실질적인 주도권 및 영향력을 행사하면서 대북지원정책결정 과정을 이끌어 왔다는 사실을 반증하는 것이기도 하다.

다시 한번 부연하면, 대북지원정책의 확대 및 발전은 곧 대북정책의 외연을 확장할 수 있는 요인이 되며, 이는 곧 남북관계의 획기적 개선 및 발전이라는 가시적 성과를 이루게 되어 국민으로부터 정책적 지지 및 나아가 정권의 지지를 확보할

랑, 1999), p.116.
155) 여인곤, "정보화 시대 통일정책 거버넌스 개선방안", p.30.

수 있게 되는 것이다. 따라서 국민으로부터 정치적 지지를 확보해야 하는 정부의 입장으로서는 대북지원을 통해 북한과의 협력적 관계를 형성하고 나아가 남북관계의 안정적 발전이라는 정책적 성과를 도모하고자 한 것으로 볼 수 있다.

정부가 이러한 인식을 바탕으로 대북지원정책결정 과정에 참여하였기에, 실제로 대북지원정책네트워크는 정부의 적극적인 주도로 추진되었고, 정부 이외 여타 행위자들은 이른바 보조적 기능의 행위자로 역할을 하였다고 볼 수 있다. 이는 정부가 민간단체를 대북지원의 독자창구로 인정하여 대북지원의 일부분을 민간단체에 이양하였지만, 일부 정책결정 과정에서는 민간부문을 철저히 배제하는 폐쇄성을 보였다는 점에서도 확인할 수 있다.

특히 정부 내 여러 부처 가운데 대통령을 정점으로 하는 청와대의 주도적 역할이 두드러지게 나타났다고 볼 수 있다. 이는 대북지원정책결정 과정에서 정부 내 부처 간 상호주의의 원칙을 강조하던 통일부와 청와대가 서로 이견을 보이면서 부처 간 갈등을 겪은 점에서 잘 드러나고 있다. 가령 당시 강인덕(康仁德) 통일부장관은 "북한이 이산가족 문제 해결에 다소라도 성의를 보인다면 식량지원뿐만 아니라 농업생산 노력과 농업개발사업을 지원할 용의가 있다"는 상호주의원칙을 강조했다. 그러나 청와대 고위관계자는 북한에 비료를 먼저 지원하고 이를 통해 대화를 모색할 수 있다는 입장을 취하였다. 이와 같은 청와대와 통일부의 정책이견을 둘러싼 일련의 사례를 통해, 당시 대북정책 주무부서인 통일부보다도 청와대가 더욱 주도적인 역할을 하며 정부 내 각 부처를 조정하는 역할을 하였다고 볼 수 있다.

이러한 상황에 대해 실제로 당시 통일부 당국자도 "통일부가 대북정책을 책임지지만 대부분을 청와대에 물어보고 결정하는 게 사실"이라며 청와대에 의존하고 있음을 시인했다. 또 다른 정부의 한 당국자 역시 대북정책 추진구도와 관련하여, "구중궁궐에서 일어나는 일을 어떻게 알겠느냐"고 자조적으로 언급함으로써, 대북정책이 청와대를 중심으로 이어지고 있음을 상징적으로 드러냈다.[156]

또한, 김대중 정부 시기 대북지원정책결정 과정에서 정부가 주도집단으로 기능하였다는 점을 반증하는 사례로서, 당시 김종필 국무총리와 강인덕 통일부장관을 비롯해 김영배 국민회의 총재권한대행 등 정부, 여당의 고위인사들이 한 방송사의 대북비료지원 모금 방송에 직접 출연하여 국민들에게 대북지원에 동참해 줄 것을 호소[157]하는 등 대북비료지원 모금에 발 벗고 나선 모습을 들 수 있다. 이는 남북관계의 특성상 정부가 전면에 나서 대북지원에 대한 이슈제기 활동을 하기보다 대북지원NGO나 시민단체가 주도하여 국민적 관심을 증진시키는 것이 일반적인 경향인데, 이 경우에는 정부가 직접 나서서 모금활동을 촉구하는 이슈제기 활동까지 하였다는 점에 의미가 있다.

결국 정부 주도의 일방적인 대북지원이 점점 더 확대되면서, 일각에서는 이러한 움직임에 대한 우려의 목소리가 제기되기도 하였다. 대북지원NGO는 정부 혼자 일방적으로 밀고 나가는 것에 대해 우려를 표명하며, 정부가 남남대화에 더 주력하면서 국민적 동의의 기반 위에서 남북문제를 풀어가야 한다는 요청을 하였다.[158] 특히 남북정상회담을 계기로 당국 간 차원의 남북교류가 활성화되면서 그동안 대북지원 활동을 펼쳐온 민간단체들의 활동이 상대적으로 더욱 위축되고, 정부가 직접 교류의 전면에 나섬으로써 주도집단으로서 정부의 영향력은 더욱 강화되었다고 볼 수 있다.

2. 정책행위자의 상호작용

지금까지 대북지원정책네트워크에 영향을 미치는 주요 행위자의 수와 유형을 살펴보았다면, 이하에서는 이들 행위자 간 관계가 협력적인가, 갈등적인가를 파악하는 상호작용에 대해 살펴보기로 한다. 논의에 앞서 전제해야 할 것은 앞서 소개한 모든 행위자 간 관계를 개별적으로 살펴보는 것은 논의의 한계가 있다는 점이며,

---

156) "대북정책 청와대에 밀리는 통일부", 『세계일보』, 1999년 2월 21일.
157) "북에 비료 보냅시다", 『한겨레』, 1999년 4월 22일.
158) "北 돕기 NGO와 함께", 『문화일보』, 2000년 10월 9일.

언론과 기업의 상호작용은 연구결과에 직접적인 영향을 미칠 만한 특이한 점을 발견할 수 없어 본 논의에서 제외하기로 한다는 점이다.

한 가지 덧붙이면 대북 인도적 지원을 하는 주체는 주로 한국 정부와 대북지원NGO이다. 북한은 수혜자이기 때문에 한국 정부와 대북지원NGO에 공조적 관계를 맺을 수밖에 없는 상황에 처해 있다.[159] 이는 여러 가지 정치·군사적 현안에 따라 남북관계가 경색되는 국면에서도 한국 정부는 대북지원을 위한 최소한의 연결고리는 유지하고자 하는 강한 의지를 갖고 있다는 점이며, 북한 역시 남북관계 및 국제정세가 매우 불리한 상황에서도 한국 정부에 대한 인도적 지원은 지속적으로 요청한다는 점에서 북한은 한국 정부를 비롯한 여타 행위자들과 주로 협력적 관계를 형성하고 있다고 전제할 수 있다.

〈표 3-11〉 행위자 간 상호작용

	정부	대북지원NGO	언론	기업
정부	·	정부와 대북지원NGO	정부와 언론	정부와 기업
대북지원NGO	·	·	언론과 대북지원NGO	기업과 대북지원NGO
언론	·	·	·	기업과 언론
기업	·	·	·	·

가. 정부와 대북지원NGO 간 상호작용

김대중 정부는 대북지원과 관련하여 민간단체 활성화, 창구 다원화 조치와 같은 민간부문의 역할을 강화하는 다양한 정책적 조치를 취하였다. 이러한 조치가 취해진 배경과 두 행위자 간 상호작용을 알아보기 위해서는 먼저 김대중 정부가 출범하기 직전 시기에 있어 대북지원에 대한 정부와 민간단체 간 관계를 살펴보는 것이 선행될 필요가 있다. 이는 김대중 정부 시기 민간의 역할을 확대할 수밖에 없었

---

159) 여인곤, 『정보화시대 통일정책 거버넌스 개선방안』, p.99.

던 구조적·상황적 요인이 이미 이 시기부터 배태되고 있었기 때문이다.

김대중 정부가 출범하기 이전 시기인 1997년 북한의 기아에 대한 참상이 국내에 전해지면서 전국적 규모의 범국민 북한동포돕기운동이 매우 활발히 전개되었다. 이 과정에서 대북지원NGO와 종교계, 시민사회단체가 중심이 되어 범국민 운동을 주도적으로 전개하면서 민간단체의 역할 비중이 높아지게 되었고, 민간단체는 민간부문의 자율적 참여와 역할 확대를 위한 다각도의 방안을 정부에 요구하였다.

하지만 정부는 민간의 대북지원활동이 북한으로부터 정치적으로 악용될 수 있다는 점을 우려하여 대한적십자사를 통한 창구 단일화 방침을 고수하였다. 무분별한 대북 접촉과 대북지원 경쟁의 유발을 방지한다는 점에서 마련된 이와 같은 '창구 단일화' 방침은 민간운동의 자율성·독립성과 배치되어 정부와 민간의 대립과 갈등을 유발하는 요인이 되었다.[160] 민간단체는 적십자 창구 단일화하에서 지정기탁을 허용해 줄 것을 정부에 요청하였고, 1997년 7월에는 민간단체들이 '민족화해를 위한 100만 인 서명운동 및 평화행진'을 전개하면서, 정부 차원의 대량지원, 기업과 언론의 모금참여 허용, 대북지원 창구 다원화, 민간교류 허용을 정부에 촉구하였다.

이와 같이 '창구 단일화 대 창구 다원화'라는 엇갈린 입장을 두고 정부와 민간이 대립하며 갈등을 겪는 와중에서 김대중 정부가 출범하였고, 정부는 이러한 상황을 인식하고 민간단체가 요구하던 '창구 다원화 조치'에 대한 방안을 간구하여 민간과의 관계를 협력적 방향으로 정립하고자 하였다. 이러한 배경에서 정부는 출범 직후 이른바 '3·18 민간 차원 대북지원 활성화 조치'를 발표하게 된 것이다. 그런데 '3·18 민간 차원 대북지원 활성화 조치'는 민간이 요구하던 수준에 미치지 못하였는데, 정부가 국내사정을 감안하여 불특정 다수 대상의 모금활동과 언론사 및 개별기업체 참여를 제한하였으며, 남북관계의 특수성 및 대북지원의 효율성 차원에서 민간부문의 대북 직접지원 역시 허용하지 않는 제한적 조치에 불과하였다.

---

160) 대북협력민간단체협의회·대북지원민관정책협의회, 『대북지원 10년 백서』, p.43.

정부의 적극적인 활성화 조치를 기대했던 민간단체들은 창구 일원화 유지에 대해 강한 불만을 제기하였다. 민간단체들은 대한적십자사 창구 단일화는 민간단체의 의견수렴과 상호 협의 없이 정치적 이해에 기초한 정부의 일방통행에 따른 조치라고 비난하면서, 대한적십자사가 내세우는 분배투명성 확보 및 구호활동의 전문성 등이 의심스러우며 적시적소에 지원하는 것이 어렵다는 점을 지적하였다. 이에 대해 정부는 대한적십자사 창구 단일화는 대한적십자사의 구호활동 경험과 국적에 의한 분배투명성 보장 등을 감안할 때 북한 주민에게 실질적 도움을 줄 수 있는 가장 현실적 방안이라는 입장을 취하였다.[161] 이와 같이 김대중 정부 출범 초기에는 대북지원 창구 활성화 조치에 대해 정부가 민간단체의 요구를 적극적으로 수용하지 못함에서 기인하여 두 행위자 간 상호작용이 다소 갈등적이었다고 볼 수 있다.

그런데 이 시기 국제통화기금(IMF)의 관리체제하에서 경기침체로 인한 소비심리가 얼어붙고 이른바 'IMF 증후군'이라는 현상이 사회 전반에 확산되면서, 대북지원 성금도 급감하게 되는 상황을 맞게 되었다. 이에 대북지원 운동을 주도해 온 민간단체는 물론 정부 역시 대북지원의 감소에 따른 대북정책 추진의 추동력을 상실할 수 있다는 우려에서 민간부분과 합동으로 대책마련에 나서면서 상호 협력적 방향으로 관계가 호전되기 시작하였다.

일례로 당시 대북지원NGO의 큰 축을 형성하고 있던 '우리민족서로돕기운동'이 주최한 한 토론회에서 민간과 정부당국자가 한자리에 모여 IMF시대 대북지원 대책을 모색하기도 하였다. 이 토론회에서 당시 우리민족서로돕기운동 공동대표인 강문규(姜汶奎) 새마을운동중앙협의회 회장은 IMF시대에 접어들어 축소되고 있는 민간 차원의 대북지원을 활성화시키기 위한 방안으로 정부가 민간단체의 모금액에 상당하는 액수를 민간단체에 지원하는 '매칭 펀드(matching fund)' 제도를 도입할 것을 강력히 촉구했다.[162] 아울러 우리민족서로돕기운동은 "정부의 적극적인 대북

---

161) 이금순, 『대북 인도적 지원 개선방안』, pp.18－19.
162) 『문화일보』, 1998년 10월 14일.

지원대책을 촉구한다"는 제하의 결의문을 통해 정부정책변화를 요구하였다.

> IMF 위기 상황에서 민간모금의 역량은 형편없이 낮은 형편이다. 이러한 상황에서는
> ARS모금을 반드시 허용해 주어야 한다. 그리고 캐나다 정부처럼 민간모금에 대한
> 매칭 펀드를 마련하는 방안이나 미국 정부처럼 정부지원량의 일부를 민간단체에 주
> 어 대신 분배하도록 하는 방안을 강구하여야 한다. 차제에 창구 단일화 정책도 빨리
> 청산하여야 한다. 창구 단일화가 모금운동의 열기를 약화시킬 뿐 아니라 배분에 있
> 어서도 문제가 많다는 점은 이미 너무도 분명해졌다. 민간의 지원은 소량이기 때문
> 에 배급이 제대로 되지 않고 있는 가장 어려운 지역에 보내야 하는데 창구 단일화
> 는 너무 복잡하고 어렵다.[163]

이와 같이 민간단체는 정부가 대북지원 확대를 위한 매칭 펀드와 창구 다원화 조치를 취해 줄 것을 요구하였고, 결국 이러한 민간단체의 요구를 정부가 일부분 수용하여 전면적인 창구 다원화 조치는 아니지만 대북지원NGO가 직접 지원할 수 있는 단계적 조치들을 취하여 나갔다. 정부는 1999년 9월 18일에 남북한적십자사 간 3차 추가지원분으로 '이웃사랑회' 등 5개 민간단체에서 마련한 젓소, 옥수수 등 10억여 원 상당의 대북지원 물품 북송을 허용하게 되었다. 이는 정부가 적십자를 통한 대북지원 원칙을 유지하면서도 민간단체들의 개별적인 직접 지원을 병행하는 쪽으로 대북지원 정책을 전환한 첫 사례였다.[164] 이러한 사례는 정부가 대북지원NGO와의 갈등적 요인들을 점차 제거하고 대북지원 활성화를 위한 민관(民官) 공동의 협력체제가 구축되면서 두 행위자 간 상호작용의 성격이 협력적으로 변모되어 갔음을 보여준다.

이후 정부는 1999년 2월 10일 창구 다원화 조치를 발표하면서 그동안 정부와 대북지원NGO 간 갈등의 원인이 되었던 창구 다원화 문제에 종지부를 찍음으로써 두 행위자가 대북지원사업의 파트너이자 협력자로서의 관계를 형성하게 되었다. 정

---

163) 우리민족서로돕기운동 편, 『우리민족서로돕기운동 창립 5주년 활동 자료집』(우리민족
  서로돕기운동, 2001), p.86.
164) 『한겨레』, 1998년 9월 19일.

부의 창구 다원화 조치로 인해 민간의 대북지원에 대한 정부규제가 사실상 폐지됨으로써, 관련 민간단체들이 정부정책에 우호적 태도를 갖게 되었으며 이를 통해 정부의 대북정책 일반에 대한 국민의 지지를 확산시키는 효과도 도모한 것으로 평가된다. 또한 이는 남북주민 간 접촉면 확대 및 우리 측의 지원사실 전파를 통한 북한 주민의 대남적대감 완화 등 대북포용정책에도 부합된다고 할 수 있다.[165]

정부와 대북지원NGO 두 행위자 간 협력적 상호작용은 정부의 남북정상회담 개최 발표에 대해 대북지원NGO가 전폭적인 지지 입장을 밝히면서 더욱 긴밀한 관계를 형성하게 되었다. 당시 남북정상회담 개최 합의 발표에 대한 우리민족서로돕기운동의 입장을 살펴보면 대북정책에 대한 개별 단체 차원의 지지를 넘어 범국민적 차원의 협력을 호소하고 있음을 알 수 있다.

> 우리는 남북 당국이 화해와 협력이라는 정신에 입각하여 한반도의 긴장을 완화시키고 남북 간의 화해협력을 발전시키기 위해 최선의 노력을 기울이기 바라며, 정부의 일관된 대북 화해정책에 의해 가시화된 남북정상회담이 좋은 결실을 맺을 수 있도록 국민들의 지지와 적극적 협력을 호소한다.[166]

정부와 대북지원NGO는 남북정상회담 개최 이후 급변하는 한반도 정세에 신속히 대응하고 남북관계의 해빙 분위기를 이어가기 위해, 협력적 파트너십 관계를 형성하여 효율적인 대북지원정책을 추진해 나갔다.

그런데 이러한 흐름과는 반대로 남북정상회담 직후 북한에 대한 공식협상 파트너로서 정부의 역할비중이 한층 높아지고, 정부가 막대한 자금력을 기반으로 대북 인도적 지원에 전면적으로 나설 경우 굳이 민간의 도움을 받을 필요가 없다는 인식이 확장되면서 정부가 의도적으로 민간을 배제시킬 수 있다는 우려의 목소리가 제기되었다. 아울러 대북지원NGO는 정부에 비해 지원 규모는 작으면서도 투명성 요구를

---

165) 이금순, 『대북 인도적 지원 개선방안』, pp.23 – 24.
166) 우리민족서로돕기운동, 『우리민족서로돕기운동 창립 5주년 활동 자료집』, p.167.

위한 모니터링을 실시하는 등 복잡하고 까다로운 요구조건을 제시하는 경우가 많아 북한의 입장에서 볼 때도 대북지원NGO보다는 정부를 더욱 선호할 수 있다는 우려[167]도 있었다.

하지만 정부와 대북지원NGO는 민관 공동 협력사업을 추진하며 상호 협력적 관계를 유지하였고, 정책 추진과정에서 서로의 취약점을 보완할 수 있는 협력체제를 강화함으로써 이러한 우려를 불식시켰다. 정부와 대북지원NGO는 공식적인 간담회를 통해 상호 의견을 조율하면서 협력적 관계를 확장해 나갔다. 대북지원 민간단체협의회는 2000년 10월 7일 박재규 통일부장관을 초청하여 민관 협력 제도화를 위한 방안을 모색하는 한편, 정부에 공식적인 정책적 건의를 하였고, 정부는 이를 적극 수용하겠다는 의지를 표명함으로써 두 행위자 간 상호작용의 성격이 협력적으로 전개되었음을 다시 한번 확인할 수 있다.

대북지원민간체협의회는 이 간담회에서 (1) 남북교류협력추진협의회에 민간단체 인사 참여 등 민관협력 제도화, (2) 매칭 펀드 방식으로의 전환 등 대북지원사업에 대한 정부 지원 방식 개선, (3) 무이자대출방식의 도입, (4) 민간단체를 통한 식량 및 비료지원 등 4개 항의 공식적인 대정부 건의문을 전달했다. 이에 대해 박 장관은 남북 화해·협력에서 그간 민간단체들의 역할과 노력을 긍정적으로 평가하고 4개 항의 대정부 건의사항에 대해 면밀히 검토해 정책에 반영하겠다[168]고 함으로써 민간단체와의 협력을 강화해 나갔다.

한편, 2001년 8월 민간단체 및 정부 내 관련부처 간의 유기적 협조체제 구축을 위한 대북지원 민관정책협의회가 발족되었으나 활성화되지는 못하였다. 두 행위자 간 상호작용이 협력적이었음에도 불구하고 왜 민관정책협의회가 활성화되지 못하였는가라는 지적에 대해서는 정부의 대북지원NGO에 대한 인식의 차이 때문이라 할 수 있다. 즉, 정부가 대북지원NGO를 정책결정 과정의 참여자가 아닌 정책집행부문

---

167) "北, 南민간단체 접촉 사린다", 『문화일보』, 2000년 10월 21일.
168) 『한겨레』, 2000년 10월 7일.

에서의 보조자로 인식하였다는 것을 의미한다. 정부는 대북지원NGO가 실제 대북지원 집행과정이나 대북지원을 위한 국내 여론조성에 기여하는 측면은 인정하였으나, 이를 공식적인 제도적 정책기구화하는 데에까지는 참여시키려 하지 않았다는 것이다.

결론적으로 볼 때 김대중 정부 시기 전반에 걸쳐 정부와 대북지원NGO는 대북지원 확대라는 인식을 공유하고 이를 위해 다양한 차원에서 대북지원활성화를 위한 전략적 조치를 취하였음을 알 수 있다. 정부가 대북지원 확대를 통해 남북관계의 개선 및 진전을 이루고, 더 나아가 북한의 개혁·개방을 유도한다는 의도가 설령 있다 하더라도 표면적으로는 정부의 지원이 인도적 차원에서 이루어지는 것임을 명확히 하였고, 대북지원NGO의 지원 역시 인도적이며 동포애적 차원에서의 대북지원의 확대를 추진하였기에 두 행위자 간 대북지원의 확대라는 공동의 인식이 명확히 설정되었다고 볼 수 있다. 아울러 정부가 직접 전면에 나서서 대북지원을 추진할 수 없는 상황적 요인을 인식하고 대북지원NGO를 정책집행의 파트너로 인정하면서 전략적 공감대 역시 긴밀하게 형성되었다.

나. 정부와 언론 간 상호작용

김대중 정부 전 시기에 걸쳐 정부와 일부 보수 측 언론 간 상호작용은 그야말로 갈등과 대립으로 점철된 시기였다고 할 수 있다.[169] 김대중 정부 초기부터 정부는 언론개혁에 대한 칼날을 세우고 대대적인 세무조사를 단행하는 등 언론과 대립각을 형성하였고, 언론 역시 정부의 대북포용정책에 대해 비판적 논조로 일관하며 정부가 추진하는 대북지원정책이 북한의 변화를 이끌어 내지 못하고 일방적으로 퍼주기만 하는 정책이라고 비판하였다.

---

169) 보수 측 언론사 이외에 '한겨레'나 '경향신문'과 같은 일부 진보 측 언론사는 정부의 정책추진에 적극적인 홍보자 역할을 자임하며 대북지원정책을 적극 지지하는 논조를 펴기도 하였다. 따라서 정부와 언론 간 상호작용을 살펴볼 때 이념적·정치적 성향을 달리하는 개별 신문사들을 '언론'이라는 하나의 범주로 그룹화해서는 안 된다.

언론개혁에 대한 대통령의 언급이 있은 몇 주 후 국세청은 23개 언론사에 대한 대대적인 세무조사에 착수했다. 이를 위해 서울지방국세청은 직원 900명 중 400여 명을 동원하여 4개월 반에 걸친 집중적인 세무조사를 실시했다. 대통령은 언론개혁을 관철시키기 위해서 언론사 노동조합은 물론 시민단체들도 동원했다.[170] 언론계는 이와 같은 조치에 대해 정부가 언론계에 대한 불만을 세무조사 카드로 표현한 것이 아니냐고 지적하며,[171] 이는 곧 정부가 언론을 길들이기 위한 표적수사라는 입장을 밝히며 정부를 강하게 비난하였다.

김대중 정권과 언론, 특히 한국 신문시장을 지배하는 몇몇 일간지는 이념적으로나 정치적으로나 상업적으로 그리고 인간관계의 면으로나 서로 친해지기 어려운 관계에 있었다. 따라서 시일이 흐르면서 이들 언론들은 김대중 정부에 대해 점점 더 적대적인 태도를 취해 갔다. 햇볕정책 등 김대중 정권의 중요 정책들을 반대하거나 흠집을 냈다. 언론의 협조적인 자세나 중립적인 자세를 기대했던 김대중 정권은 그런 언론들의 태도를 못마땅하게 생각한 나머지 언론사 세무조사를 하게 되었고, 탈세 사실이 탄로나 사주가 구속되고 많은 추징금을 물게 된 이들 신문들은 세무조사를 언론탄압으로 몰았다. 이를 계기로 국민정부와 이들 보수언론 간에는 돌이킬 수 없는 적대적 관계가 형성되었다.[172] 결국 김대중 정부의 유화적인 대북정책은 보수언론과 갈등을 빚어 2001년 2월 언론사에 대한 대대적인 세무조사 실시와 추징금 부과 및 동아일보·조선일보·국민일보의 사주 구속으로 발전했다.[173]

이와 같이 김대중 정부 초기에 정부와 언론 간 상호작용은 첨예한 갈등으로 인

---

170) 한나라당 자유언론대책위원회 박관용 위원장에 따르면, 언론개혁을 주장하는 21개의 시민단체 중 14개 단체가 정부로부터 8억 6천만 원의 지원을 받은 것으로 나타났다 (조선일보, 2001년 7월 26일). 김충남, 『대통령과 국가경영: 이승만에서 김대중까지』 (서울: 서울대학교 출판부, 2006), p.630에서 재인용.

171) "정부의 '언론계 길들이기'인가", 『경향신문』, 1999년 7월 1일.

172) 이효성, "'여전한 막강권력' 언론권력", 경향신문·참여연대 엮음, 『김대중 정부 5년 평가와 노무현 정부 개혁과제』(서울: 한울, 2003), p.142.

173) 남시욱, 『한국 보수세력 연구』(서울: 나남출판, 2005), p.516.

해 적대적 관계로 나타났다고 볼 수 있다. 그런데 앞서 잠시 언급한 바와 같이 남북정상회담을 전후하여 이 두 행위자 간의 갈등 양상이 다소 소강상태에 접어들며 잠시나마 언론이 정부정책에 협력하는 모습을 보이기도 하였다. 이는 남북정상회담 개최로 인해 정부의 대북정책에 국민들이 지지를 보임으로써 언론 역시 이러한 시대의 흐름을 거스를 수는 없었을 것으로 판단된다. 아래 <표 3-12>에서 보는 바와 같이 남북정상회담 이후 언론인을 상대로 김대중 정부의 남북 화합을 위한 조치로서 대북특별지원법 제정에 동의하느냐는 질문에 약 78.6%가 긍정적인 응답을 하고 있음을 알 수 있다.

〈표 3-12〉 김대중 정부의 남북 화합을 위한 조치에 대한 언론의 동의 정도

(단위: %)

질문	사례 수	전혀/별로 그렇지 않다	보통이다	매우/많이 그렇다	계	평균 (5점 만점)
대북특별 지원법 제정	언론인(28)	3.6	17.9	78.6	100	4.21

*매우 그렇다(5) - 보통이다(3) - 전혀 그렇지 않다(1)
*출처: 김영욱·황용석, "전문가 설문조사 결과", 김영욱 외, 『남북 화해 시대의 국민적 과제와 언론의 역할』(서울: 한국언론재단, 2001), p.42.

하지만 이러한 대북정책에 대한 언론의 지지는 아주 일시적인 현상에 그쳤으며, 국민들의 대북정책에 대한 열의가 식자 예전과 같이 다시 정부정책을 비판하며 북한의 변화하지 않는 태도에 대해 강하게 비난하였다. 특히 김대중 정부 말기에 드러난 대북비밀자금송금설에 대한 진실공방이 사회적 차원의 이슈로 대두되면서 언론은 정부에 대한 비난의 수위를 더욱 높여나갔다. 이전까지 주로 일부 보수언론을 중심으로 정부의 대북지원에 대해 비판적 논조가 이루어졌던 것과는 달리, 대북비밀자금송금 문제가 사회 전체의 뜨거운 이슈로 부각되었을 당시에는 보수언론을 포함한 국내 중앙일간지 대부분이 정부정책을 비난하는 논조를 보임으로써 정부와

강한 갈등관계를 형성하였다.

한편, 김대중 정부 시기 대북지원과 관련하여 정부가 취한 정책적 조치 및 대북지원 현안 전반에 대해 언론은 어떠한 입장을 취하였는지를 살펴봄으로써 언론과 정부 간 상호작용을 구체적으로 파악하고자 한다. 김대중 정부가 취한 대북지원정책과 관련한 첫 번째 정책적 조치인 '민간 차원 대북지원 활성화 조치(98.3.18)'에 대해, 세계일보·한국일보·한겨레신문은 조치 발표 이후 그 다음 날 기사에서 이 조치에 대해 자세히 소개하며, 정책추진에 대해 적극적인 지지 입장을 밝혔다. 이에 반해 동아일보는 다음 날 기사에 정부정책이 조급증에 기인한 것이라 주장하며 정책추진의 반대 입장을 명확히 하였다. 한편, 조선일보의 경우 해당 조치의 정부 발표에 대한 전달 차원에서 기사화하였으며, 사설이나 논평 등 어떠한 평가도 내리지 않았다. 다만 해당 조치 발표 후 시일이 조금 지난 후 정책 추진의 보완적 사항을 요구하는 차원의 내용을 기사화하였다.

다음으로 '대북지원창구 다원화 조치(99.2.10)'에 대해 한국일보·서울신문은 동 조치가 남북관계의 흐름을 바꿀 만큼 획기적인 정책이라고 평가하며, 긍정적 효과가 기대된다는 적극적 지지 의사를 밝히고 있다. 한겨레신문도 지지의사는 밝혔지만, 동 조치가 완전개방이 아닌 일부 단체에 한정된 단서 조항이 있음에 대해 아쉬움을 밝히고 있다. 조선일보·동아일보·중앙일보는 동 조치에 대한 정부발표를 단순 전달 차원에서 기사화하였을 뿐, 이에 대한 어떠한 논평이나 사설도 게재하지 않은 것으로 조사되었다.

마지막으로 '민간교류협력촉진책(99.10.21)'에 대해서는 경향신문이 정부가 실질관계를 중시하여 민간교류를 확대한다는 내용의 기사를 통해 적극적인 지지의사를 밝히고 있다. 이에 반해 동아일보·조선일보는 정부의 정책에 대해 북한의 수용 여부가 관건인데 지금까지 관행으로 볼 때 북한이 이에 호응하지 않을 것이라는 비관적 전망을 제시하며 적극반대 입장을 개진하고 있다. 이상의 논의를 정리하면 아래 <표 3 - 13 >과 같다.

<표 3-13> '김대중 정부' 시기 대북지원정책 조치에 대한 국내 주요 언론의 입장

정책적 조치	언론명 (보도일)	주요내용	평가
민간 차원 대북지원 활성화 조치 (98.3.18)	세계일보 (98.3.19)	- (남북 대화 길 닦기 포석)정부가 민간단체 대표들의 방북을 허용하는 것은 대북지원창구를 다양화하기 위한 사전포석	지지
	한국일보 (98.3.19)	- (민간 북 지원 활성화/DJ 의지 첫 가시화) 대북 접촉 확대가 남북관계 개선에 기여할 수 있을 것이라는 새 정부의 자신감을 반영한 것	지지
	한겨레 (98.3.30)	- 새 정부는 과거의 잘못을 되풀이해서는 안 된다. 자신감을 갖고 꾸준히 밀고 나가기 바란다.	지지
	조선일보 (98.3.28)	- 이와 같은 정책이 소기의 성과를 거두기 위해서는 정책 실시 전 철저한 사전 준비와 부작용을 최소화하는 방안이 마련돼야 한다.	반대
	동아일보 (98.3.20)	- (남북대화 조급증)일방적으로 남북대화에 집착하다가 오히려 역이용당할 수 있다. 조급증은 절대 금물이다.	반대
대북지원창구 다원화 조치 (99.2.10)	한국일보 (99.2.11)	- 이번 조치로 지원 절차 간소화 다품종 소량지원 및 적기 전달 가능 지원물량의 증가 남북화해분위기 증진 등 긍정적 효과가 기대된다.	지지
	서울신문 (99.2.11)	- 민간단체의 독자적 대북지원 창구 개설 허용 방침은 여러 모로 획기적 조치로 풀이된다. 남북관계의 흐름을 바꿀 커다란 정책변화라는 점에서다.	지지
대북지원창구 다원화 조치 (99.2.10)	한겨레 (99.2.11)	- 완전개방 아닌 단체 선별방식이어서 아쉬움	지지
	조선일보	- 관련 기사 없음	
	동아일보	- 관련 기사 없음	
민간교류협력 촉진책 (99.10.21)	경향신문 (99.10.19)	- 남북경협 등 민간교류 주력. 정부, 당국회담보다 실질관계 중시	지지
	동아일보 (99.10.22)	- 다만 한국 민간업체만 상대하면서 최대한 이익을 보려는 북한의 과거 행태를 고려할 때 북한이 과연 한국 정부의 이와 같은 정책기조 변경 의사를 얼마나 긍정적으로 받아들일지는 미지수다.	반대
	조선일보 (99.10.22)	- 민간경협 확대가 김정일 독재정권을 직접 강화하는 데 기여하는 것이어서는 곤란하다. 정부는 민간경협 확대에 앞서 그것이 실질적인 효과를 내도록 하는 방안도 마련해야 한다.	반대

이상에서 알 수 있는 바와 같이 김대중 정부 시기 언론은 이념적 성향에 따라 보수 측과 진보 측 입장이 명확히 구분되어, 정부정책에 대해 보수 측 언론은 매우 부정적이며 비판적인 입장을 견지하였고, 진보 측 언론은 이와 반대되는 입장을 취하였다. 이에 따라 김대중 정부 시기 대북지원정책네트워크의 정부와 언론 간 상호작용의 성격은 협력과 갈등이 동시에 나타났다고 평가할 수 있다. 그런데 조선·동아·문화일보로 대표되는 보수 측 계열의 언론사가 진보 측 계열의 언론사보다 더 막강한 자본력과 영향력으로 우위를 점하면서 정부와 언론의 상호작용은 이들 보수언론으로 통칭되는 갈등적 양상이 주로 사회적 차원의 논의로 확산되었다.

즉, 보수 측 언론은 정부의 대북포용정책의 전반적 기조에 대해 동의하지 않았으며, 이러한 인식은 곧 정부가 추진하는 대북지원과 이를 확대하기 위한 일련의 정책적 조치에 대해 적극적으로 반대하는 입장을 명확히 표명하였다. 따라서 정부의 대북지원 확대라는 목표와 대북지원에 대해 부정적 인식을 갖고 있던 언론이 서로 상충하면서 갈등관계를 형성하게 된 것이다. 특히 두 행위자 간 대북지원에 대한 기본목표를 공유하지 못하였기 때문에 정부가 일방적으로 추진하려 했던 정책적 조치에 대해 언론은 반대의 입장을 표명하며 대립하였다.

다. 정부와 기업 간 상호작용

정부와 기업 간 상호작용의 성격은 2000년 남북정상회담을 기점으로 이전과 이후의 시기에서 다소 상이한 양상을 보이고 있다. 김대중 정부 출범 초기 정부는 대북지원을 통한 남북관계 개선에 주력하며, 정부 차원의 지원을 대북 협상용 카드로 사용하고자 하는 의도가 있었다. 이러한 입장을 가진 정부로서는 기업의 대북지원이 정부 역할의 감소를 가져올 수 있는 요인이 될 것이라고 우려하였다. 이에 정부는 김대중 정부 초기 기업에 대한 대북지원 불허 방침을 표명하였고, 이는 기업과 정부 간 갈등을 유발하는 하나의 원인이 되었다. 그러나 주목할 것은 이 시기에 기업 전체와 정부 간 갈등이 그리 심각한 수준은 아니었다는 점이며, 무엇보다 현대그룹이라는 특정 기업이 대북사업에 직접 참여하여 정부의 파트너 역할까지 수행함으로써, 정부와 기업 간 협력적 관계가 매우 돈독하게 나타났다는 점이다.

남북정상회담 이후 남북관계의 안정적 발전을 기반으로 경제성장을 이루고자 기대했던 기업은 정부의 대북정책에 대해 적극적 지지의사를 표명하며 매우 협력적인 관계를 도모하고자 하였다. 정상회담 이전 시기에 현대그룹이라는 특정 기업에 한정되어 기업과 정부가 협력적 관계를 이루었다면, 이후의 시기는 현대그룹뿐만 아니라 재계 전체의 입장에서 정부와 협력적 관계를 형성한 시기로 볼 수 있다. 결국 김대중 정부 전 시기에 걸쳐 정부와 기업 간 상호작용의 성격은 매우 협력적인 관계로 지속되었다고 할 수 있다. 이하에서는 이를 좀 더 자세히 살펴보고자 한다.

위에서 잠시 언급한 바와 같이, 김대중 정부 출범 초기 정부는 당시 고 정주영 현대 명예회장의 대규모 대북식량지원에도 불구하고 기업 차원의 대북지원은 무기명 기탁을 제외하고는 불허한다는 방침을 발표하였다. 당시 정부 당국자는 "기업 차원의 대북지원을 허용할 경우 인도적 지원이 경협사업의 조건이 될 가능성이 높아 제한조치를 유지키로 했다"고 밝혔다.[174] 이는 기업의 대북지원이 경협의 조건으로 악용될 소지가 있다는 우려와 함께 무엇보다 기업 차원의 대규모 대북지원이 이루어지면, 정부의 대북지원이 무색해질 만큼 정부정책 추진력이 약화될 수 있다는 점에서였다.

당시 고 정주영 현대 명예회장은 판문점 방북을 통해 대규모 지원의사를 밝혔고, 정부는 이에 대해 승인 여부를 결정해야만 했다. 이 상황에서 정부의 입장은 민간의 대북지원을 활성화한다는 측면에서는 환영할 만한 일이었으나, 막상 현대 측의 '선물'에는 신경이 쓰이지 않을 수 없었다는 지적이다. 즉, 고 정주영 명예회장의 판문점 통과를 허용해 주는 대가로 현대 측이 북한에 제공키로 한 '선물'들이 정부

---

174) 『한국경제』, 1998년 6월 16일.

차원의 대북지원 카드를 무색케 할 정도로 대규모가 되면, 북한으로선 앞으로 당국 간 대화에 굳이 매달릴 필요가 없어질 수 있다는 우려가 있었던 것이다.175)

하지만 정부는 출범 당시 천명한 대북정책의 '정경분리' 원칙에 입각하여 현대 측의 대규모 지원을 승인하였고, 이는 비록 일부 기업이기는 하지만 기업과 정부가 대북지원 확대에 대한 공동의 인식 틀을 마련하는 계기가 되었다. 이후 1999년 금강산 관광의 독자개발권을 북한과 합의하고, 정부가 이를 승인해 줌으로써 현대그룹과 정부의 밀월관계가 시작되었다고 볼 수 있다.

김대중 정부 시기 현대그룹의 대북투자 및 지원 사업은 단순한 기업 차원의 교류가 아닌 남북한의 정치·이념적 장벽의 벽을 허무는 틈새로서 작용하며 남북관계사에 한 획을 긋는 이정표가 되었다고 평가할 만하다. 대표적으로 고 정주영 명예회장의 '소떼 방북'을 통한 대북지원과 현대 아산의 금강산 사업은 분단 반세기 만에 남북한 대규모 인적교류의 물꼬를 튼 것은 물론 정부의 햇볕정책의 상징적 사업이자 IMF 관리체제하 해외로부터의 국제신인도 증진에 크게 기여한 사업이다.176)

1990년대 중반 이후 소강상태에 있던 남북관계를 극복한 하나의 계기가 된 것이 1998년에 이루어진 현대그룹의 이른바 '소떼 방북'이었다. 이해 6월 정주영 회장 일행은 식량난으로 어려움에 처한 북한에 기증할 소 500마리를 갖고 판문점을 통해 육로로 북한을 방문하였으며, 같은 해 10월에도 501마리의 소를 몰고 또다시 북한을 방문했다. 이러한 현대그룹의 방북은 이후 남북한의 화해와 협력을 이끄는 중요한 역할을 하였다. 실제로 1998년을 기점으로 남한의 대북경제지원이 급격히 증가하고, 그 결과 남북 간의 비거래성 교역규모가 거래성 교역규모를 능가하게 되었다.177)

분단 반세기 동안 남북한이 정치군사적으로 대립하는 가운데 사소한 안보현안도

---

175) 『한겨레 21』, 1998년 6월 11일, 제211호.
176) 김영윤, 『남북경협 실패사례 연구』(서울: 통일연구원, 2004), p.66.
177) 통일노력 60년 발간위원회 편, 『하늘길 땅길 바닷길 열어 통일로』, p.328.

한반도 전체의 위기로 비화될 수 있었던 점을 감안할 때, 현대의 금강산 관광은 비록 제한적이기는 하지만 남한의 일반 주민이 북한 지역을 방문하면서 남북 간 긴장완화 및 적대감을 해소하여 한반도 평화의 교두보를 마련하였다고 평가할 수 있다. 1999년 제1차 서해교전 사태 발발 시 정부는 정경분리 원칙에 입각하여 북한의 도발에 대해서는 엄격하게 대처하되 금강산 관광을 포함한 대북 햇볕정책의 중단 없는 추진원칙을 재천명하였다.

이와 같이 현대에서 추진한 대북 사업은 기업 차원의 대북접촉의 시발점은 물론 남북관계를 획기적으로 개선시키는 분수령이 되었고, 이 모든 대북사업을 진두지휘한 고 정주영 명예회장은 대북정책 추진과정에서 기업의 역할이 얼마나 중요한지 각인시켜 주는 좋은 표상이 되었다. 고 정주영 현대 명예회장이 남북관계 발전에 미친 영향에 대해서는 임동원 전 통일부장관의 인터뷰 자료에서도 직접 확인할 수 있다. 그는 남북정상회담 성사의 주역으로 누구를 꼽을 수 있는가라는 질문에 대해 김대중 대통령과 김정일 국방위원장에 이어 세 번째로 고 정주영 현대 명예회장을 거론할 만큼 정 회장의 역할을 높게 평가하고 있다. 인터뷰 내용을 직접 인용하면 다음과 같다.

> 남북 간 협력과 대화가 가능하도록 여건을 만들어주고 적극적으로 기여한 사람이 바로 고 정주영 현대 명예회장이었습니다. 과감하게 금강산 사업을 시작하고 경제협력 사항을 논의하고, 실천해 나간 정 회장의 공로를 반드시 짚고 넘어가야 할 것입니다.[178]

물론 기업의 존재 목적이 이윤추구라는 점을 감안할 때 일개 기업 차원에서 이루어진 대북 투자를 대북지원의 성격으로 볼 수 있는가라는 반론이 제기될 수 있다. 기업은 초기 사업투자 검토 시 투자에 대한 손익분기점을 명확히 고려하여 투자를 결정한다. 그런데 현대아산의 금강산 관광사업은 처음부터 경제적인 면에서

---

178) 본 인터뷰는 "통일노력 60년 발간위원회" 팀 주관으로 2005년 7월 7일 서울시 종로구 삼청동 소재 남북회담사무국에서 개최된 내용임. 인터뷰 전문은 통일노력 60년 발간위원회 편, 『하늘길 땅길 바닷길 열어 통일로』, pp.368-371 참조.

면밀한 수지타산을 고려하여 시작되었다기보다, 북한 출신 고 정주영 명예회장의 애향심과 민족애에서 기인된 기업 총수 개인적 차원의 용단으로 시작되었다는 점에 남다른 의미를 부여할 수 있다. 그리고 이 사업이 진행되는 과정에서 기업은 막대한 규모의 적자로 인해 사업의 중단 위기까지 이르렀으나, 이 사업이 남북한 화해와 협력의 표상이 되고 있다는 점을 고려하여 기업의 손실을 감수하면서까지 사업을 중단하지 않았다는 점에서 금강산 사업을 단순히 기업 차원의 이익추구활동으로 폄하하기에는 무리가 따른다.

김대중 정부가 추진한 햇볕정책은 현대그룹과 떼어놓고 생각할 수 없다. 역사적인 남북정상회담이 이뤄진 배경에도 현대가 막대한 자금력을 바탕으로 닦아놓은 길이 결정적 구실을 했다. 김대중 정부는 한반도 평화 정착을 위해 남북 정상회담을 추진하고 있었고, 현대는 대북사업의 정상적 추진을 위해서는 남북관계의 획기적 진전이 필요하다고 보고 정상회담을 주선했던 것이다.[179] 정부는 대북정책의 원칙으로 철저한 정경분리 원칙을 고수하였는데, 이러한 정경분리 원칙이 역설적으로 정부와 기업의 상호작용을 협력적으로 만드는 촉매제 역할을 하였다고 볼 수 있다.

결국 기업의 일부분이기는 하지만 현대그룹이라는 특정 기업과 정부의 관계는 매우 협력적 양상을 보인 것이 특징이다. 이는 정부가 현대의 금강산 관광에 대해 대규모 자금을 지원한 것은 물론, 김대중 정부 집권 후반기에 불거진 대북비밀자금지원 사건에서 밝혀진 바와 같이 정부는 현대그룹이라는 특정 기업을 대북비밀자금의 송금 통로 및 대북접촉 통로로 이용하였다는 점에서 다시 한번 확인할 수 있다.

아울러 정부는 현대그룹이라는 특정 기업과의 관계뿐만 아니라, 정책적 차원에서 중소기업의 대북지원에 대해서도 협력적 양상을 보였다. 이는 대북경협 관련 중소기업에 남북협력기금을 지원하도록 함으로써 기업과 정부 간 파트너십을 형성하였다는 점에서 확인할 수 있다. 즉, 정부는 1999년 10월 21일 제60차 남북교류협력추진협의

---

179) 이원섭, 『햇볕정책을 위한 변론』(서울: 필맥, 2003), p.60.

회에서 남북경제교류협력에 대한 남북협력기금 지원지침과 인도적 차원의 대북지원 사업 처리규정을 의결하였다. 이에 따라 중소기업에 한해 대북경협과 반출·위탁가 공용 원부자재 및 설비 반출에 필요한 사업비의 50%까지 연 6%의 이자로 사업 성격에 따라 최소 1년에서 최대 7년까지 남북협력기금을 대출받을 수 있었다.[180]

한편, 남북정상회담 이후 정부와 기업 간 상호작용을 살펴보면, 분단 반세기 만에 개최된 역사적인 남북정상회담 개최로 조성된 남북 간 화해분위기는, 국제사회가 갖고 있는 한반도의 안보적 불안과 위협을 완화할 수 있는 기제로 작용하였으며, 이는 해외기업의 국내 투자에 대한 위험도를 줄이고 대외신인도를 제고할 수 있는 순기능으로 작용하였다. 국내 기업으로서는 남북관계의 안정적 발전이 기업 활동에 이익을 수반할 수 있다는 간접적 수혜자임과 동시에, 정상회담 이후 급격히 확대될 수 있는 남북 간 교역으로 인해 기업이 직접적 수혜자가 될 수 있다는 점을 인식하였다. 남북정상회담이 개최되기 이전에 대한상의, 전경련 등 경제단체들은 남북정상회담의 성사가 남북경제협력의 기틀을 마련할 것으로 기대한다고 정부정책을 지지하였으며, 북한의 경제난 해소를 위한 경제지원과 경제협력 사업이 국내 경제에도 적지 않은 도움을 줄 것으로 기대하였다.[181] 또한 전경련은 2000년 4월 12일 남북경협에 대한 '5대원칙'을 정립하며 공식적으로 정부의 대북정책에 지지의사를 밝히고 남북 경협 시 재계가 주도적으로 나서야 한다는 입장을 표명하였다. 당시 한 언론은 재계의 공식적 입장에 대해 다음과 같이 평가하며 정부와 기업 간 협력관계를 간접적으로 보여주고 있다.

> 정부가 재정적자를 감수하면서까지 국민적 성원만으로 대북지원을 확대하는 데는 한계가 있을 것으로 보여 이번 재계의 적극 협력 방침은 이산가족 문제와 경협사업 등에 민관(民官)이 힘을 합침으로써 더욱 추진력을 얻을 것으로 기대된다.[182]

---

180) "중소기업에 남북협력기금 지원", 『서울경제』, 1999년 10월 21일.
181) 『한겨레』, 2000년 4월 11일.
182) "전경련 지원천명 배경과 전망", 『서울신문』, 2000년 4월 13일.

남북정상회담 이후 남북경협 사업 및 인도적 지원이 활발히 추진되는 가운데 기업은 이른바 대북특수효과를 톡톡히 누리게 되면서 정부와 기업 간 협력적 관계가 더욱 확고해졌다. 일례로, 정상회담 직후 동부증권은 "대북관계 개선의 최대수혜—비료생산업체"라는 보고서에서 비료생산업체가 가장 큰 수혜를 입을 것이라고 전망하며, 대북지원으로 이익이 증가할 것으로 예상되는 업체는 남해화학을 비롯해 동부한농, 삼성정밀화학, 한국카프로락탐, 경기화학 등이라고 분석하였다.[183] 이 가운데 동부한농화학의 경우 실제로 남북정상회담이 개최된 2000년 당기순익이 전년과 비교할 때 161% 증가했음을 알 수 있다. 세종증권은 기업분석 자료를 통해 동부한농화학의 2000년 매출액은 전년보다 29.6% 늘어난 7천2백54억 원, 당기순이익은 2백69억 원에 달할 것으로 전망했으며, 부문별로는 대북지원용 비료매출 가격이 농협납품 가격과 동일하다는 점을 감안할 때 앞으로 연간 1백억 원 수준의 경상이익이 비료사업에서 발생할 것으로 분석하였다.[184]

아울러 남북정상회담이 개최된 2000년의 경우 남북 교역액은 4억 2,515만 달러로 사상 최고치를 기록했으며, 이는 농수산물의 반입증가, 전기 · 전자제품 등 위탁가공교역의 확대와 비료지원, 경수로 본공사 착수 등에 따른 것이었다.[185] 또한 대북비료지원에 있어 대기업뿐만 아니라 중소기업의 비료지원 물량이 늘어나면서 정부와 기업 간 상호 협력은 기업 전반에 걸쳐 확대되었다고 할 수 있다.[186] 또한, 기업이익의 사회적 환원이라는 공적 측면에서 기업이 대북 인도적 지원의 후원자 및 지원 주체로서 직접 참여하여 대북지원정책 추진의 사회적 지지를 추동해 주었다는 점에서도 기업은 대북지원정책 과정에서 주요한 역할을 담당하였다.

이상에서 살펴본 바와 같이 기업이 정부의 대북지원정책에 적극적으로 공감하면

---

183) 『매일경제』, 2000년 6월 21일.
184) "동부한농, 당기순익 161% 증가", 『한국경제』, 2000년 11월 9일.
185) "통계로 본 남북교류", 『서울경제』, 2001년 6월 14일.
186) 『서울경제』, 2002년 4월 21일.

서 두 행위자의 상호작용은 매우 협력적인 형태로 나타났다고 볼 수 있다. 즉, 기업의 입장에서 볼 때 남북관계의 발전이 곧 안정적인 기업 활동을 위한 요인 중의 하나임을 인식하고 정부의 대북지원정책에 적극적으로 호응하였던 것이다. 특히 김대중 정부 집권 초기에는 현대그룹이라는 특정 기업이 정부의 대북사업 파트너의 기능을 수행하면서 더욱 정부와 적극적 협력적 관계를 유지하였고, 남북정상회담 이후에는 여타 기업 및 중소기업으로까지 대북지원에 대한 공감대가 확산되었다.

라. 언론과 대북지원NGO 간 상호작용

언론과 대북지원NGO 간 상호작용의 형태는 주로 대북지원과 관련한 행사를 공동으로 기획·개최하면서 상호 협력적 성격으로 나타났다고 할 수 있다. 대북지원NGO와 언론사는 북한동포돕기를 위한 범국민 차원의 성금 모금활동 및 북한의 어려운 사정을 국민들에게 사실적으로 전달하기 위한 이벤트성 행사를 공동으로 기획·주최하였다.

또한 언론은 자신들이 모금한 성금 및 물품을 대북지원NGO를 통해 직접 북한에 전달하기도 하면서 두 행위자 간 협력적 상호작용이 빈번하게 이루어졌다고 할 수 있다. 범국민 차원에서 실시되는 이러한 행사는 언론사의 입장에서는 자사 이미지 향상과 같은 효과를 도모할 수 있었고, 대북지원NGO는 해당 단체의 역량을 확장할 수 있는 기회가 되었다.

특히 이러한 행사는 대북지원의 추진실적 면에서 중요한 의미를 담고 있기도 하지만, 그보다 이러한 행사가 정부의 대북지원정책의 방향 및 지원형식을 결정하는 데 있어 중요한 영향을 미쳤다는 점을 주목할 필요가 있다. 일례로 1999년 12월 문화일보와 우리민족서로돕기운동이 공동으로 주최한 '북한농업살리기 범국민운동'의 경우, 이전까지 행해 왔던 단순 식량지원을 탈피하여 북한 농업생산력을 회복해 자활능력을 키우도록 하는 방향으로 지원방식을 전환하자는 취지를 담고 진행된 행사였다. 이 행사는 언론과 대북지원NGO가 대북지원정책의 방향을 단순구호에서 개발 지원으로 전환하자는 데에 인식을 공유하고 공동으로 개최한 것으로서, 이후 정부가 대북지원정책의 방향을 농업개발 쪽에 중점을 두고 추진하는 정책전환의 계기를 마련하였다.

당시 이 행사를 주관한 대북지원NGO 관계자는 신문 인터뷰를 통해 대북지원정책이 단순지원에서 농업개발로 전환해야 한다는 점을 강조하며 정책전환을 요구하고 있음을 알 수 있다.

> 지금 다소 완화됐다곤 하지만 북한의 식량부족 사태는 현재의 낮은 농업생산성을 감안할 때 고질화될 것이다. 우리와 국제사회의 지원방식도 '밑 빠진 독에 물 붓기식'의 무조건적인 식량제공 방식에서 벗어나야 한다. 식량난의 근원을 해결하기 위해서는 농업생산력을 회복시키는 방향으로 지원의 초점이 옮겨져야 한다.[187]

한편, 언론사와 대북지원NGO가 공동으로 개최한 행사가 남북정상회담 개최 이후 이루어진 첫 대규모 민간교류사업이었다는 점도 주목할 만한 것이다. 2000년 8월 동아일보와 한민족복지재단이 공동으로 모금하여 구입한 빵을 북한 어린이들에게 전달하는 행사를 개최하였다. 동아일보사와 한민족복지재단은 독자 및 재단회원들의 성금으로 빵을 구입하여, 북한 어린이들에게 급식하기로 하고 1차분 1만 2000개를 11일 주)고려당 베이징 펑타이 공장에서 육로로 북한에 보냈다. 이 사업은 남북정상회담 후 처음으로 이뤄지는 대규모 민간 교류사업이자 8·15 광복절을 전후한 민족화해주간을 맞아 시행되는 첫 인도적 지원사업이라는 점에서 큰 주목을 받았다.[188]

그런데 언론과 대북지원NGO 간 상호작용을 고찰함에 있어 특이한 점은 이러한

---

187) 『문화일보』, 1999년 12월 7일.
188) 『동아일보』, 2000년 8월 12일.

두 행위자 간 협력사업이 아래 <표 3-15>에서 보듯 2001년과 2002년에는 거의 이루어지지 않았다는 점이다. 즉, 앞서 살펴본 바와 같이 대북지원을 위한 언론의 참여가 국민적 관심사로 대두된 2000년 이전과 남북정상회담이 개최된 2000년에 집중적으로 개최되었고, 이후에는 주목할 만한 사업이 추진되지 않았다. 이는 대북지원NGO와 언론 간 관계가 악화되거나 갈등을 빚은 결과라기보다, 앞서 살펴본 바와 같이 언론과 정부의 관계가 급속히 냉각된 점과 아울러 2002년에 불거진 대북비밀자금송금 문제에 온 관심이 집중되면서 언론과 대북지원NGO 간 대규모 공동행사는 더 이상 개최되지 않은 것으로 보인다.

〈표 3-15〉 김대중 정부 시기 언론사와 대북지원NGO의 공동 개최 행사

일자		행사명	행위자		주요내용
			언론사	대북지원NGO	
1998	4.25	북한동포를 위한 국제금식의 날	중앙일보(후원)	국제금식의 날 한국위원회	- 참가자들이 한 끼 또는 하루식사비용을 아껴 대북지원을 위한 모금활동을 벌이는 행사
	9.2	남북 도서교류 캠페인	매일경제(주최)	우리민족서로돕기운동	- 각종 사전류·컴퓨터, 실용과학, 전문 학술서적 등을 상호 교환
1999	4.30	99북한 농업·식량 의료 지원을 위한 공동모금운동	한국일보(주최)	14개 종교· 민간단체	- 북한의 농업·식량·의료·어린이 영양식 지원 등 지원을 희망하는 분야별로 성금 기탁
	6.26	희망의 행진 99	중앙일보(주최)	우리민족서로돕기운동 등 4개 단체	- 북한동포의 식량지원을 위한 모금활동 및 지역 시민 걷기 대회
	12.7	북한농업살리기 범국민운동	문화일보(주최)	우리민족서로돕기운동	- 북한에 종자, 비료, 농약, 비닐 등 농자재를 지원
	12.22	북한 젖염소 보내기 운동	국민일보	한국대학생선교회	- 북한에 젖염소를 보내는 행사

일자		행사명	행위자		주요내용
			언론사	대북지원NGO	
2000	5.15	파리-베를린 자전거 대행진	중앙일보(주최)	우리민족서로돕 기운동	- 북한 결핵 어린이 돕기 모금을 위해 파리를 출발해 베를린에 도착하는 자전거 행진
	7.12	북한어린이에게 학용품·편지 보내기 운동	중앙일보(후원)	우리민족서로돕 기운동	- 학용품과 편지를 기탁받아 북한 어린이에게 전달하는 행사
	8.15	북한어린이에게 사랑의 빵 보내기 운동	동아일보(주최)	한민족복지재단	- 독자 및 재단회원들의 성금으로 빵을 구입, 북한어린이들에게 급식

이상에서 논의한 바와 같이 언론과 대북지원NGO 간 상호작용은 남북정상회담을 기점으로 하여 뚜렷한 차이점을 보이는 것이 특징이다. 즉, 남북정상회담이 개최된 2000년 이전에는 언론과 대북지원NGO 간 공동 이벤트 행사를 통해 상호 협력적 관계가 형성되었다. 대북지원NGO는 인도적 지원 차원에서 당연히 대북지원 활성화라는 목표를 정부와 공감하고 활동을 전개하였다. 언론 역시 대북지원에 대한 국민적 관심이 증폭되는 시대적 상황에 부응하기 위해 대북지원NGO와 협력적 파트너 관계를 형성하였다. 하지만 정부와 언론 간 관계가 급속히 갈등적 관계로 전환되면서 언론은 정부가 추진하고자 하는 대북지원에 상대적으로 비판적 입장을 견지하였다. 이러한 배경에서 대북지원NGO와 공동으로 추진하던 이벤트성 행사에 더 이상 참여하지 않게 되었다. 따라서 언론과 대북지원NGO의 상호작용은 전략적 이해관계에서 비롯된 것으로 이들의 상호작용은 지속적으로 관계가 형성되지 않았고, 뚜렷한 목표를 공유하지는 않았다는 점에서 소극적 협력으로 볼 수 있다. 지금까지 논의한 행위자들의 상호작용을 종합하면 다음의 <그림 3-4>와 같다.

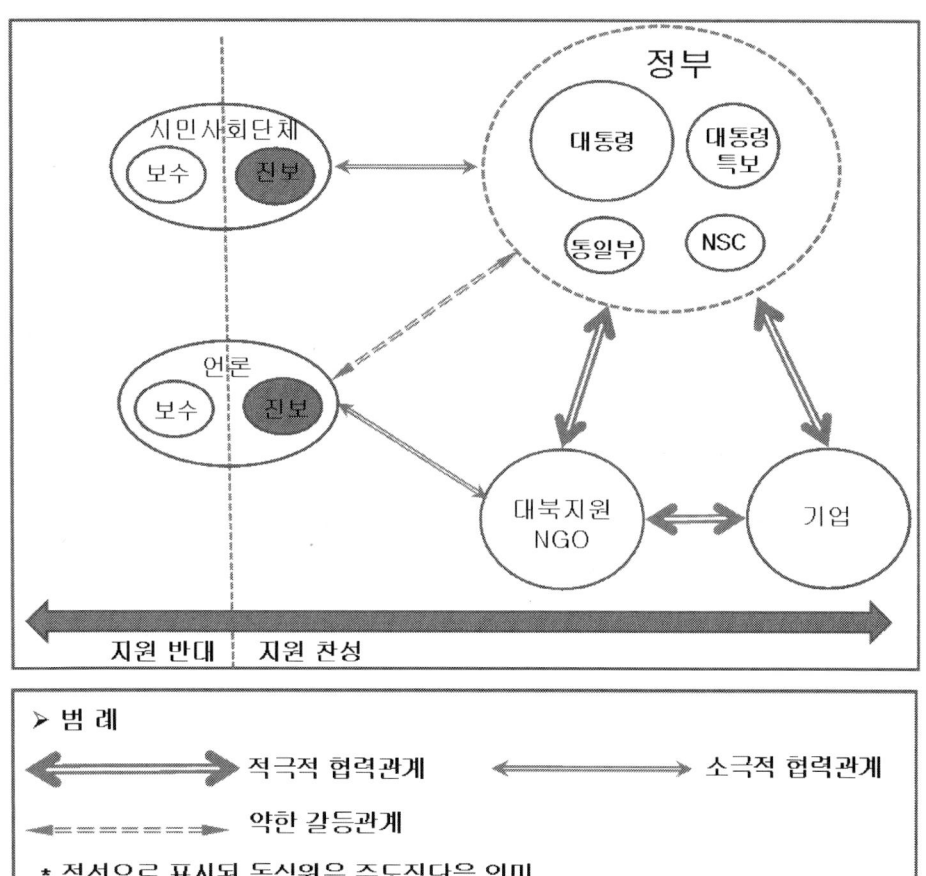

<그림 3-4> 김대중 정부 시기 대북지원정책네트워크의 상호작용

3. 정책행위자의 관계구조

앞서 정책네트워크에 참여하는 여러 행위자 간 상호작용의 성격을 살펴보았다면, 이러한 상호작용의 성격이 어떠한 형태로 연계되어 관계구조를 형성하는지 살펴볼 필요가 있다. 관계구조는 정책네트워크의 특성을 가장 간명하게 나타낼 수 있는 요소인데, 이는 정책행위자의 상호작용이 바로 연계구조 속에서 일어나기 때문이며, 아울러 관계구조를 결정짓는 개방성 여부는 정책네트워크의 성격을 가늠할 수 있는 핵심적 요소이기 때문이다.[189)]

대북지원정책네트워크의 관계구조는 정부가 주도하는 정책협의체 및 정책적 수혜에 정부 이외의 여타 행위자들의 진입 여부가 어떻게 나타나는지를 통해 파악할 수 있다. 즉, 대북지원과 관련한 정책 전반에 대해 심의·의결하는 남북교류협력추진협의회라는 공식 협의체에 민간부분의 참여 여부가 어떻게 나타나는가를 살펴보는 것이다. 이는 정책결정 과정 전반에 민간부문의 의견이 어느 정도 반영되거나 영향력을 미칠 수 있는가 등을 파악할 수 있다는 점에서 의미가 있다. 이어서 정부가 대북지원과 관련한 정책을 결정하고 집행할 때 이에 대한 정책적 수혜를 받는 행위자의 개방성 여부를 통해 관계구조를 파악할 수 있다. 이하에서는 이러한 두 가지 측면에 초점을 두고 대북지원정책네트워크의 관계구조를 살펴보고자 한다.

먼저 정부의 대북지원정책결정과 관련한 공식 협의체로서 남북교류협력추진협의회에 민간부문의 참여 여부를 살펴보면, 김대중 정부 시기 민간부문은 이 협의체에 공식적이며 제도적인 어떠한 형태로도 참여하지 못하였다. 김대중 정부 출범 후 정부가 대북지원 확대를 공식 천명하며 다양한 형태의 대북지원이 실시되면서, 대북지원정책결정 및 집행을 위한 정부 부처 내부 간 의견을 조율할 수 있는 협의체 역할이 부각되었다. 이에 정부는 남북교류협력법에 의거 설립된 '남북교류협력추진협의회'를 통해 대북지원과 관련한 일련의 정책을 공식적으로 결정하고 각 부처 간 의견을 조율하고자 하였다. 그런데 이 협의회의 구성은 통일부장관을 위원장으로 하여 동인을 포함한 정부 측 관계자 15인 이내의 위원으로 구성되어 있으며, 실무위원회 역시 통일부차관을 위원장으로 하여 관련 부처 공무원들로만 구성되었다.

---

189) 김국신, "한반도 평화번영을 위한 대북정책 거버넌스 실태조사", p.662.

이는 대북지원 전반에 관한 중요한 정책의 협의·조정·수립과정에 민간의 참여가 전적으로 배제되고 정부의 독단적인 정책결정이 이루어졌음을 보여주는 단적인 사례라 할 수 있다.

이에 대해 대북지원NGO는 민간의 현장 경험을 충분히 반영하지 못한 채 정부가 독단적으로 정책을 결정함에 따라 정책집행의 효율성과 효과성을 이루지 못한다고 지적하였다. 이러한 인식을 바탕으로 대북지원NGO는 정부가 독자적으로 운영하고 있는 '남북교류협력추진협의회'에 기업 및 대북지원NGO가 참여할 수 있도록 공식적으로 요구하게 되었다. 당시 대북지원NGO는 공식적 채널을 통해 남북교류협력추진협의회에 상정할 의안의 결정과정에서 민간단체의 의견을 수렴하는 과정을 거치는 것은 매우 중요하며 필요한 것이라 주장하였다. 이러한 점을 고려하여 최소한 남북교류협력추진협의회 산하에 있는 실무위원회에 대기업 및 중소기업의 대표들과 책임 있는 민간단체 대표들의 참여를 허용해 줄 것을 강력하게 요청하였다.[190] 그러나 정부는 민간의 이와 같은 요구를 일절 수용하지 않았고, 결국 김대중 정부 시기 기업 및 대북지원NGO와 같은 민간부문 행위자들은 정책결정 과정에 공식적·제도적인 어떠한 형태로도 참여하지 못하였다.

한편, 남북교류협력추진협의회에 대북지원NGO와 같은 민간부문을 참여시키지 않은 것은 차치하더라도, 이 협의회가 정부 부처 간 다양한 행위자들의 의견을 조율하고 협의하는 기능을 수행한다는 당초 취지와는 달리, 대부분 청와대가 결정한 사항을 공식적으로 추인하는 정도에 그치는 제한된 기능을 수행했다는 점 또한 관계구조의 폐쇄적인 특성을 보여주는 사례라 할 수 있다. 이는 주무부처인 통일부보다 오히려 청와대의 주도 아래 대북정책이 결정된 연유에서 비롯된 것이며, 청와대와 정부 부처 간 연계유형 역시 위계서열로 구분지어지는 다소 수직적인 관계로 나타났다.

---

190) 제성호, "대북 민간지원 활성화를 위한 법제도 개선방향"(우리민족서로돕기운동 정책토론회 발표논문, 1999), p.127.

이에 대한 주요한 사례로서, 1995년 김영삼(金泳三) 정부 당시 대북 15만 톤 쌀 지원 이후 최대 규모의 식량지원으로 평가받는 대북식량차관 60만 톤 지원(2000.9.29)에 대해 정부는 국민적 동의절차는 차치하더라도 정부 부처 내 의견수렴조차 거치지 않고 독단적으로 결정한 사례를 들 수 있다. 특히 이 과정에서 주목할 점은 정부가 대북식량차관 제공에 필요한 1,000억 원을 남북협력기금에서 충당한다는 사안에 대해 남북교류협력추진협의회를 '서면'으로 개최하여 결정하였다는 사실이다. 즉 1,000억 원이나 드는 대북지원문제를 정부 부처 간 협의도 생략한 채 '서면 회의'라는 편법을 통해 서둘러 결정함으로써 정부 각 부처에서 제기될 수 있는 이견을 수렴하지 않고 독자적으로 결정·집행한 것이다.

이 문제에 대해 당시 한나라당 목요상 정책위의장은 "정부가 북한의 식량사정에 대한 정확한 파악 없이 전격적으로 퍼주기식 지원을 결정했다"고 비판했고, 자민련 변웅전 대변인은 "남북협력기본법은 국민 세금으로 조성된 기금을 주먹구구식으로 정부가 마음대로 사용해도 된다는 취지의 법이 아니며 정부는 국민과 국회를 우롱하고 있다"고 지적하는[191] 등 정부의 폐쇄적인 정책결정에 대해 투명성을 요구하였다.

이와 같이 김대중 정부 시기 대북지원정책을 둘러싼 정부 부처 간 내부갈등 및 정부 부처의 독단적인 정책결정은 대북지원정책네트워크의 개방성이 상대적으로 폐쇄적이었음을 보여주는 것이며, 이는 곧 정부 부처 내 행위자 간 연계유형이 비록 느슨한 구조기이기는 하지만 수직적 서열구조로 이루어졌었음을 반증하는 것으로 볼 수 있다.

다음으로 정부의 정책결정·집행에 따른 정책적 수혜자의 입장에서 관계구조를 살펴보면, 김대중 정부 시기 대북지원 확대를 위한 민간 차원 활성화 조치 및 창구 다원화 조치 등과 같은 일련의 정책적 조치들이 취해졌다. 그런데 주목할 점은 대북

---

191) "대북지원, '투명성' 계속 논란", 『문화일보』, 2000년 9월 29일.

지원에 관련된 모든 행위자들이 이 정책집행에 따른 수혜를 받은 것은 아니라는 점이다.

정부는 그동안 민간단체가 대북지원 활성화를 위해 지속적으로 요청해 온 창구다원화 요구를 수용하여, 1999년 2월 10일 '창구 다원화 조치'를 공식적으로 발표하였다. 정부가 남북관계의 특수성을 고려하여 대한적십자사의 단일창구를 고수해왔으나, 대북지원에 있어 민간분야의 역할이 점증함과 동시에 정부 역시 대북지원 활성화를 통한 대북정책의 효율적 추진을 꾀한다는 필요성이 접목된 결과라 할 수있다. 그런데 이 조치에 있어 한 가지 주목할 사항은 바로 당시 대북지원을 희망하는 모든 대북지원NGO가 직접 지원에 참여할 수 있는 것은 아니었다는 점이다. 즉, 대북지원단체 중 지원실적, 남북교류협력법 준수 여부, 사업수행능력 및 북측채널확보 여부, 분배의 투명성(인도인수증 확보 여부) 등을 기준으로 선별하는 제한조치를 두었다. 이는 모든 행위자들이 자율적 의사에 따라 대북지원에 참여하고자하여도 정부가 제시한 일정의 자격기준을 충족시키지 못하면 참여할 수 없었다는 점에서 대북지원정책네트워크로의 진입장벽이 존재했음을 의미한다.

이 조치가 발표되기 이전까지 총 216개의 단체가 대북지원 민간단체로 활동하였으나 위에서 말한 자격요건을 충족시키는 것은 우리민족서로돕기운동, 겨레사랑북녘동포돕기운동본부, 월드비전 등을 비롯한 10개 단체에 불과하였다.[192] 실제로 정부가 이 조치에 따라 내부 심의를 거쳐 대북지원 독자창구로 지정한 단체는 10개 단체 정도였다. 또한 다음 해 정부는 이 10개 단체 중 전년도 실적이 없는 2-3개 단체를 정리하기도 하였는데, 이는 대북지원정책네트워크 참여가 개별 행위자의 자

---

192) 이 조치가 발표될 당시 대북지원 규모 10위 안에 든 사회단체와 개인은 정주영 현대 명예회장(144억 4700만 원), 우리민족서로돕기운동(39억 4100만 원), 겨레사랑북녘동 포돕기(35억 3500만 원), 전국경제인연합회(18억 원), 월드비전(6억 4천만 원), 남북어 린이어깨동무(6억 1500만 원), 의약품지원본부(5억 500만 원), 북녘동포돕기운동전국 본부(5억 원), 한국로타리총재단(3억 9600만 원), 국제라이온스협회 한국연합회(2억 6800만 원) 등이다. 『한겨레』, 1999년 2월 11일.

율적 의사에 따른 것이라기보다 정부의 승인 여부에 의해 결정된다는 것을 보여주는 사례라 할 수 있다.

덧붙여 대북지원정책네트워크에 참여하는 행위자의 개방성이 폐쇄적이었다는 것을 말해 주는 또 다른 사례로서, 정부가 소위 매칭 펀드 방식을 통해 대북지원 NGO를 지원하는 과정에서 행위자를 제한했다는 점을 들 수 있다. 정부는 1999년 10월 21일 '인도적 대북지원사업 처리에 관한 규정'에 따라 대북지원 민간단체에 남북협력기금을 지원하기로 하였다. 정부는 지난 1990년 8월 '남북협력기금법' 제정 이후 정부 차원의 대북지원과 경수로 지원 등에 국한해 기금을 운용해 왔는데, 이 조치를 통해 대북지원 관련 민간단체에 기금을 지원하기로 한 것이다. 이 조치로 인해 이재민 구호 및 긴급피해 복구, 농업개발, 산림복구 및 환경보전 등에 나선 민간 대북지원사업자나 관련분야 협력사업자들이 우선적으로 기금을 지원받을 수 있게 되었다.

그런데 실제로 이 조치에 의해 2000년 3월에 첫 지원금이 지출될 당시 대북지원 민간단체는 30여 개에 이르렀으나, 이 중 정부의 지원을 받는 곳은 7개 단체로 한정되었다. 당시 정부관계자는 "국민의 세금으로 조성된 남북협력기금인 만큼 독자 창구 지정 기준은 엄격히 적용되어야 할 것"[193]이라는 입장을 피력하였는데, 이는 엄격히 말해 정부가 정책적·제도적으로 민간부문의 자율성을 훼손한 조치라고 볼 수 있다. 물론 이러한 조치는 자격요건이 미달하는 단체의 난립을 미연에 방지하여 실질적이고 효율적인 대북지원이 이루어질 수 있도록 하겠다는 정부의 입장을 십분 이해할 수 있는 부분이다. 하지만 대북지원정책네트워크에 참여를 희망하는 행위자들의 자율적 의사결정을 정부가 엄격히 제한하였다는 점에서 대북지원정책네트워크로의 진입장벽이 존재하였다는 점은 부인할 수 없는 사실이라 하겠다.

지금까지 살펴본 바와 같이 김대중 정부 시기 행위자 간 관계구조는 네트워크로

---

193) 『한국경제』, 2000년 3월 19일.

의 개방성 여부와 연계유형의 성격을 종합적으로 고려할 때 폐쇄적·수평적 관계로 평가할 수 있다. 다시 말해 대북지원NGO가 대북지원과 관련한 제반 문제를 논의·의결하는 남북교류협력추진협의회에 자신들의 참여를 강력히 요구하였음에도 불구하고, 정부는 민간의 참여를 배제하며 독단적인 정책결정 과정 행태를 보였다. 또한 대북지원 확대를 위한 일련의 조치들을 정부가 취하면서 모든 대북지원NGO에 문호를 개방한 것이 아니라 일정수준의 자격요건을 구비한 단체에만 선별적으로 자격을 부여하였다.

아울러 앞서 정부와 기업 간 상호작용에서 보았듯이, 정부가 취한 남북경협을 통한 대북지원 역시 모든 기업에 개방한 것이 아니라 현대를 비롯한 일부 특정 기업에만 특혜를 주는 형태로 추진되었다. 이는 대북지원정책네트워크로의 진퇴가 행위자들이 자율적으로 결정할 수 있는 사안이 아니었음을 의미하며, 이로 인해 행위자의 수와 유형이 제한적으로 적용되어 다양화되지 못하였다는 한계를 보여준다.

행위자 간 개방성의 성격이 폐쇄적이었다는 점은 동시에 연계유형 역시 정부와 여타 행위자들이 수직적인 관계를 형성하였다는 것을 의미한다고 볼 수 있다. 대북지원사업을 하기 위해서는 막대한 예산이 필요한데, 대북지원NGO의 경우 회원이나 국민들을 대상으로 한 모금활동만으로는 효율적인 지원을 위한 대규모 예산을 확보하기에 어려움이 있었다. 대북지원NGO의 대북지원 물품은 상당부분 정부의 남북협력기금에서 충당하였는데, 결국 정부가 이러한 기금을 결정·운용할 수 있는 실질적인 주체였다는 점을 감안할 때, 정부와 대북지원NGO 사이에 위계적 서열관계까지는 아니라 하더라도 일정 정도의 수직적 관계가 형성되었다고 볼 수 있다. 다시 말해 대북지원NGO가 정부와 매칭 펀드 방식으로 대북지원사업에 참여할 때 외형상으로는 두 행위자가 동등한 사업자로 보이지만, 그 속내에는 남북협력기금 결정과정에서 정부와 대북지원NGO 간 보이지 않는 서열관계가 나타날 가능성을 전혀 배제할 수는 없다는 것이다.

또한 대북지원NGO가 대북지원사업을 위해 북한과 접촉하거나 지원과정에서 물품을 전달 또는 현지 모니터링을 위한 방북을 위해서는 사전에 정부에 승인을 받도록 규정하고 있다. 정부는 대북지원NGO가 신청한 방북 승인 요청서를 사전 심의·의결하여 해당 신청자에게 결정 여부를 통지해 주고 있다. 이 과정에서 정치적·사상적·군사적 대립이라는 분단국가의 특수성에서 발현된 국가적 차원의 검증을 거치도록 되어 있다. 따라서 모든 개인이나 단체의 방북 요청을 정부가 승인해 주는 것은 아니라는 점에서 상대적으로 민간부문은 국가권력 앞에 약자로 설 수 밖에 없게 되는 것이다.

즉, 분단국가라는 특수한 상황에서 국가안보를 위협하는 일체의 행위에 대해 강력한 제재를 가할 수 있는 법적·제도적 장치 기제가 엄연히 존재하는 우리 사회에서 안보는 마치 국가가 추구해야 하는 최우선적 가치로 인식되고 있다. '국가 없이 국민 없다'는 국가우월성과 국가의 무오류성이 우리의 의식구조를 점유하고 있는 것은 냉전시기 국가가 반공담론의 기치 아래 국민들의 사상적 자유를 억압해 온 결과라 할 수 있다. 이러한 반공주의적 안보담론은 냉전이 끝난 오늘날에도 여전히 우리의 의식을 지배하여, 우리의 인식구조는 무의식중에 국가중심적 사고와 편협한 가치체계로 경도되기도 한다. 결국 국가가 설정해 놓은 사상적 인식구조에 부합하지 않거나 복종하지 않는 개인이나 집단은 국가로부터 범죄자로 각인되는 실정법이 존재하는 한, 국민 개개인은 언제라도 법집행이라는 미명 아래 자행되는 국가의 폭력으로부터 자유로울 수 없게 된다. 이는 곧 북한과 관계된 모든 행위에 있어 국가가 설정해 놓은 고정된 틀을 거부하는 개인이나 집단은 상대적으로 국가 앞에서 약자가 될 수밖에 없다는 것을 의미한다.[194] 결국 정부가 대북지원NGO에 대해 강압적 권위를 행사할 수 있는 개연성이 있다는 점에서 이들 행위자 간 연계 유형은 수직적 관계로 형성되었다고 평가할 수 있다.

---

194) 국가주의에 대한 비판적 논의는 권혁범, 『국민으로부터의 탈퇴』(서울: 삼인, 2004) 참조.

〈표 3-16〉 김대중 정부 시기 대북지원정책네트워크의 관계구조

연계유형	수평적	폐쇄적 · 수평적 네트워크	개방적 · 수평적 네트워크
	수직적	**폐쇄적 · 수직적 네트워크**	개방적 · 수직적 네트워크

폐쇄적　　　　　　　　　개방적

개 방 성

4. 권력자원

대북지원정책네트워크에 참여하는 각각의 행위자는 정책에 영향력을 미칠 수 있는 일정 정도의 권력자원을 보유하고 있다. 각각의 행위자는 자신이 보유하지 못한 자원을 여타 행위자로부터 공급받기 위해 정책네트워크에 참여하면서 권력자원은 상호 공유된다. 이 과정에서 행위자가 어떠한 권력자원을 보유하고 이를 어떻게 교환하느냐에 따라 대북지원정책네트워크의 성격이 달라진다고 볼 수 있다.

즉, 권력자원이 어느 한 행위자에게 집중되면 그 행위자는 대북지원정책네트워크에서 주도적인 역할을 수행하면서 여타 행위자를 조정할 수 있는 위치에 서게 된다. 이와 달리 권력자원이 여러 행위자에게 분산되어 있으면 특정의 행위자가 정책결정을 주도하지 못하고 상호 견제와 균형을 이루게 되어 대북지원정책네트워크의 성격이 보다 개방적이며 협력적 관계로 나타나게 되는 것이다.

이하에서는 정부와 대북지원NGO, 기업, 언론 순으로 이들 행위자가 갖고 있는 각각의 권력자원을 알아보고, 이것이 어떻게 상호 교환되는지를 살펴보기로 한다. 먼저 정부가 보유하고 있는 권력자원을 살펴보면, 정부는 법적 · 제도적 차원에서

예산과 권한이라는 권력자원을 보유하고 있다. 앞서 언급하였듯 대북지원이 확대되면서 막대한 규모의 예산이 필요하게 되었는데, 이 과정에서 대부분의 예산을 정부의 남북협력기금에서 충당하게 되었다. 이는 대북지원NGO가 회원들의 성금이나 국민적 모금을 통해 마련할 수 있는 금액으로는 대북지원의 효율성을 높이는 데 분명한 한계점을 갖고 있었기 때문이다. 남북협력기금은 국민의 세금으로 마련된 공적 자금이지만, 그 사용에 대한 결정·집행은 정부의 고유 권한이기에 어떤 측면에서 보면 정부가 보유하고 있는 가장 큰 권력자원의 요체라고 할 수 있다. 일각에서는 막대한 규모의 남북협력기금을 사용함에 있어 국민적 합의 및 국회의 동의를 거쳐야 한다는 의견이 개진되기도 하였으나, 김대중 정부 시기 남북협력기금의 결정 및 집행에 대한 국회의 동의를 구한 사례는 단 한 차례도 없다는 점을 주목할 필요가 있다.

1999년 10월 인도적 차원의 대북지원사업 처리에 관한 규정에 따라 대북지원NGO가 추진하는 대북 인도적 지원사업에 대해 남북협력기금 지원방안이 마련되었고, 이후 제65차 남북교류협력추진협의회에서 대북지원NGO에 대한 남북협력기금 지급을 의결함으로써 2000년부터 실제적으로 시행되었다. 아래 <표 3-17>에서 보는 바와 같이 남북협력기금이 지원되기 이전인 1999년과 남북협력기금이 지원된 2000년의 대북지원NGO의 대북지원 규모는 현격한 차이를 보이고 있음을 알 수 있다.

<표 3-17> 대북지원NGO의 대북지원 규모 비교(1999·2000년)

연도	내역 및 경로	합계
1999	− 한적창구: 24개 단체 157억 − 독자창구: 10개 단체 67억	563억
2000	− 한적창구: 113억 원 − 독자창구: 12개 단체 308억 원	2,456억

정부가 남북협력기금을 대북지원NGO에 지원하기 이전에, 대북지원NGO의 대북지원 자금 확보는 주로 회원들의 성금기탁과 국민 모금활동을 통해 대부분 이루어졌다. 그러다 보니 대북지원에 대한 국민적 호응이 수반되지 않을 경우, 예를 들어 남북 간 군사적 충돌로 인한 안보위협이 가중될 때에는 국민적 모금이 이전에 비해 매우 저조한 실적을 보였다. 그러다 보니 자연적으로 북한의 상황에 맞추어 적기적소에 지원을 하지 못하는 사례가 빈번히 발생하기도 하였으며, 최악의 경우에는 국민적 모금 저조로 인해 대북지원 자체를 포기해야 하는 사례도 종종 발생하였다. 따라서 대북지원NGO의 입장에서 볼 때 정부의 남북협력기금 지원은 원활하고 안정적인 대북지원을 가능토록 하는 뒷받침이 되었다

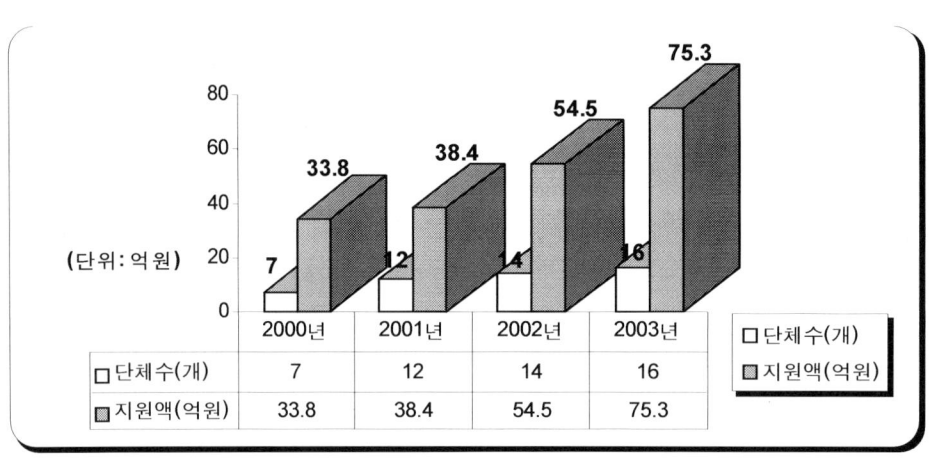

〈그림 3-5〉 김대중 정부 시기 대북지원NGO에 대한 남북협력기금 지원 현황

	2000년	2001년	2002년	2003년
□ 단체수(개)	7	12	14	16
▦ 지원액(억원)	33.8	38.4	54.5	75.3

아울러 남북협력기금 지원 이전까지는 식량위주의 단순구호가 주종을 이루었다면, 남북협력기금 지원으로 인해 농자재와 의료기구 등의 지원이 가능하게 되면서 대북지원의 형태가 전환되는 계기가 되었다. 이는 대북지원NGO가 효율적인 대북지원을 위해 정부로부터 받는 남북협력기금에 의존할 수밖에 없는 구조를 만들었고, 나아가 두 행위자 간 권력자원이 교환되는 양상으로 발전하는 근거가 되었다.

〈표 3-18〉 분야별 남북협력기금 지원실적(1998-2002)

구 분	지원금액(억 원)	구성비(%)
경수로 사업	7,680.0	58.3
비료지원	1,921.3	14.6
식량지원	1,168.7	12.3
경의선 도로	1,125.6	8.5
금강산 사업	577.0	4.4
각종 지원사업	137.7	1.0
이산가족 관련	51.1	0.4
문화체육행사	28.3	0.2
경제협력사업	29.7	0.2
기 타	0.4	0.0
합 계	13,169.8	100.0

자료: 통일부, 『남북교류협력 및 인도적 사업 동향』 127호, 2002.

이 밖에도 정부는 대북지원NGO 등 행위자들이 북한을 방문할 때 승인을 해주는 권한을 갖고 있는데 이것 역시 정부가 보유하고 있는 주요한 권력자원이라 할 수 있다. 즉, 정부가 심의하여 부적절하다고 판단되는 경우 대북지원사업 자체를 승인해 주지 않는 경우도 있으며, 방북 성사도 곧 정부의 승인 아래 이루어진다는 점에서 정부의 권한 자체가 주요한 권력자원 중 하나가 되는 것이다.

실제로 북민협에 속해 있는 19개 대북지원NGO 45명을 대상으로 국내 NGO의 대북지원사업과 교류협력 활성화를 위한 실태조사 연구에서, 아래 〈표 3-19〉에서 보는 바와 같이 "NGO의 자원형성 방법에 대한 설문문항에 대해 NGO의 자율성을 해치지 않는 정부지원이 가장 높은 46.7% 응답을 나타냈으며, 자체적 조달 방식이 17.8% 그리고 모든 단체를 일괄적으로 지원하는 단일화 방식은 4.4%를 나타내고 있다. 이는 정부의 재정지원이 대북지원NGO에 있어서 중요한 권력자원이 됨을 알 수 있는 부분이다.

〈표 3-19〉 NGO의 자원획득 방법

구 분	빈도(명)	비율(%)
자체적 조달	8	17.8
NGO의 자율성 해치지 않는 정부지원	21	46.7
PROJECT별 지원/협력방식 지원	14	31.1
단일화 지원	2	4.4
계	45	100.0

출처: 김광휘, "국내 NGO의 대북지원사업과 교류·협력 활성화 방안 연구: 대북지원 민간단체협의회를 중심으로"(연세대학교 행정대학원 석사학위논문, 2001), p.57.

다음으로 대북지원NGO가 보유하고 있는 권력자원에 대해 살펴보기로 한다. 일반적으로 정부와 달리 비정부부문이 행사할 수 있는 권력은 법적·제도적 측면에서는 다소 미약한 편이다. 하지만 NGO는 특정이슈 발생 시 국민적 지지와 참여를 추동할 수 있는 능력을 보유함으로써 정책결정에 심도 있는 영향력을 행사하고 있다. 즉, NGO가 주로 영향력을 행사할 수 있는 부분은 주요 현안에 대한 이슈제기 및 의제설정 영역이며, 이 과정에서 국민적 여론을 집중시킬 수 있는 여론동원 능력과 국민적 지지를 바탕으로 한 세력화 등을 꼽을 수 있다. 특히 남북관계의 특성 및 보·혁 간 이견이 상존하는 현실에서 정부가 무조건 전면에 나서서 북한에 대한 지원을 감행할 수는 없는 실정을 고려할 때, 대북지원NGO는 범국민적 차원에서 대북지원에 대한 필요성을 호소함으로써 정부가 대북지원정책을 추진할 수 있는 기반을 마련해 주는 역할을 한다.

정부의 대북지원 목적이 단순한 인도적 차원의 지원이 아니라 접촉면 확대를 통한 북한의 변화유도라는 잠정적 목적을 내포하고 있다 하더라도, 표면적으로는 대북지원NGO와 동일한 목적인 인도적 지원을 명분으로 내세우고 있다. 비록 인도적 차원의 지원이라고 하더라도 대북지원 자체에 대한 국민적 합의가 뒷받침되지 않고 사회적 이슈로 발전되지 않는 한 정부의 대북지원정책은 국민의 뜻을 거스르는 무리하고 독단적인 정책으로 치부될 수밖에 없다. 따라서 대북지원NGO가 국민적 여론을 형성하여 대북지원에 대한 필요성을 역설하는 이슈제기는 정부의 대북지원정책을 가능케 하는 필요충분조건이 되는 것이다. 이러한 점에서 대북지원NGO는 정부의 대북지원정책에 영향을 미치는 주요한 권력자원을 보유하고 있다고 볼 수 있다.

특히 김대중 정부 시기는 정부의 대북정책이 국정운영의 최우선 과제 중 하나로 추진되면서 북한에 대한 다양한 지원과 접촉이 확대된 시기였다. 정부는 대북정책의 성공적 추진을 위해 인적·물적 교류의 확대를 통한 남북관계 개선에 강한 의지를 보였고, 이러한 배경에서 대북지원NGO의 역할은 상대적으로 점증할 수밖에 없었다. 즉, 대북지원NGO의 대북지원 활동이나 국내 여론 조성은 정부의 입장에서 볼 때, 성공적 대북정책의 추진을 위한 국민적 기반조성이라는 측면에서 반드시 협력해야 할 대상이었다. 따라서 대북지원NGO가 개최하는 대북지원 캠페인이나 국민적 모금활동 등으로 나타나는 여론결집력 및 동원능력은 대북지원NGO가 보유한 권력자원의 한 부분이라 할 수 있다.

더욱이 김대중 대통령 자신은 물론 김대중 정부는 과거 역대 정권에 비해 상대적으로 진보적 성향을 나타내며 북한에 대해서도 포용적 입장을 표방함으로 인해, 보수주의 입장을 지닌 제 세력으로부터 정치적·사상적으로 끊임없는 색깔론 공세를 받아 왔다. 이러한 상황에서 정부가 무리하게 대북포용정책을 고수하며 대북지원을 섣불리 확장하기에는 많은 정치적 부담을 안고 있었다. 따라서 대북지원NGO가 전면에 나서서 대북지원에 대한 필요성 및 당위성을 호소하며, 대북지원정책에 대한 국민적 동의를 확산시킨 일련의 활동은 정부가 대북지원정책을 원활히 추진할 수 있는 원동력으로 작용하였다고 볼 수 있다. 결론적으로 대북지원NGO가 벌인 이러한 범국민적 캠페인 및 정부의 정책전환을 요구하는 활동 자체는 대북지원NGO가 보유한 권력자원으로 간주할 수 있는 것이다.

다음으로 언론이 보유한 권력자원을 살펴보면, 언론은 단순히 여론을 형성·수렴하기도 하지만, 해당 정책의 반사이익을 다각적으로 고려하여 자신들에게 유리한 형태로 여론을 조성하는 역할을 하기도 한다. 특히 이념적 성향이 확연히 구별되는 한국 언론사의 구조적 특성을 감안할 때, 정책결정 과정 전반에 있어 언론의 역할은 정책추진의 성패를 결정짓는 결정적 요인으로 작용한다.

즉, 언론사의 경우 동일한 사안 및 정책에 대해 의도적으로 관련기사를 배제할 수도 있으며, 또는 확대·과장하여 국민적 여론을 환기시킬 수 있는 기능적 역할을 갖고 있다. 미디어는 어떤 이슈를 의제화, 또는 무의제화하는 기제라고 할 수 있다. 무엇이 의제화되어 알려지고, 무엇은 감추어져야 할지를 미디어는 선택한다. 또한 의제의 의미 자체를 특정한 방향으로 규정하는 기제라고 할 수 있다. 이것은 '사람들로 하여금 무엇을 생각할 것인가'를 규정해 주는 의제화, 무의제화의 설정을 넘어 '사람들로 하여금 그 문제를 어떻게 생각할 것인가'에 영향을 미치는 작동기제라고 할 수 있다.195)

대북지원정책의 경우 대북정책이라는 큰 틀 안에서 찬반양론이 궤를 같이하기 때문에, 대북정책에 대한 지지와 협력적 입장을 나타내는 언론사는 대북지원정책에 있어서도 동일한 입장을 취하게 되며, 이와 반대로 대북정책에 대해 부정적이며 비판적인 경우 대북지원정책에 대해서도 역시 비판적 입장을 견지하게 된다. 이러한 입장은 곧 대북지원과 관련한 기사를 의도적으로 축소·배제 혹은 확대·과장 등의 행태를 통해 여론을 주도하게 된다. 이러한 점을 고려할 때 김대중 정부 시기 언론이 보유한 권력은 한마디로 국민들의 대북정책에 대한 인식을 선도하는 여론형성력에 있다고 볼 수 있다.

앞서 정부와 언론과의 상호작용에서 살펴보았듯이 김대중 정부 시기 정부와 언론은 매우 갈등적 관계로 점철되었다. 따라서 정부가 강력한 의지를 갖고 추진하고자 했던 대북정책과 그 틀에서 논의된 대북지원정책은 언론으로부터 정책의 실효성이 떨어진다는 이유로 외면당했으며 지지를 획득하지 못하였다. 문제는 정부와 언론 간 관계가 갈등적 상황으로 치닫게 될수록 언론은 더욱 정부가 추진하는 대

---

195) 조광희, "한국 정부의 대북정책과 언론의 의제설정에 관한 연구"(중앙대학교 신문학과 박사학위논문, 2000), p.32.

북지원정책에 대해 부정적 여론을 형성하게 된다는 것이며, 실제 국민들의 정보취득 과정에 중요한 영향을 미치는 언론의 이와 같은 여론형성능력은 정부의 정책적 변화를 수반할 만큼 커다란 권력자원으로 작용하였다고 볼 수 있다.

마지막으로 기업이 보유한 권력자원을 살펴보면, 김대중 정부 시기 일부 기업은 정부와 대북사업의 협력적 파트너로서 기능하였다. 특히 현대그룹의 경우 정부가 본격적인 대북지원이나 협력사업을 시행하기 이전 이미 북한과 접촉창구를 개설하고 대북지원사업에 막대한 자금을 지원하였다. 또한 대북지원NGO가 실시한 대북지원을 위한 모금에 있어서도 기업이 후원한 자금은 대북지원사업을 가능케 하는 중요한 밑거름이 되었다고 볼 수 있다. 아울러 정부의 남북협력기금이 대북지원NGO에 지원되기 이전에 실제적인 자금 출원은 기업에서 일익을 담당하였다고 볼 수 있다.

한편, 이러한 자금력 이외에 정부의 입장에서 볼 때 기업은 대북협력사업 초기 정부가 전면에 나서서 북측과 공식적인 채널을 가동할 수 없었을 때, 그동안 쌓아온 북측과의 신뢰를 바탕으로 정부의 대북창구 중재 기능을 갖고 있었다. 실제로 후에 밝혀진 사실이지만 김대중 정권 후반기에 불거진 대북비밀자금송금 사건에서도 현대가 사건에 깊숙이 개입되어 있던 것으로 밝혀졌다. 따라서 정부의 비공식채널 및 접촉창구로서 기능할 수 있었던 역량은 기업이 보유한 권력자원 중의 하나로 볼 수 있다.

5. 소결론: '김대중 정부' 시기 대북지원정책네트워크 유형

김대중 정부가 대북정책 분야에서 이룩한 가시적인 성과로는 남북관계 개선의 전환점을 마련할 것이라 할 수 있다. 반세기 동안 지속되어 온 반목과 대립의 장벽을 허물고 화해협력을 바탕으로 남북 간 소통의 고리를 연결한 것은 분명 역사적 성과로 평가할 수 있는 부분이다. 정부가 추진한 대북정책은 북한과 접촉면을 확대한다는 차원에서 대북지원의 활성화로 이어졌고, 이에 따라 대북지원과 관련한 다양한 정책적 조치가 취해졌다.

김대중 정부 시기 대북지원정책네트워크에 참여한 주요 국내 행위자로는 대통령을 비롯한 정부와, 대북지원NGO, 기업, 언론, 사회시민단체 등을 들 수 있다. 이전 권위주의 정부 당시 국가가 정책결정 과정에서 독점적 지위를 구가하며 독단적인 정책결정을 내린 것과 비교하면, 김대중 정부 시기는 정책결정 과정에 참여하는 행위자의 수가 증가하였다고 볼 수 있다. 그런데 이러한 행위자 수의 증가는 단순히 수적 증가만을 의미하는 것이 아니라 대북지원정책네트워크의 성격을 결정할 만큼의 큰 의미를 가진다고 볼 수 있다. 왜냐하면 이전 정부 시기를 민간의 역할이 전면 배제된 거버넌스 부재기로 평가할 때, 김대중 정부 시기 대북지원NGO나 시민사회단체, 기업과 같은 민간부문의 참여가 이루어지면서 정책결정 과정에 있어 초보적 수준의 거버넌스가 형성될 수 있는 기본적 구성요소가 마련되었기 때문이다.

다음으로 대북지원정책네트워크의 성격을 결정짓는 주도적 행위자가 누구인가의 문제와 관련하여, 김대중 정부 시기 그 어떤 행위자보다 정부가 주도적 행위자로서 역할을 하였다는 점을 주목할 필요가 있다. 앞서 살펴본 바와 같이 김대중 정부 시기 정부 이외 대북지원NGO, 시민사회단체, 기업, 언론 등 민간부문의 행위자가 참여하여 거버넌스가 형성되기는 하였지만, 이들 행위자들의 역할은 정부의 보조적 역할을 수행하는 기능에 한정되었다. 즉, 이들은 대북지원과 관련한 정책결정 과정에서 법적·제도적인 차원에서 철저히 배제되었다. 더욱이 정부 내에서조차 부처 간 협의와 조정을 통해 정책결정이 이루어진다기보다, 대통령을 정점으로 하여 임동원(전 통일부장관, 외교안보수석), 박지원(전 비서실장, 문화관광부 장관) 등과 같은 특정인물이나 비선조직으로 구성된 핵심적 인물들의 정치적 판단과 인식에 따라 정책결정이 주로 이루어졌다.

다음으로 행위자 간 상호작용의 성격은 행위자 간 다소 차이가 있기는 하지만, 전반적으로 협력적 성격으로 나타났다고 볼 수 있다. 앞서 거론한 바와 같이 대북지원정책네트워크에 참여하는 행위자의 수가 제한되었을 뿐만 아니라 새로운 행위자의 진입 여부를 정부가 선별적으로 결정할 수 있는 권한을 갖고 있음으로 인해 애초부터 정부와 협력할 수 있는 행위자가 정책네트워크에 참여하게 될 수밖에 없었다. 즉, 정부 차원에서 대북지원의 시행, 지속이라는 큰 틀을 정해 놓고, 여기에 민간을 참여시키는 형태를 보였다는 점이다. 따라서 민간은 정책결정 과정 중 정책집행의 당사자로서만 참여하였을 뿐 정책결정 과정에 직접 참여하여 정책 수립이나 변화에 기여하지는 못하였다.

결국 정부가 여타 행위자를 조정할 수 있는 주도적 행위자로 기능하면서 실제 정부의 정책결정과 상이한 의견이나 입장을 가진 행위자들은 대체적으로 참여할 수 없는 구조였다고 할 수 있다. 또한 정부 부처 간 상호작용 역시 협력적 성격으로 나타났다. 정부 부처 간 이견으로 인해 갈등을 겪을 가능성이 충분히 존재하였으나, 근본적으로 대북지원과 관련한 일련의 정책들은 대부분 청와대와 통일부에서 결정된 사항을 정부 부처 간 협의기구인 남북교류협력추진협의회를 통해 형식상 의결하는 행위로 귀결되었기 때문이다. 기업과 정부 간 상호작용 역시 협력적 형태로 나타났는데, 이는 대북지원을 통해 획득할 수 있는 상호 이익의 접점이 크다는 것을 서로가 인식하였기 때문이라고 볼 수 있다. 이 외에 언론과 대북지원NGO, 그리고 기업과 대북지원NGO 모두 대북지원에 대해 공감하고 상호 협력적 성격으로 나타났다고 볼 수 있다.

이와는 달리 정부와 언론 간 상호작용의 성격은 다소 갈등적 양상으로 나타났다. 하지만 이 역시 언론이 실제 정책과정에 참여하는 직접적 행위자는 아니라는 점에서 언론과 정부의 갈등이 대북지원정책네트워크의 유형 및 성격을 변화시킬 만큼 큰 요인이 되지는 못하였다.

다음으로 행위자 간 관계구조와 관련하여, 김대중 정부 시기 대북지원정책뿐만 아니라 대북정책 전반에 걸쳐 정부의 단독적 정책결정이 많았는데, 이로 인해 정책결정의 투명성 문제가 늘 제기되었고, 급기야 정권 말기인 2002년에는 대북비밀자금지원 문제가 불거져 사회적 문제가 되기도 하였다. 이는 이전 정부에서 행해지던

밀실정치의 폐단을 김대중 정부 역시 극복하지 못하였다는 점을 말해 주는 것임과 동시에, 대북지원정책네트워크에 참여하고자 하는 행위자들의 진퇴가 자유롭지 못하고 폐쇄적이었다는 사실을 단적으로 보여주는 것이라 하겠다.

이뿐만 아니라 민간부문의 참여가 이루어졌다 하더라도 이는 전면적 개방이 아니라 일부 행위자에 한정된 폐쇄적 형태로 진행되었다. 예를 들어 대북지원 창구 다원화 조치가 취해진 이후 정책집행 과정에 참여할 수 있는 행위자가 모든 대북지원NGO에 개방한 것이 아니라, 자격요건을 고려하여 정부가 선정하는 방식을 취하였다는 점에서 행위자의 참여가 자율성에 근거하기보다 폐쇄적 성격으로 나타났음을 알 수 있다.

마지막으로 행위자들의 권력자원을 살펴보면, 김대중 정부 시기 대북지원정책네트워크에 참여한 행위자들 가운데 정부가 주도집단으로 기능하였다는 것은, 권력자원이 정부에 집중되었다는 것을 의미한다고 볼 수 있다. 정부는 대북지원사업의 활성화를 기할 수 있는 자금력과 결정권, 그리고 대북지원NGO의 심사권한 등을 권력자원으로 보유하였다. 대북지원NGO의 경우 정부의 대북지원정책을 뒷받침할 수 있는 국민적 지지를 확보할 수 있는 여론동원력을 갖고 있었으며, 기업은 대북지원NGO와 연계하여 대북지원사업에 참여하는 과정에서 자금을 지원하는 역할과 북측과의 오랜 신뢰를 바탕으로 접촉 창구 역할을 담당하였다.

이상의 논의를 종합적으로 고려할 때 김대중 정부 시기 대북지원정책네트워크는 정부가 주도적 행위자로 기능하면서 국가의 강력한 정책적 개입을 통해 여타 행위자의 참여가 제한적으로 이루어졌다. 즉, 정부가 권력자원의 우위에 입각하여 여타 행위자들을 조정할 수 있는 권위를 행사하였고, 무엇보다 대북지원 확대라는 국정 최고지도자의 의지가 정책적 조치로 반영되면서 정부가 상대적으로 여타 행위자를 주도해 가는 특징을 보였다. 이 과정에서 정부가 결정한 정책적 조치에 여타 행위자들이 보조자의 역할을 수행하게 되면서, 행위자 간 상호작용은 대부분 매우 협력적 성격으로 나타났다. 아울러 정부가 보유한 권력자원이 여타 행위자들이 보유한 권력자원보다 우위를 점하게 되었고, 이 과정에서 정부와 일부 행위자 간 관계가 수직적 관계로 형성되는 특징을 보이기도 하였다. 또한 정부의 권한에 의해 행위자의 참여를 제한할 수 있게 되면서 대북지원정책네트워크의 관계구조는 폐쇄적인 형태를 띠었다고 분석할 수 있다.

결국 이러한 특징들은 정책네트워크 유형 가운데 하위정부모형으로 유형화할 수 있는 객관적인 요인이라 할 수 있다. 즉, 네트워크에 참여하고자 하는 행위자의 수가 제한되며, 참여의 결정이 국가의 선별적 결정에 의해 이루어지면서 국가와 여타 행위자가 협력적 관계를 가질 수밖에 없는 구조를 의미한다. 또한 행위자 간 교환할 수 있는 권력자원이 국가에 집중되면서 정부와 여타 행위자 간 관계가 수직적이며 폐쇄적인 형태로 나타나게 되며 국가 주도에 의한 정책결정 과정이 이루어짐을 의미하는 것이다. 따라서 이상의 논의를 바탕으로 김대중 정부 시기 대북지원정책네트워크 유형을 하위정부모형으로 규정할 수 있으며, 이를 도식화하면 아래 <표 3-20>과 같다.

〈표 3-20〉 김대중 정부 시기 대북지원정책네트워크 분석결과

정책네트워크		분석결과	
분석요소	하위요소		
행위자	수	제한적	
	주도집단	대통령을 포함한 정부	
상호작용	정부-기업	적극적 협력	종합적으로 볼 때 협력적
	정부-대북지원NGO	적극적 협력	
	정부-언론	약한 갈등	
	기업-대북지원NGO	소극적 협력	
관계구조	개방성	폐쇄적	
	연계유형	수직적	
권력자원의 분포		정부>대북지원NGO＝기업＝언론	
	↓↓↓	↓↓↓　　　↓↓↓	
정책네트워크 유형		하위정부모형	

제4장 노무현 정부의 대북지원정책네트워크

제1절 대북지원정책의 내용과 추진과정

1. 대북지원 현황

노무현 정부 시기 정부는 대북 인도적 지원이 필요한 상황이 지속되는 한 "우리의 부담능력과 국민여론, 남북관계 개선효과" 등을 고려하여 성의껏 지원한다는 입장을 견지하였다. 정부가 대북지원 확대를 통해 남북관계 개선 및 발전을 이룩한다는 원칙은 실제로 정책추진에 반영되어 실질적인 대북지원 규모의 확대로 이어졌다. 특히, 대북지원 형태가 긴급구호성 지원으로부터 북한의 자립능력 제고를 위해 농업생산성 향상, 병원 현대화 및 북한 영유아 지원 사업 등의 개발 지원으로 확대되면서 대북지원에 대한 규모와 형태가 점진적으로 변화되었다.

2003년부터 2007년 9월까지 추진된 대북 인도적 지원의 규모는 총 1조 8,988억 원이며, 이 중 정부 차원의 지원은 식량차관과 민간지원기금액을 포함하여 총 1조 4,640억 원이며, 민간 차원에서는 4,348억 원이 지원되었다.[196](아래 <표 4 - 1> 참조)

---

196) 최근 대북지원 소요예산 산정 방식을 둘러싸고 정부와 정당 간, 시민사회단체를 중심으로 논란이 일고 있다. 가령 금강산 관광경비를 대북지원에 포함시키느냐의 여부에 따라 지원금의 규모는 상당한 차이를 보인다. 따라서 대북지원 산정방식에 대한 사회적 합의와 이에 따른 객관적인 통계자료가 제시될 필요가 있다. 본 연구에서 정부의 통계자료를 인용하는 것이 정부의 산정방식을 그대로 수용한다는 의미는 아니라는 것을 밝혀둔다.

<표 4-1> 노무현 정부 시기 대북지원 현황

년도	무상지원액(1)			식량차관 금액(2)	총금액 (1+2)
	정 부(민간지원기금액)	민 간	계		
2003	1,122억 원 (81억 원)	766억 원	1,888억 원	1,510억 원	3,398억 원
2004	1,313억 원 (102억 원)	1,558억 원	2,871억 원	1,359억 원	4,230억 원
2005	1,359억 원 (120억 원)	779억 원	2,138억 원	1,787억 원	3,925억 원
2006	2,336억 원 (134억 원)	709억 원	3,045억 원		3,045억 원
2007. 9월	2,205억 원 (139억 원)	536억 원	2,741억 원	1,649억 원	4,390억 원
합계	8,335억 원 (576억 원)	4,348억 원	12,683억 원	6,305억 원	18,988억 원

한편, 다음의 <그림 4-1>에서 보는 바와 같이, 참여정부 시기 정부와 민간 차원의 대북지원 규모를 비교해 볼 때, 특이한 점은 2004년의 경우 민간 차원의 지원금이 정부 차원의 지원금보다 오히려 많았다는 점이다. 이는 2004년에 발생한 용천 재해 시 민간 차원의 지원운동이 활발히 전개된 데에서 기인한다고 볼 수 있다. 동시에 2004년 이후 민간 차원의 지원금이 점차 감소하고 있다는 점도 주목할 만한 특징이라 할 수 있다.

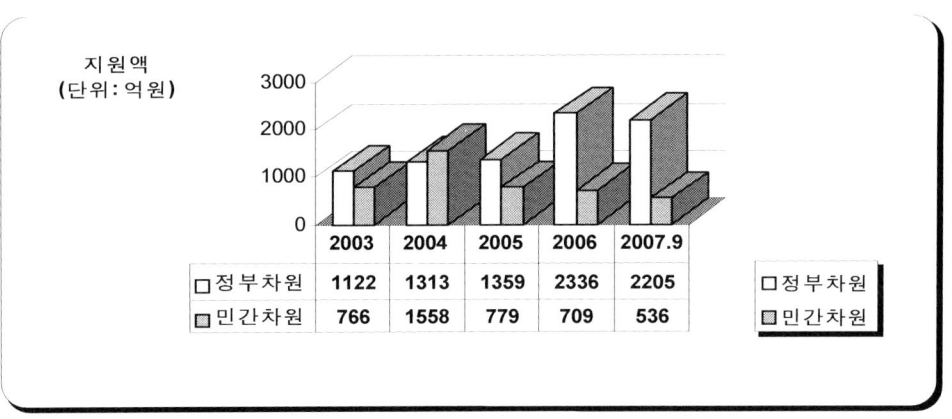

자료: 통일부 홈페이지(www.unikorea.go.kr) <검색일: 2007.10.11> 참조하여 재구성.

<그림 4-1> 노무현 정부 시기 정부와 민간 차원의 대북지원 현황 비교

이 외에도 김대중 정부 시기부터 정부 차원에서 UNICEF, WHO, WFP 등 국제 기구를 통한 대북지원을 추진해 왔는데, 이러한 지원은 참여정부 기간 동안에도 지속적으로 전개되었다(아래 <표 4-2 참조).

〈표 4-2〉 노무현 정부 시기 국제기구를 통한 대북지원 추진 실적

연도	국제기구	내역	지원액
2002	WFP(식량지원)	옥수수 10만 톤	1,739만 불 (234억 원)
	WHO(말라리아 방역, 영유아, 긴급구호)	말라리아 방역	59만 불 (8억 원)
2003	WFP(식량지원)	옥수수 10만 톤	1,619만 불 (191억 원)
	WHO(말라리아 방역, 영유아, 긴급구호)	말라리아 방역	66만 불 (8억 원)
	UNICEF(취약계층, 영유아)	취약계층 지원	50만 불 (6억 원)
2004	WFP(식량지원)	옥수수 10만 톤	2,400만 불 (264억 원)
	WHO(말라리아 방역, 영유아, 긴급구호)	말라리아 방역, 용천 구호세트	87만 불 (10억 원)
	UNICEF(취약계층, 영유아)	취약계층 지원	100만 불 (12억 원)
2005	WHO(말라리아 방역, 영유아, 긴급구호)	말라리아 방역	81만 불 (9억 원)
	UNICEF(취약계층, 영유아)	취약계층 지원	100만 불 (10억 원)
2006	WHO(말라리아 방역, 영유아, 긴급구호)	말라리아 방역, 영유아지원	1,167만 불 (116.5억 원)
	UNICEF(취약계층, 영유아)	영유아지원 (백신, 영양)	230만 불 (23억 원)
2007.9	WHO(말라리아 방역, 영유아, 긴급구호)	말라리아 방역	92만 불 (8.7억 원)
		영유아지원, 홍역 긴급지원	574만 불 (55억 원)
	UNICEF(취약계층, 영유아)	영유아지원 (백신, 영양)	315만 불 (30억 원)
	IVI(자재)	백신, 의료교육	50만 불 (4.8억 원)

앞서 언급한 바와 같이 노무현 정부 시기 대북지원사업 가운데 주목할 점은 2004년 4월 북한 용천역에서 대규모 폭발사고로 인한 재해가 발생하자 정부는 물론 범국민 차원의 지원이 활발히 전개되었다는 점이다. 북한은 당시 평양을 방문 중이던 이윤구 대한적십자사 총재 일행에게 용천역 폭발사고 소식을 전하면서 긴급구호를 요청하였으며, 박길연 유엔 주재 북한 대사를 통해 UN을 비롯한 국제사회에 공식적인 지원을 요청하였다. 북한으로부터 지원요청을 받은 정부는 신속히 관계장관회의를 통해 구체적인 지원문제를 결정하고, 국무조정실, 통일부, 복지부, 대한적십자사 등 관계부처 실무자들을 중심으로 비상지원대책기구인 '용천재해대책실무기획단'을 구성하였다. 민간단체 역시 긴급재난에 체계적으로 대응하기 위해 북민협을 중심으로 범국민운동조직을 구성하기로 결의하였다. 이에 따라 '북한용천역폭발사고 피해동포돕기운동본부'(약칭: 용천동포돕기본부)를 결성하여 여러 민간단체의 지원을 조정하여 체계적이고 효과적인 지원이 이루어질 수 있도록 하였다.

당시 정부와 기업, 민간단체는 물론 해외동포 사회까지 지원에 동참하면서 북한 돕기는 범국민 운동으로 확산되었고, 국제기구를 포함한 국제사회 역시 적극적인 지원을 펼침으로써 국내외를 막론하고 활발한 지원이 전개되었다. 특히 그동안 대북지원 문제를 둘러싸고 팽팽한 이견으로 대립하였던 진보와 보수단체도 용천재해에 대해서는 동포애와 인도적 차원의 지원에 공감하였다. 아울러 국내 언론 역시 정치적 색채를 배제한 채 북한을 돕자는 한목소리를 내며 북한 돕기에 동참하였다. '보수', '진보'를 가릴 것 없이 국내 거의 모든 일간지가 최소 5면에서 많게는 7~8면에 이르기까지 용천역 폭발참사를 다루고 각 사마다 '북한 돕기 운동'을 시작했다. 이렇게 전 언론사가 북한 돕기에 한목소리를 낸 것은 이때가 처음이었다고 평가할 수 있다.[197]

하지만 지원규모가 확대되고 참여단체가 증가함에 따라 중복지원으로 인한 문제

---

197) 『내일신문』, 2004년 4월 26일.

가 대두되었다. 이에 따라 정부와 민간의 협의체를 구성하여 지원의 효율성을 제고하였는데 이는 곧 대북지원에 있어 민·관 협력 시스템의 새로운 장을 여는 계기가 되었다. 즉, 북한에 재난이 발생할 경우 관련 부처와 민간단체가 대북지원을 하는 과정에서 종합적인 시스템을 점검하는 계기가 되었다는 점에서 중요한 의의를 찾을 수 있는 것이다.[198] 용천재해에 대한 대규모 지원이 이루어진 2004년 대북지원 규모는 2003년에 비해 62.6%가 증가한 것으로 지원규모 면에서 역대 최고를 기록하였다.

그런데 이와 같은 범국민 차원의 지원운동이 전개되면서 북한에 대한 인식이 다소 긍정적 방향으로 변화되기는 하였으나, 시간이 지나면서 지원물품에 대한 분배 투명성의 문제가 제기되면서 협력적 분위기는 오래 지속되지 못하였다. 이후 북한이 국제NGO에 대한 철수 명령을 내리고, 개발협력으로의 전환을 요구하면서 그동안 긴급구호 차원의 지원이 개발협력 위주로 전환되었다. 국내 대북지원NGO 역시 긴급구호 차원의 일회성 지원에서 탈피하여 농업개발, 보건의료, 취약계층 지원 등으로 지원사업의 다각화와 전문화를 도모하였다.

특히 2005년부터는 종래의 협력방식과는 달리 농업 관련 시설 지원에 많은 관심을 가지게 되었는데, 이는 북한이 2005년 신년 공동사설에서 농업부문의 중요성을 역설하며 정책추진 의지를 표명한 데서 기인하였다. 북한은 2005년 신년 공동사설을 통해 '농업부문의 생산 증대'를 가장 중요한 경제정책 과제로 제시하였고, 이를 위해 북한 당국은 "농업부문에 필요한 노력과 설비, 물자를 최우선적으로 무조건 보장해 주어야 한다"고 강조하였다. 북한의 농업을 중시하는 정책추진방향은 대북지원 요청품목에 그대로 반영되었고, 북측의 요청에 따라 국내 대북지원NGO는 영농에 필요한 종자, 비료, 농약, 비닐, 농기계와 축산관련 자재를 지원하게 되었다. 이후 2006년에는 북한의 보건의료체계의 복구기반을 지원하고자 5개년 계획하에

---

198) 대한적십자사, 『2004 용천재해 지원백서』(서울: 늘품, 2004), pp.158 - 159.

영유아지원을 중점적으로 실시하여 국제기구(UNICEF, WHO) 사업지원뿐만 아니라, 국제민간단체들의 모자보건사업 등이 본격적으로 추진되었다.

2. 대북지원정책의 추진과정

김대중 정부 시기 대북지원과 관련한 정책적 조치의 변화가 '규제에서 자율'이라는 특징을 보였다면, 노무현 정부 시기에는 정책결정 과정 전반에 민간부문의 역할이 두드러지게 점증한 점을 감안하여 '배제에서 참여'로 특징지을 수 있다. 김대중 정부 시기 민간부문 활성화 조치 및 대북지원 창구 다원화 조치 등으로 인해 대북지원NGO가 독자적인 활동을 통해 영향력을 확대해 왔지만, 사실상 이 시기는 대북지원NGO가 실제 정책결정 과정에 직접적으로 참여하기보다 의제설정이나 정책집행 분야에 한정된 제한적 참여 형태였다고 할 수 있다. 노무현 정부에 들어서서 대북지원NGO는 단순히 정책집행에만 관여한 것이 아니라, 정부의 정책결정 과정 전반에 주요한 행위자로 참여하여 정부와 파트너십을 형성하였으며, 민·관 합동사업을 추진하는 등 단순히 정부의 보조자 역할이 아닌 동등한 지위의 역할을 구가하였다.

대북지원과 관련하여 노무현 정부가 시행한 첫 번째 조치로는 민·관 정책 협의기구인 '대북지원민관정책협의회'의 발족을 들 수 있다. 그동안 정부와 민간이 각각 독자적으로 추진해 오던 방식을 지양하고 민·관 협력 강화를 통해 대북지원의 효율성 제고가 필요하다는 인식이 마련되는 가운데, 2004년 7월 대북협력민간단체협의회가 정기운영위원회에서 민관정책협의회를 다시 추진키로 결정하였고, 동년 9월 '대북지원민관정책협의회'(이하 정책협의회)가 정식으로 발족되었다.

민간의 대북지원사업이 긴급구호 차원에서 개발협력으로 이행되면서 전략적 구도하에 정부와 민간이 보유한 지원 자원(resource)을 통합적으로 활용하는 것이 요구되었다. 이에 민간과 정부 사이에 포괄적 지원 전략을 모색하는 정책 협의의 틀로 '대북지원민관정책협의회'가 만들어지게 되었다. 이로써 남북교류협력법에 의해 설치된 정부의 '남북교류협력추진협의회'와 대북지원 민간단체로 구성된 '대북협력민간단체협의회'의 상호 협의와 조정이 제도화되었다.[199]

정책협의회는 정부와 민간이 공동으로 대북 인도적 지원에 관한 체계적인 계획 수립 및 시행에 필요한 의견을 협의하기 위한 목적으로 발족되었으며, 효율적 운영을 위해 세부 운영규정을 마련하였다. 정책협의회의 운영규정 제2조는 협의회의 주요 기능으로서 ① 대북지원 방향 및 사업계획, ② 대북지원 관련 민관 협조 및 역할분담, ③ 대북지원 확대, 발전 방안 등에 관해 협의하는 역할을 수행하는 것이다. 정책협의회의 실무적인 업무를 담당하고 업무를 효율적으로 발전시켜 나가기 위한 목적으로 정책협의회 내에 운영위원회를 설치하며, 운영위 산하에 보건의료, 농업축산, 일반구호, 특수(복지) 분야 등 4개 분과위원회를 구성·운영하기로 규정하고 있다. 의장은 회무를 통할하고 정책협의회를 대표하는 역할로 규정되어 있는데, 주목할 점은 민관이 공동으로 의장직을 수행한다는 점으로서 이는 협의회의 성격을 가늠해 볼 수 있는 좋은 사례라 할 수 있다. 즉, 정책협의회 운영규정 제4조 ①항은 통일부차관과 북민협 회장 단체 대표가 공동의장이 된다고 규정하고 있으며, 제8조 ②항은 분과위원회 역시 민간과 정부 측 위원장 각 1인을 두는 것을 규정하고 있다. 이는 정책협의회가 정부나 민간단체 어느 한쪽의 일방적 주도에 의해 이루어지는 것이 아니라 표면적으로는 민·관 협력체로서 기능하고 있다는 점을 잘 보여주고 있는 것이다.

---

199) 이종무, "대북인도지원 시스템의 발전 방안 연구"(경남대 북한대학원 석사학위논문, 2005), pp.33 - 34.

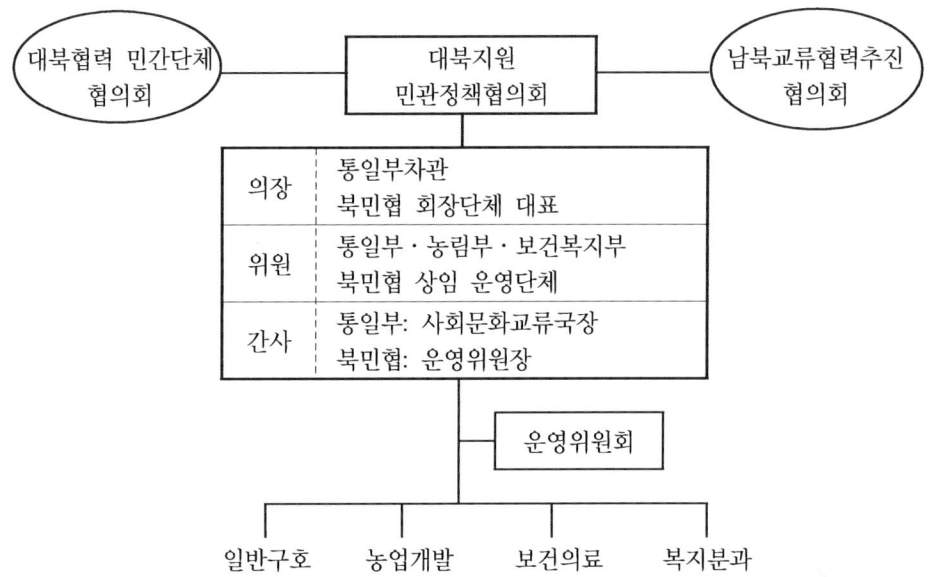

출처: 『대북지원민관정책협의회 제1차 전체회의 자료』(2004년 9월 1일).

〈그림 4-2〉 대북지원민관정책협의회 조직도

2005년 3월 8일에는 정부가 '대북 인도적 지원사업 처리에 관한 규정' 개정("1년 이상 지속적인 대북지원사업을 추진한 실적" 요건 삭제)을 통해 대북지원사업자 지정요건을 완화하였다. 이 조치에 의해 대북지원사업자의 승인요건이 완화됨에 따라 당시 북민협 회원단체의 수가 60여 개로 급증하였다. 한편, 대북지원과 관련한 법률적 조치는 아니지만 정부가 취한 정책적 조치로서 2006년 7월 북한의 미사일 발사에 대한 대응의 일환으로 대북 인도적 지원 유보 조치를 들 수 있다.

북한은 한국과 주변국들의 거듭된 만류와 경고에도 불구하고 2006년 7월 사상 최대 규모의 미사일 시험발사를 강행하였다. 북한이 미국의 독립기념일에 맞춰 각종 탄도미사일을 모두 발사한 것은 단거리는 남한 전역, 중거리는 일본, 장거리는 미국에 각각 위협이 될 수 있음을 해당 국가에 분명히 각인시키겠다는 의도였는데,[200] 군사적 도발 행위의 파장은 악화일로로 확산되어 국제사회와 북한의 갈등의 골은 더욱 깊어졌다. 정부는 7월 5일 청와대에서 국가안전보장회의(NSC) 상임위원회와 노무현 대통령이 주재한 안보관계장관회의를 열어 "북한이 그들의 행위로 인해 실질적인 부담을 안을 수밖에 없는 조치를 추진한다"고 의견을 모아 상황을 감안한 단계적인 제재 가능성을 시사했고[201] 실제로 7월 8일 통일부 브리핑을 통해 당시 7월 10일로 예정되어 있던 제19차 남북장관급회담은 일정대로 개최하되, 북한에 제공키로 한 비료 10만 톤과 쌀 50만 톤 지원은 유보한다고 발표하였다.[202]

정부는 쌀·비료 지원이 인도적 차원의 문제이기는 하나 북한의 미사일 발사가 이루어진 상황에서 지원문제를 북측과 협의하는 것은 적절치 않다는 판단하에,[203] 인도적 지원을 중단하는 조치를 취하였던 것이다. 이후 개최된 제19차 장관급회담(2006.7.10–13)에서 북측은 인도적 차원에서 쌀 차관 50만 톤을 요청했으나 남측은 회담 의제를 북한의 미사일 발사와 6자회담 복귀로 한정, 북측 제안을 수락하지 않았다. 당시 남측 수석대표인 이종석 통일부장관은 북측 권호웅 단장에게 북한이 6자회담에 복귀할 때까지 쌀과 비료지원을 중단한다고 쐐기를 박음으로써 공식적으로 북한에 대한 인도적 지원이 중단되었다.

한편, 대북지원과 관련한 제도적 조치로서 대북지원의 주무부처인 통일부는 2007년 1월 대한적십자사와 MOU를 체결하였다. 대북 인도적 지원을 민간에 전적으로 위임한다는 의미를 담고 있는 이 조치는 통일부가 이산가족상봉 및 대북지원사업의 실무 전반을 대한적십자사에 위탁한 것이다. 통일부는 이 협약을 통해 이산가족상봉행사와 이산가족정보통합 센터 운영 이산가족 관련 업무와 비료지원, 수해물자 지원 등 대북 인도적 지원업무, 홍수 등으로 남측으로 떠내려 온 북한 주민 사체 처리 업무 등 인도적 사업의 집행 업무를 한적에 맡기고 이에 따른 경비를

200) 『동아일보』, 2006년 7월 6일.
201) "정부 쌀·비료 추가지원 중단 검토", 『서울신문』, 2006년 7월 6일.
202) "남북장관급회담 11일 개최……정부, 쌀·비료 제공 유보", 『세계일보』, 2006년 7월 8일.
203) 통일부, 2006 국정감사 제출자료(97–2 문항), (2006.10).

지원하게 되었다.

　마지막으로 대북지원과 관련하여 노무현 정부가 취한 정책적 조치 중 반드시 짚고 넘어가야 할 것은 정부가 스스로 대북 현금지원 불가라는 원칙을 깨고 2007년 3월 대북 현금지원을 취한 조치이다. 2006년 7월 북한의 미사일 발사 이후 정부의 대북지원이 중단된 가운데, 대북 인도적 지원 재개에 대한 공방이 날로 확대되었다. 그러던 가운데 정부는 이산가족 화상 상봉을 위한 설비 구입비용 명목으로 북한에 현금 4억 원을 지원키로 한 것이다. 문제는 당시 6자회담의 ‘2·13 합의’에서 ‘행동 대 행동’ 원칙에 따라 북한의 초기이행조치가 선행되지 않은 상황에서 정부가 이에 대한 원칙을 어기고 대북지원을 재개하였다는 사실이며, 무엇보다 현금지원 불가 원칙을 깨고 현금을 직접 지원하였다는 것이다.

　화상상봉센터 건설 지원 물품 중에 LCD와 컴퓨터 등 일부 품목은 EAR에 적시된 대북 수출금지 품목이긴 하지만 개성공단 사례를 비추어 볼 때, 미국과의 협의를 통해 대안을 찾을 수 있었음에도 불구하고 현금을 직접 건네었다는 것은, 정부가 국제사회와의 마찰도 불사하겠다는 것은 물론 국내 여론을 전혀 고려하지 않은 무원칙적이고 일방적인 조치였다고 볼 수 있다.[204]

　한편, 지금까지 논의한 노무현 정부 시기 대북지원과 관련한 일련의 정책적 조치들을 종합하면 아래 <표 4 - 3>과 같다.

---

204) 『중앙일보』, 2007년 3월 13일, 『문화일보』, 『국민일보』, 『세계일보』, 2007년 3월 12일자 사설 참조.

<표 4-3> 노무현 정부 시기 대북지원관련 정책적 조치

일시	정책적 조치
'04.9.1	- 대북지원민관정책협의회(민관협) 결성
'05.3.8	- 대북지원사업자 지정요건 완화
'05.7.	- 민관정책협의에 따른 대북합동사업 지원
'06.7.8	- 북한 미사일 발사에 대한 대응조치로 대북 인도적 지원 중단
'07.1.12	- 통일부와 한적 MOU 체결
'07.3.12	- 대북 현금지원

제2절 대북지원정책의 환경요인

1. 국제적 차원

김대중 정부 집권 후반기에 불거진 이른바 제2차 북핵위기 상황은 차기 정부가 풀어야 할 국정과제로 넘겨졌고, 이러한 위기상황을 어떻게 대처해 나가느냐 하는 것은 곧 노무현 정부의 대북정책 향방을 가늠해 볼 수 있는 주요한 기준이 되었다. 이전의 김대중 정부가 출범 초기에 국가부도위기 상황의 국내적 난제를 안고 출발했다면, 노무현 정부는 북핵위기 상황이라는 복잡한 국가적 난제를 안고 출범하였다고 볼 수 있다.

북핵문제가 단순히 한반도에만 국한되는 것이 아니라 동북아는 물론 세계적 차원의 안정을 위협할 수 있는 심각한 안보위협 요인임을 감안할 때, 북핵문제에서 기인한 주변국의 대북인식은 한국의 대북지원정책에 영향을 미칠 수밖에 없었다. 북핵문제 해결을 위한 주변국들의 협력체제를 바탕으로 6자회담이 진행되는 가운데도 불구하고, 북한의 벼랑 끝 전술에서 기인한 미사일 발사('06.7.5)와 핵실험 단행('06.10.9)으로 인해 국제사회의 대북인식은 급격히 악화되었고, 이에 따라 한국 정부의 대북지원정책 추진환경은 매우 부정적이었다고 볼 수 있다.

한편, 국제사회의 대북지원에 대한 부정적 입장과는 달리, 지속적인 대북지원을 추진하고자 했던 한국 정부의 입장이 서로 이견을 보이며 상호 갈등을 겪기도 하였다. 즉, 안보적 현안의 대두에 따른 주변국과 국제사회의 대북압박, 강경한 제재 조치가 취해지면서 국제적 차원의 환경이 매우 부정적이었음에도 불구하고 노무현 정부는 이에 대한 적절한 조정이나 협의 없이 무리한 정책 집행을 고수함으로써 일면 국제사회와 마찰을 빚기도 하였던 것이다.[205] 이하에서는 노무현 정부의 시기를 주요한 이슈에 따른 시계열로 구분하여 국제적 차원의 환경요인을 좀 더 자세히 살펴보기로 한다.

가. 대북지원에 대한 한국 정부와 주변국의 인식 차이

노무현 정부 시기 국제적 현안이었던 북핵문제에 대해 주변국들은 동북아의 안정과 평화를 저해할 수 있는 심각한 안보위협으로 인식하고, 북한에 대한 지원에 냉소적인 반응을 보였다. 특히 북핵위기에서 기인한 북·미, 북·일관계의 경색은

---

205) 노무현 정부 통일외교안보정책실에서는 노무현 정부 4년을 평가하는 한 심포지엄 발표 자료를 통해 "참여정부가 북핵문제에 있어서 원칙도 없이 오락가락했다는 비판은 사실과 다르다"며 다음과 같이 반론을 제기하고 있다. "2003년 2월 25일 노 대통령은 취임사에서 북핵해결 3원칙을 천명하였고, 이러한 3원칙을 기조로 정책을 일관성 있게 추진하였다." 통일외교안보정책실, "평화를 위한 안보, 경제를 생각하는 안보", 대통령자문 정책기획위원회, 『참여정부정책의 성과와 과제』(참여정부 4주년 기념 국정과제위원회 합동심포지엄 자료집, 2007.1.31), p.174. 그런데 이와 같은 반론은 노무현 정부의 북핵원칙에 대한 비판을 정부가 제대로 이해하지 못한 데서 비롯된 것이라고 본다. 즉, 대통령이 원칙을 천명했다는 것이 중요한 것이 아니라 제시된 원칙대로 실제 정책을 집행했느냐에 논의의 초점을 두어야 하는 것으로, 정부가 비판을 받는 것은 바로 이 원칙을 지키지 못한 데서 비롯된 것이다.

여타 주변국을 포함한 국제사회 전반의 대북인식에 지대한 영향을 미쳤다. 이는 대부분의 국가들이 인도적 지원과 정치적 사항을 분리하는 것을 원칙으로 천명하였음에도 불구하고, 북핵문제로 인한 지원환경 변화는 이들로 하여금 대북지원 확대에 상당히 유보적인 태도를 갖게 만들었다. 이와 같이 북핵문제는 주변국들의 대북인식에 심대한 영향을 미쳤고, 그 결과 한반도 주변국을 비롯한 국제사회의 대북지원은 노무현 정부 시기 뚜렷이 격감하였다.

특히 북핵문제의 여파로 인해 국제사회의 대북지원 인식이 악화되었다는 점은 EU의 정책적 변화에서 다시 한번 확인할 수 있다. 앞서 살펴본 바와 같이 김대중 정부 후반기 북핵문제로 인해 국제기구는 물론 대부분의 국가에서 대북지원을 중단하거나 축소한 것과는 달리, EU는 대북지원 기조를 유지하면서 북한이 국제사회로부터 완전히 고립되는 것을 어느 정도 방지하는 역할을 하였다. 하지만 2003년에 들어서 이러한 EU의 정책이 여타 국가의 대북지원 감소 추세에 맞추어 대북지원 축소라는 방향으로 전환되었다. 즉, 유럽연합도 북한에 대해 조건부포용정책(conditioned engagement)으로 정책노선을 전환하였으며, 제59차 유엔인권위원회 대북결의안에서도 명시한 바와 같이 인도적 지원, 특히 식량지원의 분배 투명성 제고를 위해 유엔전문기구를 비롯한 국제 인도적 기구들의 북한 내 모든 지역에 대한 자유로운 접근 허용을 촉구하기도 하였다.[206]

노무현 정부 시기 대북지원정책과 관련한 국제적 차원의 환경요인을 논함에 있어 주목할 점은 국제사회의 대북지원 규모가 감소한 것과 아울러, 미국을 비롯한 관련 당사국들은 북핵문제가 해결되지 않은 상황에서 한국의 일방적인 대북지원이 문제가 있다는 입장을 피력하며 한국 정부에 대해 대북지원을 중단할 것을 요청하였고, 이로 인해 한국 정부와 다소 갈등을 겪었다는 점이다. 즉, 북핵문제 해결에 대한 실마리를 찾지 못한 채, 대북지원의 투명성을 전제로 대북지원정책에 대해 반대하던

---

206) 통일연구원, 『통일환경 및 남북한 관계전망: 2003－2004』(서울: 통일연구원, 2003), p.111.

주변국들이, 한국 정부에 대해 대북지원 중단 압박을 가하는 형태로 나타났다.

　미국의 경우 공화당 부시 행정부 출범 이후 전개된 대북강경책은 9·11 테러 사건을 계기로 더욱 강화되었는데, 이에 대해 북한은 핵무기 개발 시인, 핵 연료봉 봉인 제거, IAEA 핵사찰단 추방, NPT 탈퇴 등 이른바 벼랑 끝 외교를 펼치며 한 치도 물러서지 않는 강경한 대처를 취하면서 북·미 간 관계는 갈등의 정점을 향해 치달았다. 특히 2003년에는 네오콘(neo‑con)이 득세하면서 공화당을 중심으로 한 미국 의회 의원들은 북한에 대한 식량지원에 대해 식량 배급 과정이 검증될 수 있는지, 주민들이 실제로 식량을 얻고 있는지, 배급 감시상황이 개선됐는지 알 필요가 있다며 북한 원조식량의 군사적 전용가능성을 제기하며, 대북지원에 대한 회의론적 입장을 자주 피력하였다. 이러한 강경입장은 의회에서 북한에 대한 지원을 전면 중단한다는 내용의 대북제재 법안을 제출하는 등 행동으로 이어졌다.

　2003년 11월에 이르러 소위 '북한자유법안'(NKFA)이 미국 의회에 상정되었다. 대북지원과 관련하여 이 법안의 주요 내용을 살펴보면, 일본인 납치 정보가 공개될 때까지 비인도적 차원의 대북지원은 이뤄져선 안 된다는 것을 강조하고 있다. 동시에 현대그룹의 비자금이 북한에 전달된 것과 관련, 민간기업에 의한 대북 자금지원은 합법성을 갖춰야 한다고 규정했다. 일방적인 '퍼주기식' 지원에는 반대한다는 부시 행정부 내 강경파의 입장이 반영되어, 비인도적인 대북지원은 북한에 의해 납치된 일본인과 한국인의 모든 정보가 공개될 때까지 제한해야 한다는 내용을 담고 있다.207)

　이후 2004년 북한의 용천역 열차 폭발 사고에 대해 미국이 북핵문제와 무관하게 인도적 차원의 지원을 함으로써 북미 관계를 비롯하여 소원했던 북한과 국제사회와의 관계가 다소 완화되는 경향을 보이기도 하였다. 그러나 이러한 지원 및 협력적 분위기는 분배 과정의 투명성 문제가 제기되면서 오래 지속되지 못하였다.

---

207) "'퍼주기식' 대북지원 제한/美의회 상정", 『서울신문』, 2003년 11월 22일.

2005년에 이르러 부시 대통령은 집권 2기를 맞으며 테러와의 전쟁 및 대량살상무기 확산 저지에 역점을 두고 강경책을 여전히 고수하면서 힘의 우위에 입각한 일방주의적 외교노선을 유지하였다. 북핵문제에 관한 협상에서 대북 강경파인 체니 부통령의 주도하에 신보수주의자들의 입지가 강화된 부시 2기 행정부 외교안보팀은 대북정책에 있어 강경일변도의 확고한 입장을 제시하였다. 이에 대해 북한은 외무성 발표를 통해 핵무기 보유 및 6자회담 참가 무기중단을 선언함으로써 북·미관계는 다시 악화일로를 치닫게 되었다.

북한의 핵보유 선언 및 6자회담 무기중단 선언과 같은 일련의 조치들에 대한 대처방안을 두고 한국과 미국이 서로 입장 차이를 보이며 갈등을 겪었다. 당시 반기문 외교통상부 장관은 미국을 방문하여 워싱턴 특파원들과의 간담회에서 "북한을 6자회담에 복귀시키기 위한 다자간 외교노력을 강화하고 쌀과 비료지원 등 인도적 대북지원과 개성공단으로 대표되는 경제협력은 계속할 것"이라고 밝혔다. 그러나 뉴욕타임스는 이날 딕 체니 미 부통령이 "김정일 국방위원장이 핵무기와 고립 심화 중에서 선택하도록 압박하길 원한다면 북한을 무장해제시키려는 나라들이 공동대처해야 한다"면서 북한의 비료지원 요청에 한국이 응하지 말 것을 반 장관에게 촉구했다고 보도했다.208) 아울러 당시 폴 울포위츠 미국 국방부 부장관 역시 반기문 외교통상부 장관에게 북한의 비료지원 요청에 대해 "미온적 반응(under reacting)을 보이는 게 필요하다"며 부정적 견해를 밝혔다.209) 이후 북한의 핵 보유 선언이 이루어지자 한국의 대북지원에 대한 미 의회 내의 강경적인 대응은 더욱 확대되었다. 헨리 하이드 미 하원 국제관계위 위원장은 '한반도의 6자회담과 핵문제'를 주제로 열린 청문회에서 한국이 국방백서에서 주적(主敵) 개념을 삭제한 것을 강력히 비판하면서 주적이 누군지를 분명히 밝힐 것을 요구했다. 그는 또 현재 한국과 중국의 대북지원을 '소나기 지원(Shower Assistance)'이라고 지적하면서 "핵

---

208) "韓 '北과 대화노력'……美 당근 못 준다", 『동아일보』, 2005년 2월 14일.
209) "北핵발언 이후……속타는 정부", 『문화일보』, 2005년 2월 17일.

으로 위협하는 정권에 대한 지원의 정도를 재고해야 한다"고 주장했다.[210]

나. 북한 핵실험으로 인한 국제사회의 대북인식 악화 고조

미국의 대북 강경정책이 지속되는 가운데, 북한은 단·중·장거리 미사일 7기를 시험 발사하였고, 국제사회는 이에 대한 조치로서 미·일 등이 주도한 유엔안보리의 대북결의 1695호를 만장일치로 채택함으로써 북한과 국제사회의 갈등은 더욱 고조되었다. 하지만 북한은 여기에서 멈추지 않고 급기야 국제사회의 거듭된 경고에도 불구하고 전격적으로 핵실험을 강행('06.10.9)함으로써 북한과 국제사회의 갈등이 고조되었다.

국제사회는 동북아 지역은 물론 세계적 차원의 평화를 위협할 수 있는 북한의 핵실험에 대해 강력한 제재를 가하기로 결정하고, 유엔안보리 결의안 1718호를 유엔안보리 15개 이사국 전원 만장일치로 채택하였다. 유엔안보리 결의안 1718호는 남한과 중국을 포함해서 국제사회 전체가 그토록 자제를 촉구했던 핵실험을 강행한 북한에 대해서 그 행동에 상응하는 처벌을 주어야 한다는 국제사회의 확고한 인식을 반영하고 있다.[211] 이와 같은 북한의 안보적 위협에 대해 미국은 강경한 입장을 고수하였고, 이는 결국 미국의 대북지원에 대한 급격한 감소로 이어졌다.

한편, 북·일 관계 역시 북핵문제와 더불어 일본인 납치 문제가 발생하면서 매우 갈등적인 상황으로 전개되었다. 일본은 북한의 일본인 납치 문제를 계기로 2002년과 2003년에는 대북지원을 완전히 중단하였다. 그러다 2004년 5월 일본의 고이즈미 총리는 북·일 정상회담을 통하여 일본인 납북자 문제 해결을 위해 서로 노력

210) "美 '한국은 주적 분명히 밝혀라' 韓·中 '소나기 대북지원' 재고 요구", 『경향신문』, 2005년 3월 12일.
211) 통일연구원, 『통일환경 및 남북한관계 전망: 2006-2007』(서울: 통일연구원, 2006), p.19.

하기로 합의하고 인도적 차원에서 WFP를 통한 25만 톤의 식량과 UNICEF와 W-HO를 통한 1,000만 달러 상당의 의약품 지원을 약속하였다. 이 회담에서는 북·일 양국 간에 합의되었던 2002년 9월 평양선언의 성실한 이행이 중요함을 강조하고, 2004년 5월 김정일 위원장과 평양선언의 중요성을 다시 한번 확인하였으며, 양국 간의 대결관계가 친선과 협력의 관계로 변화해야 한다고 강조하였다.[212] 하지만 요코다 메구미의 유골이 가짜로 판명되면서 일본 정부는 전격적으로 대북식량지원을 중단하는 강경대응 조치를 취하였다. 일본 정부는 대북지원 식량 25만 톤 중 잔여분 12만 5000 톤과 300만 달러 상당의 의약품 잔여분 제공을 동결하였다. 이와 같이 북·일 간 쟁점이 갈등 양상을 보이는 가운데, 일본 자민당은 대북송금금지가 포함된 대북경제재재 조치('06.11.15)를 승인하기도 하였다.

미국과 일본의 입장과 마찬가지로 국제기구의 대북지원 역시 매우 지지부진하게 나타났다. 유엔인도지원조정국(UNOCHA)이 국제사회에 제시한 대북통합지원호소(Consolidated Inter‐Agency Appeal) 금액은 노무현 정부 출범 첫해인 2003년에는 이전과 비교할 때 현격히 저하되는 것을 알 수 있다. 이러한 감소추세는 2004년에도 지속되다가, 급기야 2004년 8월 북한이 유엔인도지원조정국을 통한 통합지원호소를 더 이상 수용하지 않겠다는 입장을 천명하고 통합지원호소를 마련하는 데 필요한 협력에 응하지 않음에 따라 2005년 통합지원호소는 이루어지지 못하였다. 아울러 2005년 9월 북한 당국이 대북지원을 긴급구호가 아닌 개발 지원으로 전환해 줄 것과 WFP를 비롯한 평양주재 유엔기구와 국제NGO 요원들에게 사업종료와 철수를 요구함으로써, 더 이상 통합지원호소가 이루어지지 않았다.

한편, 이러한 국제사회의 지원 축소 및 대북 강경정책과는 궤를 달리하여, 한국 정부의 대북지원은 지속적으로 이루어지면서 노무현 정부 시기 국제사회와 한국

---

212) 마사오 오코노기, "고이즈미 총리의 두 차례 평양 방문: 김정일 위원장과 같은 배에 탈 것인가", 『6·15 남북공동선언 4년 회고와 전망』(서울: 연세대학교 김대중도서관, 2005), p.150.

정부 사이에 마찰이 발생하였고, 북한은 한국 정부와 국제사회 사이에서 민족공조를 강조하며 비료와 식량과 같은 지원을 획득하는 등 자신들의 실리를 도모하였다고 볼 수 있다. 대북지원에 있어서 우리 정부와 국내 민간단체들의 비중이 증가하면서, 2006년에는 대북지원을 둘러싼 국제사회와 한국사회 간의 갈등이 가시화되기 시작하였다. 특히 북한의 인권문제에 대한 관심이 제고되면서 미 북한인권위원회, 국제사면위원회, 휴먼라이트 워치 등 인권단체들이 북한주민의 식량에 대한 접근권리에 관한 구체적 실태들을 분석하고자 하였다. 이러한 과정에서 북한에 대한 한국사회 및 중국의 대규모 지원이 북한으로 하여금 현장접근 허용 및 분배투명성 보장 등 국제사회의 인도주의원칙을 무시하게 하는 주요한 원인이 되고 있다는 비판이 제기되었다.213)

2. 남북관계 차원

가. 남북관계 진전을 위한 수단으로서 대북지원

노무현 정부는 북핵문제 해결과 남북관계 병행 발전 전략을 견지하였는데, 이는 남북관계와 6자회담이 별개로 이루어지는 것이 아니라 서로 맞물려 있는 두 개의 톱니바퀴처럼 상호 동력을 제공하는 선순환을 이루며 보완적 관계로 기능하는 것을 의미하였다. 즉, 북핵문제 해결을 위한 6자회담이 난항을 거듭하면서 지지부진하게 흘러갈 때에 정부는 남북 간 대화가 일정 정도의 역할을 할 수 있다는 의지를 갖고 남북관계의 발전이 6자회담의 실질적 성과로 이어지기를 기대했다.

또한 정부는 핵문제 해결과 대북지원을 연계하는 이른바 '핵－지원연계전략'을

---

213) 통일연구원, 『통일환경 및 남북한 관계 전망: 2006－2007』(서울: 통일연구원, 2006), p.114.

추진함으로써,[214] 대북지원을 핵문제 해결을 위한 지렛대로 활용하고자 하였다.[215] 정부 당국자들은 파격적인 경제지원을 하면 북이 6자회담에 복귀하여 핵과 미사일을 폐기할 것으로 인식하였던 것이다.[216]

그런데 문제는 정부가 대북지원을 통해 핵문제 해결을 도모하고자 함으로써 대북지원의 기대치가 너무 높게 책정되었다는 것이며, 이로 인해 지원의 시기와 적정 범위에 대해 일정한 원칙 없이 무리한 정책추진을 강행하였다는 점이다. 아울러 정부는 정상회담, 장관급회담, 군사회담, 남북경제협력추진위원회, 각종 실무 접촉 등 당국 간 대화를 지속적으로 추진하기 위한 하나의 수단으로 대규모 지원(식량차관, 무상비료)을 실시하게 되었다. 이로 인해 정부 차원의 직접지원은 사전에 미리 설정된 규모로 이루어지지 않고, 남북관계 진전 상황에 따라 긴급하게 이루어질 수밖에 없는 문제점을 낳게 되었다.[217]

대북정책 추진 기조에 따라 정부는 북한의 안보적 위협이 발생할 때에도 남북 간 대화의 채널을 단절시키지 않기 위해, 지속적인 대북지원을 실시하며 남북관계를 관리해 나가고자 하였다. 즉, 노무현 정부 시기 북한의 핵무기 보유선언과 미사

---

214) 김대중 정부 시기 외교안보 분야 고위직을 지낸 한 인사는, 노무현 정부가 정책추진의 우를 범한 것은 바로 핵연계전략적 사고를 갖고 대북정책을 추진한 것이라고 지적하였다. 즉, 정부가 '북핵문제는 미·북 적대관계의 산물로 북미관계가 개선되지 않으면 절대 해결할 수 없는 핵문제의 본질'을 제대로 파악하지 못했다는 것이다. 결국 한국 정부가 해결할 수 없는 사안에 대해 역량을 초과하여 무리한 정책을 추진함으로 인해 정책추진의 한계를 보였다고 지적하고 있다. 임00(김대중 정부 고위정책결정자) 2007년 3월 26일, 서울에서 인터뷰,
215) 대북식량지원과 관련한 정부의 공식자료 ①항은, "대북식량지원은 남북 간 대화와 협력을 이어지게 함으로써 북핵문제로 인한 대내외 위기감 확산의 방지와 한반도 상황의 안정적 관리에 기여한다"고 명기되어 있다. 통일부, 『대북 쌀제공 관련 해설자료』(2003.5).
216) 민경우, 『민족주의 그리고 우리들의 대한민국』(서울: 시대의 창, 2007), p.213.
217) 이교덕 외, 『남북간 사회문화 협력 거버넌스 활성화 방안』(서울: 통일연구원, 2007), p.156.

일 발사, 핵실험 등 한반도 및 동북아 전체의 안보를 위협할 수 있는 심각한 안보적 도발이 발생하였을 때에도 정부는 남북 간 대화의 끈을 놓지 않으려 하였고, 남북관계의 파경을 방지하고자 대규모 대북지원을 지속적으로 추진하였다. 정부의 대북지원에 대한 이와 같은 인식은 통일부 고위 관계자의 인터뷰에서 좀 더 명확히 확인할 수 있다.[218]

> 남북대화가 단절되고 미국의 대북강경책이 더욱 심화될 것이라 인식한 정부로서는 남북대화 복원을 위해 지원을 레버리지로 활용할 수밖에 없었다. 단절된 남북대화 재개의 전제조건으로 지원을 내걸었고, 이를 적절한 협상카드로 사용하고자 하였다. 어쨌든 정부로서는 남북관계 단절에 대한 강박관념을 갖고 있었고, 남북대화 재개에 안달하는 모습을 보이기도 하였다. 이러한 부분이 바로 북한의 불변을 주장하는 보수단체로부터 압박을 받는 원인이 되었다고 본다.

나. 남북관계의 순환적 패턴: 대북지원을 조건으로 한 대화 재개

노무현 정부 시기 남북관계는 표면적으로는 갈등과 협력의 양극단을 오가는 모습을 보였으나, 그 이면에는 대북지원을 통해서라도 남북관계의 안정을 유지하겠다는 정부의 대북정책 기조가 반영되어 있었다. 이러한 특성을 고려하여 조금 거칠게 노무현 정부 시기 남북관계를 도식화하면 "북한의 안보위협⇒남북관계 단절⇒대북지원을 조건으로 한 협상⇒남북대화 재개⇒대북지원"이라는 순환이 반복적으로 나타났다고 볼 수 있다. 이하에서는 이러한 순환적 남북관계 특징을 자세히 살펴보기로 한다.

먼저 노무현 정부 시기 남북관계 상황을 연도별로 구분해 볼 때, 2003년부터 2004년 7월 이전까지는 개성공단 착공, 철도·도로 연결, 이산가족 상봉, 남북 교역 증가 등 남북관계 발전을 위한 실질적 성과를 이루어냈다. 또한 2004년 4월 말 북한의 용천재해를 계기로 지원이 확산되면서 남북관계는 순탄한 길을 걸었고, 무엇보

---

218) 이○○(전 통일부 고위관계자), 2007년 9월 30일, 서울에서 인터뷰.

다 2004년 6월 제2차 남북장성급군사회담에서 서해상 무력충돌 방지 방안에 합의하는 등 군사적 신뢰구축의 토대를 마련하는 성과를 거두면서 남북관계는 매우 안정적이며 발전적으로 진행되었다. 당시 이러한 남북관계의 화해·협력 분위기에 대해 재일조선인총연합(총련)의 기관지 <조선신보>는 "북남 관계가 좋게 발전하고 통일 분위기가 여느 때 없이 고조"되고 있다고 평가하기도 하였다. 2004년 6월 15일에 개최된 6·15 4주년 기념 국제토론회에 참가한 원동연(북한 조선아시아태평양평화위원회 통일문제연구소 부소장)은 당시 남북관계를 이렇게 정리하고 있다.[219]

> 6·15 이후 외세의 극심한 방해 속에서도 북남관계가 4년째 계속 줄기차게 전진하고 있습니다. 또한 그 령역도 정치·경제·문화·체육·군사 등 여러 분야로 확대되고 있습니다. 북남관계 역사에 지금처럼 대화와 협력사업이 활발하게 진행 되어 보기는 처음이라고 할 수 있습니다.

그러나 2004년 7월 이후에는 이러한 분위기가 급반전되는데, 이는 바로 김일성 주석 조문 파문, 한국 해군의 북방한계선(NLL) 경고사격, 탈북자 450여 명 대량 입국, 미국의 북한인권법 통과를 명분으로 북한의 남북대화 거부 등으로 남북관계가 다시 답보상태에 이르게 되었기 때문이다.[220] 이러한 여러 가지 악재들로 인해 남북 간 대화는 중단되었고, 남북관계는 소원한 상태가 지속되었다. 그러다 2005년 2월 북한이 핵무기 보유선언을 함으로써 정부가 의지를 갖고 추진했던 대북지원정책의 실효성에 대한 의문이 국내외적으로 제기되었다.

---

219) 원동연, "력사적인 북남수뇌상봉과 6·15 북남공동선언은 조국통일의 전환적 국면을 열어놓은 일대 사변", 『6·15 남북공동선언 4년 회고와 전망』(서울: 연세대학교 김대중도서관·통일연구원, 2005), p.51.

220) 당시 이봉조 통일부차관은 한 언론과의 인터뷰에서 남북관계 정체 원인을 "김일성 주석 10주기 조문 문제, 탈북자 대거 입국 등 상황적 요인과 북한 내부의 체제 정비, 북핵 해결 지연으로 새로운 경제협력 사업을 추진할 수 있는 동력이 약화된 구조적 요인, 11월 미국 대통령 선거와 같은 국제적 요인 등이 맞물려 나타났기 때문"이라고 분석했다. 『한겨레』, 2004년 12월 27일.

앞서 언급한 바와 같이 이러한 북한의 안보위협에 따른 남북관계의 단절을 복원한 것은 역시 남북 당국 간 대화와 이에 대한 결과로 나타난 대북지원의 전면적 재개였다. 즉, 2005년 5월에 개최된 남북차관급회담에서 양측은 장관급회담 개최를 통해 남북관계를 복원하기로 하였으며, 한국은 북한에 대해 20만 톤의 봄철비료를 제공하기로 합의하였다.221) 아울러 당시 정동영 통일부장관이 대북송전계획인 중대 제안을 북한에 제시하였는데 이는 곧 대북지원이 남북관계를 유지시키는 모멘텀으로 작용하고 있음을 확인할 수 있다.

이러한 남북관계의 순환적 패턴은 이후 2006년 7월 미사일 발사와 이후에 나타나는 일련의 상황에서 다시 한번 확인할 수 있다. 한국 정부의 대북지원이 재개되고, 통일부장관이 제안한 대북송전계획 등 논의가 진행되면서 일면 안정적으로 유지되던 남북관계는 2006년 7월 북한의 갑작스러운 미사일 발사로 인한 군사적 위협이 대두되면서 다시 경색되기에 이른다. 앞서 국제적 차원에서 살펴보았듯, 북한의 미사일 발사에 대해 국제사회의 대북인식이 악화되고 급기야 UN을 통한 제재가 확산되면서, 남북관계 역시 사실상 중단된 채 돌파구를 마련하지 못하였다. 이러한 상황에서 2005년에 북한에 비료지원이 매개가 됐다면 이번에는 그동안 전면 보류했던 쌀 차관과 비료지원이 결국 남북관계를 연결하는 촉매 역할을 하였다고 볼 수 있다. 이는 2007년 3월 제20차 남북장관급회담을 앞두고 한국 정부가 대북지원을 서둘러 재개한 사실에서 확인할 수 있다. 이 당시 한국 정부는 북한에 대해 2007년 상반기에 지원할 30만 톤의 1차분으로 복합비료 6,500톤을 지원하였고, 모포 6만 장을 비롯한 수해복구 물자 지원도 재개하였다. 한국 정부의 이러한 대북지원 재개는 결국 경색된 남북관계를 풀기 위한 하나의 수단으로 사용된 것으로 볼 수 있는데, 이와 같은 남북관계의 순환적 현상에 대해 당시 한 국내 일간지의 기사제목이 "남북교류 이번엔 해빙…동결… '도돌이표' 끊나"222)로 표현된 것에서도 확인해 볼 수 있다.

---

221) "비료 20만t 주고 얻은 장관급 회담……'북핵' 빠진 반쪽 성과", 『국민일보』, 2005년 5월 20일.

한편, 노무현 정부 시기 통일부가 발간한 자료에 따르면 노무현 정부 들어 회담 개최가 정례화되고 회담 의제에 있어서도 정치, 경제 등 분야가 전문화·다양화되어 남북회담이 주요 현안문제를 실질적으로 협의·해결하는 장으로서 자리매김하였다. 노무현 정부 4년간 총 113회의 남북회담 개최, 74건 합의문을 채택하였는데, 이는 김대중 정부에 비해 회담개최 횟수가 28% 증가하였다.[223]

그런데 정부에서 주장하듯 남북회담 개최 횟수의 증가가 곧바로 남북관계의 안정을 담보하지는 않으며, 회담이 많이 개최되었다고 해서 이를 반드시 성과로 보기는 어렵다고 볼 수 있다. 즉, 회담 개최의 양이 관건이 아니라 그 회담에서 무엇이 어떻게 논의되었는가가 더욱 중요하리라 본다. 따라서 한국 정부가 경색된 남북관계를 해결하기 위한 수단으로 대북지원을 확대하였다는 점을 감안하면, 노무현 정부 시기 남북 간 회담의 빈도가 늘어났다는 것은 그만큼 대북지원 규모가 확대되었다는 것을 의미하며, 이는 더 나아가 정부가 대북지원정책을 무리하게 강행한 반증으로도 볼 수 있는 것이다.

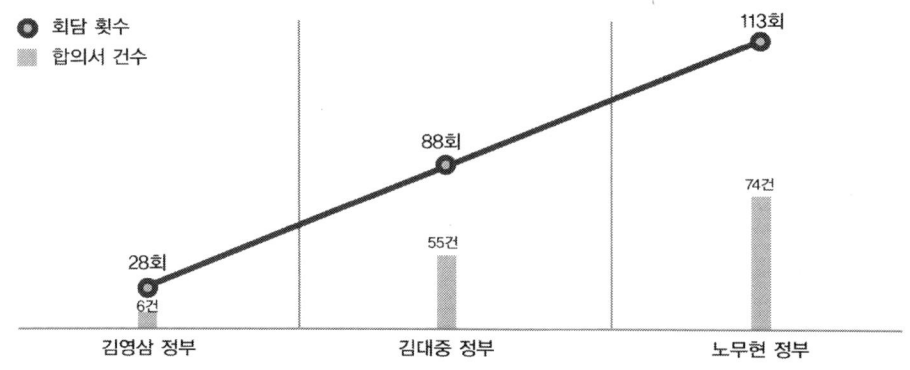

〈그림 4-3〉 노무현 정부 시기 남북회담 개최 및 합의서 현황

222) 『한겨레』, 2007년 3월 30일.
223) 통일부, 『평화를 향한 질주 4년: 참여정부 4년 대북정책 성과』(통일부, 2007), p.7.

3. 국내적 차원

가. 북핵문제 해결과 대북지원 연계

노무현 정부는 출범 당시 정치권과 국민들로부터 이전 정부가 행한 대북비밀자금송금 문제를 투명하고 명확하게 직접 밝혀내라는 강한 압력을 받았다. 이 시기는 국내적으로 대북정책과 한미관계 등을 둘러싼 보·혁 간 이념적 충돌로 인해 그 어느 때보다 남남갈등이 사회적 문제로 급부상하였다. 노무현 정부로서는 눈앞에 직면한 당면과제로서 북핵문제의 해결이라는 큰 산을 넘어야 함과 동시에, 남북관계의 안정적 발전과 국내적으로 국민적 대통합을 이루어 내야 하는 등 이른바 국제적·남북관계·국내적 차원 모두에서 복잡한 환경에 놓여 있었다고 볼 수 있다.

이러한 배경하에서 노무현 정부는 한반도의 평화를 정착시키고 남북공동번영을 추구함으로써, 평화통일의 기반조성과 동북아 경제 중심국가로의 발전 토대를 마련하는 전략적 구상으로서 '평화번영정책(Policy of Peace & Prosperity)'을 제시하였다. 평화번영정책은 이전 김대중 정부의 대북화해협력정책을 승계한 것으로서 특히 남북기본합의서(1992)와 6·15 남북공동선언(2000)의 정신을 계승하여 평화공존과 화해협력의 남북관계를 정착시키는 것을 우선적 목표로 하였다. 나아가 남북협력의 심화·확대를 통한 공동번영과 경제공동체 형성을 추구하고 교류협력의 성과가 군사적 신뢰구축과 긴장완화로 이어지는 것을 목표로 한다는 점에서, 기존의 화해협력 정책을 계승하면서 그 성과를 바탕으로 이를 더욱 발전시킨 것이라고 할 수 있다.[224]

---

224) 국가안전보장회의(NSC), 『평화번영과 국가안보』(국가안전보장회의 사무처, 2004), p.24.

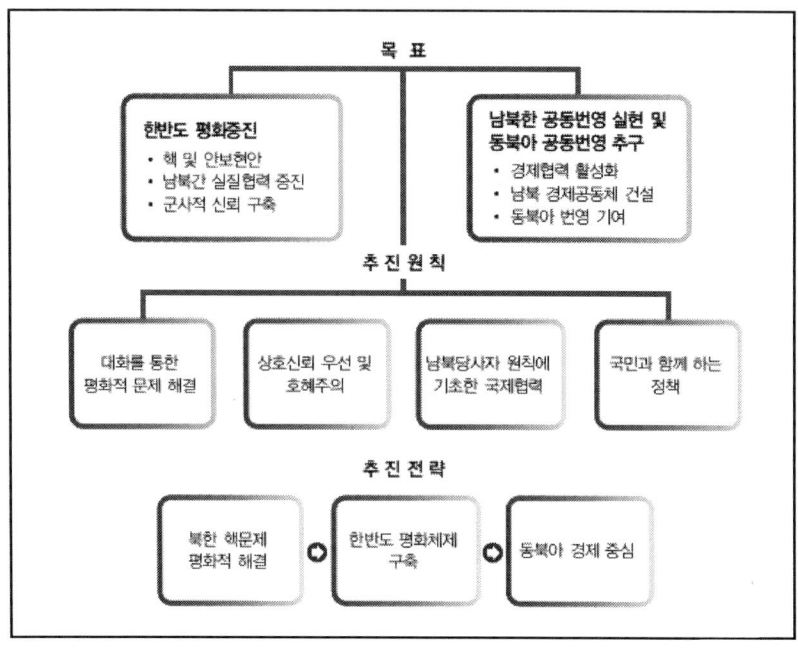

출처: 통일부, 『통일백서 2005』(통일부, 2005), p.24.

〈표 4 - 4〉 노무현 정부의 평화번영정책 구도

　평화번영정책의 특징은 평화와 번영을 분리하거나 순차적으로 추진하지 않고 두 가지를 병행하는 것이었다. 한반도 평화정착을 위해서는 경제·사회 분야의 교류협력이 확대되어야 하며, 이를 통해 평화정착의 바탕이 조성될 수 있다고 보았다.225) 이러한 전략적 기조는 북핵문제 해결과 남북관계 개선을 연계하여 추진하는 이른바 대북지원과 핵연계전략으로 구체화되었고, 이는 곧 남북관계의 연결고리로서 기능하는 대북지원이 인도주의 차원의 성격을 넘어서서, 북핵문제와 연계되어 추진되는 구조를 낳게 되었다.

　노무현 대통령 역시 출범 첫해에 개최된 한미정상회담('03.5.15)에서 "향후 남북

---

225) 박종철 외, 『평화번영정책의 이론적 기초와 과제』(서울: 통일연구원, 2003), pp.29 - 30.

교류와 협력을 북한 핵문제의 전개상황을 보아가며 추진해 나갈 것이라는 입장을 표명" 하면서, 북핵문제 해결과 대북지원을 연계할 것을 시사하였다. 실제로 노무현 대통령의 이와 같은 발언이 있은 직후 개최된 제5차 남북경제협력추진위원회 1차 전체회의에 앞서 남측 수석대표인 김광림 재경부 차관은 "남북 경협을 원활히 추진하기 위해서는 북한 핵문제가 악화되지 않아야 한다는 것이 전제조건"이라고 말하며, 대북지원이 핵문제와 연계되어 추진되고 있음을 명확히 하였다.226)

나. 대북지원 찬반에 대한 보·혁 간 갈등 극대화

노무현 정부 시기 이전 김대중 정부 때와 마찬가지로 북한의 안보위협이 지속적으로 발생하면서, 이에 대한 대응책을 놓고 진보와 보수단체가 서로 엇갈리는 입장을 표명함으로써 이념적 대립이 더욱 첨예하게 나타났다. 이전 정부 시기 때 발생하였던 잠수함 침투나 무장간첩 침투와 같은 국지전 성격의 안보위협과는 달리, 북한의 미사일 발사나 핵실험 등 한반도 전역은 물론 동북아의 평화와 안보에 심각한 위협을 가할 수 있는 군사적 현안이 발생하면서 대북인식을 둘러싼 남남갈등은 최고조에 달하게 되었다.

다음의 <표 4-5>에서 보는 바와 같이 2006년 10월 9일 북한이 핵실험을 단행했다는 소식이 전해지자, 국내 보수와 진보단체는 각각 대규모 규탄대회와 집회를 열고 성명서를 발표하였다. 이들은 같은 날 같은 장소에서 각각 다른 집회를 개최함으로써 북한의 핵실험이라는 동일한 사안에 대해 이념적 성향에 따라 각기 다른 입장을 표명하면서 대립하였다. 두 세력 간 이념적 대립과 충돌은 결국 남남갈등이라는 심각한 사회적 문제로 표출되었는데, 정부는 이러한 갈등을 조정하고 국민적 대통합을 이룰 수 있는 정책적 역량을 보유하고 있지 못하였다고 평가할 수 있다.

---

226) "北 투명성 보장해야 쌀지원/경협-核문제 연계원칙도 통보", 『문화일보』, 2003년 5월 20일.

분단국가라는 특수한 상황 아래 안보문제가 매우 민감한 이슈로 부각될 수밖에 없는 구조에서 북한의 핵실험은 그야말로 결코 좌시할 수 없는 규탄의 대상이 되었다. 특히 그동안 노무현 정부의 성격을 친북좌파로 규정하였던 보수단체들은 북한의 도발적 행위를 자행하게 만든 책임이 바로 김대중 정부의 대북포용정책에서부터 기인하여 노무현 정부에 이르기까지 추진된 대북정책의 총체적 실패로 규정하고 정권퇴진운동까지 전개해 나가며 강도 높은 비난과 행동으로 정부를 압박하였다. 이에 따라 대국민 여론의 압박을 견디지 못하고 관련부처 주무장관인 당시 이종석 통일부장관이 북한의 핵실험사태를 막지 못한 책임을 통감하고 사임하는 데까지 이르게 되었다.

〈표 4-5〉 북한의 핵실험 직후 국내 보수-진보단체의 주요 주장[227]

	보수단체	진보단체
단체명	· 반핵반김국민협의회 · 나라사랑어머니연합 · 국민행동본부 · 라이트코리아 · 북핵반대 · 한미연합사령부해체반대 　1000만 명 서명운동본부 · 자유주의연대 · 북한민주화네트워크 · 실향민중앙협의회 · 뉴라이트전국연합 · 선진화국민회의 · 재향군인회 · 한국기독교총연합회 외	· 통일연대 · 남북공동선언실천연대 · 참여연대 · 미군기지확장반대 팽성대책위 · 민족민주열사 희생자 추모(기념)단체 　연석회의 · 민가협 · 반미청년회 · 범민련남측본부 · 천주교정의구현전국연합 · 평화바람 · 평화와 통일을 여는 사람들 외

---

227) 본 자료는 2006년 10월 9일 북한의 핵실험 이후 각 단체가 10월 9일부터 12일까지 언론을 통해 발표한 성명서 및 대규모 규탄대회와 집회 시 사용되었던 피켓의 내용을 정리한 것임.

	보수단체	진보단체
주요 주장	− 핵무기실험 김정일 응징 − 북핵무기 실험 자금줄인 대북지원 을 중단하고 선군독재정치의 막을 내리게 해야 한다. − 민족 공멸을 몰고 올 핵 반역자 3 인방인 김정일·김대중·노무현을 단죄하자 − 퍼주기 햇볕정책을 당장 폐기하고, 금강산 관광과 개성공단 경협사업 도 곧바로 중단하라 − 북한의 핵실험 강행이 한반도와 세 계의 평화를 위협하는 도발이라며 대북지원 전면 중단 등을 촉구 − 북한에 대한 포용정책의 실패가 확인 된 이상 정부와 국회와 시민사회는 대북정책을 전면 수정하되, 우방과의 동맹을 회복하여 김정일 정권에 대해 명확하고 단호한 조치를 취해야 한다.	− 핵무기실험은 미국의 전쟁 위협에 대한 북한의 응당한 군사적 준비 − 우리민족끼리 평화를 지키기 위해 반미반전 투쟁에 나서자 − 정부의 인도적 차원의 대북지원 등 은 계속될 필요가 있다 − 북한의 핵실험과 관련, "대북제재 반 대, 대화를 통한 평화적 해결, 한미동 맹의 침략적 재편기도 중단 촉구

다. 북한의 안보위협에 따른 국민의 대북인식 악화

 노무현 정부 시기 국내적 차원의 환경요인 중 국민의 대북인식은 2006년 7월 북한의 미사일 발사 시점을 전후하여 뚜렷한 차이를 보이고 있음을 알 수 있다.

 아래 <표 4−6>에서 보는 바와 같이 2005년과 2006년에 대북인식과 관련한 두 개의 조사에서, 북한에 대한 국민들의 일반적인 인식과 관련하여 "귀하는 북한이 우리에게 어떤 대상이라고 생각하십니까"라는 질문에 대해 통일연구원에서 조사한 자료에 따르면 북한을 협력대상으로 인식한 응답자가 전체의 41.8%로 가장 많았으며 그 다음은 지원대상으로 23.1%를 차지하였다. 따라서 전체 응답자의 2/3 정도 (64.9%)는 북한을 협력 또는 지원대상이라고 여기는 등 긍정적인 인식을 보였다.

아울러 성균관대 리서치센터에서 조사한 동일한 질문에 대한 응답 역시 전자와 비슷한 결과를 보여주고 있음을 알 수 있다.

<표 4-6> 북한은 우리에게 어떤 대상인가에 대한 응답

(단위: %)

	통일연구원(2005)	성균관대 리서치 센터(2006)
협력대상	41.8	42.8
지원대상	23.1	16.4
경계대상	20.9	26.7
적대대상	10.2	9.1
경쟁대상	4	-

출처: 박종철 외, 『2005년도 통일문제 국민여론조사』(서울: 통일연구원, 2005), 김병로·강동완, "북한통일 관련 세대·계층·지역별 의식", 『3차 한국종합사회조사 심포지움』(서울: 성균관대 리서치센터, 2006).

하지만 대북인식과 관련한 이러한 긍정적 평가 및 대북지원정책의 확대에 대한 분위기는 2006년 7월 이후 북한의 안보위협이 가중되는 것을 기점으로 매우 부정적인 대북인식으로 급선회하게 된다. 즉, 2006년 7월 북한의 미사일 발사와, 10월의 북한 핵실험 여파가 그대로 국민의식에 반영되어, 2006년 12월 여론조사 결과를 보면 조건부 지원이 현격히 증가하며 아울러 전면중단이라는 강경한 입장도 동반 상승하는 것을 볼 수 있다. 다시 말해, 노무현 정부가 출범하기 이전인 2002년부터 2006년까지 전체적인 흐름을 비교할 때, 다음의 <표 4-7>에서 보는 바와 같이, 지원확대에 대한 의견은 지속적으로 감소하는 반면, 조건부 지원은 증가하고 있는 것을 알 수 있다. 여기에서 조건부지원은 인도적 차원에 한정하자는 의견으로 북한의 태도변화에 따른 상호주의원칙에 입각하여 투명성이 보장되는 지원을 의미한다. 바로 이와 같은 조건부 지원에 대한 의견이 확대되었다는 것은 국민들의 대북지원에 대한 인식이 퍼주기 논의와 같은 정부의 일방적 지원방식에 거부감을 드러낸 것으로 분석할 수 있다. 이러한 대북지원 국민의식 변화추세는 노무현 정부 전 시기를 놓고 볼 때 대북지원 축소에 대한 견해가 4년 만에 22.5% 포인트 증가한 것이다. 또한 '대북지원을 더욱 확대해야 한다'는 의견은 2002년 16.6%에서 5.8%로 크게 줄었음을 알 수 있다.

〈표 4-7〉 대북지원 이슈에 대한 입장 변화 추이

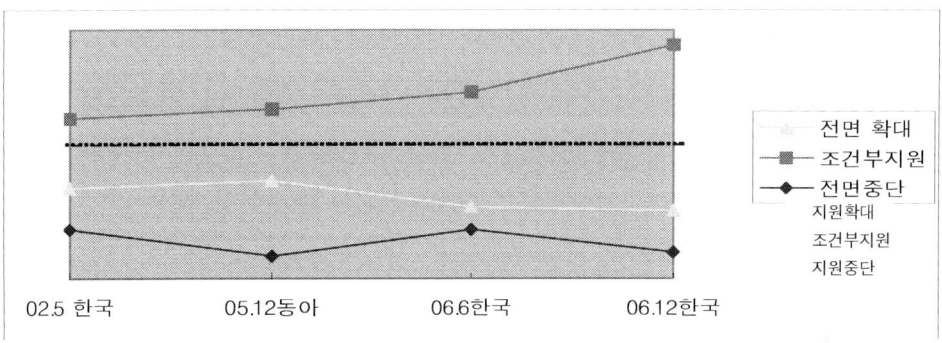

	지원중단	조건부지원	지원확대
02.5 한국	15.5%	44.1%	16.6%
05.12 동아	7.2%	47.4%	18.4%
06.6 한국	25.6%	59.4%	13.4%
06.12 한국	8.5%	66.6%	5.8%

이상의 논의를 종합적으로 고려할 때, 노무현 정부 시기 대북지원정책을 둘러싼 국내적 차원의 환경요인은 대북지원을 지속적으로 추진하려 했던 정부의 입장과, 북한의 안보위협 대두에 따라 일방적 지원이 아닌 조건부 지원으로 정책전환을 요구했던 국민들의 의사가 상호 괴리되면서 정책추진을 둘러싼 공방이 한층 가열된 시기라 할 수 있다. 이는 곧 정부가 국민적 요구를 정책에 제대로 반영하지 못하고, 행위자 간 갈등관계를 적절히 조정하지 못한 결과에서 비롯된 것이라 볼 수 있다. 특히 북한의 미사일 발사 이후 인도적 지원을 중단한 것은 정부가 대북지원의 분명한 원칙이나 일관성을 준용하지 못하고, 여론에 밀려 정책을 표류하게 만든 대표적인 사례로 지적할 수 있다.

제3절 대북지원정책네트워크

1. 행위자

가. 행위자의 수와 유형

참여정부 시기 대북지원정책네트워크 행위자와 관련하여 가장 먼저 주목할 점은 이전 김대중 정부와 마찬가지로 노무현 정부 시기에도 여전히 최고지도자의 정책 추진 의지는 대북지원정책네트워크의 주요한 행위자 역할로 기능하였다는 점이다. 대통령의 역할과 관련하여 노무현 정부 시기만큼 대통령이 개별사안에 대해 직접적으로 정책적 발언을 쏟아 낸 시기도 드물다고 볼 수 있다. 대통령의 위상이 절대적인 대통령제 중심 국가에서 대통령의 말 한마디가 그대로 정책에 반영될 수 있다는 점을 고려할 때, 최고지도자의 신중하지 못한 발언이 사회적 논쟁으로 확산되기도 하였다. 즉, 대통령의 언행은 매우 사려 깊고 사전에 충분한 논의를 거쳐 이루어져야 함에도 불구하고 노무현 대통령 개인의 지나친 독단에 기인한 돌발적인 언변은 정책적 혼란을 야기하기도 하였던 것이다.

대통령의 의중은 곧 정책으로 연결될 수 있다는 점에서 대통령의 대북지원 관련 발언을 살펴보는 것은 그만큼 중요하다고 할 수 있다. 노무현 대통령 재임 시기에 나타난 대북지원 확대에 대한 입장은 이미 취임 이전 대선후보 토론회 때나 대통령 당선자 시기에 행한 주요 발언에 비추어 보면 예견된 것이었다. 그는 대선 당시 후보 토론회에서 "남한이 현금지원을 중단한다고 해서 북한이 핵을 포기하겠는가, 북미관계 때문에 지원을 중단하면 오히려 남북관계가 경색되고 대화통로도 막힌다"며 대북지원론을 펼친 바 있다.228) 아울러 정부 공식출범 이전 대통령 당선자로서 한국노총과의 간담회에서도 대북지원에 대한 강한 의지를 피력하기도 하였다. 즉, "더 퍼주더라도 투자를 해야 한다. 다 죽는 것보다는 어려운 게 낫다. 한국 경제에 어려운 일이 있더라도 굳은 결심을 해야 한다"고 언급하기도 하였다. 이는 미국의 견제에도 불구하고 대북지원을 계속하겠다는 의사를 분명히 한 것으로 볼 수 있는 대목이다.[229]

이와 같이 대통령 경선 때나 당선자 시기 이미 대북지원 확대에 대해 분명한 입장을 표명한 대통령은 실제로 재임 기간 중 대북지원과 관련한 발언을 쏟아내며 대북지원정책결정 과정에 주요한 영향을 미쳤다고 할 수 있다(다음의 표 4-8 참조).

〈표 4-8〉 대북지원과 관련한 노무현 대통령의 주요 발언

일시	주요 내용
'03.5.19 (수석·보좌관 회의)	- 인도적 지원사업은 다른 남북문제에 영향받거나 분위기를 타지 않고 추진해 나갔으면 좋겠다.
'04.6.14 (6·15 4주년기념 학술회의)	- 북한이 핵 계획을 포기할 경우 북한 경제를 획기적으로 개선시킬 수 있도록 적극 노력하겠다.
'04.9.22 (러시아 방문 시)	- 북한 핵문제가 해결되면 북한을 지원하기 위한 포괄적이고 구체적인 방안을 이미 마련해 놓고 있다.
'06.5.9 (몽골 방문 시)	- 북한에 많은 양보와 제도적, 물질적 지원을 아끼지 않겠다.
'07.2.15 (이탈리아 방문 시)	- 6자회담에서 북한이 달라는 대로 다 주고 남한이 북한에 대한 지원 비용을 다 부담하더라도 이는 남는 장사다.

대북지원 문제와 관련하여 노무현 대통령의 발언은 때로는 사전에 충분한 논의와 협의 없이 즉흥적으로 제기되기도 하였으며, 무엇보다 정제되지 않은 발언의 수위로 인해 국내적으로 사회적 논쟁을 야기하기도 하였다. 노무현 대통령은 중요한 결정을 내릴 때 많은 사람들의 의견을 듣고 혼자서 결정을 내리는 성향을 보였다. 즉, 노 대통령은 다른 사람의 의견청취만 강조하고 결정에 이르는 합의적 토의나

228) 『세계일보』, 2003년 3월 11일.
229) 『국민일보』, 2003년 2월 14일.

논의, 그리고 어떤 정책의 문제점에 대한 다방면에 걸친 종합적이고 객관적인 분석과 검토과정이 생략되어, 모든 것은 대통령 개인의 직관에 근거한 결정과 추진만이 두드러졌다고 할 수 있다.[230]

결론적으로 볼 때 노무현 정부 시기 대통령은 기본적으로 대북지원 확대를 원칙으로 고수하며, 이를 정책적 차원으로 구현하고자 대북지원정책결정 과정에 매우 큰 영향력을 행사하였다고 볼 수 있다. 문제는 이 과정에서 대통령의 독단적인 의사결정방식으로 인해 충분한 협의와 논의가 이루어지지 못하였으며, 대통령의 발언으로 인해 정책적 혼란이 야기되기도 하였다는 사실이다.

다음으로 정부 부처 가운데 통일부의 역할을 살펴보면, 노무현 정부 출범 당시 내각구성과 관련하여 통일부장관은 유일하게 이전 김대중 정부 시기 정세현 통일부장관이 그대로 유임되었다. 그러다 노무현 정부 출범 이후 2년 5개월 만에 단행된 개각에서 당시 정권의 핵심적 인물로 손꼽히던 정동영 전 열린우리당 의장이 통일부장관으로 임명됨에 따라 통일부의 위상과 역할이 한층 강화되는 전기를 맞게 된다. 당시 정동영 통일부장관 기용에 대해 통일부 부처 내에서는 실세장관에 대한 기대가 적지 않았는데, 이는 외교부, 국방부, 국정원 등과의 협력이 필수적인 부처 현실에서 정 장관이 정치인으로서의 통합·조정능력을 보여준다면 통일부가 대북정책의 확실한 주도권을 가질 수 있다는 것이었다.[231]

아울러 노무현 정부 들어 대통령의 국정운영 권한을 부총리와 책임장관에게 일정부분 대폭 위임함에 따라 당시 이해찬 국무총리가 일상적 국정운영을 총괄하였고, 경제부총리, 교육부총리, 과학기술부총리, 통일부장관, 보건복지부 장관 등 5명이 책임장관으로 지명되어 각 분야별로 업무를 관장하였다. 이러한 분권형 국정운영 시스템에 따라 국무총리가 주재하는 국정현안 정책조정회의가 신설되어 통상적

---

230) 김형준, "국정활동 전반에 대한 평가", 바른사회시민회의 편, 『혼란과 좌절, 그 4년의 기록』(서울: 해남, 2007), p.204.
231) 『내일신문』, 2004년 7월 1일.

국정업무와 부처 간 정책조정협의를 수행하였다. 그러나 통일·외교안보 분야는 통일관계장관회의 의장직을 맡고 있으며 이와 동시에 국가안전보장회의(NSC) 상임위원장을 겸직하고 있는 통일부장관이 실질적으로 총괄하게 되었다.[232]

다음으로 대북지원정책네트워크 행위자 수의 증가와 관련하여 이전 김대중 정부와 비교할 때 노무현 정부 시기 두드러진 행위자 중 하나로 지방자치단체의 역할을 들 수 있다. 물론 강원도와 경기도를 비롯한 일부 지자체의 경우 김대중 정부 시기에도 일정 부분 역할을 하였으나, 지원의 규모와 성과 및 지자체의 참여범위 등을 고려할 때 본격적인 역할이 시작된 시기는 2004년 이후로 보는 것이 타당할 것 같다.

지자체의 대북지원사업은 초기에는 전시성, 이벤트성 행사로 전락되거나 단체장의 치적으로 활용되는 한계를 노정하였다. 그러다가 중앙 정부 차원의 대북교류협력이 북핵문제 등으로 인해 다소 정체되었을 때, 정치적 부담이 적은 지자체들이 북한과 교류의 물꼬를 트는 역할을 수행하기도 하였다. 아울러 지자체의 대북교류협력사업이 활성화되면서 지자체 간 협력과 정보공유 및 중앙정부와의 협조체제를 강화하기 위해 '지자체남북교류협의회'(2006.11.15)를 구성하였다. 이 협의회는 중앙－지방 간, 지자체 간 대북교류정보 공유 및 실질적 협조체계 구축으로 교류사업을 활성화하고, 지자체별 특성을 유지하는 가운데, 사업추진 시 또는 대북실무협의 시 가이드라인 협의 및 공감대 형성을 목적으로 하였다.[233]

한편, 민간부문의 역할부문과 관련하여, 노무현 정부 시기 정책네트워크에 참여하는 행위자와 관련하여 두드러진 특징은 대북지원NGO의 위상과 역할 증대라 할 수 있다. 대북지원NGO는 지원의 현장 활동과 더불어, 정책결정 과정 전반에 직접 참여하여 주요한 행위자로 기능하였다. 이와 같은 역할 증대로 인해 정부의 공식적

---

232) 김국신 외, 『남북한 통합을 위한 바람직한 통일정책 거버넌스 구축방안』, p.62.
233) 김학성, "남북 지방자치단체간 교류협력의 효율적 추진방안", 『대북정책에 관한 국민합의기반 확충 및 각급단체 협력방안』(통일문제연구협의회·동북아시대위원회 공동학술회의 발표논문집, 2007년 7월 3일), pp.58－59.

정책파트너로서 민관 협력 구도의 기틀을 마련하기도 하였다. 무엇보다 남북관계의 특성으로 인해 당국 간 대화가 단절된 상황에서 대북지원NGO의 활동은 대화 재개를 위한 연결통로로서 중요한 역할을 담당하였다. 또한 대북지원NGO는 남북관계 경색으로 인해 중앙정부의 대북지원이 여의치 않는 상황에서 정치적인 영향을 받지 않고 지속성을 견지하였다. 이는 오랜 기간 현장 활동을 통해 북한 측으로부터 신뢰를 제고한 것에서 비롯된 것이라 볼 수 있다.[234]

특히 국내 대북지원NGO들의 축적된 지원역량은 지난 2004년 4월 용천재해 지원 과정에서 발휘되었다. 이 당시 대북지원NGO는 개별 단체 차원의 활동을 넘어 북민협을 중심으로 '용천동포돕기운동본부'를 결성하여 체계적으로 북한의 재난상황에 대응하였다. 이 과정에서 과거 대북지원NGO들의 단순한 협의체에 그쳤던 북민협이 리더십을 확보하게 되었으며, 이를 통해 중복지원을 피하고 지원의 효율성을 극대화함으로써 역량을 합쳐 효율적으로 재해지원에 대응한 선례를 마련하였다.[235]

다음으로 언론의 경우 이전 김대중 정부 시기부터 갈등을 빚어온 정부와 언론 간 갈등은 노무현 정부에 이르러 더욱 갈등의 골이 깊어지면서 언론은 더더욱 국민적 여론 형성을 통해 정책적 영향력을 행사하려 하였다. 대북·통일 정책에 대한 특정한 논조와 주장은 곧 특정 정당의 입장과 정책 수립에 그대로 반영되고, 정당의 대외성명이나 대정부 비판은 또다시 언론에 반영되어 사회적 반향을 불러일으켰다. 언론의 논조, 입장, 주장이 특정한 정당과 정치사회적 세력의 입장과 주장으로 반영되는 피드백 구조를 보여준다는 점에서 언론의 효용성은 컸다고 볼 수 있다.[236]

그런데 문제는 노무현 정부 시기 정부의 언론관이 너무 편향적으로 일색되어 정부와 언론 간 관계가 정책결정 과정의 정상적 행위자로 기능하지 못할 만큼 대립각을 세웠다는 데 있다. 기본적으로 노무현 대통령을 포함한 노무현 정부의 언론관은 남

234) 박재창, 『지구시민사회와 한국 NGO』(서울: 오름: 2006), pp.127 - 128.
235) 최대석, "긴급구호에서 개발 지원으로: 국내 NGO의 지원경험과 향후과제", p.325.
236) 허문영, 『한반도 평화체제 거버넌스 실태조사』, p.360.

북관계 만능주의와 친북반미에 뿌리박고 있으며 보수언론을 철저하게 소외, 적대, 배척, 고사시키고 친북 좌파언론들을 적극 옹호 지원하는 것이었다고 볼 수 있다.[237] 노무현 정부 시기 언론홍보수석을 지낸 조기숙은 주요 일간지가 모두 보수언론이고 이들의 시장점유율이 70－80%로서, 국민들의 눈과 귀에는 보수 언론의 주술만 들릴 수밖에 없으니 무기를 갖지 못한 정부가 경쟁에서 승리하는 것은 불가능하다고 주장하기도 하였다.[238] 이러한 인식은 곧 노무현 정부 시기 정부와 언론과의 관계가 얼마나 극단적인 대립상황에까지 이르게 되었는지를 짐작해 볼 수 있게 한다.

다음으로 시민사회단체의 영향력을 살펴보면, 앞서 대북지원정책을 둘러싼 정부와 언론의 대립각이 남남갈등으로 점철된 것과 같은 맥락에서 시민사회단체의 보·혁 간 갈등 역시 심각한 사회적 문제로 대두되었다. 이 과정에서 보·혁 간 양대 세력은 국민적 여론을 형성하기도 하며, 직접 정책변동을 위한 시민적 참여활동을 통해 정책결정 과정에 영향을 미쳤다.

시민의 신문이 발간하는 『한국민간단체총람 2006』에 따르면 2006년 시민단체의 수가 5,556개, 민간단체의 수가 17,400여 개로 조사되었다. 이는 2003년 총람의 시민단체 3,937개, 민간단체 7,243개와 비교해 볼 때 한국의 시민사회는 양적으로 과히 괄목할 만한 성장세를 이루고 있음을 알 수 있다.[239] 이와 같은 민간부문의 역할 증대의 배경에서 통일·북한 관련 NGO를 포함한 시민사회단체의 영향력은 급속히 확장되었다고 볼 수 있다.

이전 김대중 정부 시기에서 살펴본 바와 같이 시민사회단체 내에서 대북지원을 둘러싼 찬반 논쟁은 하나의 세력집단을 형성할 만큼 주요한 이슈가 되었다. 노무현 정부에 들어서 정부의 대미관계 불균형과 친북적 성향의 정책추진이 확산되면서

---

237) 여영무, 『좌파 대통령의 언론과의 전쟁』(서울: 뉴스앤피플, 2007), p.17.
238) 조기숙, 『마법에 걸린 나라』(서울: 지식공작소, 2007), p.32.
239) 조희연·김정훈, "새로운 도전 속의 한국 사회운동", 『한국시민사회연감 2006』(서울: 시민의 신문사, 2006), p.57.

보·혁 간 갈등은 그 어느 때보다 더욱 심각한 갈등양상으로 치달았다. 보·혁 간 이념 대립이 극단적인 남남갈등으로 표면화되면서 시민사회단체 내에서 대북지원을 둘러싼 공방이 더욱 가열되었고, 이들이 행한 공식적인 대외활동은 대국민 여론형성과 정부정책결정에 심대한 영향을 미쳤다고 볼 수 있다. 노무현 정부 시기 기자회견, 집회, 시국선언, 결의대회 등을 통해 대북지원과 관련한 입장표명 및 정부의 정책변동을 촉구한 몇 가지 사례들을 정리하면 아래 <표 4-9>와 같다.

〈표 4-9〉 노무현 정부 시기 시민사회단체의 대북지원에 대한 입장

	단체명	주요내용
대북지원 지지 및 찬성입장	참여연대, 여성연합, 국제옥수수재단, 전국농민회	- 북한에 대한 쌀 지원은 전제조건 없이 이뤄져야 한다.(03.6.16. 기자회견 시)
	참여연대, 경실련, 녹색연합, 민주사회를 위한 변호사모임, 한국여성단체연합	- 북한 수해 복구 지원과 대북 식량·비료 지원 재개 촉구(06.8.9. 기자회견 시)
	우리겨레하나되기 운동본부	- 북녘 수해복구 지원을 위한 범국민 캠페인 선포식(06.8.9.)
대북지원 저지 및 반대입장	자유민주비상국민회의	- 대북지원을 계속함으로써 김정일(金正日)의 핵무기 개발을 도와주고 있다"고 지적(05.6.8. 기자회견) - 대북지원사업 전면 중단 촉구(06.11.4. 성명서)
	선진화국민회의	- 일방적 퍼주기 정책인 햇볕정책 폐기 요구(06.7.28. 기자회견 시)
대북지원 저지 및 반대입장	뉴라이트전국연합	- 퍼주기식 지원과 무원칙한 교류를 성과로 포장해 온 정부의 내각 총사퇴(06.11.10. 기자회견)
	자유지식인선언, 라이트코리아	- 대북지원 중단 촉구(06.11.11. 비상시국선언)
	반핵반김국민협의회	- 민족공조라는 이름으로 퍼주기식 대북지원을 해온 것이 결과적으로 북한의 군비증강 자금으로 사용됐음이 만천하에 증명됐다며 대북지원 중단촉구(06.7.10. 기자회견)

마지막으로 기업의 역할을 살펴보면, 노무현 정부 전반기에 정부가 3대 경협사업의 일환으로 개성공단사업을 중점적으로 추진하면서 남북경협이 활발히 전개되었고, 이 과정에서 기업의 역할은 더욱 중요한 위치를 점하게 되었다. 기업의 이미지가 강조되고 사회공헌 활동이 기업경쟁력 제고의 필수 요소로 자리 잡으면서, 이윤만 창출하는 기업이 아니라 사회로부터 존경받는 기업이 돼야 진정한 글로벌 경쟁력을 확보할 수 있다는 인식이 확대되었다. 이와 같은 저변확대로 인해 기업의 사회적 활동이 다양한 차원에서 확대되는 가운데, 대북지원 분야에 있어서도 기업의 역할이 점증하였다. 대북지원NGO를 비롯한 민간분야의 대북지원 활동이 급격히 증가하고, 정부와 민간의 협력적 관계가 지속되면서 기업 역시 대북지원 활동에 직접 참여하여 기업 이미지 향상은 물론 남북관계 발전을 이루는 중요한 행위자 중 하나로 역할하게 되었다. 남북관계의 불안정과 군사적 안보위협이 곧바로 기업 활동에 치명적인 손상은 물론 국제적인 대외신인도에도 심각한 영향을 미친다는 점을 감안하여, 기업으로서는 남북관계의 안정으로 인한 이른바 '코리아 리스크'를 최소화하고자 하였다.

나. 행위자: 주도집단

노무현 정부 시기 대북지원정책네트워크 행위자 중 이전 김대중 정부와 비교할 때 상대적으로 그 역할과 지위가 강화된 행위자로는 대북지원NGO를 꼽을 수 있다. 대북지원NGO는 정부와 함께 '민관협'이라는 제도적 협의체를 구성하여 정책결정 과정에 직접 참여하였으며, 나아가 정부와 파트너십을 형성할 만큼 법적, 제도적 차원에서 동등한 지위를 구가하였다.

특히 남북관계의 특성상 개별사안에 대해 정부가 전면에 나설 수 없는 상황을 감안할 때, 대북지원NGO는 정부의 기능을 보완하면서 주도적인 행위자의 역할을 하였다고 볼 수 있다. 대표적인 사례로는 2004년 북한 용천재해 시 나타난 대북지원NGO의 활동을 들 수 있다. 대북지원NGO는 국내외적으로 모금활동을 주도하였을 뿐만 아니라, 실제 집행 과정에서도 적극적인 역할을 담당하였다. 또한 2006년 북한의 수해 발생 시 인도적 차원의 지원이 필요했음에도 불구하고, 정부는 남북관계 경색으로 인해 직접적으로 지원을 수행할 수 없는 상황에 놓여 있었다. 이러한 상황에서 대북지원NGO의 수해지원 활동이 이루어졌고, 이는 곧 남북관계의 물꼬를 트는 계기가 되었다. 즉, 대북지원NGO가 국내 모금활동을 통한 이슈제기 및 대국민 여론을 형성하며 정부에 압력을 가하였고, 이에 정부가 지원의사를 밝힘으로써 국민적 합의를 이루어내는 구도를 마련하게 된 것이다.

그런데 이와 같이 대북지원NGO의 위상이 상대적으로 강화되었다고 하더라도 정부의 역할은 여전히 대북지원정책네트워크에서 주도적 행위자로 기능하였다고 볼 수 있다. 이는 대북지원 자체가 대북정책이라는 큰 틀 내에서 이루어질 수밖에 없는데, 노무현 정부 시기 대북정책은 이전 김대중 정부에서 추진한 대북포용정책의 기조를 이어받아 북한에 대한 교류협력과 지원을 더욱 확대하는 방향으로 전개되었기 때문이다.

다만 김대중 정부 시기 주무부처인 통일부가 정책을 관장하기보다 대통령을 중심으로 한 청와대가 주도적 행위자로 기능하였다면, 노무현 정부에서는 통일부가 신축적인 업무영역 확대를 통해 대북지원정책네트워크의 주도적 행위자 역할을 하였다는 차이점이 있다. 통일부의 위상 강화는 부처의 수장인 장관의 기용과 관련이 있다. 앞서 살펴본 바와 같이 당시 정권의 실세라 일컬어지던 정동영 장관과 이어 노무현의 핵심코드인사라 할 수 있는 이종석 장관이 통일부의 수장을 맡으면서 상대적으로 권한이 집중되었고, 아울러 국가안보의 핵심적 사안을 결정하는 국가안전보장회의(NSC) 의장직을 겸직하면서 법적, 제도적 차원에서 그 주도적 권한이 보장되었다고 볼 수 있다. 결국 노무현 정부 시기 대북지원정책네트워크에 참여한 행위자 가운데 정부와 대북지원NGO가 주도집단으로 기능하였다고 볼 수 있다.

그런데 한 가지 주목할 점은 일반적으로 주도권을 확보하기 위해 행위자 간 갈등이 존재할 수 있는데, 이 두 행위자는 상호 협력적 관계를 형성하며 대북지원정책네트워크를 주도해 나가는 특징을 보였다는 점이다. 이는 일반 공공정책 시 특정 행위자가 주도한 정책결정이 자신들의 이익을 극대화하고 여타 행위자들의 이익에 반하는 것과 달리, 대북지원정책은 정부와 대북지원NGO가 대북지원 활성화에 대한 기본적인 인식을 공유하였기 때문으로 보인다. 즉, 정부의 정책결정이 대북지원NGO에 불이익을 가져다준다든지 혹은 그 반대의 경우 역시 상호 제로섬 게임의 결과가 아니었기 때문이라 할 수 있다.

2. 정책행위자의 상호작용

가. 정부와 대북지원NGO 간 상호작용

노무현 정부 시기 정부와 대북지원NGO는 상호 협력적 관계를 형성하며 대북지원정책네트워크의 주도적 행위자로 기능하였다. 대북지원NGO는 정부의 취약점을 보완할 수 있는 역량을 보유하였고, 정부는 이러한 대북지원NGO의 역량을 정책결정 과정의 협력적 파트너로 인정하였다.

대북지원NGO의 확대된 역량은 정부의 정책추진을 가능하게 하는 대국민 여론을 형성한다는 차원에서 협력적 파트너로 기능하고 있음을 알 수 있다. 사례를 들어 설명하면, 북측 조선적십자사는 2005년 1월 13일 대한적십자사에 비료 50만 톤 지원을 요청하였으나 정부는 당시 경색된 남북관계를 의식하여 당국 간 회담을 통해 지원한다는 입장을 견지하였다. 하지만 당국 간 대화단절로 비료지원이 이루어지지 못하자, 북민협 소속 40개 단체들은 기자회견을 갖고 정부의 대북비료지원을 촉구했다. 이들은 성명을 통해 "비료지원은 북한의 식량 생산과 직결된다는 점에서 주민의 생존과 뗄 수 없는 인도적 차원의 문제"라며 "정부는 최소한 예년 수준인 20만 톤의 비료를 지원해 남북관계 개선을 위한 의지를 보여줘야 한다"고 주장했다.[240] 이와 더불어 대북지원 분야에서 선구자적 역할을 수행하고 있던 기독NGO들 역시 북한 정권과 북한 주민을 구별하여, 정치·이념적 대립에 영향받지 않고 인도적 차원에서 대북지원을 지속해야 한다는 입장을 표명하며 정부정책의 변화를 요청하였다.

실제로 이러한 대북지원NGO의 요청이 있은 직후에 개최된 남북차관급회담에서 비료지원문제는 주요 쟁점의제가 되었고, 남측은 비료 20만 톤을 지원하기로 합의하였다. 비료지원 재개에 대한 대북지원NGO의 요청활동은 정부의 대북비료지원을 가능하게 하였으며, 이는 곧 대북지원에 대한 국민적 공감대를 형성하는 토대를 마련하는 역할을 하였다고 볼 수 있는 것이다. 당시 정책결정의 실질적 결정권자 중 한 사람으로서 남북차관급회담의 대표로 참석했던 이봉조 전 통일부차관의 인터뷰에서 이를 직접 확인할 수 있다.[241]

> 남북대화의 중단과 미국의 대북강경책 등 당시의 상황은 국내외적으로 매우 어려운 상황에 놓여 있었다. 정부로서는 남북대화 재개를 위해 비료를 지원한다는 입장을 견지하고 있었다. 따라서 정부 내부적으로 이미 입장이 확정된 상황에서 북민협의 활동은 비료지원 결정 그 자체에는 크게 영향을 미치지 않았다. 하지만 당시 북민협의 활동은 정부의 지원에 대한 국민적 지지기반을 확보할 수 있게 해주는데 중요한 역할을 하였다. 즉, 정부의 지원이 이루어지는 상황에서 대북지원NGO가 사전에 분위기를 형성하며 국민적 공감대를 마련해 주었다는데 의미가 있다.

한편, 일반적으로 NGO의 정책 참여가 제도화되어 있지 않은 경우 NGO는 주로 건의서, 기자회견, 캠페인 등의 방법을 통해 의제설정 활동을 한다. 하지만 대북지원에서 거버넌스가 발전하여 NGO의 정책참여가 제도화되면서 NGO의 의제설정은 공식적이며 제도적 틀을 통해 이루어지고 있다고 할 수 있다. 그 대표적인 제도가

---

240) 『연합뉴스』, 2005년 5월 6일.
241) 이봉조(전 통일부차관), 2007년 9월 1일, 서울에서 인터뷰.

민관협인데, 대북지원NGO는 이를 통해 자신의 의제를 효과적으로 정부정책의 의제로 설정하고 있다.[242]

1995년 이후 본격적인 대북지원이 시작된 이래, 정부와 대북지원NGO는 전반적으로 상호 협력적인 관계를 유지하며 대북지원 확대라는 공동의 인식을 공유하며 파트너십 관계로 발전해 왔다. 김대중 정부 시기 정부가 대북지원NGO를 정책집행 및 대북지원 실행 과정의 파트너로 규정하였다면, 노무현 정부에 이르러서는 정책 의제설정을 포함한 정책결정 과정 전 영역에 걸쳐 동등한 행위 주체로 인식하며 제도적인 참여의 틀을 확대하였다고 볼 수 있다. 특히 정부와 대북지원NGO의 제도적 차원의 정책협력기구라 할 수 있는 민관협의 발족을 통해 두 행위자 간 상호작용은 더욱 협력적인 관계로 진전되었다.

이후 용천 재해 지원과정에서 축적된 경험을 되살려 민관합동의 협력적 시스템을 제도화하고자 2004년 9월 민관협 발족을 기해 '북한 긴급재난에 대한 민관합동 매뉴얼'을 마련하기도 하였다. 이에 따르면 효율적인 재난극복을 위해 긴급구호는 민간 주도, 복구사업은 정부재원을 갖고 민관 합동으로 추진한다는 것이다. 긴급구호는 민간의 노력으로 일정수준 대처할 수 있으나 복구사업의 경우는 대규모 재원이 소요되므로 정부의 참여가 필수적이기 때문이다.[243]

또한 2005년부터 정부는 민관협을 통해 대북지원을 합동사업방식으로 지원함으로써 민간단체들의 협력을 강화하였다. 합동사업은 개별 민간단체가 추진하기 어려운 대북 인도적 지원과제를 공동으로 추진하기 위해 도입된 사업 방식으로, 정부와 대북지원NGO가 각각의 역량에 맞는 역할을 공유하면서 정책의 효율성을 증진하였고, 두 행위자 간 협의를 통한 정책과정 참여로 인해 상호작용은 매우 협력적 양상으로 전개되었다.

---

242) 김근식 외, "남북한 사회·문화 협력 거버넌스 실태조사", p.881.
243) 김근식 외, "남북한 사회·문화 협력 거버넌스 실태조사", p.885.

나. 정부와 언론 간 상호작용

노무현 정부 시기 정부와 언론은 두 행위자가 소위 전쟁이라 표현할 만큼 첨예한 대립각을 세우며 갈등을 겪었던 시기라 할 수 있다. 이전 김대중 정부에서 소위 '조중동'으로 대변되는 보수언론의 총체는 중앙일보가 제외되고 대신 조선일보와 동아일보 그리고 문화일보로 이어지는 '조동문'으로 표현되기도 하였다.

이전 김대중 정부 시기에도 조중동과 정부의 관계는 첨예한 갈등을 겪으며 언론사 세무조사 등의 조치가 취해졌었는데, 노무현 정부에 이르러 대통령이 언론에 대한 반감과 불신을 노골적으로 드러냄에 따라 언론과 갈등의 골은 더욱 깊어졌다. 노무현 대통령은 자신의 임기 내내 언론을 적으로 규정하여 투쟁과 대립의 시각으로 언론을 인식하며, 최고지도자로서의 격에 맞지 않는 독설을 서슴지 않았다. 대통령은 언론의 인식에 대해 "자신이 이전 정부와 비교할 때 상당한 업적을 이루었음에도 불구하고 언론의 왜곡보도로 인해 굴절되었다"는 편향된 입장을 갖고 있었다.

노무현 정부 시기 언론홍보수석을 지낸 조기숙의 언론에 대한 인식은 노무현 정부가 언론과 왜 갈등을 겪을 수밖에 없었는지를 간접적으로 보여주기도 한다. 그의 글을 직접 인용하면 다음과 같다.[244]

노무현 대통령이 국민들로부터 정당한 평가를 얻지 못하는 데에는 다양한 이유가 있다. 구조적이고 역사적인 이유에서부터 노 대통령 자신과 청와대, 열린우리당, 진보 진영 모두에게 일차적 책임이 있다고 생각한다. 하지만 이 모든 책임의 저변에는 청와대와 국민 사이를 가로막고 있는 마법의 유리벽이 있다. 이 마법의 유리벽은 바로 언론의 자의적 해석, 과잉비판, 비판을 위한 비판, 말꼬리 잡기, 말 뒤집기, 없는 말 만들어내기 등이다.

---

244) 조기숙, 『마법에 걸린 나라』, pp.20-21.

조기숙의 표현을 빌리자면 이른바 정부와 국민 사이에 언론이 마법의 유리벽으로 작용하여 이 둘 사이의 간극을 벌여 놓았다는 것이다. 이러한 인식은 곧 정부가 이전 정부에 비해 상당한 업적과 성과를 이루었음에도 불구하고 언론이 이를 제대로 보도하지 않아 국민들로부터 정권의 지지를 받지 못하였다는 극단적인 피해의식에까지 이르게 하였다.

정부의 언론에 대한 극단적 불신과 피해의식은 거꾸로 언론의 정부에 대한 오해와 불신으로 나타나 언론의 대북·통일 정책에 대한 무조건적인 비판과 반대여론을 생산하게 했다.[245] 결국 이와 같은 정부와 언론의 갈등과 대립은 언론정책에 그대로 표출되어 나타났다. 먼저 정부는 2003년에 기자실을 단순한 정부 발표와 간단한 질문만 가능한 브리핑 룸과 기사 송고실로 바꾸고 기자들의 사무실 방문도 금지시키는 조치를 취했다. 이후 2007년 1월 노 대통령은 언론을 불량식품으로 매도하면서 "몇몇 기자가 죽치고 앉아 기사 흐름을 주도하고 담합하는 구조가 있는지 기자실을 조사할 필요가 있다"고 말함으로써 언론과의 상호작용은 극심한 갈등을 빚게 되었다. 대통령의 이러한 언론관에 대해 당시 국내 중앙일간지 대부분은 물론이며, 대통령과 정부정책에 호의적인 입장을 견지해 온 한겨레신문까지도 대통령의 발언에 대해 '몇몇 기자들에 의해 만들어진 기사의 흐름과, 멋대로 가공하고 담합한 것'을 그대로 반영하고 보도하는 정도로 알고 있는 대통령의 인식은 어처구니없다[246]고 평가할 정도였다.

이러한 정부와 언론 간 갈등상황은 급기야 2007년 5월 14일 국무회의 결정을 통해 당시 40여 개인 브리핑 룸과 송고실을 세 곳의 정부 청사 브리핑 룸으로 통합하는 조치에까지 이르게 하였다. 이와 같은 정부와 언론의 갈등관계는 대북지원 정책결정 과정에도 그대로 나타나 정책이 표류하는 원인으로 작용하였다. 무엇보다 두 행위자 간 갈등이 지속된 데에는 갈등상황을 적절히 조정하지 못한 정부의 리

---

245) 허문영, "한반도 평화체제 거버넌스 실태조사", p.361.
246) "노 대통령의 부적절한 언론관", 『한겨레』, 2007년 1월 22일.

더십 부재가 가장 큰 원인이었다고 지적할 수 있다.

　한편, 대북지원과 관련하여 정부가 취한 일련의 정책적 조치에 대해 국내 언론은 어떠한 입장을 취하였는가를 알아보기 위해 노무현 정부 시기 북한에 대한 대규모 지원으로 논란이 일었던 이른바 '중대 제안'을 사례로 선정하여 살펴보기로 한다. 2005년 7월 12일 노무현 정부는 북한이 핵 폐기에 합의할 경우 경수로 건설사업을 종료하고, 그 대신 정부가 2008년까지 200만kw 규모의 전력을 북한에 직접 송전한다는 것을 핵심적인 내용으로 하는 이른바 '대북 중대 제안'을 공개하였다. 북한 핵 폐기 시 북한에 전력을 공급한다는 '중대 제안'은 2005년 1월 처음 구상에 착수, 2월경에 골격이 마련됐으며, 약 5개월간 '안중근 계획'이라는 이름으로 철통보안 속에 추진돼 오다, 당시 이봉조 통일부차관이 남북차관급회담(2005.5.16)에서 북측에 이를 처음 거론한 지 57일 만에야 국민 앞에 공개되었다.

　정부가 밝힌 중대 제안의 골자는 북한이 핵 폐기를 약속할 경우 우리 정부가 중유를 비롯한 에너지 지원을 떠맡고 북한 경제가 중국이나 베트남식으로 발전할 수 있도록 대규모 경제지원과 협력을 제공한다는 내용이다. 아울러 북한이 핵 폐기를 전제로 핵 개발을 동결할 경우 미국 주도로 6자회담 참여국이 북한 체제에 대한 잠정적인 다자안전보장을 해주고 핵 폐기가 확인된 이후에는 최종적인 체제안전보장 조치를 취하기로 했다는 내용이었다. 정부의 이와 같은 대규모 대북지원 구상에 대해 언론이 표명한 입장을 살펴보면 아래 <표 4 - 10>과 같다.

<표 4-10> 정부의 '대북 중대 제안'에 대한 언론의 입장

	언론명 (보도일)	주요내용	평가
긍정적 입장	한겨레 (05.7.13)	– 대북 중대 제안 평화 견인차 되기를. 그 액수가 얼마 되느냐를 떠나서, 대북 전력지원 비용은 우리가 더불어 사는 한반도를 평화적으로 관리하는 데 불가피하게 드는 비용이라는 마음을 가져야 함.	적극 지지
	경향신문 (05.7.13)	– 대북 전력지원, 공동번영의 전기로 삼자. 북한의 변화, 한반도의 평화와 안정을 위해서는 남한의 과감한 대북지원이 있어야 함.	적극 지지
	서울신문 (05.7.14)	– 대북 전력지원, 국회동의 받아야. 정부가 중대 제안을 만들기까지는 보안이 필요했다는 점을 인정하지만 그 추진에 있어서는 반드시 국회동의 절차 등 국민적 합의를 이끌어 내야 함.	조건부 지지
	한국일보 (05.7.13)	– 대북 송전, 북핵 폐기 돌파구 되어야. 막대한 예산이 소요되는 만큼 국민에게 충분히 설명하고 동의를 구하는 과정이 필요함.	조건부 지지
부정적 입장	세계일보 (05.7.13)	– 우리 국민의 혈세에서 내어주는 것인 만큼 제공 시기·방법 등에 대해 여야가 협의하고 국회의 동의를 거치는 등 국민적 동의절차를 거쳐야 마땅하다. 그 점에서 '중대 제안' 언질을 먼저 북한에 주고 미국에도 설명해 주면서 정작 우리 국민에게는 한 달이나 뒤늦게 설명함으로써 사후 동의를 구하는 형식이 된 것은 분명 잘못된 일임.	적극적 반대
	동아일보 (05.7.13)	– '퍼주기' 논란을 해소하기 위한 국민적 합의도 중요하다. 2008년부터 전력을 지원하려면 당장 송전선로와 변전시설을 건설해야 하는데, 이에만도 1조 5000억 원 이상이 필요하고 보수유지비가 계속 추가된다. '마셜 플랜'을 통해 북한 경제가 바뀔지도 의문임.	적극적 반대
	문화일보 (05.7.13)	– 정부는 제안 내용을 더 다듬어 국민의 동의를 이끌어내고, 그 실행도 핵 폐기가 확인·검증된 연후에 해야 한다. 이미 여러 차례 약속을 뒤집어온 북한의 과거 행태에 비춰 단순한 폐기합의만으로 지원을 시작해선 안 됨.	적극적 반대

	언론명 (보도일)	주요내용	평가
부정적 입장	조선일보 (05.7.19)	– 현 단계에서 노무현 정권이 가장 경계해야 할 것은 "남북대화 하나만 성공하면 다 깽판 쳐도 괜찮다"는 인식이다. 국내의 정치·경제·교육·노동 등 거의 모든 분야가 실제로 '깽판 나고 있고' 대통령과 여당에 대한 지지도가 끝없이 추락하고 있는 상황에서 이 정권엔 "남북관계만……" 하는 생각이 새록새록 새로울지 모른다. 그러나 우리 생각만으로 서두르다가 대북 송전이 제2의 경수로 운명이 되는 일은 막아야 한다.	적극적 반대
	국민일보 (05.7.13)	– 대북 전력 지원은 이와 같은 허점에 대해서 충분한 대비책이 요구됨. 구체적으로 대남 무력 적화 포기 명시 같은 군사적 신뢰조치의 가시화가 먼저 이뤄져야 함.	반대
	중앙일보 (05.7.14)	– 문제는 이를 통해 북한이 핵 폐기를 수용해야 한다. 이는 전적으로 북한의 선택에 달려 있다.	반대

다. 정부와 기업 간 상호작용

이전 김대중 정부 시기부터 활발한 대북사업을 펼쳐 오던 대북사업 관련 기업은 노무현 정부에 이르러 그동안 축적된 사업추진 역량으로 인해 정부와 긴밀한 협력관계를 지속하였다. 정부의 입장에서는 기업이 오랜 기간 동안 대북사업을 펼치며 축적한 역량을 정책추진 과정에 충분히 활용하고자 하였다. 무엇보다 정부가 전면에 나서 북한과 접촉하고 정보를 파악하는 데는 한계가 있었기 때문에 기업은 정부의 대북지원사업을 원활하게 하는 역할을 담당했다. 정부와 기업 간 상호작용은 크게 일반 지원 분야, 합동사업, 3대 경협사업이라는 세 가지 차원으로 나누어 살펴볼 수 있다.

먼저 일반 지원 분야로서 기업은 북한의 각종 재난 발생 시 정부와 긴밀한 협조체제를 이루며 지원의 효율성을 증진시켰다. 특히 북한의 용천역 폭발 사고 지원

과정에서 기업과 정부는 매우 협력적이며 긴밀한 관계를 형성하였다. 즉, 기업은 단순히 성금을 기탁하는 선에서 그친 것이 아니라 관련부처와의 협력을 통해 지원 과정 전반에 적극적으로 참여하여 북한의 재난에 대처하는 민관협력의 새로운 기틀을 다지는 역할을 수행하였다. 이 외에도 북한의 수해나 재난 시 기업의 적극적인 성금 후원 활동은 정부가 대북지원정책을 원활히 추진할 수 있는 원동력이 되었다고 볼 수 있다.

다음으로 노무현 정부 시기 정부가 민간단체와 함께 합동사업을 추진하면서 기업의 적극적 참여가 정책추진의 중요한 요인으로 작용하게 되었다. 예를 들어 합동사업 중 하나인 영유아지원사업이 추진되면서 이와 관련된 국내기업들의 적극적인 참여가 이루어지게 되었는데, 가령 남양유업의 경우 대한적십자사의 대북지원사업을 돕기 위해 6000만 원 상당의 분유를 경쟁 입찰을 통해 정부에 납품하기도 하였다. 또한 2007년 8월 북한의 수해 복구 지원을 위해 1억 원 상당의 분유를 지원하였는데, 구호품의 대부분은 분유와 특수분유 등으로 영양 공급과 배탈 설사, 소화장애 등으로 어려움을 겪는 북한 수해지역 영유아들에게 지원되었다. 이 외에도 정부의 합동사업이 단순지원 방식이 아닌 북한의 농업구조 개선, 의료보건 분야 지원, 생활환경 개선 등으로 지원규모가 확대되어 기업으로부터 조달해야 하는 물품이 증가하게 되면서 정부와 기업의 상호작용은 더욱 증대되는 결과를 낳았다.

노무현 정부 시기 정부는 개성공단을 비롯한 3대 경협사업을 추진하면서 기업과 정부의 관계는 더욱더 밀접한 관계를 형성하게 되었다. 물론 개성공단사업이 한국의 일방적인 지원이 아닌 기업의 수익을 목적으로 하는 상업적 성격을 띠고 있다는 점에서 대북지원으로 보기에는 다소 무리가 있을 수도 있다. 하지만 남북 간 경제적 격차에 의해 상호 등가성의 교환이 어려운 점을 감안할 때 개성공단 조성 시 인프라 건설 부담이나 각종 물자 지원, 기술이전 등이 이루어지는 점, 그리고 개성공단이 현재 비상업적 교역액이 더 크다는 점 등을 미루어보면 개성공단사업 역시 넓은 의미에서 보면 대북지원의 일환으로 규정할 수 있는 것이다.

이러한 차원에서 볼 때 개성공단 조성 과정에서 건설 관련 기업은 물론 입주업체들과 정부는 법적·제도적 차원에서 상호 밀접한 관계를 형성하고 있으며, 이러한 협력적 상호작용은 대북지원정책네트워크의 성격을 결정짓는 주요한 변수로 기능하고 있다고 볼 수 있다.

라. 언론과 대북지원NGO 간 상호작용

앞서 살펴본 바와 같이 노무현 정부 시기 정부와 언론은 상호 첨예한 대립각을 세우면서 언론은 정부정책에 대해 매우 비판적인 논조로 일관하였고, 정부 역시 언론탄압이라 표현될 만큼 법적 차원의 언론개혁을 단행하고자 하였다. 이와 같은 정부와 언론의 갈등적 대결구도는 언론이 대북지원에 대해 부정적 입장을 견지하게 함은 물론, 대북지원NGO와의 공동사업에서도 매우 소극적인 입장을 취하게 하였다. 이전 김대중 정부 시기 언론과 정부의 관계가 다소 갈등적인 양상이었다 하더라도 언론이 대북지원NGO와 대북지원사업을 공동 주최하면서 일정부분 역할을 수행하였던 것과는 달리, 노무현 정부 시기에는 언론과 대북지원NGO가 공동으로 개최하는 대북지원사업은 극히 미미한 수준에 이르렀다고 볼 수 있다.[247]

물론 2004년 북한의 용천 재해 지원 과정에서 언론 역시 적극적인 지원의사를 밝히며 대북지원NGO와 공동으로 모금활동 및 홍보활동을 전개한 것은 사실이다. 특히 용천 재해 직후 긴급구호 물품을 전달하는 방식에서 한 걸음 더 나아가 용천 소학교 건립 캠페인을 벌이기도 하였다.[248] 하지만 이러한 적극적인 지원 분위기 역시 북한이 용천 지원물품을 암시장에서 거래한다는 소문이 전해지면서 언론의

---

247) 언론과 대북지원NGO의 대북지원사업의 대표적인 사례로서 서울신문의 경우 북한 어린이들에게 우유를 지원하는 '통일우유 보내기 운동'을 한국낙농육우협회, 굿네이버스, CBS 등과 함께 연중 캠페인으로 전개하였다. "北 어린이에 우유를, 北청소년 88% 우유 구경 못해", 『서울신문』, 2005년 8월 3일.
248) "용천 소학교 다시 짓기 캠페인", 『한겨레』, 2004년 5월 27일.

입장은 대북지원 무용론을 주장하는 방향으로 급반전하였다. 따라서 대북지원NGO와 언론 간 상호작용은 다양한 차원의 협력방안이 이루어지기보다 공동캠페인 개최와 같은 일회성이며 단편적인 공동행사에 한정되었고, 이마저 소수에 지나지 않아 소극적 협력 정도로 평가할 수 있다.

마. 기업과 대북지원NGO 간 상호작용

대북사업에 진출한 기존 기업들의 자체 역량이 증대되고, 대북사업에 진출하려는 신규 기업의 수와 규모가 점차 확대되면서 기업은 노무현 정부 시기 대북정책결정 과정에 주요한 행위자로 기능하게 된다. 김대중 정부 시기 기업의 대북지원 활동이 단순히 지원물자를 후원하는 형식으로 이루어졌다면, 노무현 정부 시기에는 기업과 대북지원NGO가 연계하여 공동사업을 추진하며 상호 협력적 관계를 이루어 나갔다.

북한에 대한 인도적 지원사업을 추진하는 경우에 기업들은 단순 물품을 지원하는 차원에서 자금 지원 및 북한에 인도적 지원사업장을 건설해 주는 등 다양한 형태로 참여하였다. 이러한 맥락에서 볼 때, 기업은 본연의 이익추구라는 차원에서 대북경협을 추진하기도 하지만, 대북 인도적 지원에도 참여하여 경협을 보다 원활히 추진하는 데 도움을 받으려 하는 동시에, 대북 인도적 지원단체들의 도움을 받아서 대북경협에 진출하기도 한다.[249] 정부가 남북 경협사업과 대북지원에 전향적인 태도를 취하며 적극적인 정책을 펼침에 따라, 기업은 경협 사업을 통한 이익창출을 위해 북한과 다양한 사업방안을 모색하였다. 이 과정에서 북한에 대한 정보와 채널을 확보하고 있는 대북지원NGO와 자연스럽게 연계할 수 있었고, 대북지원NGO 역시 기업의 자금력을 바탕으로 자체 지원역량을 확대할 수 있는 계기가 되었다.

대표적 사례로 이랜드는 2003년부터 감자, 젖소, 결핵 패키지, 의류 등을 대북지원NGO와 협력하여 지속적으로 북한에 지원해 왔다. 북한 어린이들에게 우유 급식

---

249) 김규륜 외, "한반도 경제발전과 남북경협 거버넌스 실태조사", p.727.

을 통해 영양을 공급하고자 평양 구빈리협동농장 젖소 및 요구르트 설비와 제반 시설을 지원하고 있고, 긴급구호 차원에서 밀가루, 분유, 의류를 지원하고 있다. 또한 남북나눔운동과 공동으로 '사랑의 감자농사' 사업을 추진하여 연해주 농장을 통해 수확된 감자를 북한 식량으로 지원하고 있다. 이랜드의 대북지원 활동은 지원물품의 성격에 따라 굿네이버스, 남북나눔, 유진벨, 한겨레영농 등 대북지원NGO와 연계하여 협력적으로 이루어지고 있는 것이 특징이라 할 수 있다.

〈표 4-11〉 이랜드와 대북지원NGO 간 대북지원협력 사업 현황

종류/연도 (대북지원NGO)	2003	2004	2005	2006
감자지원 (남북나눔)	1,450톤(1억 5천)	2,080톤(2억 3천)	1,600톤(3억 5천)	2,000톤(2억 2천)
젖소지원 (한겨레영농)	40마리(1억)	96마리(2억)	34마리(1억)	사료지원(5천)
의료품지원 (유진벨)	결핵패키지(3억)	결핵패키지(1억)	결핵패키지(1억)	결핵패키지 (5천 6백)
의류지원 (굿네이버스)	21억 4천만 원	27억 2천만 원	11억 8천만 원	7억 8천만 원

출처: 이랜드복지재단 홈페이지(http://www.elandwelfare.or.kr/business/business 2.htm).

또 다른 사례로 북한의 고성지역에서 활동하고 있는 현대아산과 새천년생명운동의 연계활동을 들 수 있다. 북한지역의 아궁이 개량사업을 시행하고 있는 새천년생명운동은 현대아산과 협력적 연계를 통해 대북지원 활동을 펼치고 있다. 일반 관광객이 출입할 수 없는 제한지역인 북한 마을의 가정집에 직접 들어가 연탄보일러를 놓아주기 위해서는 차량이용이나 북한 측과의 사전 접촉 등 여러 가지 제반 조치가 필요한데 이러한 부분을 현대아산이 담당하고 있는 것이다. 또한 새천년생명운동은 단순히 보일러를 지원하는 것에 그치지 않고 고성지역 마을에 보일러 조립공장을 설립하여 북한 주민들이 직접 일할 수 있도록 함으로써 북한 주민의 대남인

식 변화에도 긍정적인 영향을 미치고 있다.[250] 이와 같이 기업과 대북지원NGO 간 상호 협력적인 연계활동은 대북지원의 효율성을 제고할 뿐만 아니라 대북지원에 대한 국민적 지지여론을 형성하는 데 상당한 영향을 미친다고 볼 수 있다. 한편, 지금까지 논의한 행위자들의 상호작용을 종합하면 다음의 <그림 4-4>와 같다.

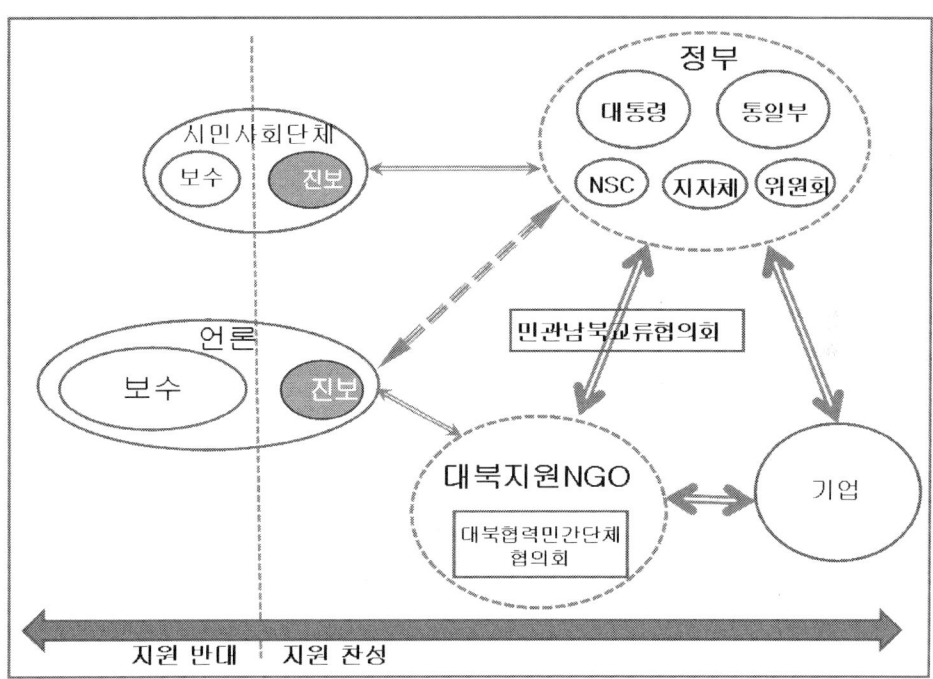

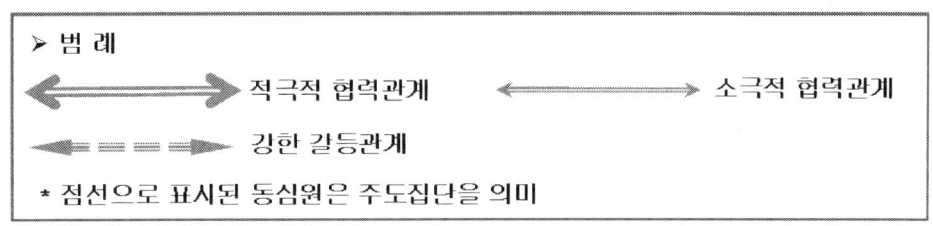

〈그림 4-4〉 노무현 정부 시기 대북지원정책네트워크의 상호작용

---

250) 필자는 2007년 6월 14-18일까지 이 지역을 직접 방문하여 지원실태를 점검하고 기업과 대북지원NGO 간 협력사업에 관해 관련자들과 인터뷰를 가졌다.

3. 정책행위자의 관계구조

앞서 김대중 정부 시기 대북지원정책네트워크의 행위자 간 관계구조를 파악하기 위해 남북교류협력추진협의회에 민간부문의 참여가 어떻게 이루어지고 있는지 여부와, 정부정책의 수혜자로서 행위자의 개방성 여부 등 두 가지 측면에 초점을 두어 살펴보았다. 노무현 정부 시기 들어 이전 김대중 정부와 비교할 때 달라진 점이 있다면 정부 주도의 협의체인 남북교류협력추진협의회에 민간부문이 법적·제도적 지위를 구가하며 공식적 행위자로 참여하였다는 점이다. 따라서 노무현 정부 시기 대북지원정책네트워크의 행위자 간 관계구조 파악은 바로 이 협의체에 참여하는 행위자들의 개방성 여부를 통해 살펴볼 수 있다. 또한 정부의 정책적 조치에 대한 수혜자의 개방성 여부와 관련하여 2005년 7월 정부가 발표한 대북지원 지정단체 조건완화 조치와 관련하여 행위자가 어떻게 변화되었는가를 살펴봄으로써 관계구조를 파악할 수 있다.

먼저 정부주도의 공식 협의체 기구였던 남북교류협력추진협의회에 법적·제도적으로 민간부문의 참여가 이루어짐으로써 정책결정 과정에 민간의 역할이 증대되었는데, 이는 곧 행위자의 다양화라는 측면에서 대북지원정책네트워크의 성격이 변화되었다는 것을 의미한다고 볼 수 있다. 또한 그동안 정부 부처 내 의견조율과 조정 기능을 수행하며 정부 주도로 운영되던 남북교류협력추진협의회에 민간부문이 공식적인 행위자로 참여하게 되면서 정부부문과 비정부부문의 상호인정결과가 확대되는 결과를 가져왔다. 민간단체는 그동안 남북교류협력추진협의회가 관계 부처 내 공무원들로만 구성되어 정부가 독단적인 정책결정을 내린다고 비판하며 줄곧 민간부문의 참여를 요청하였다. 그러다가 2005년 남북교류협력법 개정 시 남북교류협력추진협의회에 전문지식과 경험을 갖춘 민간전문가 3인 이상을 포함시키는 법안을 마련하게 되었다.

다음으로 노무현 정부 시기 대북지원정책네트워크의 두드러진 특징이라 할 수 있는 대북지원민관정책협의회의 개방성 여부를 살펴보면, 민관협은 대북지원정책결정 과정에서 정부와 민간의 협력과 상호 조정 기능을 수행할 수 있는 공식적 협의체라는 점에 의의가 있다. 즉, 이전 김대중 정부 시기 정책결정 과정에 정부가 실질적인 역할을 하며 독단적 구조의 정책결정을 이루었다면, 노무현 정부의 민관협 발족은 정부가 대북지원에 있어 민간의 역할을 적극 수용하여 정책결정의 파트너로서의 대등한 지위를 부여하였다는 것을 의미한다.

앞서 민관협에 대해 상세히 살펴본 바와 같이 민관협의 구성은 정부와 민간의 대표기관이 공동의장으로서 협의체를 대표하며, 실무위원회 역시 정부와 민간이 동등한 지위와 역할분담을 이루고 있다. 이러한 민관협의 제도적 구성으로 인해 민간부문의 역할이 이전의 대북지원 집행에 한정적으로 기능하였던 것을 넘어, 대북지원과 관련한 일련의 정책적 결정은 물론 민관 합동사업에 이르기까지 역할의 폭을 넓히게 되었다. 즉, 정부와 민간이 정책결정을 협의한다는 협의체의 성격을 넘어 정부와 민간의 합동사업을 통해 민간이 공식적으로 정부와 파트너십 관계를 형성하게 되었는데, 이는 행위자의 개방성이 매우 확대되었다는 것을 의미한다. 민관협 가입조건 역시 대북지원NGO들에는 매우 개방적인 형태로 운영되고 있다.

노무현 정부 시기 대북지원정책네트워크에 참여하는 행위자들의 관계구조는 정부와 민간의 제도적·공식적 협의체 운영을 통해 매우 개방적인 형태로 나타났음을 알 수 있다. 민간의 역할이 정책결정 과정 전반으로 확대되어 정부와 동등한 정책 파트너로서 네트워크에 참여하게 됨으로써 자연적으로 네트워크로의 진퇴는 개방적인 형태로 나타났다. 또한 정부와 민간의 상호인정결과 역시 매우 높은 수준에 이르렀음을 확인할 수 있는데, 이는 정책결정 과정에서 민간의 영향력이 정부정책의 변화를 이끌어 낼 수 있을 정도의 역량을 갖고 있었기 때문이라 할 수 있다.

한편, 이러한 행위자 간 네트워크로의 개방성 여부가 폐쇄적이지 않고 개방적이었다는 점은 행위자 간 연계유형 역시 상호 수평적인 관계를 형성하였다는 것을 의미한다. 행위자 간 연계유형이 수직적 형태로 나타나는 것은 정부가 비정부부문에 대해 강압적 권위를 행사할 수 있는 구조를 의미하며, 또한 위계적 서열 형태가 존재한다는 것을 의미한다. 이러한 점을 고려할 때 노무현 정부 시기 대북지원정책네트워크의 행위자 간 연계유형을 살펴봄에 있어서, 정부와 민간이 동등한 지위를 구가하며 정책결정 과정에 협력적 파트너 관계를 형성하였다는 점은 연계유형이 수직적 관계가 아닌 수평적 관계였음을 의미하는 것이라 할 수 있다. 특히 민관협이라는 제도적 협의체의 대표 및 운영방식에 있어서 정부가 일방적 권위를 행사한 것이 아니라, 정부와 민간이 공동대표라는 형식을 띠고 동등한 역할분담을 수행함으로써 정부와 민간의 수평적 관계가 확실히 나타남을 알 수 있다.

아울러 이전 김대중 정부 시기까지만 하더라도 정부가 일방적인 남북협력기금 지원 결정권을 통해 민간부문을 조정할 수 있는 권위를 갖고 있었다. 즉, 대북지원NGO는 자신들의 대북지원 활동을 위한 자금을 일정부문 정부의 남북협력기금에 의존함으로써 두 행위자 사이에는 다소 수직적 관계가 형성되었다고 볼 수 있다. 하지만 노무현 정부 들어서는 정부가 남북협력기금을 지원하는 결정권을 여전히 갖고 있기는 하였지만, 민관협이라는 제도적 협의체를 통해 대북지원NGO와 일정부문의 기금집행에 대해서는 상호 조정과정을 거치게 되었다. 더욱이 민관 합동사업을 추진하는 데서 정부는 남북협력기금을 지원하고 민간단체는 이를 집행하는 상호 대등한 역할분담을 이룸으로써 두 행위자 간 연계유형은 수평적 형태로 나타났다고 볼 수 있다.

〈표 4-12〉 노무현 정부 시기 대북지원정책네트워크 행위자 간 관계구조

연계유형	수평적	폐쇄적 · 수평적 네트워크	개방적 · 수평적 네트워크
	수직적	폐쇄적 · 수직적 네트워크	개방적 · 수직적 네트워크
		폐쇄적	개방적

개 방 성

246

4. 권력자원

행위자 간 권력자원의 집중과 분산 여부는 대북지원정책네트워크의 성격을 결정 짓는 중요한 요소이다. 예컨대 한 행위자에게 권력자원이 집중될 경우 그 행위자는 대북지원정책네트워크에서 주도적 역할을 감당하며 여타 행위자들을 통제·조정할 수 있는 위치에 서게 된다.

이전 김대중 정부 시기만 해도 정부에 집중되었던 권력자원이 노무현 정부 시기 에는 정부가 권력의 분권화를 통해 비정부부문에 일정부분 권한을 이양함으로써 대북지원정책네트워크에 참여하는 행위자의 보유자원이 다양화되는 양상을 보이게 된다.

이하에서는 정부와 대북지원NGO, 언론, 기업이 각각 보유하고 있는 권력자원을 살펴보고, 이러한 개별 행위자들의 보유자원이 구체적으로 어떻게 교환되었는지 분 석하고자 한다.

먼저 정부가 보유하고 있는 권력자원으로는 앞서 김대중 정부 시기 때 살펴본 바와 같이, 남북협력기금 가운데 일부를 민간부문에 지원하는 자금동원력과 결정권 을 들 수 있다. 지난 김대중 정부 시기부터 대북지원NGO에 대한 남북협력기금 지 원이 본격적으로 이루어지면서 대북지원NGO가 추진하는 대북지원 활동의 상당부 분을 정부의 재원에서 충당하게 되었다. 그런데 정부가 보유한 협력기금은 대북지 원NGO를 조정할 수 있는 하나의 권력자원이 될 수 있다는 사실을 주목해야 한다. 대북지원NGO는 협력기금 지원 결정이 전적으로 정부관계자에 의해 결정되기 때문 에, 이들과의 관계를 고려하지 않을 수 없다. 실제로 대북지원NGO 관계자의 인터 뷰를 직접 인용하면 다음과 같다.[251]

---

251) 김00(대북지원NGO 관계자), 2007년 5월 14일, 서울에서 인터뷰.

정부로부터 협력기금을 지원받고 있는 NGO는 상대적으로 정부의 눈치를 볼 수밖에 없는 것이 현 실정이다. 특히 기금 지원을 직접적으로 관장하는 통일부 관계자들에게는 더더욱 그러하다. 소위 잘 봐 달라는 것인데, 기금 지원의 결정권한을 갖고 있는 한 어쩔 수 없는 문제인 것 같다.

국내 대북지원NGO들의 축적된 지원역량은 지난 2004년 4월 용천재해 지원과정에서 발휘되었다. 특히 이전 김대중 정부 후반기부터 대북지원 형태가 단순히 긴급 구호차원을 넘어 개발 지원 형태로 전환되면서 효율적인 대북지원을 위한 재원의 확보가 무엇보다 중요한 사안이 되었고, 이러한 점을 감안할 때 정부가 보유한 남북협력기금은 대북지원을 가능하게 하는 주요한 요소 중 하나라고 볼 수 있다.

정부 차원의 대북지원은 전액 남북협력기금에서 조달되며, 민간 차원의 대북지원 상당부분도 남북협력기금에서 조달되고 있다. 따라서 대북지원은 국민혈세인 남북협력기금으로 운용되고 있다고 해도 과언이 아닌 것이다.[252] 한편, 다음의 <표 4-13>에서 보는 바와 같이 남북협력기금은 크게 인도적 지원 및 교류협력 기반조성 등 무상지원과 경제교류협력에 따른 자금융자 등 유상대출이란 2가지 방식으로 집행되고 있다. 이 가운데 대북지원NGO에 대한 기금 지원은 민족공동체회복지원 항목에서 지출되고 있다.

---

252) 조영기, "올바른 대북지원이 통일의 지름길이다", 김동길·복거일·이춘근 외, 『북한 자유선언』(서울: 르네상스, 2007), p.215.

〈표 4-13〉 노무현 정부 시기 남북협력기금 집행 현황

(단위: 백만 원)

구 분		자금종류	'03	'04	'05	'06	'07.3.31	합계
경상사업	남북교류협력지원	인적왕래지원	1,142	1,056	3,786	5,289	135	11,273
		사회문화협력지원	654	3,098	7,468	7,375	2,030	18,595
		소 계	1,145	1,060	3,791	5,295	142.3	11,273
	민족 공동체 회복지원	이산가족교류지원	2,996	3,158	13,289	9,908	40	29,351
		인도적 지원사업	150,134	122,547	186,621	212,536	13,439	671,838
		교류협력기반조성 (경제분야)	76,318	76,096	204,475	152,091	19,914	508,980
		소 계	154,275	126,765	203,701	227,739	13,621.3	726,101.3
	합 계		231,244	205,954	415,639	387,199	35,558	1,478,677
융자사업	인도적 사업(융자)		156,088	101,982	179,262	3,939	–	
	남북교류협력지원	교역경협사업자금대출	18,710	37,377	29,311	47,910	4957	133,308
		–교역자금대출	7,933	13,6778	8,259	7,327	937	160,297
		–경협사업자금대출	10,777	23,700	21,052	40,583	4,020	96,112
		민족공동체회복지원대출	35,965	43,974	27,520	23,065	9,248	130,524
	대북경수로 사업	경수로사업대출	328,745	86,984	22,678	8,883	–	447,290
	합 계		539,508	270,318	258,771	83,797	14,205	1,152,394
총 계			770,751	476,273	674,409	470,995	49,763	2,446,208

자료: 통일부 북한자료정보센터.

다음으로 대북지원NGO가 보유한 권력자원을 살펴보면, 대북지원NGO는 1995년 본격적인 대북지원이 시작된 이래 10여 년이 넘는 오랜 기간 동안 역량을 축적하여 여론결집력과 동원능력이 신장되었다고 볼 수 있다. 또한 대북지원 활동을 협의하기 위해 북한과의 다양한 협상채널을 가동하면서 대북협상의 노하우가 축적되었고 이는 곧 조직의 위상과 역량이 강화되는 계기가 되었다.

정부가 경색된 남북관계 국면을 직접 타개해 나가기 어려운 상황에서 대북지원NGO가 보유한 대북협상 채널은 남북관계 진전을 기할 수 있는 하나의 협상통로가 될 수 있다는 점에서 대북지원NGO가 보유한 권력자원은 정부의 입장에서 볼 때 매우 유용한 것이라 평가할 수 있다. 또한 정부 간 협상 및 교류의 통로가 막혔

을 때에도 대북지원NGO의 교류는 지속될 수 있음으로 인해 남북교류협력의 최소한의 연결고리는 끊어지지 않게 되는 것이다.

이러한 대외협상력뿐만 아니라 대북지원NGO가 갖는 권력자원의 확대는 정책결정 과정에서 조직력을 통해 다시 한번 확인할 수 있다. 대북지원NGO는 북민협이라는 제도적 협의체를 마련하여 이슈발생 시 한목소리로 역량을 결집하는 이른바 세력화를 꾀함으로써 권력자원이 더욱 확대되는 계기를 마련하였다. 2007년 3월 말 현재 60여 개 단체가 회원기관으로 가입하여 명실 공히 대북지원NGO의 결정체라 할 수 있는 북민협은 정부정책에 대한 비판과 견제를 넘어 대북지원정책결정 과정에 직접적으로 참여하여 대북지원 활동을 선도해 나가는 역할을 수행하고 있다.

특히 정부와 북민협이 동등한 행위자로 참여하여 발족한 대북지원민관정책협의회의 경우만 보더라도 대북지원NGO의 역량이 얼마나 증가했는가를 반증해 주는 것이라 할 수 있다. 따라서 북민협이라는 제도적 협의체를 통해 이루어진 조직력은 대북지원NGO가 갖는 중요한 권력자원의 일부라 할 수 있다. 아울러 민관협을 통해 정부와 대북지원NGO가 협의하고 결정하는 합동사업의 경우 정부는 재원을 마련하고, 대북지원NGO는 그동안의 노하우를 바탕으로 대북지원 집행을 담당하는 역할분담이 이루어지고 있는 점을 감안할 때 대북지원NGO의 조직력은 대북지원정책네트워크의 성격을 결정짓는 중요한 권력자원이라고 할 수 있다.

언론이 보유한 권력자원을 살펴보면, 노무현 정부 시기 정부와 언론은 각각 대북지원에 대해 상이한 관점을 보이며 정책목표를 공유하지 못하였다. 즉, 대북지원이 북한의 변화를 이끌어 내는 전략적 수단이 된다는 정부의 긍정적 입장과, 오히려 무너져 가는 북한 정권을 연명하는 데 악용된다는 보수언론의 부정적 입장이 팽팽히 대립하였다. 더욱이 언론에 대해 극도의 반감을 갖고 있는 정부와 이에 대한 역작용으로 정부에 매우 비판적인 입장을 견지한 언론이 상호 대립하면서 노무현 정부 시기 정부와 언론은 매우 갈등적 상황으로 점철되었다. 언론은 정부정책에 대해 상당히 비판적 입장의 논조로 일관하였고, 특히 대북지원과 관련한 기사는 매우 부정적인 입장을 견지하였다. 언론은 단절된 남북관계의 복원이나 대화 재개를 위한 조건으로 대북지원을 강행하려는 정부에 대해 소위 북한불변론을 주장하며 지원반대 의사를 명확히 표출하였다.

특히 그동안 대북지원이 북한의 개혁·개방을 이끌어 낼 수 있다는 인식과 달리 현실적으로 북한의 미사일 발사와 핵실험 등 안보위협이 가중되자 언론의 정부에 대한 압박은 더욱 심화되었다. 결국 대북지원의 실효성에 대한 의문이 제기되면서 조중동으로 대표되는 메이저 신문뿐만 아니라 한겨레와 경향신문 등 일부 진보 측 언론사를 제외한 대부분의 국내종합일간지가 정부의 대북지원정책에 반대하는 입장의 논조를 펼쳤다.

마지막으로 기업이 보유한 권력자원을 살펴보면, 기업은 오랜 기간 동안 실제 북한과 접촉하는 과정에서 획득한 정보와 신뢰도가 주요한 권력자원이 된다고 볼 수 있다. 특히 오랜 기간 동안 금강산 관광을 비롯하여 여러 차원에서 북한과 사업을 추진해 온 현대그룹으로서는 북한으로부터 매우 높은 신뢰와 공신력을 확보하고 있다고 볼 수 있다.

따라서 이들이 실제 현장에서 북측 관계자들과의 만남을 통해 획득한 정보와 노하우는 정부가 추진하는 대북지원사업에 중요한 밑거름의 역할을 하고 있다. 특히 금강산 관광이 9년째로 접어들며 금강산 관광 지역인 북한의 온정리 마을에 남한의 대북지원이 많이 이루어지고 있다. 이때 현대는 오랜 기간 쌓아온 노하우를 바탕으로 남한의 단체들과 북한의 관계자들을 연결해 주는 중재자 역할을 하고 있다. 현대아산의 고위관계자는 기업의 역할에 대해 다음과 같이 인식하고 있다.[253]

우리의 역할은 남북을 이어주는 창구역할을 한다. 남측의 인사가 대북지원사업을 하려 할 때 지원방법 및 경로 등에 대해 잘 알지 못한다. 이 경우 우리가 중간에서 북측 파트너와 연결해 주는 소위 중재자 역할을 하고 있다고 본다. 우리가 그동안

---

253) 윤00(현대아산 고위관계자), 2007년 6월 16일, 금강산 온정각에서 인터뷰.

직접 접촉하며 만난 북측의 인사들과 허심탄회하게 사업에 대해 서로 논의할 수 있다는 것이다.

물론 이러한 사례는 기업 전체의 역할이라기보다 현대아산이라는 특정한 그룹에 한정되는 역할임은 사실이다. 하지만 아직까지 기업의 대북협력사업이 활성화되지 못한 상황이라는 점에서 현대아산의 역할은 분명 기업을 대표하는 하나의 주요한 사례로 평가할 수 있다고 본다.

5. 소결론: '노무현 정부' 시기 대북지원정책네트워크 유형

노무현 정부 시기 대북지원정책네트워크에 참여한 주요 행위자로는 대통령을 포함한 정부, 대북지원NGO, 기업, 언론, 사회시민단체 등으로 이전 김대중 정부와 비교할 때 그룹별 행위자의 수는 크게 변화하지 않은 것으로 볼 수 있다. 다만, 행위자 그룹 내부의 참여자 수와 형태는 뚜렷이 변화하였는데, 대북지원NGO의 경우에도 북민협에 참여하는 기관회원의 수가 이전 김대중 정부 시기와 비교할 때 비약적으로 증가하였다.

시민사회단체의 수도 급격히 증가하여 보·혁 간 이념대립의 양대 진영을 형성하기도 하였다. 즉, 이전 김대중 정부 시기부터 시작된 대북지원을 둘러싼 보·혁 간 논쟁이 노무현 정부에 들어 더욱 첨예한 대립 양상으로 전개되면서 보·혁을 대표하는 양측 시민사회단체의 정책결정 과정에 대한 영향력이 상대적으로 확대되었다고 볼 수 있다. 특히 단체가 개별적으로 활동하는 것이 아니라 개별 단체 간 결집과 상호연대를 통해 보·혁 간 양대 진영을 형성하여 정부의 정책추진에 대해 영향력을 행사한 것이 주요한 특징이라 할 수 있다. 이 과정에서 각각의 진영에 참여하는 개별 단체의 수가 양적으로 증가하였고, 이러한 참여의 증가는 곧 그룹의 세력화를 강화하여 자신들이 지향하는 이념적 목표에 따라 정책적 방향을 이끌어 내고자 하였다. 또한 정부 내의 행위자와 관련하여서도 지방자치단체의 대북지원사업이 확대되면서 주요한 행위자로서 영향력이 증대되었고 남북교류협력위원회에 민간위원이 참여하는 등 질적인 변화가 이루어졌다.

한편, 대북지원정책네트워크에 참여하는 여러 행위자 가운데 주로 정부와 대북지원NGO가 주도적 행위자 역할을 수행하였다고 볼 수 있다. 이전 김대중 정부 시기 정부가 여타 행위자를 배제한 채 독단적인 정책결정 과정을 이룬 것과 달리, 노무현 정부에 들어서는 대북지원NGO가 정부의 정책적 파트너로 기능하면서 주도적 행위자의 지위를 구가할 수 있었다. 무엇보다 대북지원NGO가 개별단체들의 협의체인 북민협을 통해 역량을 결집하고 상호 연대함으로써 정부로서는 대북지원NGO에 일정 부분 권한을 위임할 수밖에 없는 구조가 형성되었다. 대북지원NGO는 정부의 정책적 변화를 이끌어 내기 위해 북민협이라는 제도적 협의체를 통해 상호 연대하였으며, 북민협 틀 내에서의 공동 활동을 통해 정부를 압박할 수 있는 권력을 확보할 수 있게 된 것이다.

아울러 정부와 대북지원NGO의 공식적 협의체인 민관협이 구성되면서 북민협은 민관협 운영에 있어 정부와 동등한 지위를 부여받게 되었다. 이러한 제도적 협의체를 통해 정부와 대북지원NGO는 정책결정 과정 전반을 협의함으로써 대북지원정책 네트워크를 이끌어 가는 실질적인 주도적 행위자로 기능하였다. 특히 민관협을 통해 정부와 대북지원NGO가 합동사업을 결정, 추진함으로써 대북지원NGO의 역량은 한층 증가하기에 이르렀다.

다음으로 상호작용의 성격을 살펴보면 정부를 기준으로 할 때 정부와 언론을 제외한 모든 행위자의 상호작용이 대부분 협력적인 형태로 나타났다고 볼 수 있다. 정부와 대북지원NGO의 경우 상호작용의 형태가 단순히 협력적 유대관계 차원을 넘어, 민관협이라는 제도적 협의체를 통해 정책을 조율하고 협의함으로써 두 행위자 간의 상호작용은 매우 협력적이며 긴밀한 네트워크 형태로 나타났다. 특히 대북지원NGO와 정부가 각각 자신들이 발휘할 수 있는 역량을 최대한 살릴 수 있는 역할분담을 통해 대북지원의 효율성을 극대화하고자 하였다. 이로 인해 자연스럽게 두 행위자 간 협력적 관계가 성립될 수 있었고, 이는 협력적 상호작용을 넘어 공동의 파트너십 관계를 형성할 정도에까지 이르게 되었다고 볼 수 있다.

정부와 기업과의 상호작용 역시 매우 협력적인 형태로 발전하였다. 김대중 정부에 이어 노무현 정부 역시 남북한 교류협력을 통한 남북관계 진전을 목적으로 남북경협을 위한 다양한 방안들을 추진하였다. 이에 따라 남북경협 차원에서 정부와 기업의 협력이 두드러지게 나타났으며, 이 과정에서 대북지원에 대한 기업의 역할도 매우 점증하였다. 기업의 입장에서는 이윤창출이라는 고유의 목적을 달성하기 위해 정부와 일정 부분 협력적 관계를 유지하고자 하였고, 정부 역시 남북경협의 중추적인 역할을 담당하고 있는 기업과 협력적 관계를 유지함으로써 남북관계의 발전을 도모하고자 하였다. 이러한 기본적인 상호작용이 대북지원정책네트워크 내에서도 그대로 적용되어 기업은 정부가 추진하는 대북지원에 적극적으로 참여하여 재정적 뒷받침은 물론 국민적 공감대를 형성하는 데서도 큰 역할을 하였다. 결국 정부와 기업의 상호작용 역시 파트너십 관계에까지 이를 수 있을 정도로 매우 협력적 형태로 나타났다고 할 수 있다.

정부와 기업의 이러한 협력적 관계는 기업과 대북지원NGO의 상호작용에서도 그대로 전이되어 나타났다. 즉, 정부의 대북지원에 적극적으로 호응한 기업은 자체적으로 대북지원사업을 추진하기도 하였으며, 이와 별도로 대북지원NGO에 대한 재정적 후원 역할도 담당하였다. 기업은 자체 모금 및 성금을 대북지원NGO에 기탁하는 형식으로 대북지원에 참여하였으며, 이 과정에서 기업과 대북지원NGO는 상호 이익의 극대화라는 목적을 공유하게 되었다.

그런데 이같이 정부를 기준으로 여타 행위자와의 상호작용이 대부분 긴밀한 협력관계로 나타났던 것과는 상이하게 정부와 언론의 상호작용은 매우 갈등적으로 나타났다. 앞서 김대중 정부 시기에 정부와 언론 간 상호작용은 다소 갈등적 양상을 보이기는 하였으나 전반적으로는 협력적 상황으로 귀결되었다. 즉, 김대중 정부 초기에 정부가 언론 세무조사를 통해 언론개혁 의지를 밝히며 다소 갈등을 겪기는 하였지만 이러한 갈등이 극명한 양자 대립구도로 형성되지는 않았다. 이는 당시 국민들의 대북지원에 대한 긍정적 분위기가 팽배해 있는 상황에서 언론이 대국민 여론을 거스를 수 없었던 상황적 배경에서 기인한 것으로 분석할 수 있다.

하지만 노무현 정부 들어 정부와 언론 간 상호작용은 첨예한 갈등이 양자 대결구도를 넘어 두 행위자 간 전쟁으로 표현될 만큼 모든 사안에 대해 심각한 갈등을 겪었다. 특히 조동문(조선·동아·문화일보)으로 명명되는 보수언론과 정부의 대립은 매우 갈등적 관계로 점철되었다. 이러한 갈등적 관계로 인해 정부와 언론 모두 정책 자체에 대한 공정하고 객관적인 논의보다 오히려 상대 행위자에 대한 공방이 주를 이루면서 정책추진의 난맥상을 겪기도 하였다.

정부와 언론의 이와 같은 양자 대결구도는 결국 정부의 대북지원정책을 변화시키는 하나의 요인으로 작용하면서 노무현 정부의 대북지원정책네트워크 유형변화에 영향을 미쳤다고 볼 수 있다. 즉, 여론의 동향과 추이를 고려하지 않을 수 없는 정부로서는 보수언론 및 보수진영의 시민사회단체가 제기하는 '퍼주기론'에서 자유로울 수 없었고, 정책결정 과정 시 이러한 여론의 입장을 고려하지 않을 수 없었던 것으로 보인다.

다음으로 대북지원정책네트워크의 관계구조와 관련하여 먼저 행위자 참여에 대한 개방성 여부를 살펴보면, 노무현 정부 시기 정부와 대북지원NGO는 민관협이라는 제도적 협의체를 통해 정책결정 과정 전반에 대한 협조체제를 형성함으로써 매우 개방적인 형태로 나타났다. 민관협 운영과 관련하여 정부와 대북지원NGO가 동등한 지위를 부여받을 만큼 민간부문의 참여가 개방적 형태로 이루어졌다. 그러나 다른 한편으로 민관협 구성에 있어 기업이나 시민사회단체의 참여가 이루어지지 않았다는 점에서 완전한 개방적인 성격을 가졌다고 보기는 어려운 측면이 있다. 이는 곧 행위자의 참여에 대한 개방성이 비교적 제한적이었다고 평가할 수 있는 부분이다.

한편, 행위자 간 관계가 수직적인가 혹은 수평적인가에 관한 연계유형은 앞서 개방성을 띠고 있기 때문에 연계유형은 수평적 관계로 나타났음을 알 수 있다. 즉, 정부와 대북지원NGO가 위계적 서열관계를 형성한 것이 아니라, 동등한 지위와 역할분담을 통해 상호 협력적 파트너십 관계를 형성할 만큼 수평적 형태를 보인 것이다. 특히 민관협이라는 공식적 협의체를 통해 합동사업의 결정 및 추진과정이 민관의 조율과 협력에 의해 이루어짐으로써 두 행위자 간 관계는 수평적 관계를 형성하게 되었다.

마지막으로 권력자원과 관련하여 정부는 남북협력기금을 위시한 자금력을 기반으로 여타 행위자에 대해 영향력을 행사하였다. 대북지원 형태가 이전의 단순 긴급구호 차원에서 개발 지원 형태로 변모해 가면서 상대적으로 더욱 많은 자금이 소요되게 되었는데, 이 과정에서 정부가 지원하는 남북협력기금은 대북지원NGO의 대북지원사업을 추동하는 원동력이 되었다. 그런데 대북지원NGO가 정부로부터 남북협력기금을 지원받았다 하더라도, 이전 김대중 정부 시기처럼 정부와 대북지원NGO가 수직적 관계를 형성하지는 않았다. 이는 대북지원NGO의 조직력이 강화되고 북한에 대한 협상력 강화가 권력자원으로 나타났기 때문이다. 즉, 대북지원NGO는 합동사업을 통해 남북협력기금의 집행자로서 기능할 만큼의 역량을 보유하게 되었고, 이는 곧 정부와 대북지원NGO가 상호 보유한 자원을 동등한 입장에서 공유할 수 있을 만큼의 비등한 행위자로 기능하였음을 의미한다.

이상의 논의를 종합적으로 고려할 때 노무현 정부 시기 대북지원정책네트워크는 행위자의 수 및 형태가 다양화되었고 비교적 개방적인 참여형태를 나타낸 것이 특징이다. 상대적으로 정부의 영향력이 감소되었다기보다 민간 차원의 영향력이 확대된 것으로 볼 수 있는데, 그중에서도 대북지원NGO의 위상은 정부와 파트너십을 형성할 만큼 매우 강한 역량을 보유하게 되었다. 대북지원NGO는 정부와 함께 합동사업을 시행하는 중심행위자가 되었고, 실제 대북지원 분야에서 오랜 기간 축적되어 온 노하우와 북한과의 신뢰구축 및 협상력으로 인해 그 위상이 점증하였다.

아울러 정부 인사로 한정되었던 법적·제도적 협의기구에 민간위원이 공식적으로 참여하게 되면서 민간부문의 위상이 확대되었다고 할 수 있다. 이로 인해 정부와 대북지원NGO가 주도세력으로서 파트너십을 형성하여 정책결정 과정을 이끌었다고 평가할 수 있다.

대북지원NGO를 포함한 민간부문의 영향력이 강화되었다는 것은 그만큼 권력자원이 확대되었다는 것을 의미하는 것이며, 이는 곧 대북지원정책네트워크 내 행위자들 간 자원교환이 동등한 등가수준에서 이루어졌다는 것을 의미한다. 나아가 자원교환의 등가교환은 행위자 간 상호작용이 갈등을 겪기보다 자신들이 부족한 자원을 확보하기 위해 상대 행위자로부터 협조를 구할 수밖에 없는 협력적 구조를 형성하였다. 결국 정부와 여타 행위자 간 상호작용은 대부분 매우 협력적인 형태로 나타났다. 하지만 정부와 언론 간 관계는 정치·이념적 차이를 극복하지 못하였을 뿐만 아니라 정부가 대립과 갈등을 조정할 수 있는 리더십을 발휘하지 못함으로써 강한 갈등 관계를 보였다. 따라서 노무현 정부 시기 행위자 간 상호작용은 전반적으로 협력과 갈등이 상존하는 형태를 띠었다는 것이 주요한 특징이라 할 수 있다. 한편, 언론을 제외한 여타 행위자들과 정부의 협력적 관계가 이루어지면서 정책결정 과정에 자율적이며 개방적으로 참여할 수 있게 되면서 대북지원정책네트워크의 연계구조 역시 매우 수평적인 형태로 나타났다.

지금까지 살펴본 노무현 정부의 대북지원정책네트워크에 대한 이와 같은 특징들은 대북지원정책네트워크 유형 가운데 정책공동체모형으로 유형화할 수 있는 객관적 특징이라 할 수 있다. 즉, 행위자가 비교적 개방적이며 국가의 영향력이 상대적으로 제약된 반면 민간부문의 역할이 점증하고, 민간부문 가운데서도 특히 관련전문가(단체)가 법적·제도적 형태로 정부정책결정에 참여할 수 있는 개방성을 보이고 있는 점 등이다.

아울러 정부와 여타 행위자 간 관계가 수평적 형태를 띠며 권력자원의 등가교환이 이루어지면서 연계구조가 매우 수평적이며 개방적인 형태로 나타나고 있는 점

역시 정책공동체 유형의 특징이라 할 수 있다. 따라서 이상의 논의를 바탕으로 노무현 정부 시기 대북지원정책네트워크 유형을 정책공동체모형으로 규정할 수 있으며, 이를 도식화하면 아래 <표 4 - 14>와 같다.

<표 4 - 14> 노무현 정부 대북지원정책네트워크 분석결과

정책네트워크		분석결과	
분석요소	하위요소		
행위자	수	비교적 개방적	
	주도집단	정부와 대북지원NGO	
상호작용	정부 - 기업	적극적 협력	협력적 · 갈등적 병존
	정부 - 대북지원NGO	적극적 협력	
	정부 - 언론	강한 갈등	
	기업 - 대북지원NGO	소극적 협력	
관계구조	개방성	개방적	
	연계유형	수평적	
권력자원의 분포		정부 = 대북지원NGO > 기업 · 언론	
	↓↓↓ ↓↓↓ ↓↓↓		
정책네트워크 유형		정책공동체모형	

제5장 대북지원정책네트워크 분석결과의 비교*

* 이 부분 중 일부는 강동완, "정책네트워크 분석(Policy-Network Analysis)을 통한 대북지원정책 거버넌스 연구," 『國際政治論叢』, 제48집 1호(2008)에 요약발표된 내용임.

제1절 각 정부별 대북지원정책 환경과 정책네트워크

1. 각 정부별 대북지원정책 환경요인 비교

대북지원정책은 분단국가의 특수성으로 인해 북한이라는 특정한 상대를 대상으로 하며, 동시에 한반도 주변국의 이해관계를 고려해야 하는 국제적 성격의 이중성을 띠고 있다. 따라서 본 연구에서는 환경적 요인이 대북지원정책에 어떠한 변화를 추동하였는지 살펴보기 위해, 대북지원정책 추진환경을 외적 요인으로 규정하고 이를 다시 국제·남북관계·국내적 차원이라는 세 가지 영역으로 세분화하여 각 정부별로 살펴보았다.

먼저 각 정부별 국제적 차원의 환경요인은 국제정세 및 한반도 주변국들의 대북인식, 그리고 개별국가들의 대북지원 여부를 통해 확인할 수 있는데 이를 정리하면 아래 <표 5-1>과 같다.

<표 5-1> 각 정부별 국제적 차원의 환경요인

	김대중 정부		노무현 정부	
	전반기 (1998년-2000년)	후반기 (2001년-2002년)	전반기 (2003년-2005년)	후반기 (2006년-)
국제정세	○4자회담을 통한 대화의 원칙견지	○북한의 핵보유선언에 따른 한반도 긴장고조 ○9·11 테러 발생	○6자회담을 통한 대화의 원칙 견지	○북한의 미사일 발사와 북핵 실험으로 인한 한반도 긴장 고조
주변국의 대북인식	○한반도의 안정적 관리를 위한 현상유지정책 선호	○핵위협에 따른 안보위협의 대두로 개별국가의 대북지원 감소	○미국의 일방주의적 외교노선에 따른 대북압박	○미국의 대북정책 변화에 따른 북미 양자 대화

	김대중 정부		노무현 정부	
주변국의 대북인식	○개별국가 차원의 대북지원 시행 ○대북 인도적 지원 활성화를 위해 한미일 3국 긴밀공조체제 형성	○9·11 테러 이후 미국의 대북압박 정책 강화 ○일본인납치문제로 인한 대북지원 중단	○한국의 대북지원 지속에 대한 주변 국들의 중단요구 ○미 의회에 북한자유법안 상정	○일본 자민당의 대북경제재재 조치 승인 ○중국 정부의 원유 및 대북식량지원 지속
국제기구의 대북지원	○UN합동호소에 대한 국제사회의 지원 증가 ○평양에 세계보건기구 (WHO)상주대표 사무소 개소	○대북지원 피로현상에 따른 대북지원 축소	○UN합동호소에 대한 국제사회의 지원 실적 감소	○UN합동지원호소 중단

각 정부별 남북관계 차원의 환경요인은 긍정적 요인과 부정적 요인으로 나누어 살펴보았는데 이를 정리하면 아래의 <표 5-2>와 같다

〈표 5-2〉 정부별 남북관계 차원의 환경요인

	김대중 정부	노무현 정부
긍정적 요인	○남북한 교류협력 전개(금강산 관광, 남북 경협 활성화) ○남북정상회담 개최 ○남북 당국 간 회담(장·차관급 회담, 군사적 실무회담)	○남북한 교류협력 지속(개성공단, 철도도로연결, 남북교역 증가) ○남북 당국 간 회담 정례화 및 개최 횟수 증가 (장·차관급 회담, 장성급회담 등) ○북한 용천재해 지원을 위해 남북 간 협력 분위기 고조
부정적 요인	○국지적 군사충돌(강릉잠수함 침투사건, 대포동 1호 미사일 발사, 서해교전) ○북한 핵개발 의혹 제기	○김일성 주석 10주기 조문 파동 ○탈북자 450명 대량입국 ○미국의 북한인권법 통과를 명분으로 한 북한의 남북대화 거부 ○북한의 미사일 발사 ○북한의 핵실험 강행

각 정부별 국내적 차원의 환경요인 역시 긍정적 요인과 부정적 요인으로 나누어 살펴보았는데 이를 정리하면 아래의 <표 5 - 3>과 같다.

<표 5 - 3> 정부별 국내적 차원의 환경요인

	김대중 정부	노무현 정부
긍정적 요인	○ 대북포용정책 추진 ○ 대북지원에 대한 대통령의 강한 의지 ○ 기업, 일부 언론의 협력 ○ 대북지원에 대한 대국민 지지	○ 대북포용정책을 승계한 평화번영정책 추진 ○ 대북지원에 대한 대통령의 의지
부정적 요인	○ 대북지원을 둘러싼 남남갈등 표출 ○ 대북비밀자금지원문제로 인한 특검	○ 대북지원을 둘러싼 남남갈등 극대화 ○ 정부와 언론의 갈등 극대화 ○ 대북지원에 대한 대국민 인식 악화

2. 각 정부별 정책 환경과 대북지원정책네트워크의 상관관계

앞 장에서 대북지원정책 추진의 환경적 요인을 국제 · 남북관계 · 국내적 차원에서 각각 정부별로 요약하였다면, 이제 정부별로 대북지원정책 환경이 실제 대북지원정책 및 대북지원정책네트워크 변화에 어떤 영향을 미쳤는지를 평가하기로 한다. 즉, 외적 요인으로 설정한 정책 환경이 실제 대북지원정책 변화 및 추진에 어떠한 영향을 미쳤는지를 알아보고, 동시에 국제 · 남북관계 · 국내적 차원 중 가장 큰 영향력을 끼친 부분이 무엇인지를 파악하고자 한다.

가. 김대중 정부의 대북지원정책 환경과 정책네트워크

김대중 정부가 추진한 대북정책의 기본원칙은 남북한 화해협력을 통해 북한의 개혁 · 개방은 물론 북한이 국제사회의 책임 있는 구성원으로 나올 수 있는 기틀을 마련하기 위한 것으로 요약할 수 있다. 이러한 정책 추진 목표에 따른 구체적인 행동계획의 일환으로 김대중 정부는 다양한 채널을 활용하여 북한에 대한 인도적 지원과 경제협력 활성화를 추진하고자 하였다.

정부가 이와 같은 대북지원의 활성화를 정책적으로 추진할 수 있었던 배경 가운데 하나는 당시 국제적 차원의 환경적 요인이 매우 협력적 요인으로 작용하였기 때문이라고 볼 수 있다. 즉, 한반도를 둘러싼 주변국은 북한의 급박한 상황변화보다 안정적 차원의 현상유지를 더욱 선호하였고, 이러한 큰 틀에서 대북지원에 대해 전반적으로 긍정적인 입장을 취하였다. 미국을 비롯한 개별국가 차원에서 상당한 규모의 대북 인도적 지원이 직접 실시되었고, 아울러 UN 등 국제기구의 대북지원도 활발히 전개되면서 국제사회의 대북지원에 대한 인식은 한국 정부의 입장과 궤를 같이하였다고 볼 수 있다. 국제사회의 UN합동호소를 통한 대북지원 규모는 그 이전 시기와 비교할 때 괄목할 만한 증가세를 이루었고, 평양에 세계보건기구(WHO) 상주대표사무소가 개소되는 등 제도적인 측면에서도 국제기구의 역할이 점증한 시기였다고 볼 수 있다. 또한 한반도 주변국가와 국제기구의 활발한 대북지원은 물론 EU 역시 북한에 대한 지원 노력을 아끼지 않음으로써 국제사회 전반에 대북지원에 대한 공감대가 형성되었다고 평가할 수 있다. 누차 강조하는 내용이지만 대북지원은 북한이라는 특정한 상대를 대상으로 하는 정책이기에 한반도 주변국들의 이해관계가 복잡하게 얽혀 있으며, 한국 정부는 정책추진 시 이러한 국제적 차원의 환경적 요인을 반드시 고려할 수밖에 없다. 그런 점에서 볼 때 대북지원에 대한 국제사회의 전폭적인 지지 및 적극적인 지원활동은 한국 정부가 대북지원을 활발히 추진할 수 있는 기반으로 작용하였다고 보기에 충분한 것이다.

물론 김대중 정부 집권 후반기에 접어들어 9·11 테러 사태에 따른 국제정세의 급변, 부시 공화당 행정부의 대북 강경정책, 국제사회의 대북인식 악화, 국제기구의 대북지원 피로현상 등 대북지원정책 추진을 어렵게 하는 여러 가지 부정적 요인이 대두되기도 하였다. 하지만 이러한 부정적 요인들이 실제 한국 정부의 대북지원을 축소하거나 중단하게 할 만큼 강한 영향력을 미치지는 못하였다는 점을 주목할 필요가 있다.

다음으로 남북관계 차원을 살펴보면, 김대중 정부 시기의 남북관계는 과거 그 어느 시기와도 비교할 수 없을 만큼 상당한 진전을 이룬 것이 사실이다. 북한에 대한 지원과 경제협력을 통해 북한을 안정적으로 관리하여 실질적인 남북관계의 진전을 이루겠다는 정부의 강한 의지는 북한을 협력과 지원의 대상으로 바라보며 접촉면을 확대하고자 하였다.

이와 같은 한국의 적극적인 지원공세에 대해 북한 역시 체제안정을 도모하기 위한 방편에서 지원을 적극 수용하였고, 한 걸음 더 나아가 한국의 지원을 자신들이 유리한 방향으로 이끌어가기 위한 전략적 사고를 보이기도 하였다. 결국 한국 정부의 적극적 지원의지와 북한의 적극적 수용의지가 상호 결합되어 지원 및 경제협력 분야에서 남북한 협력은 매우 두드러지게 나타났다. 특히 2000년 6월 남북정상회담 개최를 통해 남북한은 그동안 반목과 대립의 적대적 관계를 청산하고 화해와 협력단계로 나아가는 첫발을 딛게 되었다. 남북정상회담 이후 남북관계는 그 이전 시기와 비교할 때 획기적인 진전을 이루었고, 정치·경제·사회문화 등 거의 대부분의 영역에서 실질적인 교류협력이 한층 가속도를 내며 진행되었다.

한편, 이와 같은 남북한 화해협력의 분위기가 무르익어 가는 동안에 전혀 예상하지 못했던 북한의 군사적 위협과 충돌 그리고 핵개발 의혹이 제기되면서 남북관계가 급속히 냉각되며 경색국면을 맞기도 하였다. 하지만 이전 시기와 비교할 때 김대중 정부는 이와 같은 안보위협에도 불구하고 남북관계의 고리를 완전히 단절하기보다 최소한의 접촉을 통해 남북관계가 걷잡을 수 없는 파행으로 치닫는 길을 막고자 하였다. 즉, 군사적 충돌과 안보위협이 제기되는 상황에서도 금강산 관광이나 경제협력을 지속적으로 전개하여 위기상황을 안정적으로 관리하였으며, 민간분야를 통한 대북지원을 유지함으로써 남북 간 최소한의 신뢰를 유지하고자 하였다.

이와 같이 김대중 정부 시기의 대북지원정책 추진환경 가운데 남북관계 차원은 한국 정부의 적극적인 대북지원을 가능하게 하는 긍정적 요인으로 작용하였다고 볼 수 있다. 대북지원정책은 수혜자임과 동시에 정책행위자로 기능하는 북한이라는 특정 행위자를 반드시 염두에 두고 추진하는 정책이기에, 남북관계의 안정이 선행되지 않고는 결코 추진할 수 없는 분야이다. 그러한 점에서 대북포용정책을 필두로 남북정상회담을 거쳐 남북교류협력의 확대로 이어지는 일련의 남북관계의 진전 상황 속에서 대북지원정책을 원활히 추진하게 하는 밑바탕이 되었다. 결국 김대중 정부 시기 남북관계 차원의 환경적 요인은 대북지원정책의 추진력을 강화하는 긍정적 요인으로 작용했다고 볼 수 있다.

마지막으로 국내적 차원을 살펴보면, 대국민 여론이 정책의 향방을 결정할 수 있다는 점을 고려할 때 김대중 정부는 국민들로부터의 정책지지를 획득하기 위해 다양한 노력을 기울였다. 김대중 정부 출범 초기부터 강력한 추진의지를 천명하며 시행한 대북포용정책은 북한에 신뢰를 제공하여 남북관계의 진전을 이루어내기도 하였지만, 무엇보다 국내적 차원에서 국민들의 대북인식에 있어 획기적인 전환을 이루어내기도 하였다.

이전 권위주의 정부 시기 투철한 반공교육에서 기인한 북한에 대한 적개심으로 인해 한국 사회 곳곳에 냉전의 잔재가 만연하였고, 특히 북한에 대한 부정적 인식으로 인해 대북지원에 대한 국민적 공감대는 매우 비판적이며 미약한 수준이었다. 하지만 대북포용정책이 가시적이며 실질적인 성과를 도출해 내면서 국민들의 대북인식의 전환이 점차 이루어지기 시작했다. 앞서 살펴본 대북인식에 대한 국민 여론조사 결과에서 알 수 있는 바와 같이 당시 한국 국민들은 북한을 적대·경계·경쟁대상으로 인식하기보다 협력·지원대상으로 바라보게 되었고, 정부의 정책에 대한 신뢰 면에 있어서도 매우 긍정적으로 평가하였다. 아울러 정부 차원의 교류협력과 더불어 기업 차원의 적극적인 대북지원 활동과 경협사업의 진전 역시 국민들의 대북인식의 변화를 가져오는 데 일조하였다고 볼 수 있다. 결국 정부와 민간부문 공히 북한과 활발한 교류협력 추진을 통해 남북 간 긴장완화를 이루었고 이는 대북지원정책을 추진할 수 있는 국내적 공감대를 형성하는 단초가 되었다.

이와 같이 김대중 정부 시기 대북지원정책 추진을 둘러싼 국내적 차원의 환경요인은 정책의 강력한 추진에 큰 힘을 실어줄 만큼 긍정적 요인으로 작용했다고 평가할 수 있다. 무엇보다 정부가 추진하는 정책이 국민들로부터 지탄의 대상이 되기보다 비교적 높은 수준의 지지를 획득하였고, 대북지원NGO와 기업을 비롯한 민간분야의 적극적인 지지가 수반됨으로써 국내적 차원의 환경요인은 대북지원정책을 추진하는 데 더없이 좋은 환경요인으로 작용하였다. 비록 집권 후반기 남북정상회담의 개최 대가로 지불한 대북비밀자금송금설로 인해 국내 여론이 악화되고 정부의 대북정책에 대한 국민의 신뢰도가 추락하기는 하였지만, 이는 대통령 집권 5년의 기간 중 이른바 퇴임을 눈앞에 둔 시점에 제기된 문제임을 감안할 때, 대북지원정책의 국내적 요인을 평가하는 데는 크게 영향을 미치지 않았다고 볼 수 있다.

이상에서 언급한 바와 같이 김대중 정부 시기 대북지원정책 추진환경은 국제·남북관계·국내적 차원의 전 영역에서 활발한 대북지원정책을 추동할 수 있는 긍정적인 요인으로 작용했다고 평가할 수 있다. 특히 집권 전반기에는 대북지원정책 추진을 어렵게 하는 장애요인이 발생하지 않음으로 인해, 정책추진의 가속도를 높일 수 있었다. 물론 이와는 다른 양상으로 집권 후반기에 접어들면서 국제·남북관계·국내적 차원 등 세 가지 분야 모두에서 대북지원정책 자체의 근간을 뒤흔들 수 있을 만한 장애요인이 발생하기도 하였다. 하지만 정부는 이러한 대북지원정책 추진의 장애요인을 제거함으로써 대북지원정책을 축소하거나 중단하는 일이 없이 지속적으로 추진하였다. 이상의 논의를 종합하여 김대중 정부 시기 대북지원정책 추진환경요인에 대한 종합적 평가는 다음의 <표 5-4>와 같이 결론지을 수 있다.

〈표 5-4〉 김대중 정부 시기 대북지원정책의 환경요인에 대한 종합적 평가

	환경적 요인			종합적 평가
	촉진요인	장애요인	장애요인제거	
국제적 차원	○ 김대중 정부의 대 북정책에 대한 국 제적 지지 ○ 국제사회(개별국 가＋국제기구)의 적극적 대북지원	○ 9·11 테러로 인한 국제정세의 변화 ○ 대북지원 피로현 상에 따른 지원 감소	○ 지원축소나 중단 조치를 취할 만큼 직접적 영향력을 미치지는 못함 →→→	긍정적 환경요인
남북관 계 차원	○ 남북정상회담 개최 와 교류협력 확대 ○ 대북포용정책 추진	○ 국지적 군사충돌 ○ 북한의 핵개발 의 혹 제기	○ 지원에 대한 정 부의 강한 의지 →→→	긍정적 환경요인
국내적 차원	○ 대북지원에 대한 대 통령의 적극적 의지 ○ 기업, NGO의 협력 ○ 대북지원에 대한 국민적 지지	○ 대북비밀자금송 금 문제	○ 집권 후반기에 발 생한 일로 크게 영 향을 미치지 않음 →→→	긍정적 환경요인

나. 노무현 정부의 대북지원정책 환경과 정책네트워크

김대중 정부 집권 후반기에 불거진 이른바 '제2차 북핵문제'는 노무현 정부가 시급히 해결해야 할 핵심적 국정과제 중 하나로 설정되었다. 북핵문제는 한반도와 동북아 지역은 물론 세계적 차원에 영향을 미칠 수 있다는 점에서 국제사회의 귀추가 주목되는 가운데, 노무현 정부는 관련 당사국들을 중심으로 한 6자회담의 틀 내에서 북핵문제 해결을 위한 실마리를 찾고자 하였다.

하지만 6자회담의 실질적이며 가시적인 성과가 더디게 진행되는 가운데, 미국의 일방주의적 외교노선에 따른 대북 강경책이 심화되었고, 일본 역시 미국의 외교정책에 동조하여 북한에 대한 압박수위를 높여 나갔다. 안보위협의 당사자로서 북한에 대한 부정적인 인식이 확산되는 가운데, 그동안 대북지원의 규모 면에 있어 상

당한 비중을 차지하였던 미국을 비롯한 개별국가들은 대북지원 규모를 점차 축소하였고, 나아가 한국 정부의 대북지원정책에 대해서도 부정적인 입장을 견지하며, 북핵문제의 해결이 이루어지지지 않는 상황에서의 대북지원은 중단할 것을 요청하기도 하였다.

또한 UN을 비롯한 국제기구의 대북지원 역시 대북지원 피로현상으로 인해 지원 규모가 점차 감소되었고, 결정적으로 2005년 북한이 인도적 지원으로부터 개발 지원으로의 전환을 요구하면서 그동안 추진되어 온 합동지원호소가 중단되기에 이르렀다.

이와 같이 대북지원에 대한 국제사회의 부정적 인식이 확산되는 가운데, 북한의 미사일 발사와 곧이어 발생한 핵실험으로 인해 한반도의 긴장이 최고조에 달하면서 국제사회는 경제봉쇄를 포함하는 UN결의안을 통해 대북제재의 강도를 한층 높이게 되었다. 그동안 지속적으로 추진되어 온 대북지원, 특히 한국의 대규모 지원과 경제협력이 북한을 개혁·개방으로 이끌어 내기는커녕 오히려 핵실험으로 이어지면서 한국 정부는 국내외적으로 정책 실패에 대한 비난을 면치 못하였다. 결국 그동안 북한의 안보위협이 끊임없이 제기되는 상황에서도 북한에 대한 지원과 교류협력을 지속적으로 추진해 오던 한국 정부로서도 국제사회의 압박을 감당할 명분을 찾지 못하였고 급기야 대북 인도적 지원 중단이라는 조치를 취하게 되었다.

이와 같이 노무현 정부 시기에 대북지원정책 추진환경 중 국제적 차원은 한국 정부의 정책 입지를 협소하게 할 만큼 매우 부정적인 환경으로 작용하였음을 알 수 있다. 이전 김대중 정부 시기 국제사회가 한국 정부의 정책추진에 대해 협력적 지지를 보여준 것과는 상이하게, 노무현 정부 시기에는 국제적 차원의 환경적 요인이 한국 정부의 대북지원정책을 반대하는 목소리가 훨씬 더 높았음을 알 수 있다.

문제는 한국 정부가 이러한 부정적 환경요인을 고려하여 국제사회와의 의견 조율을 통해 대북지원정책을 탄력적으로 운영한 것이 아니라, 국제사회의 입장을 무시한 채 대북지원을 강행함으로써 상호 갈등적 상황이 빈번하게 발생하였다는 점이다. 다시 말해, 국제사회 전반적으로 대북지원에 대한 부정적 인식이 팽배하였고, 실제로 개별국가와 국제기구의 대북지원이 축소되는 상황에도 불구하고 한국 정부가 '나 홀로 지원'을 무리하게 강행함으로써 국제사회와의 공조와 협력에 틈이 벌어지기 시작한 것이다. 이는 국제사회와 한국 정부의 대북지원 목표에 대한 인식의 괴리에서 기인한 것으로서, 국제사회는 순수한 인도적 차원의 지원을 정책목표로 한 반면, 한국 정부는 대북지원을 통해 북한의 변화를 유도하고 남북관계의 발전을 기한다는 정치적 목적을 첨가하였기 때문이다.

북한의 안보위협이 가중될 경우 국제사회는 대북지원을 중단하거나 축소할 수 있었던 반면, 한국 정부는 남북관계의 지속을 위해 이러한 조치를 취하지 못하는 한계를 갖고 있었다. 그러다 보니 대북지원에 대해 국제적 차원의 부정적 요인이 대두되었다 하더라도 한국 정부는 이를 수용하지 않았고, 이 과정에서 한국 정부와 주변국 간 보이지 않는 외교적 마찰이 발생하기도 하였다. 비록 노무현 대통령 집권 후반기 북핵문제 해결을 위한 가시적 성과로서 9·19 공동성명과 2·13 조치 등이 취해지면서 국제사회와 공조체제를 이루는 모습을 보이기도 하였으나, 미국을 비롯한 주변국들은 남북관계가 북핵문제보다 앞서 진행되는 것을 용인하려 하지 않았다는 점에서 한국 정부가 자율적으로 대북지원정책을 추진하는 것은 매우 어려운 상황이었다고 볼 수 있다. 그럼에도 노무현 정부는 이와 같은 국제적 차원의 부정적 환경을 고려하기보다 무리한 강행정책을 고수함으로써 국제사회와의 마찰을 피할 수 없었다.

다음으로 남북관계 차원을 살펴보면, 노무현 정부 시기의 남북한 관계는 이전 김대중 정부 시기부터 활발히 전개되어 온 교류협력과 남북경협 사업을 지속적으로 추진하면서 화해의 국면을 이어갔다. 이전 정부에서 확고히 마련해 놓은 남북교류협력 원칙을 바탕으로 개성공단사업, 철도도로연결, 이산가족 상봉, 당국 간 회담의 정례화, 남북경협 사업 확대 등 가시적인 성과를 이루고자 하였다. 아울러 시민사회의 역량이 급속히 증가하면서 민간 차원의 교류협력이 활성화되었고, 이로 인해 남북한 인적·물적 교류는 괄목할 만한 증가세를 이루었다.

하지만 이러한 성과를 얻어낸 과정 이면에는 동시에 잃어버린 것도 많음을 직시해야 한다. 무엇보다 대북정책을 둘러싼 국론분열로 인해 국가적 역량이 한곳에 집중되지 못하고 사회적 혼란을 야기하였다는 점을 들 수 있다. 남북화해를 이루면서 남남갈등이라는 역설적 현상을 초래한 것은 그만큼 대북정책이 국민적 합의에 기반을 두어 민족공동의 번영을 위해 추진되었다기보다 정치적 목적으로 이용되었기 때문이라 할 수 있다.

즉, 엄밀한 의미에서 남북관계의 진전을 이룬 배경에는 남북한 정권 공히 자신들의 정치적 안정성을 확보하기 위한 이해관계가 암묵적으로 일치하였기 때문에 가능한 것이었다고 볼 수 있다. 노무현 정부의 입장에서 볼 때, 2000년 6·15 공동선언 이후 획기적으로 진전된 남북관계를 안정적으로 관리하지 못하고 오히려 그 이전 상태로 퇴보하게 만들 경우, 정권의 지지도에 미칠 파장을 고려하지 않을 수 없었을 것이다. 북한의 입장에서 볼 때도 국제사회의 제재로 인해 정치적·경제적 난국을 겪고 있는 상황에서 체제유지를 위한 물적 토대를 지원받을 수 있는 원천은 남한밖에 없음을 자각하고 정치·군사적인 공세와 명분보다 실리를 앞세워 더 많은 지원을 이끌어 낼 수 있는 민족공조를 강조할 수밖에 없었다고 볼 수 있다.

여하튼 남북 간 교류협력의 증가와 화해의 분위기는 한국 정부의 대북지원정책을 가능하게 하는 남북관계 차원의 긍정적 환경요인으로 작용하였다. 어차피 대북지원 자체가 북한이 수혜자임과 동시에 행위자임을 감안할 때 북한의 협조에서 기인한 남북관계의 안정은 대북지원정책네트워크에 중요한 영향을 미칠 수밖에 없다. 따라서 이 시기 남북한 관계의 안정적 국면은 한국 정부의 대북지원정책 추진환경에 매우 긍정적인 환경요인으로 작용했다고 볼 수 있는 것이다.

물론 노무현 정부 시기 김일성 주석 10주기 조문파동, 탈북자 450명 대량입국, 북한의 미사일 발사와 핵실험 등 여러 가지 상황적 요인에 의해 남북관계가 경색되는 국면을 맞기도 했다. 하지만 이러한 남북관계 경색이 장기간 지속되지 않았다는 점과 무엇보다 한국 정부가 대화 재개를 위해 대북지원을 전제조건으로 내걸었다는 점에서 오히려 역설적으로 보면 이러한 남북관계 경색이 대북지원정책을 가속화하는 상황적 요인이 되었다고 볼 수 있는 것이다.

마지막으로 국내적 차원을 살펴보면, 노무현 정부는 출범 초기 평화번영정책 추진을 통해 북핵문제를 평화적으로 해결하고 남북한 공동번영의 토대를 마련하고자 하였다. 하지만 정부가 추진하려는 정책목표가 명확히 설정되지 않음은 물론 '동북아중심국가'라는 개념 역시 모호하여 국내외적으로 논쟁의 대상이 되었다. 또한 북미 간 적대관계의 산물이라는 북핵문제의 본질을 간과한 채 북핵문제 해결과 남북관계발전이라는 병행전략을 추진함으로써 정책의 실효성에 대한 의문이 제기되었다. 더욱이 정부가 표면적으로는 이러한 원칙을 공표하였음에도 불구하고, 실제 정책 추진과정에서는 북핵문제의 해결이 이루어지지 않은 상황에도 불구하고 북한에 대한 일련의 지원과 경협을 무리하게 추진함으로써 국민들로부터 지탄의 대상이 되기도 하였다.

북한과 미국에 대한 인식, 대북지원에 대한 입장 등을 둘러싸고 이전 정부 시기부터 조금씩 분출되던 보·혁 간 갈등은 노무현 정부 시기에 더욱 첨예하게 대립하면서 남남갈등의 극대화라는 사회적 문제로 확산되었다. 특히 시민사회단체가 보·혁 간 이념대결 구도를 형성하여 양대 진영 간 대결 구도로 확산되면서 정부가 추진하는 대북정책은 늘 보·혁 간 논쟁의 한가운데를 차지하게 되었다.

또한 대통령의 리더십 부재에서 비롯된 정책적 혼란과 정부에 대한 불신으로 말미암아 정부가 추진할 수 있는 정책적 기반은 상대적으로 미약할 수밖에 없었다. 특히 대통령의 당적을 가진 열린우리당이 잇따라 지방선거와 총선에서 패배하면서 정부의 정책추진력은 약화될 수밖에 없었고, 국민들로부터의 불신은 더욱 고조되었다. 아울러 정부와 언론, 특히 일부 보수언론과 정부가 전쟁으로 표현할 만큼 대립과 갈등을 겪으면서 정책추진의 정당성을 더욱 상실하게 되었다.

이와 같이 국민들의 정부에 대한 불신이 가중되고 있는 상황에서 이전의 북한의 국지적인 군사적 도발과는 비견할 수 없을 정도의 심각한 안보위협으로서 미사일 발사와 핵실험이 전격적으로 단행됨으로 인해 정부에 대한 국민적 불신은 극에 달하였다. 그동안 퍼주기라는 비난 가운데서도 줄기차게 추진해 온 대북지원의 성과가 고작 핵실험으로 돌아왔다는 비판적 여론이 급격히 확산되면서 정부는 국민적 지탄을 면하기 어려운 상황에 놓이기도 하였다.

국민적 여론의 목소리에 따라 정책추진의 향방을 결정할 수밖에 없는 정부로서는 정부의 불신이 가중된 상황에서 대북지원정책을 활발히 전개할 수 없는 환경에 직면하였다. 이러한 이유에서 노무현 정부 시기 대북지원정책 추진환경 가운데 국내적 차원의 환경요인은 매우 부정적이었던 것으로 평가할 수 있다. 이상의 논의를 종합하여 노무현 정부 시기 대북지원정책 추진환경요인에 대한 종합적 평가는 다음의 <표 5-5>와 같이 결론지을 수 있다.

〈표 5-5〉 노무현 정부 시기 대북지원정책의 환경요인에 대한 종합적 평가

	환경적 요인				종합적 평가
	촉진요인	장애요인	장애요인제거		
국제적 차원	○북핵문제 해결을 위한 6자회담 개최	○UN합동호소 중단 ○북한의 안보위협에 따른 국제사회의 대북지원 중단요청	○장애요인 지속	⟹⟹⟹	부정적 환경요인
남북관계 차원	○평화번영정책 추진과 남북교류협력 확대 ○용천재해에 대한 지원분위기 확산	○김일성 주석 10주기 조문 파동 ○탈북자 450명 대량입국 ○북한의 미사일 발사 및 핵실험	○남북관계 경색 시마다 협상재개를 위해 대북지원 단행	⟹⟹⟹	긍정적 환경요인
국내적 차원	○정부와 NGO의 협력	○대북지원을 둘러싼 남남갈등 극대화 ○정부와 언론의 갈등 극대화 ○대북지원에 대한 대국민 인식 악화	○장애요인 지속	⟹⟹⟹	부정적 환경요인

지금까지 김대중 정부와 노무현 정부의 대북지원정책 추진환경에 대해 각각 국제·남북관계·국내적 차원으로 나누어 살펴보았다. 김대중 정부 시기의 환경적 요인은 세 가지 차원 모두 대북지원정책 추진을 위한 긍정적 환경요인으로 작용한 반면, 노무현 정부 시기에는 남북관계 차원에서만 긍정적 요인으로 나타났고 나머지 국제적·국내적 차원은 매우 부정적 환경요인으로 기능하였음을 알 수 있었다.

김대중 정부 시기 대북지원정책 추진의 외적 요인으로서 정책 환경이 긍정적이었다는 것은, 상대적으로 한국 정부와 국제사회, 그리고 국내적 차원의 행위자 간 갈등상황이 발생하지 않았음을 의미한다고 볼 수 있다. 다시 말해 외적 변수로서 환경적 요인이 정부의 대북지원정책의 추진을 뒷받침해 주는 기반이 됨으로써 정부는 안정적 환경에서 행위자들과 갈등을 최소화하며 대북지원정책을 추진해 나갔다는 의미이다. 결국 김대중 정부 시기 정부가 주도적인 역할을 수행할 수 있었던 것은 바로 국제·남북관계·국내적 차원의 지지를 등에 업고 정책추진의 가속력을 높일 수 있었기 때문이라 평가할 수 있다.

이에 반해 노무현 정부는 남북관계 차원을 제외한 국제·국내적 차원의 환경적 요인이 매우 부정적이었음을 볼 수 있는데, 이는 곧 정부가 북한을 제외한 나머지 행위자들과 갈등적 상황에 놓이게 되었음을 의미하는 것으로 볼 수 있는 것이다. 다시 말해 노무현 정부 시기 대북지원정책 추진의 환경요인 가운데 대북지원정책을 어렵게 하는 장애요인이 더 많음에 따라 정부의 대북지원정책에 대한 재고가 필요했음에도 불구하고, 정부가 강경하게 밀어붙이기식으로 나아감으로 인해 정부와 여타 행위자들 간 갈등이 발생하여 대북지원정책을 둘러싸고 정책적 혼선을 일으켰다는 것을 의미한다. 특히 다른 요인보다 남북관계 차원에서 북한의 군사적 도발 등과 같은 대북지원정책 추진의 장애요인이 더욱 많았음에도 불구하고, 남북관계 차원은 오히려 긍정적 환경요인으로 작용했다는 점은 정부가 안보에 대한 안일한 대응과 인식을 갖고 있었다는 점을 간접적으로 보여주는 것이라 하겠다. 정부가 상호주의 원칙에 입각하여 북한의 군사적 위협 시 당연히 대북지원에 대한 재고가 필요했음에도 불구하고, 남북관계의 안정이라는 허울에 갇혀 북한에 대해 어떠한 대응도 하지 못한 국정운영의 미숙함을 보였다. 바로 이러한 정부의 '독불장군식' 지원정책이 바로 남남갈등을 심화시키는 하나의 원인이 되었다고 해도 과언이 아닐 것이다.

아울러 국제적 · 국내적 차원의 환경요인은 부정적이었던 반면 남북관계만 긍정적 환경요인으로 나타난 것은 북한의 '우리민족끼리'라는 전략적 공세를 한국 정부가 무비판적으로 수용한 데서 기인한 것이라 평가할 수 있다. 결과적으로 볼 때 국제적, 국내적 차원의 부정적 환경요인으로 인해 국제적으로 주변국과 외교적 마찰이 발생하였고, 국내적으로는 남남갈등의 심화라는 부작용으로 이어지게 되었다. 이는 다른 한편으로 보면 정부가 국제적 공조와 국내적 합의를 바탕으로 대북지원 정책을 추진하지 않고, 오로지 남북관계의 안정만을 희구하며 북한과의 마찰을 최소화하는 데에만 급급하였다는 것을 여실히 증명하는 것이라 할 수 있다.

제2절 각 정부별 대북지원정책네트워크 종합비교

앞서 각 정부별로 대북지원정책 추진환경과 대북지원정책네트워크와의 상관관계를 살펴보았다. 이하에서는 대북지원정책네트워크에 대한 종합비교로서 행위자들의 주요한 특징과, 정책네트워크 내에서 어떠한 상호작용과 관계구조, 그리고 권력자원을 어떻게 교환하였는지 등에 관하여 정부별 비교를 통해 그 특징을 파악하고자 한다.

1. 행위자: 정부 주도 VS 정부·대북지원NGO 주도

김대중 정부와 노무현 정부 시기 대북지원정책네트워크에 참여한 행위자를 살펴보면 그 수와 유형, 그리고 주도집단이 뚜렷이 변화한 것을 알 수 있다. 이하에서는 두 정부의 대북지원정책네트워크의 행위자의 변화과정을 명확히 비교하기 위해 중심행위자를 기준으로 정부부문과 비정부부문으로 그룹화하여 좀 더 세부적으로 살펴보기로 한다.

가. 정부부문

정부부문에 있어 가장 먼저 비교할 대상으로는 정권의 핵심인 대통령과 청와대의 역할을 들 수 있다. 두 정부 시기 모두 대북지원 확대를 위한 대통령의 적극적 의지를 바탕으로 대북지원정책이 활발히 추진되었다는 점은 공통분모라 할 수 있다. 하지만 두 대통령의 이러한 공통점과 달리 정책추진 과정에서 보여준 리더십과 국정운영 면에 있어서는 다소 차이가 있음을 알 수 있다. 즉, 리더십의 차이로는 김대중 대통령이 국민적 공감대 형성을 위한 대화와 설득 및 야당의 협조를 강구하는 방향으로 국정을 운영하였다면, 노무현 대통령의 경우 무조건식 밀어붙이기를 통해 행위자 간 갈등을 유발하거나, 돌출적인 언행으로 인해 불필요한 사회적 논쟁을 야기하기도 하였다. 국정운영 면에서는 다음의 <그림 5-1>에서 보는 바와 같이 김대중 정부의 경우 권력의 중앙에 대통령이 자리 잡되, 행정부와 국회, 권력기관이 원형 내부에 있는 형태를 보이고 있다. 이러한 원추형(cone type)은 대통령과 핵심 참모가 하나의 원형 안에서 중요한 의사결정을 내리는 울타리방식이다. 반면 노무현 대통령은 강력한 중심부를 두지 않고 모든 조직이 비교적 동등한 위치에서 활동하도록 하는 병렬형(parallel type)을 선호하고 있다.[254]

---

254) 최진, 『대통령 리더십』(서울: 나남출판, 2003), pp.188-189 참조.

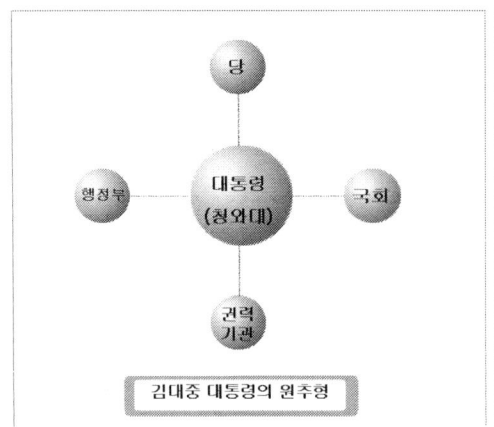
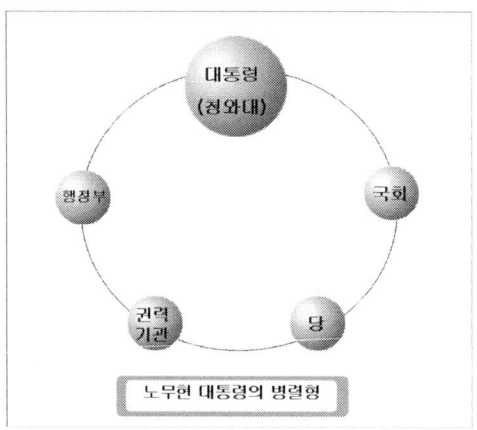

<그림 5-1> 김대중, 노무현 정부의 국정운영시스템 비교

　이와 같은 두 정부의 각기 다른 국정운영시스템은 대북지원정책결정 과정에서도 분명한 차이점을 보이고 있다. 대북지원과 관련한 일련의 정책적 결정이 김대중 정부에서는 대통령을 중심으로 일부 특정인에게 결정권한이 집중되었다면, 노무현 정부 시기에는 대통령의 권한을 위임하여 위원회나 협의회를 중심으로 정책결정이 이루어졌다고 볼 수 있다.

　하지만, 노무현 정부 시기 권한의 분권과 위임에 따른 정부 부처의 기구가 확대된 것은 사실이지만 실질적으로는 여전히 두 정부 시기 모두 대통령을 중심으로 한 특정인물의 영향력이 정책결정 과정에 매우 주요한 기능을 하였다. 즉, 김대중 정부 시기가 대통령을 정점으로 한 이른바 소수의 자기사람에게 권한이 집중되었다면 노무현 정부 시기에는 이른바 코드인사를 중심으로 정책결정그룹을 형성한 것이 주요한 특징이라 할 수 있다.

　김대중 정부의 대북정책은 대통령 본인과 임동원, 박지원 등 최측근 인사로 구성된 폐쇄적인 정책결정 구조에 의해 이루어졌으며, 특히 임동원의 경우 김대중 정부 시기 국정원장, 통일부장관, 대통령 특보 등 요직을 두루 거치면서 햇볕정책의 전도사로 명명될 만큼 큰 영향력을 행사하였다. 노무현 정부에 들어서도 임동원의 입김은 여전히 작용하여 임동원 사단으로 이어지는 이른바 '이종석 라인 및 코드인사'가 외교·안보·북한 정책 전반에 영향력을 행사하며 특정 정책결정그룹을 형성하기도 하였다.[255]

결과론적 차원에서 보면 대북정책과 관련한 일련의 정책결정 과정에서 김대중 정부 시기만큼 대북특사나 특정인물에 의해 정책이 결정되었던 적도 없었다고 할 수 있다. 당시 임동원 외교안보수석이 실제로 통일외교안보정책을 총괄한 것으로 볼 수 있는데, 이는 차관급인 외교안보수석이 안보회의 사무처장을 겸임함과 동시에 안보관련 장관들의 회의기구인 상임위원회 간사도 맡게 되면서, 실제 정책결정이 사전에 이루어지고 관련 장관들은 형식적 추인을 거치는 역할에 머물게 되었다는 점에서 잘 드러난다. 즉, 대통령 – 외교안보수석(사무처장) – 사무차장이 핵심인 안보회의에서 이미 사전조정이 된 안건이 상정된 상임위라면 관련 장관들의 입지는 상대적으로 줄어들 수밖에 없고 정부 부처는 하위부서로 전락할 우려가 없지 않았다.[256]

통일부장관(김대중 정부 초대 통일부장관: 강인덕 장관)을 겉으로 내세우고, 장막 뒤에서 큰 정책방향을 정하고 얼개를 짠 것은 임동원 청와대 외교안보수석이었으며 그 뒤에 김대중 대통령이 버티고 있었다고 할 수 있다.[257] 임동원의 역할 중 2002년 4월 김대중 대통령의 특사 자격으로 김정일 국방위원장과의 면담을 위해 방북한 것은 그의 정책영향력을 보여주는 실증적 사례로 볼 수 있다. 당시 임동원 특사의 방북은 정상회담 이후 김정일 국방위원장의 답방문제, 9·11 사태 이후 남북관계 개선 등 남북관계의 현안에 대한 거의 모든 것을 협의했다고 해도 과언이 아니다. 특히 대북지원과 관련하여 눈여겨보아야 할 것은 임동원 특보의 방북 이전에 쌀과 비료와 같은 대규모 지원이 선행되었다는 점이다. 당시 정부는 임동원 특

---

255) 김태우, "김대중 정부 및 노무현 정부의 안보·북핵정책", 바른사회시민회의 편, 『혼란과 좌절, 그 4년의 기록』(서울: 해남, 2007), p.191.
256) 『세계일보』, 1998년 3월 14일.
257) 이원섭, 『햇볕정책을 위한 변론』, p.38.

보의 방북에 앞서 북한에 비료 20만 톤과 식량 30만 톤을 지원할 것을 밝혔다는 점이다.258)

한편, 두 정부의 행위자 역할을 비교할 때 노무현 정부 시기에는 거버넌스 형태 발전이라는 측면에서 통일부의 기능 변화를 주목할 필요가 있다. 김대중 정부 시기 들어 남북 간 교류협력 활성화의 영향으로 인해 통일부의 위상과 기능이 점차 보완되기는 하였지만, 상대적으로 통일부는 청와대를 비롯한 특정 그룹의 정책결정그룹에 비교할 때는 영향력을 미치지 못하였다. 그러다가 노무현 정부 시기에 들어 통일부가 대북정책 주무부서로서 이전에 비해 그 위상과 권한이 더욱 강화되었으며, 남북교류협력추진협의회나 민관협 등은 제도적·법적 차원에서 민간의 역할을 보장하며 거버넌스 형태의 외연을 형성하였다. 통일부는 일련의 대북정책결정과 관련하여 정부 부처 내는 물론 여타 관련 행위자들과의 네트워크를 형성하고 이들 행위자들을 조정하는 허브(hub)로서의 기능을 담당하였다(아래 <그림 5-2> 참조).

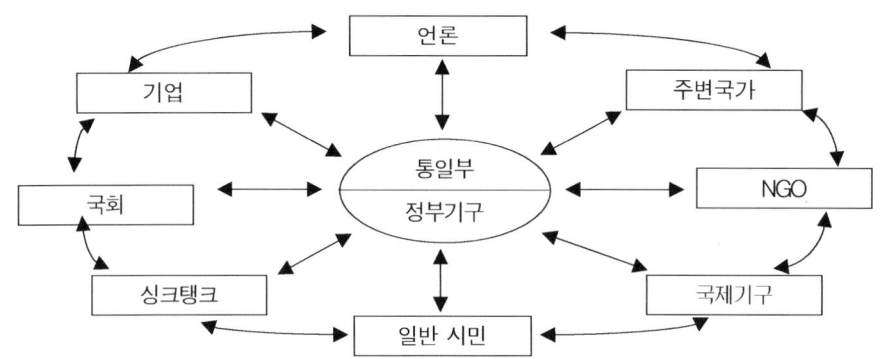

출처: 김국신 외, "한반도 평화·번영을 위한 대북정책 거버넌스 실태조사", p.580.

〈그림 5-2〉 노무현 정부 시기 통일부의 네트워크

---

258) "비료 20만t, 식량 30만t 北지원……임동원 특사 김정일 면담 확정", 『국민일보』, 2002년 3월 26일.

또한 통일부는 2004년 2월 정부 부처 중 가장 먼저 혁신로드맵을 제시하며, '국민과 함께 민족의 밝은 미래를 설계하는 통일부'라는 미래상을 통해 대국민 참여에 기초한 정책수립을 위해 노력하였다. 실천적 측면에서 통일부는 열린 통일포럼, 인도적 지원업무편람 배포, 사회문화교류국 직제개편, 부처별 블로그 개설, 민관협에 속한 기관들과 커뮤니티 개설(카페개설) 등 직접적으로 국민의 참여를 유도하고 정책적 투명성을 기울이기 위한 노력을 온·오프라인에 걸쳐 시행하였다.

'열린통일포럼'은 2004년 상반기까지 몇 차례 개최되면서 국민의 목소리를 현장에서 직접 경청하여 여론을 수렴하고 대북정책을 홍보하는 역할을 하였다. 하지만 당초의 취지와는 무색하게 일방적 정책 홍보 및 민원 해결 요구의 장으로 변질되었다는 지적이 제기되었고[259], 2004년 하반기부터 이를 대신하여 정책고객과의 대화가 시행되었다(표 5-6 참조).

〈표 5-6〉 통일부 정책고객과의 대화 개최 실적

연도	개 최 실 적	결 과
'04년	○ 장관-정책고객과의 대화 3회 개최 - 개성공단 15개 입주기업, 사회문화교류단체 대표자, 민족통일협의회 의장단 임원 등	○ 기업·단체의 건의나 애로사항을 적극 검토, 반영
'05년	○ 장관-정책고객과의 대화 14회 개최 - 대상: 대북지원단체, 시민단체, 외교안보부처 관리자, 대북교류기업인 등 ○ 부서장-대북정책 분야별 정책고객과의 대화(총 212회) - 남북경제협력·사회문화 교류분야 관계자, 개성공단 개발사업 관계자, 통일교육단체 관계자 등	○ 정책현황 설명, 정책제안 및 질의, 응답 ○ 정책고객의 의견수렴, 방북절차 간소화, 개성공단입주 기업 대출비율 조정 등
'06년	○ 장관-정책고객과의 대화 12회 개최 - 우리민족서로돕기 등 5개 대북지원단체 11명, 남북문제 전문가 등 110명	○ 회담대비 및 현안 관련 전문가 의견수렴, 대북정책 추진현황 설명 및 애로 청취

259) "변질된 '열린 통일포럼'", 『국민일보』, 2003년 5월 30일.

또한 정보화 시대에 부응하기 위해 부처별 블로그를 개설하여 자체 홍보활동과 정보공유 등을 강화하고 있다. 특히, 대북지원사업자와 통일부 간 원활한 의사소통 및 정보제공을 위해 인터넷에 커뮤니티를(인터넷카페) 개설하고, 대북지원사업자로 지정된 단체에 한해 가입을 승인하고 있다(다음의 <그림 5-3> 참조).

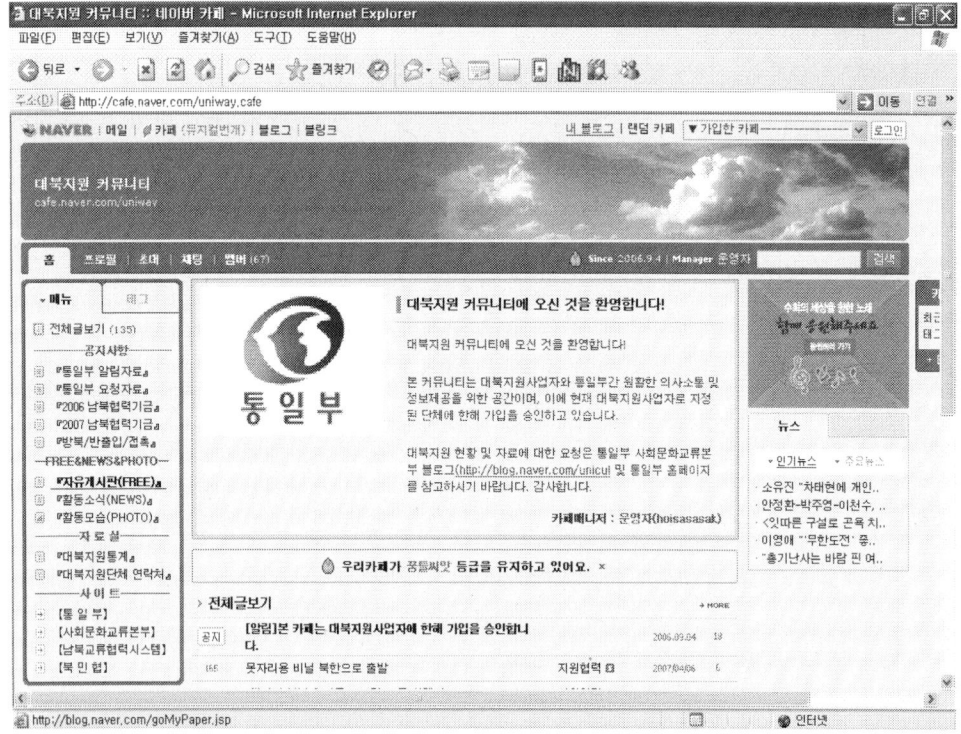

〈그림 5-3〉 대북지원 커뮤니티 초기화면

노무현 정부 시기 거버넌스의 형성이라는 측면에서 볼 때, 통일부의 이러한 변화와 함께 주목할 만한 조치로는 제도적 조치로 법적·제도적 차원에서 민간참여가 보장되었다는 점이다. 즉, 대북지원과 관련한 일련의 정책결정 및 정부 부처 간 협의 조정을 목적으로 구성된 남북교류협력추진협의회가 노무현 정부 시기에 들어서면서 인적 구성에 있어 주목할 만한 변화를 겪게 된다는 점이다. 이전 정부 시기 각 부처 간 정책협의를 목적으로 주로 공무원들로만 구성된 것과 달리, 민간위원의 참여를 제도적으로 허용하게 되었다. 민간위원 참여는 2005년에 개정된 '남북교류협력법'에 남북교류협력추진협의회에 전문지식과 경험을 갖춘 민간전문가 3인 이상을 포함시키도록 규정한 데 따른 것이다. 이 법안에 근거하여 2006년 1월 1일 통일부는 정현백 성균관대 교수, 이장로 고려대 경영대학 학장, 김종상 세일회계법인 대표 등 3인을 민간위원 자격으로 위촉하였다. 이후 2007년 1월 이삼열(66) 유네스코 한국위원회 사무총장과 황인성(54) 평화협력대사 등 2명을 새로 남북교류협력추진협의회 민간위원으로 위촉함으로써, 정현백 성균관대 교수, 함인희 이화여대 교수 등 모두 4명의 민간위원이 참여하게 되었다(표 5-7 참조).

〈표 5-7〉 남북교류협력추진협의회 민간위원 현황

기 간	성명(소속)	비 고
2006.1 -	- 정현백((성균관대 교수) - 이장로(고려대 경영대학 학장) - 김종상(세일회계법인 대표)	이상 3명
2007.1 -	- 이삼열(유네스코 한국위원회 사무총장) - 황인성(평화협력대사) - 정현백(성균관대 교수) - 함인희(이화여대 교수)	이상 4명

그런데 이러한 권한의 위임과 분권이 정책의 효율성을 제고하였는가에 대해서는 별도의 논의가 있어야 할 사항이다. 즉, 노무현 정부 시기 분권을 강조하여 국정운영 기구의 개편을 통해 청와대에 집중된 권력을 분화하고, 각 부처의 혁신 기능을 강화하기는 하였지만, 실질적인 면에서는 오히려 비대하고 방만한 정부구조를 이루었다고 평가할 수 있다. 즉, 제 기능을 발휘하지 못하는 '옥상 위의 옥'이라는 위원회가 난립하게 됨으로써 '위원회 공화국'이라는 오명을 남기기도 하였고, 민간참여

를 통한 정책결정의 전문성과 효율성을 증진시키기보다 형식적 모임에 머무는 한계를 보였다.260) 특히, 참여정부 시기 시민사회단체 활동가들이 정부의 요직에 기용되는 사례가 빈번히 나타나면서, 참여의 의미는 더욱 퇴색되었다고 볼 수 있다.261) 결국 분권과 참여를 강조하면서도 역설적으로 정부의 기능이 오히려 강화되었고 특히 대통령의 영향력이 확장되었다는 것은 매우 모순적인 결과라 할 수 있다.

나. 비정부부문

정부부문의 변화와 마찬가지로 비정부부문의 행위자 수와 유형 역시 각각의 정부마다 뚜렷한 변화 양상을 보였다. 김대중 정부로부터 노무현 정부 시기로 이어지는 동안 비정부부문의 가장 뚜렷한 변화는 대북지원NGO 및 시민사회단체의 수와 영향력이 증가하였다는 사실이며, 정책결정 과정에서 민간부문의 참여가 법적·제도적으로 보장되었다는 점이다.

노무현 정부 시기에는 이전 김대중 정부 시기 때 발생한 북한의 잠수정 침투나 서해상 무력충돌보다 군사적 위협의 강도가 현격히 높은 미사일 발사와 핵실험 등 심각한 안보위협 사건이 발생하면서 안보를 최우선시하는 보수단체들의 입지가 더욱 강화되었다. 특히 3·1절, 8·15 등과 같은 국가 기념식이나 남북관계의 주요 현안 발생 시마다 어김없이 도심 한복판에서 보·혁 간 양대 진영이 각각 대규모 집회를 개최함으로써 표면적으로 이념갈등의 모습이 그대로 드러났다. 이러한 집회에서 보·혁 간 대북인식에 대한 차이는 확연히 드러났고, 북한에 대한 인식에 따라 '반핵반김'을 외치는 보수진영과 '민족공조'를 외치는 진보진영의 주장이 엇갈

---

260) 노무현 정부 시기 위원회 운영의 문제점에 대해서는 6장 1절에서 상세히 다루기로 한다.
261) 참여정부 시기 얼마나 많은 시민단체 활동가들이 각종 정부 위원회에 참여하게 되었는지 NGO를 '다음 번 정부간부'라는 의미의 'Next Government Officer'라고 부를 정도다. 우석훈·박권일, 『88만 원 세대: 절망의 시대에 쓰는 희망의 경제학』(서울: 레디앙, 2007), p.122.

리면서 정부의 대북지원정책결정 과정에 영향을 미칠 수 있는 여론을 형성하였다고 볼 수 있다.

아울러 대통령 탄핵, 이라크 파병, 국가보안법 폐지 문제, 북핵실험에 대한 정부의 대응 등과 관련해서도 보수와 진보 진영의 주장이 상반되면서 이러한 이슈에 대한 집회가 끊이지 않고 개최되었다. 주목할 점은 이러한 집회가 개최될 때마다 보·혁 간 대결양상이 마치 하나의 풍속도처럼 자리 잡았고, 어김없이 대북지원에 대한 찬반논쟁은 양대 세력을 명확히 가르는 기준점이 되었다는 점이다.[262]

다음으로 대북지원NGO의 역할 증대와 관련하여 주목하는 것은 대북지원NGO가 정책결정 과정은 물론 정책개발에 직접 참여하였다는 점이다. 이와 관련하여 대표적인 사례로 우리민족서로돕기에서 주관하는 평화나눔센터의 활동을 들 수 있다. 2003년 11월부터 시작된 평화나눔센터 정책포럼은 매년 집중 정책 과제를 선정하여 활동을 하고 있는데, 특히 2004년에는 대북지원 시스템, 2005년에는 대북 개발 지원과 관련한 논의를 이끌어 오면서 정부의 정책수립과 집행에 기여하고 있다. 나아가 이와 같은 개별 단체에 국한된 것이 아니라 주요 시민단체들이 정책개발 연대모임을 통해 사회적 대안제시 및 정책개발을 마련하고자 하였다. 즉, 정책개발을 위한 NGO들의 정책개발 연대모임으로 발족한 '동북아미래연대포럼'은 월 1회 '동북아 미래 정책포럼'을 여는 등 시민단체의 문제의식을 정책적 대안으로 만들기 위한 작업을 추진하고 있다.

이는 정부가 대북지원NGO의 직접지원을 허용함으로써 대북지원NGO의 참여가

---

262) 윤민재의 연구에 따르면 개별 시민사회단체는 상호 연결망을 형성하여 사회적 자본을 확보한다. 통일·북한문제와 관련된 진보와 보수단체들을 대상으로 이들의 연결망과 사회적 자본을 분석한 설문조사의 결과에 따르면, 주요 이슈를 둘러싸고 진보와 보수 각 단체들이 선호하는 연대단체로, 보수단체는 재향군인회, 반핵반김시민연대, 북한민주화네트워크, 북한민주화운동본부, 탈북자동지회 등의 순으로 나타났고, 진보단체는 통일연대, 민주노동당, 참여연대의 순으로 조사되었다. 이에 대한 상세한 논의는 윤민재, "한국 사회단체의 연결망 생성과 사회적 자본", 송호근·김우식·이재열 편저, 『한국사회의 변동과 연결망』(서울: 서울대학교 출판부, 2006), p.69.

활성화되었기 때문이며, 대북지원 형태가 긴급구호 차원에서 보건·의료·농업 등 개발협력으로 형태가 변화되면서 다양한 대북지원NGO의 역할 확대에서 기인한 것이다. 이러한 수적 증가 이외에 유형의 변화 역시 뚜렷이 나타났는데, 김대중 정부 시기에는 주로 대북지원NGO가 개별 단체별로 독자적인 대북지원 활동을 펼쳤으나, 노무현 정부 시기에는 북민협의 제도적 활성화와 민관협 참여를 통해 대북지원 NGO가 하나의 연대세력을 형성하는 형태를 띠게 되었다.

대북지원NGO의 수의 증가와 유형 변화는 상대적으로 정책결정 과정에 그 영향력이 확대되었다는 것을 시사하는 것으로, 실제로 노무현 정부 시기 대북지원NGO가 정부와 함께 대북지원정책네트워크의 주도적 집단으로 역할하였다. 김대중 정부 시기 대북지원NGO가 정책결정 과정 중 의제설정이나 정책집행 과정 등에 제한적으로 참여하였던 것과는 달리, 노무현 정부에서는 대북지원NGO가 의제설정부터 정책평가에 이르는 정책결정 과정 전반에 참여하여 정부와 파트너십을 형성하였다고 볼 수 있다. 다시 말해 김대중 정부 시기 대북지원NGO의 참여가 명목상 참여였다면, 노무현 정부에 이르러서는 실질적 참여로 그 성격이 변모되었다고 볼 수 있다. 또한 시민사회단체의 역할이 점증하였던 것도 주요한 변화 중의 하나이다. 김대중 정부 때부터 표출되기 시작한 보·혁 간 이념대립은 노무현 정부 들어 남남갈등의 극대화로 치달으면서 시민사회단체의 수적 증가는 물론 보·혁 간 양대 진영을 형성하여 갈등구조가 정책결정 과정은 물론 여론 전반에 파장을 미침으로써 정책네트워크의 주요한 행위자로 기능하였다.

한편, 기업의 변화와 관련하여 이전 김대중 정부 시기 현대그룹이라는 특정 기업의 주도에 의해 기업이 남북관계 발전에 일정한 역할을 하였다면, 노무현 정부에 들어서는 기업의 사회적 활동과 책임이 대북지원 분야로 확대되는 경향을 보인 것이 특징이라 할 수 있다. 이는 기업이 단순한 이윤추구만을 목적으로 하는 영리단체를 넘어 이윤을 사회에 환원하고 기업의 사회적 책임을 강조하는 사회적 변화에 기인한 바가 크다고 볼 수 있다. 즉, 기업의 이미지가 강조되고 사회공헌 활동이

기업경쟁력 증진의 필수 요소로 자리 잡으면서, 이윤만 창출하는 기업이 아니라 사회로부터 존경받는 기업이 돼야 진정한 글로벌 경쟁력을 확보할 수 있다는 인식이 확대되었다. 이와 같은 저변확대로 인해 기업의 사회적 활동이 다양한 차원에서 확대되는 가운데, 대북지원 분야에 있어서도 기업의 역할이 점증하였다. 한편, 이상의 정부별 대북지원정책네트워크 행위자의 비교를 요약하여 정리하면 아래 <표 5-8>과 같다.

〈표 5-8〉 정부별 대북지원정책네트워크의 행위자 비교

		김대중 정부	참여 정부
정부부문	공통점	– 대북지원정책 추진에 대한 대통령의 의지	
	차이점	– 대통령을 정점으로 한 특정 인물 중심	– 협의회, 위원회 등의 제도화를 통한 민간 참여 – 통일부의 위상 강화 – 지자체의 역할 점증 – 전문가의 참여 확대
비정부부문	차이점	– 정부와 대북지원NGO 간 개별협력 – 특정 기업에 한정 – 특정 언론과 정부의 갈등	– 대북지원NGO 수의 증가 및 유형 변화 – 기업 참여의 확대 – 정부와 갈등관계의 언론 증대

2. 상호작용: 협력적 VS 협력적·갈등적 공존

행위자 간 상호작용과 관련하여 두 정부 시기 모두 정부가 중심행위자로서 대북지원NGO, 기업 등 행위자와 협력적 관계를 유지하며 대북지원정책을 추진해 나갔다. 김대중 정부 시기에는 정부가 추진하고자 하는 대북지원의 목표와 방향에 대해 여타 행위자들이 대부분 공감과 지지를 표명함으로써 적극적 협력이 이루어졌다.

노무현 정부에 이르러서는 대북지원NGO가 민관협이라는 제도적 협의체 기구를 통해 정부와 정책적 파트너십을 형성하면서 협력적 성격이 더욱 강화되었다고 할 수 있다. 즉, 이전 김대중 정부 시기에는 대북지원NGO가 개별단체 성격으로 대북지원 활동에 참여하는 과정에서 대북지원NGO 간 과당경쟁으로 인해 갈등이 존재하였다면, 노무현 정부 시기에는 북민협의 활성화를 통한 상호 협력체제 강화와 민관협을 통한 합동사업을 추진하면서 행위자 간 시너지 효과를 높이고자 하였다. 이러한 과정에서 정부와 대북지원NGO의 상호작용은 매우 협력적 성격으로 나타났다고 볼 수 있다.

정부와 기업의 상호작용 역시 두 정부 시기 모두 협력적 성격으로 나타났다. 김대중 정부 시기 6·15 남북정상회담을 계기로 남북한 화해협력이 확대되고 남북경협이 활발히 진행되면서 기업의 역할이 부각되었고, 특히 기업의 대북지원이 확대되면서 정부와 기업의 협력적 상호작용이 이루어졌다. 이러한 기업의 대북지원사업이 노무현 정부 시기에도 그대로 이어지면서 기업의 역할은 더욱 강화되었고, 특히 3대 경협사업을 추진하면서 기업의 활동이 더욱 활성화됨으로써 정부와 기업 간 관계는 협력적 관계를 지속하였다.

한편, 두 정부 시기 모두 정부와 여타 행위자들 간 상호작용뿐만 아니라, 민간부문의 행위자들 간 상호작용 역시 매우 협력적 양상으로 전개되었음을 알 수 있다. 이는 기본적으로 정부의 대북지원 활성화에 대한 정책적 조치에 따라 대북지원 NGO와 기업, 언론 상호 간 대북지원에 대한 목적을 공유하고, 공동사업을 추진하면서 협력적 관계를 형성하였다고 볼 수 있다.

그런데 이와 같은 행위자 간 협력적 상호작용과 달리 정부와 언론 간 관계는 두 정부 시기 모두 갈등적 상황으로 나타났다. 특히 노무현 정부에 들어서 정부와 대북지원NGO, 기업 간 상호작용은 이전 김대중 정부와 마찬가지로 적극적 협력관계로 나타났지만, 정부와 언론 간 상호작용은 매우 갈등적인 상황으로 점철되었다.

이는 비록 김대중 정부 때부터 갈등이 시발되기는 하였다 하더라도, 무엇보다 노무현 정부가 언론과의 갈등을 효과적으로 해결하지 못하고 오히려 그 갈등의 씨를 증폭시킨 데서 비롯된 것이라 할 수 있다. 노무현 정부 시기 언론과의 대립적 갈등은 대북지원정책의 변동을 가져오는 주요한 요인 가운데 하나였다. 언론은 정부가 추진하고자 하였던 대북포용정책의 전반적 기조에 대해 동의하지 않음은 물론, 각론부분의 대북지원정책 추진 및 확대에 대해 강한 이견을 제시하며 반대 여론을 형성하였다.

그런데 문제는 정부와 언론 간 갈등심화가 단순히 대북지원정책 표류를 넘어 사회 전반적 갈등양상으로 확산되었다는 데 있다. 즉, 대북지원을 둘러싼 공방이 보·혁 간 이념논쟁의 중심축이 되어 보·혁 간 양대 진영의 세력화 대결양상을 보였고, 이러한 갈등양상은 사회 전반으로 확대되어 심각한 사회적 혼란과 분열을 야기하였다. 두 정부의 상호작용을 종합적으로 비교할 때 김대중 정부 시기는 정부와 여타 행위자들이 전반적으로 협력적 관계를 형성한 반면, 노무현 정부 시기에는 정부와 언론의 갈등적 관계를 비롯하여 갈등과 협력이 상존하는 모습을 보였다.

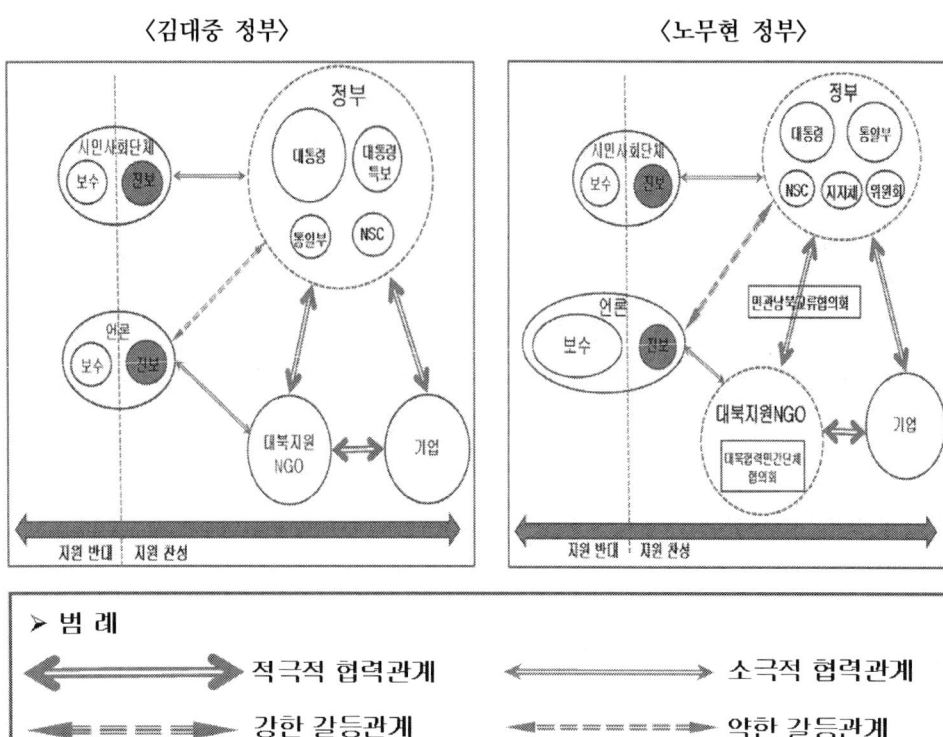

〈김대중 정부〉   〈노무현 정부〉

> 범 례

⟷ 적극적 협력관계   ⟷ 소극적 협력관계

⟸══ 강한 갈등관계   ⟸- - - 약한 갈등관계

＊ 점선으로 표시된 동심원은 주도집단을 의미

〈그림 5-4〉 김대중 정부와 노무현 정부의 정책네트워크 상호작용 비교

3. 관계구조: 수직적 · 폐쇄적 VS 수평적 · 개방적

행위자 간 관계구조와 관련하여 먼저 개방성 여부를 비교하면, 김대중 정부 시기에는 정부가 주도적 행위자 역할을 수행하면서 법적 · 제도적 차원의 협의체나 기구에 민간분야의 참여를 허용하지 않았다. 대북지원NGO가 의제설정이나 정책집행 단계에서 일정 부분 영향력을 미치기는 하였지만, 정책결정 과정에서 민간분야는 정부

에 의해 배제되었다. 특히 청와대를 중심으로 한 정부의 독단적이며 주도적인 정책결정구조가 형성되면서 대북지원정책네트워크는 매우 폐쇄적인 형태로 나타났다.

이와는 달리 노무현 정부에 이르러서는 민간부문의 영향력이 확대되면서 정부와 동등한 정책결정자로 역할하게 됨을 알 수 있다. 특히 대북지원NGO의 경우 오랜 기간 대북지원 분야에서 전문성과 노하우를 축적하여 자체 역량이 확대됨으로써, 정부와 함께 주도적 행위자로서의 기능을 담당하게 된다. 노무현 정부가 참여와 분권화를 통해 중앙에 집중되었던 권한을 위임하고, 국민적 참여를 확대하는 방안을 모색하면서 정책결정 과정에 민간부문의 개방성이 확대되었다. 이에 따라 정부와 함께 민관협이라는 법적·제도적 기구를 통해 공식적으로 정책결정 과정에 참여하게 됨으로써 대북지원정책네트워크는 매우 개방적인 성격을 띠게 되었다. 즉, 정부가 대북지원정책과 관련하여 민관협이라는 제도적 협의체에 참여하고자 하는 대북지원NGO의 참여자격에 제한을 두지 않음으로써 자율성을 띠고 대북지원NGO가 참여하였다.

이는 김대중 정부 시기 정부와 공동의 파트너십은 차치하더라도 대북지원NGO가 실제 대북지원 활동에만 참여하고, 정책결정 과정 전반에는 배제되었다는 점을 감안할 때 분명 의미 있는 변화로 볼 수 있다. 아울러 공무원으로만 구성되어 왔던 남북교류협력연구회에 민간위원의 참여가 제도적으로 보장됨으로써 개방성은 더욱 확대되었다. 이러한 개방성의 확대로 인해 정부와 대북지원NGO, 그리고 여타 행위자들의 관계구조 역시 수직적인 위계질서를 형성하기보다 공동의 사업을 추진하기 위한 수평적 관계구조를 형성하였다.

김대중 정부 시기 대북지원NGO가 자신들의 조직 역량을 확대하기 위한 일환으로 남북교류협력기금에 의존적일 수밖에 없어, 상대적으로 정부로부터 자율성에 제약이 있었던 것과는 달리, 노무현 정부에 이르러 민관협을 통해 합동사업을 추진하면서 남북협력기금 지원에 대한 의결권을 일정 부분 행사하면서 대북지원NGO가 자율성을 획득하게 되었다. 김대중 정부와 비교할 때 노무현 정부에 이르러 가장 큰 차이점은 정부가 폐쇄적 정책결정구조를 고수하지 않고 민간부문에 일정 부분 권한을 위임함으로써 관계구조가 수평적이며 개방적 성격을 띠게 되었다는 점이다.

그런데 여기에서 한 가지 주목할 사항은 노무현 정부 시기 참여와 분권을 통해 민간부문의 참여가 활성화되었다고 해서 이것이 자동적으로 정책의 효율성과 효과성을 담보하는 것은 아니라는 사실을 염두에 둘 필요가 있다. 즉, 민간부문의 역량 증대로 인해 정부의 독점적 영역에 민간부문의 참여가 개방적으로 확대된 것은 사실이지만, 이러한 참여의 확대가 필연적으로 정책결정이나 추진과정의 효율성을 수반하지는 않았다는 것이다.

오히려 민간부문의 참여에 대한 제한적 규정이나 검증절차가 마련되지 않아 지원역량과 전문성을 충분히 갖추지 못한 대북지원NGO가 난립하게 되었고, 아울러 정부의 정책실패에 대한 책임을 회피할 수 있는 여지를 만들어 주었다는 문제점을 들 수 있다. 또한 두 정부를 비교할 때 폐쇄적 · 수직적 관계구조에서 개방적 · 수평적 관계로 변화되었다는 사실이 언어의 표현적 이해에 의해 마치 노무현 정부 시기가 이전 김대중 정부 시기보다 더 민주화되었다거나 효율적 정책추진을 수반하였다는 의미는 결코 아니다.

분명 노무현 정부가 이전 김대중 정부에 비해 법적 · 제도적 차원의 기구를 통해 형식적으로는 개방적, 수평적 관계구조를 보장하기는 하였지만, 실질적인 내용 면에서는 오히려 이전 정부 때보다 더욱 폐쇄적이며 수직적인 양상을 보이기도 하였다는 점을 언급할 필요가 있다. 이는 민관협이 협의체로서 충분한 기능을 발휘하지 못한 채 그저 형식적 수준에 머물고 있으며, 아울러 북민협에 참여하는 대북지원 NGO의 난립으로 인해 민간단체 내부 갈등이 오히려 더 심화되었다는 사실이 이를 반증한다고 볼 수 있다. 이러한 사실은 오랜 기간 대북지원NGO에서 활동한 북민협 관계자의 인터뷰를 통해 개방성의 확대가 오히려 문제점을 파생한 사실을 직접 확인해 볼 수 있다.263)

---

263) 이00(대북지원NGO 관계자), 2007년 6월 21일, 서울에서 인터뷰.

북민협의 가입이 아무런 제약조건이 없어지면서 북민협에 참여한다는 것 자체가 그 단체의 신뢰성이나 지원역량을 보장하는 것은 아니다. 지원단체의 난립으로 인해 북민협의 실질적인 기능을 수행하지 못하고 있으며, 한편으로 북민협과는 별도의 지원단체모임을 만들어야 한다는 목소리까지 나오고 있는 실정이다. 지원역량과 전문성을 고려한 참여방안을 모색할 필요가 있다.

결국 김대중 정부 시기와 비교할 때 노무현 정부 시기에는 법적·제도적인 구성을 통해 표면적으로는 민간의 참여에 대한 개방성을 확대하고 행위자 간 수평적 관계구조를 형성하기는 하였으나, 실질적인 내용 면에서는 정부가 이러한 관계구조를 효율적으로 조정, 관리하지 못하여 오히려 정책의 혼선을 가중시키고 정책의 효과성을 저하시키는 결과를 초래한 것으로 평가할 수 있다.

〈표 5-9〉 김대중·노무현 정부의 대북지원정책네트워크 관계구조 비교

연 계 유 형	수 평 적	폐쇄적 · 수평적 네트워크	개방적 · 수평적 네트워크 〈노무현 정부〉
	수 직 적	폐쇄적 · 수직적 네트워크 〈김대중 정부〉	개방적 · 수직적 네트워크
		폐쇄적	개방적

개 방 성

4. 권력자원: 정부 집중 VS 민간 분화

김대중 정부 시기 대북지원과 관련하여 정부가 취한 일련의 조치 가운데 가장 주목할 만한 정책적 조치로는 남북협력기금을 대북지원NGO에 지원한 것이었다.

모금활동만으로 지원의 한계성을 절감하던 대북지원NGO에 정부가 지원하는 남북협력기금은 대북지원의 질적·양적 성장을 도모할 수 있는 주요한 기제가 되었다.

따라서 정부가 보유한 남북교류협력기금과 의결권은 정부가 행사할 수 있는 주요한 권력자원이 되었다. 특히 초기 단순식량 차원의 긴급구호 차원을 넘어 농업·보건·의료 등으로 대북지원의 형태와 유형이 다양화되면서, 대북지원 활동의 필수적 요소로서 자금 확충이 더욱 요구됨에 따라 상대적으로 재정확보에 취약한 대북지원NGO에 대해 정부가 영향력을 행사할 수 있었다.

그런데 이와 같은 특징과 달리 노무현 정부에 이르게 되면, 남북협력기금이 여전히 정부가 보유한 권력자원이 된다는 점에서는 동일하나, 권력자원 분포의 형평성에서는 차이가 뚜렷이 나타나고 있다. 즉, 정부가 보유한 남북협력기금의 규모는 증가하였으나, 이에 대한 운용을 심의하는 과정에 민간분야의 참여가 일정 부분 이루어지면서 상대적으로 정부의 권력자원이 다소 축소되었다고 볼 수 있다. 다시 말해 김대중 정부 시기 정부의 독단적 결정권을 통해 대북지원NGO에 대해 남북협력기금을 지원하던 방식과 달리, 대북지원NGO를 포함한 민간분야가 남북협력기금 사용에 대한 결정권을 일정 부분 획득하게 되면서 남북협력기금을 정부가 보유한 권력자원의 전형으로 보기에는 무리가 있는 것이다. 특히 민관협이라는 정부와 민간의 제도적 협의체 기구를 통해 합동사업이 시행되면서 대북지원NGO가 사업의 규모 및 적정예산을 심의하게 되면서 정부에 집중되었던 재정권이 민간분야에 분화된 것이 주된 변화라 할 수 있다.

대북지원NGO가 보유한 권력자원과 관련하여, 김대중 정부 시기에는 대북지원NGO의 역할이 주로 정부정책에 대한 비판 및 견제와 감시의 역할을 주로 담당하였다면, 노무현 정부 시기에 들어서는 이러한 역할과 더불어 직접 정책결정 과정에 참여하여 정부와 동등한 권력행위자로서의 위상을 부여받았다. 이와 같은 대북지원NGO의 위상변화는 대북지원NGO가 보유한 권력자원의 변화에서 기인한다고 볼 수 있다. 즉, 이전 김대중 정부 시기에는 주로 이슈제기 및 의제설정 과정에 중요한 역할을 수행하면서 여론동원 능력이 주된 권력자원이었다고 한다면, 노무현 정부 들어서는 정책결정 과정 전 영역으로 역할이 확대되면서 조직력 및 대외협상력 등이 주된 권력자원이 되었다고 볼 수 있다.

남북관계의 특성상 군사적 충돌 및 안보 현안이 대두되면 여론을 의식한 정부로서는 대북지원의 지속성을 유지하기가 매우 어렵게 된다. 이때 대북지원NGO는 국민들로부터 순수한 인도주의적 차원에서 대북지원을 지속할 수 있는 여론적 지지를 확보할 수 있다. 또한 남북관계가 급격히 냉각되어 남북관계 진전의 실마리를 풀지 못할 때 대북지원NGO가 보유하고 있는 대북협상채널을 통해 북한과 비공식적으로 접촉할 수 있는 통로를 마련할 수 있다. 이러한 대북지원NGO의 역할은 단순히 대북지원 집행에 국한되었던 이전 김대중 정부 시기와 비교할 때 그 역량이 매우 확장된 것으로서 이는 곧 대북지원NGO가 보유한 권력자원이 그 양과 질에 있어 향상되었음을 의미한다.

한편, 김대중 정부 시기부터 보·혁 간 논쟁의 중심축을 형성해 온 시민사회단체는 노무현 정부 시기 들어 각각 보·혁 간 양대 세력을 규합·확장하며 집합적 대결구도 양상으로 전개되면서 그 위상과 역량이 더욱 강화되었다. 즉, 시민사회단체의 대규모 집회와 국민대회, 기자회견 등을 통한 여론동원 능력은 정책결정 과정에 영향을 미치는 주요한 권력자원이 되었다. 이에 덧붙여 시민사회단체의 전문성이 확대되면서 정책토론회나 세미나 등을 통해 직접적인 정책적 대안을 제시하는 역량이 강화된 것도 권력자원의 다양성으로 볼 수 있는 부분이다.

한편, 기업의 권력자원과 관련하여, 앞서 김대중 정부 시기 현대그룹으로 대표되는 기업의 권력자원이 주로 막대한 자금력이었다면, 노무현 정부 들어 기업이 보유한 권력자원은 자금력 이외에 북측으로부터 얻게 된 신뢰와 공신력을 추가할 수 있다. 즉, 오랜 기간 대북협력사업의 실제 현장에서 노하우를 축적한 기업이 북측으로부터 획득한 정보는 물론 인맥에 기반을 둔 상호 신뢰도가 중요한 권력자원이 되는 것이다.

행위자 내 주도집단과 관련하여 김대중 정부 시기에는 정부가 주도집단이었는데, 노무현 정부에 이르러서는 정부와 함께 대북지원NGO가 주도집단으로 기능하게 된다. 이는 대북지원NGO가 보유한 권력자원의 확대로 평가할 수 있는데, 이들의 권력자원은 이전 김대중 정부에서 행해지던 여론형성과 이슈제기 영역을 넘어, 대북지원의 실질적 집행자로 기능하게 되면서 권력자원이 확대 및 다양화되는 특징을 보이고 있다. 즉, 대북지원 현장에서 오랜 기간 축적된 노하우와 신뢰성에 기반을 둔 대북협상력이 대북지원NGO의 역량을 강화하는 계기가 되었다. 또한 지원사업과 모니터링을 위한 목적으로 수차례의 방북이 이루어지면서 자연스럽게 대북접촉 채널을 보유하게 됨에 따라 정부와 여타 행위자의 대북사업 진출을 위한 하나의 교두보 역할을 하게 되면서 대북지원NGO의 역량은 더욱 강화되었다. 이러한 대북지원NGO의 권력자원의 다양화 및 확대는, 곧 권력자원의 교환을 목적으로 하는 대북지원정책네트워크 내에서 주도적인 중심행위자로 부상할 수 있는 기제가 되었다.

제3절 대북지원정책네트워크 유형 비교

1. 정부별 대북지원 거버넌스의 구분

본 연구에서는 김대중 정부 이전의 과거 정부 시기를 '대북지원 거버넌스 부재기'로 명명하였는데, 이는 정부가 정책결정 과정에서 민간의 참여를 일체 배제하고 강력한 국가개입에 의한 독점적 권력체계를 유지하면서 정부와 민간분야 간 공식적인 형태의 협력이 이루어지지 않은 것에 근거한 것이다. 거버넌스의 개념을 함축적으로 행위자의 다양성과 이슈의 다변화로 정의할 때, 권위주의 정부 시기에는 정부 이외의 행위자가 정책결정 과정에 영향을 미치지 못하였고 정부의 독점적 형태로 이루어졌다는 점에서 거버넌스적 특성이 발견되지 않았다고 볼 수 있는 것이다.

이어 '대북지원 거버넌스 모색기'로 명명한 김대중 정부 시기는 신공공정책에 입각하여 정책결정 과정에 일정 부분 민간의 참여를 허용하고, 정부의 권한을 미약하나마 민간부문에 위임함으로써 거버넌스적 특성을 보인 시기라 볼 수 있다. 즉, 국내외적인 정책 환경 변화로 인해 행위자가 다양화되었다는 점과 이들의 다양한 이해관계가 정책변화를 수반할 만큼 영향력을 행사할 수 있게 되었다는 점이 주요한 특징이다. 이 시기 대북지원정책네트워크 유형은 하위정부모형에 가까운 것으로 분석되었다. 이는 정부 이외에 대북지원NGO, 언론, 기업, 시민사회단체 등 다양한 행위자가 참여하여 거버넌스적 특성을 보이기는 하였으나, 민간분야 행위자의 참여가 매우 제한적으로 이루어졌고, 무엇보다 여전히 정부가 주도집단으로 기능하며 정책결정 과정을 선도하였기 때문이다. 다시 말해 다양한 행위자의 다층적인 이해관계가 복합적으로 나타났다기보다 특정 행위자와 정부가 긴밀한 협력관계를 유지하면서 정책결정 과정 전반을 관장하였기 때문이다. 또한 하위정부 유형에서는 행위자의 참여가 제한적으로 이루어지는데, 김대중 정부 시기 민간부문 행위자의 참여가 정부에 의해 제한적으로 이루어지면서 개방성 역시 폐쇄적인 구조를 보였다. 아울러 하위정부모형에서 행위자 간 관계구조는 수직적·수평적 형태가 상존한다는 점을 감안할 때, 김대중 정부 시기 정부와 여타 행위자 간 관계가 다소 수직적인 관계구조를 형성한 반면, 민간부문의 행위자 간 관계는 동등한 입장의 수평적 관계구조를 형성함으로써 전체적 차원에서 볼 때 수직적·수평적 관계구조가 상존하였다고 볼 수 있다. 결론적으로 위와 같은 하위정부 유형으로 규정할 수 있는 여러 가지 특성들로 인해 김대중 정부 시기 대북지원정책네트워크는 하위정부 유형으로 규정할 수 있다.

마지막으로 '대북지원 거버넌스 형성기'로 명명한 노무현 정부에 이르러서는 정부가 정책결정권한의 일부를 전문가와 민간부문에 위탁하였고, 이를 법적·제도적 장치로 보장함에 따라 정책결정 과정의 거버넌스가 형성된 시기로 볼 수 있다. 즉,

정책결정 과정에 정부 이외의 다양한 행위자가 다층적으로 참여하여 영향을 미치게 되었고, 이슈의 다변화로 인해 정부 역량의 한계가 분명히 노정되었다. 이에 정부와 민간부문 행위자 간 파트너십을 통해 정책의 효율성과 효과성을 증진하고자 하였고, 이 과정에서 다양한 행위자의 복잡한 이해관계를 관리·조정할 수 있는 거버넌스가 형성되었다고 볼 수 있다.

2. 정책네트워크 유형 비교: 하위정부모형 VS 정책공동체모형

두 정부 시기 대북지원정책네트워크 유형을 비교하면, 하위정부모형에서 정책공동체 유형으로 진화된 것이 주요한 특징이라 할 수 있다. 즉, 법적·제도적 기구와 협의체를 통해 전문가의 참여가 공식적으로 이루어지고 민간분야가 대북지원정책 집행 분야뿐만 아니라 정책결정 과정 전 과정에 참여하게 되었다는 점을 강조할 필요가 있다. 정책결정 과정에 정부의 개입이 현저히 약화되고, 행위자의 참여 폭이 개방적으로 확대되면서 여러 다양한 행위자들의 참여가 이루어지게 되었고, 민간부문의 역량 확대로 인해 권력자원의 보유가 확장되면서 일방적인 정부의 주도가 아닌 민간부문과 파트너십을 형성하게 되었다. 이 과정에서 정부와 여타 행위자 간 관계구조는 수평적 형태를 띠면서 권력자원의 균등한 교환체계를 형성하게 되었고 이는 곧 개방적이며 수평적인 정책공동체의 특성을 보여주는 것이라 할 수 있다. 아울러 상호작용 역시 정책공동체의 특성인 갈등과 협력이 공존하였는데, 정부와 대북지원NGO, 기업이 상호 파트너십을 형성할 만큼 협력관계를 지속한 반면, 정부와 언론 간 상호작용은 매우 갈등적 양상으로 전개되었다는 점이다. 결론적으로 이와 같은 정책공동체 유형으로 규정할 수 있는 여러 가지 특성들로 인해 노무현 정부 시기 대북지원정책네트워크는 정책공동체 유형으로 규정할 수 있다.

그런데 정부별 대북지원정책네트워크 유형 규정과 관련하여 한 가지 언급해야 할 점은, 특정 시기에 반드시 하나의 정책네트워크 유형만이 나타나는 것은 분명히 아니라는 점이다. 아울러 어느 한 시기에 하나의 특정 유형이 나타났다고 해서 그 다음 정부 시기에 다른 유형이 특정 시점을 기준으로 명확히 구분되는 것 또한 아니라는 점이다. 예를 들면, 앞서 노무현 정부 시기를 정책공동체 유형으로 규정하였지만, 실제로 2004년 북한의 용천재해 지원 시 보여준 민관의 협력 형태는 특정 이슈 발생 시 관계된 모든 행위자들의 자발적인 참여가 아무런 제약 없이 이루어지는 이슈네트워크 유형에 더욱 가깝다고 볼 수 있다.

그럼에도 노무현 정부 시기를 정책공동체 유형으로 규정하는 것은 이 시기 정책공동체 유형이 더 오랜 기간 형성·지속되었기 때문이다. 정책공동체와 이슈네트워크의 차이는 행위자 연계의 지속성 여부에 따라 구분할 수 있다. 이슈네트워크가 특정한 사안이 발생하였을 경우, 대중운동과 밀접한 연관을 맺는 반면, 정책공동체는 특정 분야에서 안정적으로 형성되는 정책참여자 집단 간의 네트워크를 지칭하는 것이다. 이런 관점에서 볼 때 노무현 정부의 대북지원정책네트워크는 민관협이라는 제도적 협의기구를 통해 상설화되어 있다는 점에서 정책공동체 유형으로 규정하는 것이 일면 타당한 것으로 보인다.

각 정부별 대북지원정책네트워크 유형 변화는 실제 정부별로 대북지원정책의 뚜렷한 변동을 수반하였다는 점에서 큰 의미를 갖고 있다. 두 정부의 대북지원정책네트워크를 하위정부유형과 정책공동체 유형으로 명확히 구분할 수 있는 주요한 정책적 변화로는 첫째, 노무현 정부 시기 민간단체의 법적·제도적 협의체 기구로서 민관협이 발족되었다는 점이다. 이로 인해 민간부문이 실질적으로 정부의 정책결정 과정에 참여할 수 있는 공식적인 길이 열리게 된 것이며, 이는 참여성과 네트워크의 확대라는 거버넌스의 주요한 특징을 띠고 있다는 점에서 의미가 있다.

둘째, 이전 시기 공무원으로만 구성되어 있던 남북교류협력추진협의회에 민간분야의 전문가가 직접 참여하였다는 점이다. 이들 전문가집단은 정책과정 상호접촉과 의견교환을 통해 전문지식들을 주고받는다. 이는 공식적인 자문회의나 학회를 통하거나 비공식적인 모임을 통해서 이루어진다. 이 같은 공식·비공식적인 상호접촉과 의견교환이 이루어지는 곳은 정책공동체(policy community)이다. 정책공동체는 서로 개인적으로는 알지 못해도 북한 및 통일 정책을 둘러싸고 정책대안, 정책내용, 정책결과 등에 관심을 갖고 지속적인 활동을 하는 대학교수, 연구소 연구원, 공무원, 국회의원 보좌관, 신문기자 등으로 구성된다.[264] 따라서 전문가집단은 정책공동체의 일원으로서 공식적·비공식적인 상호접촉과 의견교환을 통해 관료와 국회의원들에게 의식적·무의식적으로 영향을 미치고 있을 뿐만 아니라, NGO와 같은 공익집단이나 특수이익을 추구하는 이익집단에 참여하여 정책에 영향을 미치고 있다.

한 가지 더 덧붙인다면 지금까지 살펴본 바와 같이 김대중 정부로부터 노무현 정부에 이르는 정책네트워크의 유형이 하위정부모형에서 정책공동체 유형으로 발전해 왔다면, 앞으로 전개될 대북지원정책과정은 특정사안별로 더욱 다층적인 행위자의 참여가 활발히 이루어지는 이슈네트워크 형태로 변화될 것으로 전망할 수 있다. 지금까지 논의한 대북지원정책네트워크 유형 변화와 전체 연구의 분석결과를 종합하여 도식화하면 다음의 <그림 5-5>와 같다.

---

264) 정정길 외, 『정책학원론』, pp.211-212.

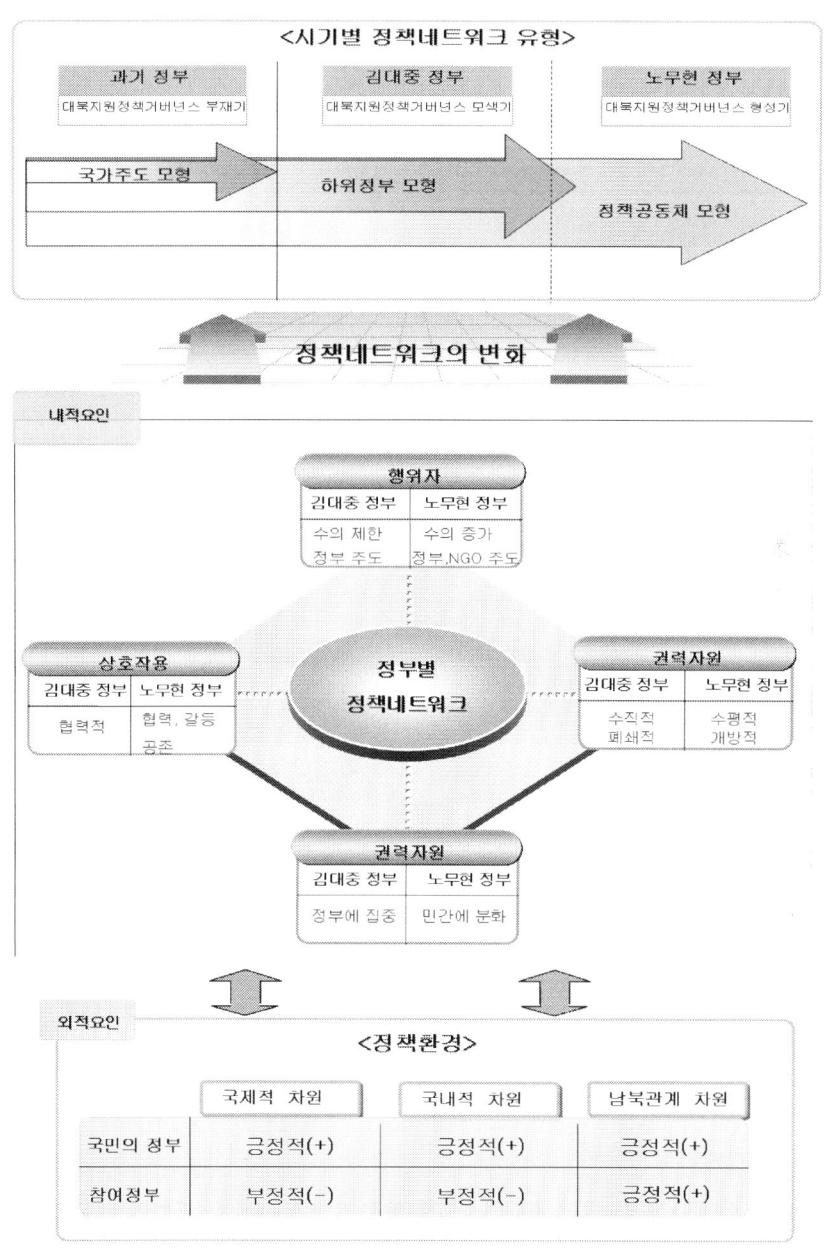

<시기별 정책네트워크 유형>

과거 정부	김대중 정부	노무현 정부
대북지원정책거버넌스 부재기	대북지원정책거버넌스 모색기	대북지원정책거버넌스 형성기

국가주도 모형
하위정부 모형
정책공동체 모형

정책네트워크의 변화

내적요인

행위자

김대중 정부	노무현 정부
수의 제한	수의 증가
정부 주도	정부, NGO 주도

상호작용

김대중 정부	노무현 정부
협력적	협력, 갈등 공존

정부별
정책네트워크

권력자원

김대중 정부	노무현 정부
수직적 폐쇄적	수평적 개방적

권력자원

김대중 정부	노무현 정부
정부에 집중	민간에 분화

외적요인

<정책환경>

	국제적 차원	국내적 차원	남북관계 차원
국민의 정부	긍정적(+)	긍정적(+)	긍정적(+)
참여정부	부정적(-)	부정적(-)	긍정적(+)

〈그림 5-5〉대북지원정책네트워크 유형 변화 및 분석결과의 종합비교

제6장 대북지원정책의 문제점 및 종합평가

제1절 대북지원정책 거버넌스 운영의 총체적 부실*

　　노무현 정부는 '모든 분야와 과정에서 관철되어야 할' 네 가지 국정운영원리로 '원칙과 신뢰', '공정과 투명', '대화와 타협', '분권과 자율'을 설정하였다. 이른바 혁신이 시대의 화두로 떠올랐고, 참여와 분권은 국정운영의 핵심적 이슈 중의 하나였다. 2004년 4월 15일 노무현 대통령은 정동영 열린우리당 의장과 이화여대 조기숙 교수와의 오찬 자리에서 '거버넌스(governance)의 시대'를 화두로 던지기도 하였다. 대통령은 "지금 민주주의 발전 단계는 진보와 보수의 갈등이 아니라 거버넌스의 시대이다. 개방, 수평, 참여, 분권의 시대로 이는 아주 중요한 문제다. 지금 세계는 이것을 먼저 하는 국가가 선진국가다"[265]라고 언급함으로써 국정운영의 모토가 이러한 방향으로 추진되었음을 짐작하게 한다. 실제로 노무현 정부 시기 민간부문의 참여를 법적·제도적으로 허용하거나 분권화가 이루어지면서 정책결정 과정에서 거버넌스가 형성되었다고 볼 수 있다.

　　국내 공공정책 분야와 마찬가지로 대북지원정책 분야에서도 다양한 행위자의 복합적인 상호작용에 의한 거버넌스가 형성된 점은 분명한 사실이다. 민간부문의 다양한 행위자의 참여가 법적·제도적으로 보장되었고, 각 분야의 전문성을 지닌 행위자 간의 네트워크가 이루어졌으며, 이로 인해 일정 부분 국가의 역할이 분권화되는 경향을 보였다.

　　하지만 거버넌스 형성 그 자체가 곧바로 정책의 적실성이나 효율성을 담보하는 것은 절대 아니라는 점을 명확히 인식할 필요가 있다. 김대중 정부 시기부터 노무

---

　*　이 부분 중 일부는 강동완, "대북지원정책 거버넌스의 평가 및 개선방안," 『통일문제연구』 제20권 1호(2008년 상반기)에 요약발표된 내용임.
265) 이진, 『노무현 정부, 절반의 비망록—노무현 왜 그러는 걸까?』(서울: 개마고원, 2005), p.384.

현 정부에 이르는 동안 민간의 참여확대를 위한 법적·제도적 보장과, 정부 권한의 위임이 이루어지면서 거버넌스의 외연은 확대되었지만, 이것이 곧 정책의 효율성과 효과성을 자동적으로 제고한 것은 아니라는 점이다.

이하에서는 지금까지의 연구 결과를 바탕으로 대북지원정책 거버넌스 운영의 총체적 부실에 대해 논하고자 한다. 거버넌스를 평가하는 지표로는 여러 가지 요인을 제시할 수 있으나, 대표적으로 거버넌스 형성의 기본 요인에 비추어 전문성(specialization), 참여성(participation), 자율성(autonomy), 네트워크(network), 분권화(decentralization), 효과와 효율성(effectiveness and efficiency), 책무성(accountability) 등을 통해 살펴 볼 수 있다.[266]

1. '참여과잉' 및 '형식적 참여'의 문제: 거버넌스의 참여성 (participation)·전문성(specialization) 저하

거버넌스의 형성은 다양한 행위자의 이해관계가 복합적으로 얽혀 있다는 것을 의미하는데, 역설적 의미에서 참여의 개방성이 확대되면서 오히려 일정 조건의 자격을 갖추지 못한 비전문적인 행위자가 난립할 수 있다. 만약 이에 대한 적절한 조정이나 관리가 이루어지지 않을 경우 오히려 정책 추진의 효율성을 저하시킬 수 있는 문제의 소지를 안고 있다.

거버넌스 형성 과정에서 정부 이외 민간부문의 참여 증대로 인해 민관협력이 이루어진 것은 사실이지만, 이는 공적 서비스의 탈규제화를 정당화시키기 위한 하나의 방편이라 할 수 있으며, 민관협력 자체가 모든 문제를 해결할 수 있는 것은 아

---

266) 물론 거버넌스의 평가지표는 이외에도 민주성(democracy), 반응성(responsiveness), 합의성(consensus‒building) 등 다양한 요소가 추가될 수 있다. 이에 대한 상세한 논의는 황병덕·김갑식·강동완, "한반도 평화번영 거버넌스의 실태조사: 서론", pp.18‒19 참조.

니다.267) 시급을 요하는 국정사안이나 국가 이익의 심각한 손실이 우려되는 정책의 경우, 오히려 행위자 간 소모적인 논쟁으로 인해 사업추진이 지연될 수 있으며 정책의 추진력을 약화시킬 수 있는 문제점이 발생할 수 있다.

이러한 측면에서 노무현 정부가 큰 비중을 두고 추진하였던 국가·사회 연결망 통치관리구조, 일명 '네트워크 거버넌스'는 많은 문제점을 내포하고 있다고 볼 수 있다. 그중에서도 정책결정에 시민사회의 참여과잉은 국가적 사업의 우선순위의 왜곡을 종종 가져왔고, 또한 책임지지 않는 주체들이 정책결정에 참여함으로써 책임소재의 실종을 초래하기도 하였으며, 국가권력을 제한하고 감시해야 할 시민사회의 본래 성격과 책무가 일탈되는 경우도 발생하였다.268)

이와 같은 문제점은 대북지원정책 분야에서도 그대로 드러났는데, 소정의 자격을 갖추지 못한 행위자의 난립으로 인해 정책과정의 혼란과 정책추진의 효율성이 저하되었고, 이러한 행위자의 참여에 대해 실질적인 조정·관리를 이루지 못한 정부의 리더십 부재로 인해 더더욱 정책의 혼선이 빚어지는 결과가 초래되었다. 이는 노무현 정부의 국정운영 방식의 한계를 드러낸 것으로서 '참여' 자체에 너무 치중한 나머지, 정책의 효율성을 제고하기 위한 '질적인 참여' 및 '효율적인 참여' 문제에 대해서는 간과하였기 때문이라 할 수 있다.

더욱이 민간부문에 대한 참여확대가 다분히 '정치적으로 의도된 결과'라 볼 수 있는데, 가령 대북지원사업자 선정방식과 관련하여 정부의 제한조건 삭제의 경우를 들 수 있다. 이는 정동영 통일부장관 시기인 2005년 정부가 대북지원을 활성화시킨다는 명분으로 대북지원을 표방하는 단체에 대해 일정한 자격심사도 거치지 않고 무조건적으로 수용한 사례이다. 이로 인해 자체 모금역량으로는 지원금을 충당

---

267) Tanja A. Börzel and Thomas Risse, "Public - Private Partnerships: Effective and Legitimate Tools of Transnational Governance?", In Edgar Grande & Louis W. Pauly, *Complex Sovereignty: Reconstituting Political Authority int the Twenty - first Century*(University of Toronto Press, 2005).
268) 김형준, "국정활동 전반에 대한 평가", p.202.

할 수 없는 단체, 대북 정보 분석에 취약한 단체, 북한과의 접촉채널을 제대로 확보하지 못한 단체 등 사업역량을 갖추진 못한 비전문적인 단체가 난립하는 문제점을 낳게 되었다.

이러한 참여과잉의 이면에는 정부가 대북지원 NGO에 대해 남북협력기금을 지원한 것이 발단이 되었다. 대북지원사업자 지정의 자격조건이 완화된 2005년의 경우 대북지원사업자의 수가 전년도 33개에 비해 54개 단체로 급증한 것을 알 수 있다. 이는 대북지원NGO에 대해 남북협력기금이 지원된 것과 무관하지 않다. 즉, 정부로부터 보다 많은 재정적 지원을 받고자 하는 단체가 서로 경쟁관계에 놓이게 되었고, 각 단체의 특화된 분야를 중심으로 전문화를 이루기보다 중복사업으로 인해 지원의 적실성을 상실하는 문제점이 발생하였던 것이다.

한편, 비전문적 행위자의 참여과잉에 대한 또 다른 사례로는 지방자치단체의 경우를 들 수 있다. 앞서 행위자 수의 증가에서 살펴본 바와 같이 노무현 정부에 이르러서는 지방자치단체의 대북지원사업이 증가하면서 지자체가 대북지원정책네트워크의 주요 행위자로 기능하며, 교류협력을 통한 남북관계 개선에 긍정적인 영향을 미쳤다. 하지만 일부 지자체의 경우 지원역량을 초과한 과다지원 및 중복지원의 문제를 초래하였으며, 이벤트성 사업을 성사시키기 위한 대가의 명목으로 대북지원사업에 참여하는 등 이른바 전시행정의 한계를 보이기도 하였다(아래 인터뷰 참조). 결국 대북지원NGO나 지자체의 이와 같은 사례는 행위자의 증가에 따른 참여나 개방의 확대가 필연적으로 정책의 효율성과 효과성을 담보하지는 않는다는 사실을 입증하는 것이다.

> 남북 간 사회문화 교류형식으로 진행된 것 중 이벤트성 성격이 강한 것이 많았다. 특히 지자체의 경우 자치단체장의 치적의 하나로 생각하여 상당한 예산을 투자하기도 하였지만, 실질적인 성과를 거두지 못하는 한계가 있었다.[269]

---

269) 홍OO(통일부 고위관계자), 2007년 6월 14일, 서울에서 인터뷰.

다음으로 비전문적 행위자의 '참여과잉'뿐만 아니라, 민간부문의 참여가 실질적 역할과 기능을 수행하지 못하고 정부의 입장을 대변하는 정도에 지나지 않았다는 '형식적 참여'의 문제를 제기할 수 있다. 앞서 지적한 바와 같이 노무현 정부 시기에는 국정운영의 방식으로 민간위원이 참여하는 '위원회'가 주를 이루었는데, 이들 위원회가 거의 유명무실하게 운영되었다는 문제점이 있다.

통일부 소관 위원회로는 '통일관계장관회의', '통일고문회의', '남북관계발전위원회', '남북교류협력추진협의회', '북한이탈주민대책협의회', '통일교육심의위원회' 등이 설치되었는데, 이 가운데 대북지원정책과 관련하여서는 '남북교류협력추진협의회'를 살펴볼 필요가 있다. 이 위원회는 2006년부터 민간위원 참여를 법적으로 보장하기는 하였지만, 실제로는 정부가 마련한 사안에 대해 단순히 추인하는 정도의 역할만을 수행하였다. 가령 2006년의 경우 총 15회 회의 개최로, 평균 월 1회 정도의 개최실적을 보이고 있는데(다른 위원회의 경우 개최실적이 전혀 없는 경우도 있음), 이마저도 직접개최는 단 3회에 불과하며 나머지는 모두 서면으로 개최되어 회의 구성의 의미를 무색하게 하였다. 더욱 큰 문제점은 총 50개의 의안 가운데 단 3건에 대해서만 수정의결로 처리하고, 나머지는 모두 원안의결로 처리되었다는 점으로, 이는 위원회의 역할이 유명무실하게 이루어졌다는 것을 단적으로 보여주는 사례라 할 수 있다.[270]

형식적 참여와 관련하여 또 한 가지 지적할 점은, 앞서 논의한 대북지원NGO의 비전문적 참여와 연계되는 것으로, 정부와 대북지원NGO의 협의체인 민관협이 제 기능을 수행하지 못하고 있는 점이다. 즉, 민간부문의 정책과정 참여를 법적·제도적 틀로 보장함으로써 거버넌스 운영의 대표적 사례로 평가할 수 있는 민관협이, 그 이면에는 전담인력조차 부재한 단순 임의기구 성격의 협의체에 불과하다는 점을 지적하지 않을 수 없다.

민관협이 발족된 이후에 대표자 회의, 운영위원회 회의, 분과위원회 회의가 연이

---

270) 통일부, "남북교류협력추진협의회 개최현황"(2007.10.17) 참조.

어 개최되었는데, 회의의 진행 과정을 보면 매번 난항을 겪었을 뿐더러 회의 결정 사항이 모호하거나 지엽적인 논의에 그친 경우가 많았다. 정부와 민간이 함께 참여하는 회의인 경우에 조정과 합의에 이르는 과정이 일반적으로 쉽지 않은데, 그렇다 하더라도 지금까지의 민관협 회의는 매우 비효율적인 것으로 평가할 수 있다. 회의가 이렇게 진행된 첫 번째 이유는 회의 자료의 부실함에 있고, 둘째로는 회의 준비 과정에서의 조정 부재에 있다. 특히 민관협은 정부와 민간이 공동으로 운영을 한다는 점에서 사전 조정이 반드시 필요한데, 회의 준비 과정에서 사전 조정이 충분히 이뤄지지 않은 문제점이 있다.271) 그리고 실제 회의 운영에 있어서도 2005년에는 3차례의 회의가 개최되었고, 2006년에는 단 한 차례 개최되는 것에 불과하였다.

결국 거버넌스의 시각으로 볼 때 노무현 정부 시기는 대북지원정책과정에서 다양한 행위자의 참여를 보장하는 법적·제도적 기반이 조성되기는 하였지만, 엄밀히 말해 민간부문의 역할이 정부에 의해 이미 결정된 정책을 추인하는 정도의 제한된 역할에 한정되는 '형식적 참여모델(stylized participation model)'의 한계를 갖고 있음을 지적할 수 있다. 이러한 문제점으로 인해 참여정부 시기 거버넌스는 실질적이며 효율적인 운영체계를 갖추지 못하고, 거버넌스의 외형적 요건만을 구비한 '초보적 수준의 거버넌스' 형태라고 볼 수 있다.

2. 특정 행위자에 대한 정부의 편향적 지원: 거버넌스의 자율성 (autonomy) 침해

거버넌스 체계는 행위자들의 자발적 참여에 기반을 둔 자율적이며 자기조직적 (self-organizing)인 조정양식으로서, 행위자의 의사결정은 여타 행위자로부터 독립되어 독자적으로 운영되어야 한다. 거버넌스의 단초가 정부의 국정운영능력의 한계

---

271) 이종무, 「대북인도지원 시스템의 발전 방안 연구」, p.38.

에서 비롯된 민간부문의 자율적 참여에서 비롯되었기에, 민간부문은 정부의 통치체제를 대체할 수 있을 정도의 자체역량을 보유해야 한다. 만약 민간부문의 활동이 정부에 의해 법적으로 제약을 받는다거나, 재원의 확보가 독자적으로 운영되지 못하여 독립적 행위자로서 기능하지 못한다면 이를 거버넌스 체계로 규정하는 것은 다소 무리가 있다.

특히 정부의 권력비대화를 감시하고 정책에 대한 건전한 비판과 견제를 본연의 목적으로 하는 NGO의 경우, 독립적 행위자로 기능하지 못하고 정부의 영향력 아래 놓이게 되면 거버넌스의 의미는 퇴색되고 만다. 민간부문의 행위자들이 자기역량 강화를 통해 정부와 동등한 지위를 구가하며 협력적 파트너십을 형성할 때 거버넌스의 효과는 극대화될 수 있다.

이러한 차원에서 볼 때 현재 노무현 정부의 대북지원정책 거버넌스는 행위자의 자발적 참여가 퇴색되면서 거버넌스의 핵심 구성요소인 자율성(autonomy)이 침해되고 있는 현상이 나타나고 있다. 즉, 행위자의 자율성은 재정 확보 능력, 내부의사 결정구조, 정보의 독립, 고유한 가치와 규범 등으로 평가할 수 있는데, 이와 같은 평가기준을 적용할 때 자율성의 침해가 가장 우려되는 부분은 민간부문에 대한 정부의 재정적 지원이라 할 수 있다.

앞서 정책네트워크의 권력자원에서 살펴본 바와 같이, 현재 정부가 보유하고 있는 주요한 권력자원으로는 민간부문에 대한 남북협력기금의 지원을 들 수 있다. 기금의 확보에서부터 지원단체 선정, 예산배분 및 집행에 이르기까지 전 과정에 대한 권한을 행사할 수 있는 정부로서는 민간부문에 대한 기금 지원을 명목으로 정책추진에 대한 정당성 및 지지를 획득할 수 있는 근거를 마련할 수 있게 된다.

대북지원의 형태가 초기 긴급구호 지원에서 북한 개발협력 지원사업으로 점차 변화되어 가면서 예산 규모는 증가하게 되었고, 후원자로부터의 성금에 의존할 수밖에 없는 대북지원NGO의 경우 정부의 기금 지원은 사업을 추진할 수 있는 필수 조건이 되었다고 해도 과언이 아니다. 즉, 정부의 협력기금 지원이 부재한 상태에서 상대적으로 열악한 재정 상태에 있는 일부 대북지원NGO의 경우 사업 자체를 포기해야 할 상황에 놓이게 된다. 애초부터 모금액을 마련하기 위한 충분한 자립 대책이 없으면서도 협력기금만을 바라고 경쟁적으로 설립된 단체들도 적지 않은 게 문제가 되는 것이다.[272]

남북협력기금의 경우 '대북지원사업자 지원사업 규칙'에 따라 1개 사업당 7억 원 범위 내에서 총사업비의 최대 70%까지 기금을 지원하고 있다. 하지만 정부가 독자적으로 사업을 계획하고 민간부문의 컨소시엄을 구성한 '북한 영유아 지원사업'의 경우는 민간단체가 별도로 출연하는 자체 재원은 전혀 없고, 정부의 전액지원사업으로 추진되고 있다. 즉, 통일부와 보건복지부가 구체적인 사업계획 및 북한과의 합의서(안)를 작성하여 컨소시엄을 구성하고, 선정된 민간단체가 북한과 직접 협의하는 사업방식을 취하는 것이다. 이러한 지원사업 형태는 사업의 타당성을 정부가 독자적으로 결정하여 사업을 계획하고, 대북지원NGO는 하청기관 형식으로 참여한다는 점에서 완전한 자율성을 가진다고 보기는 어렵다. 사업추진 과정에서 정부가 의도하는 방향과 기준을 준수해야 하는 문제의 소지가 있으며, 개별 단체의 전문화된 특성을 살리지 못하고 규모가 큰 대북지원NGO가 '백화점식'으로 모든 사업에 참여하여 사업의 실효성이 저하되는 문제점을 지적할 수 있다.

한편, 남북협력기금 지원은 인도적 지원사업 외에도 인적 왕래지원, 사회문화협력지원, 경협 자금 융자 등 명목으로 기업이나 시민사회단체에 지원됨으로 인해 지원명목을 두고 사회적 논쟁이 촉발되고 있다. 협력기금은 엄연히 국민의 세금으로 조성된 기금이기에 공공목적이 아닌 특정 단체나 기업의 영리를 목적으로 사용되어서는 안 되는 것이다. 만약 정부가 공익사업을 목적으로 하지 않는 사회단체나 특정 기업에 기금을 지원하는 것은 법적으로 문제가 되며, 이들 행위자의 도덕적 해이(Moral hazard)를 초래할 수 있다. 협력기금의 사용처에 대한 적실성과 투명성 여부가 사회적 논쟁이 될 수 있는 점을 감안할 때, 그 사용 명목에 대한 객관적 기

---

272) 함택영 외, 『한반도 평화체제 거버넌스 활성화 방안』(서울: 통일연구원, 2007), p.51.

준과 합의가 반드시 선행되어야 한다. 정부의 독자적인 판단으로 지원이 결정될 경우, 불필요한 사회적 논쟁을 유발할 수 있으며, 계층 간 지역 간, 이념 간 갈등을 초래할 수 있는 문제의 소지가 있는 것이다.

이러한 차원에서 볼 때, 현대아산의 금강산 관광에 대한 정부의 협력기금 지원은 특정 기업에 대한 특혜의혹을 불러일으킬 수 있다는 점과 이해당사자 간 갈등을 유발할 수 있다는 점에서 더더욱 신중을 기할 필요가 있다.[273] 가령 2005년과 2006년의 경우 인적 왕래지원 항목에는 '금강산 체험학습 경비 지원' 명목으로 기금이 집행되었는데, 이는 특정 기업의 손실을 정부가 보전해 준다는 측면에서 문제의 소지가 있는 것이다. 더욱이 당시 정부가 학생들의 수학여행을 금강산으로 유도하면서 강원도 설악산 주변 상인들과의 불필요한 마찰과 갈등을 촉발하였다는 점은 기금 지원의 의미를 퇴색시키는 것이라 할 수 있다.

아울러 정부는 금강산 개발, 철도·도로연결, 개성공단사업이라는 3대경협 사업을 추진하면서, 금강산 관광개발사업에 대해서 관광경비 지원, 금강산 관광 도로포장, 소방장비 지원 등 2007년 9월 기준으로 볼 때, 265억 원의 무상지원과 938억 원의 유상대출을 지원하고 있다. 이는 지원의 적실성 여부를 차치하더라도 정부가 기업의 특정 사업에 재정지원을 함으로 인해 기업의 자발성을 퇴색시키고 있는 것이라 할 수 있다.

---

273) 지난 냉전시기 남북관계를 돌이켜 볼 때 금강산 관광이 갖는 역사적·상징적 의미는 지대하다. 특히 남북한 대결의 산물이었던 휴전선을 가로질러 남한 주민이 북한 지역으로 직접 들어갈 수 있다는 점은 남북관계 발전의 한 단면으로 평가할 수도 있다. 하지만 여전히 북한주민들과는 격리된 그야말로 '여행'이 아닌 '관광'에 그치고 있다는 아쉬움이 있다. 또한 북한 당국에 직접적으로 현금을 지급하는 방식이라는 점에서 그 의미는 더욱 퇴색된다. 이제 금강산 관광 10주년을 맞아 관광방식의 대폭적인 개선이 이루어질 필요가 있다. 단순히 '북한 땅'을 둘러보는 '관광'의 수준에서 그칠 것이 아니라, 북한 주민들과의 접촉을 통해 그들의 생활상을 이해할 수 있는 '여행'이 되도록 개선해 나갈 필요가 있다. 그리고 입·출경의 간소화 조치를 통해, 좀 더 자유롭고 편안한 분위기에서 여행이 이루어지도록 할 필요가 있다.

만약 대북사업의 불확실성이 제거되고, 사업 이익을 극대화할 수 있는 투자처라는 저변이 확산되면 대기업을 포함한 기업의 사업참여가 자연스럽게 확장될 것이다. 현재, 현대아산을 비롯한 특정 기업만이 대북사업에 참여하고 있는 현실은 북한이 기업의 투자처로서 여전히 많은 불확실성을 내포하고 있기 때문이다. 이에 대해 정부가 주도적으로 기업의 참여를 독려할 것이 아니라, 기업의 자율적 참여가 이루어지도록 제반 환경 조성에 국가역량을 집중할 필요가 있는 것이다.

특히 지난 2007 남북정상회담 시 특별수행원에 대기업 총수를 비롯한 기업인의 참여가 대거 포함되었는데, 무엇보다 합의문 중 경제협력과 관련한 사항은 정부가 직접 나서기보다 기업이 시장경제의 관점에서 접근할 사안이었다는 점에서 기업의 자율성을 훼손하고 있는 것으로 평가할 수 있다.

마지막으로 행위자의 자율적 참여 퇴색과 관련하여 언론사에 대한 정부의 기금 지원을 들 수 있다. 노무현 정부 시기는 정부와 일부 보수 언론이 전쟁으로 표현할 만큼 극명한 갈등과 대립을 보인 시기였다. 그런데 정부가 소위 정권의 코드에 맞는 일부 언론사에 대해 기금을 지원함으로써 재정지원의 투명성과 자율성을 훼손하였다는 지적이 제기되고 있다. 신문발전위원회는 진보적 성향의 특정 인터넷 언론매체(오마이 뉴스, 프레시안 등)와 한겨레신문·경향신문을 비롯한 중앙일간지, 잡지사 등에 모두 157억 원을 지원키로 결정하여 개별 신문사에 대한 공적 자금 지원의 타당성 문제가 제기되고 있는 것이다. 공정하고 객관적인 보도와 정보를 유통해야 하는 언론사가 정부의 지원을 받고 제대로 견제와 감시의 역할을 수행할 수 있느냐의 문제인 것이다. 이는 곧 정부가 특정 언론을 포섭하는 행위에 지나지 않으며, 언론의 자율성을 심각하게 훼손할 수 있다는 우려를 제기하지 않을 수 없다.

3. 정책추진에 대한 책임 회피: 거버넌스의 책무성(accountability) 상실

거버넌스는 정책과정의 효율성과 효과성을 제고하기 위한 기능적 측면과 더불어 동시에 시민참여에 기반을 둔 민주성의 문제와 직결된다. 시민은 정부가 추진하는 정책결정 과정 전반에 대해 '알 권리'가 있으며, 정부의 일방적 결정에 의한 정책 결과에 수동적으로 참여하는 것이 아니라, 정책결정 과정 전반의 견제와 감시를 통해 정책과정에 직·간접적으로 참여할 수 있다.

국가안보와 관련된 정책의 경우 상대적으로 정보의 독점이나 권력자원의 우위를 점하는 정부가 정책결정 과정 전반에 주도적 역할을 하게 되는데, 만약 정부가 국민의 의사와 합의를 고려하지 않은 정책을 추진할 경우 시민의 자유와 권리는 심각한 침해를 받게 된다. 따라서 민주적 절차에 기반을 두어 시민의 권리를 위임받은 정권은 자신들의 통치 행위가 국가의 정체성이나 시민의 기본 권리를 침해해서는 안 된다는 것을 늘 각인해야 한다.

이러한 면에서 정부는 정책결정 과정 전반에 대한 투명성을 높여야 하며, 국민들에게 정책과정에 대한 정보를 공개하여 국민의 합의와 지지를 강구해야 하는 것이다. 또한 정책 집행 사후에는 정책추진에 대한 책임을 져야 한다. 이를 위해 정부의 정책 추진 과정에서의 정보의 공개와 투명성 유지라는 책무성(accountability)이 반드시 요청되는 것이다. 책무성은 "공직자들이 자신들의 권력과 의무에 대한 재량권을 이해당사자들에게 답변하고 자신들에게 부과되는 비판 혹은 요구사항들에 순응해서 행동하며, 또 실패, 무능 혹은 기만에 대한 (일부) 책임을 수용하는 것"을 말한다.274)

대북정책은 정책결과가 어느 특정 지역이나 집단에만 한정되는 것이 아니라 국

---

274) UNDP, "Governance for Sustainable Human Development: Glossary of Key Terms", <http://magnet.undp.org>, 김국신, "한반도 평화번영을 위한 대북정책 거버넌스 실태 조사", p.571 재인용.

가의 운명을 가름하고 국민 전체의 삶의 질의 방향과 직결되는 문제이기 때문에 더더욱 정부의 책무성이 크게 요구된다. 대북지원정책 역시 좁은 의미에서는 국민 세금의 투명한 집행과 연관되며, 넓은 의미로 보면 북한의 체제 존속 문제와 연계되어 한반도의 미래를 결정지을 수 있는 문제임을 감안할 때 그 어느 정책 분야보다도 더욱 투명성과 책무성이 요청된다고 할 수 있다.

노무현 정부 시기 정부는 법률에 근거한 정보공개 제도를 통해 정책결정 과정에서의 투명성을 증진시키고자 하였다. 하지만 투명성과 책무성의 증진이라는 기본 취지와는 무색하게 실제적으로 보면 그 내용이 빈약한 형식적 수준에 머무는 한계를 보였다. 특히 대북지원과 관련한 일련의 정보공개 요구에 대해, '안보분야의 정보 비공개 원칙'을 근거로 정보공개를 거부하기도 하였다. 가령 북한의 영유아 지원사업의 기금 지원 결정과정에 대한 공개요구에 대해 정부는 북한과의 협의 내용을 다수 반영하고 있다는 이유로 정보를 공개하지 않았으며, 대북지원NGO와 북한과의 협의사항에 대해서도 개인의 인적 사항이 포함된다는 이유에서 정보공개를 거부하였다.

대북지원에 관한 정보공개의 거부는 단순히 국민의 알 권리에 대한 침해의 수준에서 끝나는 것이 아니라, 정부가 불필요한 오해의 소지를 유발하여 보·혁 간 갈등의 한 축을 형성하며 국론분열이라는 사회적 문제로 확장된다는 점에 문제가 있다. 대북지원을 둘러싼 논쟁이 심각한 사회적 문제로 파급되어 국론의 분열을 가져오고 있는 현 상황을 감안하면, 안보정책의 특수성으로 인해 정보를 공개할 수 없다는 점은 역설적 의미에서 다른 공공정책보다 오히려 더욱 정보공개를 통해 투명성을 높일 필요가 있다는 점을 시사한다.

대북지원과 관련한 사회적 논쟁이 끊임없이 지속되는 것은, 정부가 대북지원의 결정 여부나 지원규모, 지원사업 방향 결정 등에 대해 공식적인 운영원칙과 국민적 합의에 기반을 두어 추진하기보다, 남북관계의 상황 및 정권 차원의 정치적 필요에 따라 결정·집행하기 때문이라 볼 수 있다. 이는 곧 정책결정 과정의 투명성을 상실하여 국민들의 의구심을 증폭시키는 원인이 되는 것이다. 결국 정부가 거버넌스의 제도적 측면에서 정보공개라는 형식은 갖추고 있지만, 이와 같은 정보공개가 일부정책에 한정되고 있으며 이마저도 정책결정에 대한 명확하고 분명한 설명 없이 일반 사항만 공개하고 있다는 점에서 책무성을 기하고 있지 못한 것으로 평가할 수 있다.

더욱이 책무성이 단순히 정보의 공개나 투명한 정책집행을 의미하는 것이 아니라, "정부에 부과되는 비판 혹은 요구사항들에 순응해서 행동하며, 실패, 무능 혹은 기만에 대한 (일부) 책임을 수용하는 것"이라는 정의에 비추어 보면, 정부의 책무성은 더욱 낮은 평가를 받을 수밖에 없다. 이는 사회 제 분야로부터 대북지원목표의 실효성과 적실성에 대한 문제제기가 있었음에도 불구하고 정부가 정책 수정이나 실패를 인정하지 않고, 오히려 여타 행위자들과 공방을 지속하는 가운데 집권기간 내내 대결국면을 이어갔다는 점이다. 정부는 자신들에게 부과되는 비판이나 국민적 요구사항을 적절히 조정, 협의, 타협하지 못함으로 인해, 언론과는 전쟁불사의 표현까지 사용할 만큼 갈등국면을 형성하였고, 보·혁 간 대립의 정점에서 사회적 분위기가 대결구도로 점철되었다.

한편, 정부가 공공정책에 관한 투명성과 책무성을 강력히 요구받는 만큼 시민사회 영역의 NGO와 일반 시민 또한 이를 갖추어야 할 필요성이 있다. 특히 대북정책은 그 특성상 다른 분야의 정책과는 다르게 구조적으로 실패 요소를 많이 담지하고 있기 때문에, 관련 분야 NGO들에 대한 책무성은 그만큼 더 요구된다. 예컨대 NGO들은 자신들이 지지 혹은 반대하는 특정 정책이 혜택보다는 폐해를 더 많이 가져온다면 어떤 책임을 질 수 있을지 고려해 보아야 하는 것이다.275)

이러한 맥락에서 대북지원NGO의 역할에 대해서도 냉철한 성찰이 필요하다. 김대중 정부와 노무현 정부 시기 대북지원NGO의 역할을 비교할 때, 분명 노무현 정부에 이르러 대북지원NGO의 위상과 역할은 점증하였다. 문제는 대북지원NGO가

---

275) 송정호, "21세기 통일정책 환경 변화와 시민참여", p.279.

NGO 본연의 역할 가운데 하나인 정부정책의 비판과 견제의 역할 부분을 상실한 채, 정부의 무리한 대북지원에 대해 무조건적으로 수용하고, 이에 대한 발전적인 대안을 제시하지 못하였다는 점이다.

즉, 대북지원NGO는 정부의 대북지원이 남북관계 상황에 따라 임기응변적으로 추진되면서 지원의 효율성과 적실성이 저하되었음에도 불구하고 이에 대한 비판과 문제제기에 소홀하였다. 북핵문제의 해결과 남북관계 안정이라는 정치적 의도를 내포한 정부와, 인도적 차원의 대북지원을 수행한 대북지원NGO의 정책목표가 분명 상이하였음에도 불구하고, 대북지원NGO는 정부의 대북지원 강행에 대해 무비판적으로 수용하였고, 정부는 이러한 대북지원NGO의 입장을 역이용하여 무리한 대북지원을 강행하는 방패막이로 활용한 측면이 있다고 볼 수 있다.

이는 대북지원NGO 간 상호 협력과 조화를 통해 역량을 결집하기보다, 개별 단체들이 자신들의 위상과 입지를 강화하기 위해 무리한 경쟁을 하게 되면서, 정부정책감시자 및 발전적 비판자로서의 역할을 상실하였기 때문이다. 즉, 대북지원NGO가 단체별 전문화된 특성을 살려 지원사업의 차별성을 기하지 못하고, 정부가 추진하고자 하는 대북지원사업의 적실성을 충분히 숙의하지 못한 것은 대북지원NGO의 책무성 상실로 평가할 수 있는 부분이다.

4. 행위자로서 북한의 불완전한 참여: 네트워크(network)의 단절

네트워크는 정책에 대한 지지와 반대를 표명하는 다양한 행위자들이 참여하기에 협력과 갈등이 상호 공존할 수밖에 없으며, 효율적인 네트워크는 바로 이러한 양극단의 입장을 적절히 조율하여 최대한의 정책 효율성을 도출해 낼 수 있는 형태를 말한다.

국내공공정책과 달리 남북관계의 특수성으로 인해 북한은 네트워크에 직접적으로 참여할 수 있는 행위자는 아니다. 각기 다른 정치체제에 속한 남북한이 동일한 정책네트워크에 포함된다고 가정하는 자체가 이미 현실적으로나 내용적으로 모순을 내포하는 것으로도 볼 수 있다. 그럼에도 불구하고 북한이 행위자로서 주요하게 간주되는 이유는 대북지원 자체가 전적으로 남한이나 국제사회의 의도와 결정에 의해 '주는 차원'으로만 이루어지는 것이 아니라, 반드시 '받는 차원'의 상대가 있다는 점 때문이다. 또한 대북지원과 관련한 정책적 조치를 취하기 위해서는 북한의 정책호응이 대단히 주요한 요인이 되는데, 가령 북한이 체제강화를 위한 수단으로 경제 분야에 관심을 집중하고 경제회생을 위한 자금과 물적 지원이 절실히 필요하다고 인식될 경우 남한과의 경협이나 대북지원에 적극적으로 참여하는 경향을 보이게 되는 것이다.

문제는 여기에서 발생하는데 현재의 상태로는 남한의 대북지원정책네트워크 작동 기제가 북한이라는 행위자의 의도와 전략적 변용에 의해 영향을 받을 수밖에 없다는 점이다. 즉, 여러 다양한 행위자들의 이해관계를 조절하는 협력적 조정기제로서의 네트워크가, 실제로 네트워크의 직접적 행위자로 볼 수 없는 북한 당국이라는 단일한 행위자의 의도에 의해 영향을 받는다는 것은 네트워크 형성 자체가 불완전하다는 것을 의미한다. 일반적으로 정책네트워크가 행위자 간 조율을 통해 어느 정도 예측 가능한 정책결과를 도출해 낼 수 있다는 특징을 갖고 있는데, 대북지원정책네트워크의 경우 북한이라는 특정한 변수에 의해 사전에 예측하지 못한 정책변동을 초래할 수 있는 기형적 네트워크 구조를 형성하고 있는 것이다.

본 연구에서 김대중 정부와 노무현 정부를 지나면서 거버넌스가 모색기에서 형성기로 접어들었다고 규정한 것은 네트워크 행위자의 증가와 민간부분의 정책참여가 법적으로 보장되었다는 점에 주목하였기 때문이다. 하지만 북한의 경우 남한의 네트워크 변화에 발맞추어 행위자가 다변화된 것은 아니며, 오히려 북한 당국이라는 하나의 채널이 남한의 다양한 행위자와 접촉하는 형태가 지속되고 있다. 이에 북한이 정책적으로 남한의 지원기구들마다 창구를 달리하여 행위자들 사이의 교류협력을 어렵게 하는 것이 문제로 제기된다. 특히 창구 분리 문제가 매우 심각한데, 대북지원 국제기구들은 북한 외무성을 창구로 하며, 남한 민간단체들은 북한의 민화협이나 민경련을 창구로 하고, 해외동포 단체들은 해외동포위원회를 창구로 하고 있다. 북한이 철저하게 창구 분리 정책을 고수하였기 때문에 국내외 지원기구 사이의 네트워크 형성이 어려운 것이 현실이다.276) 이는 결국 대북지원정책이 남한의 네트워크정책 변화에 의해 결정된다기보다, 북한이 의도하는 전략전술에 의해 변화된다는 것을 의미하며, 북한이라는 불확실한 행위자로 인해 네트워크를 통한 정책결정 과정의 예측가능성이 상실되는 것을 의미한다. 현재 북한의 의도에 일방적으로 끌려 다니는 상황은 네트워크의 단절상태로 볼 수 있으며, 이는 효율적 정책추진을 어렵게 하는 장애요인이 되는 것이다.

한마디로 거버넌스는 행위자의 자발적 참여를 통한 갈등조정과 문제해결을 전제로 하는데, 북한에서는 남한의 시민사회에 조응하는 단체가 사실상 존재하지 않으며, 대남접촉에 나서는 일부 단체의 경우 역시 획일화된 당의 공식적인 입장만을 고수한다는 점이 문제점으로 부각된다. 따라서 거버넌스 체제가 성공하기 위해서는 무엇보다 남북관계의 상대자인 북한 스스로가 과거 냉전기의 대남전략을 수정하여 보다 다양한 행위자들의 자율성을 인정하고, 여러 영역에서 협조할 의사를 보이고 전향적으로 남북관계에 임할 필요가 있는 것이다.277)

한편, 행위자로서 북한과의 네트워크 단절 문제뿐만 아니라 국내적으로 대북지원 NGO 간 네트워크의 단절 문제를 지적할 수 있다. 비록 이들 단체 간 협의기구인 북민협이 운영되고 있기는 하지만, 실질적인 협력적 네트워크로 기능하기보다 단순협의체의 성격을 벗어나지 못하고 있다는 데에 문제가 있다. 즉, 대북지원 NGO 간 역량을 결집할 수 있는 구심점으로서 기능을 수행하지 못하고 있으며, 더욱이

---

276) 김근식 외, "남북한 사회·문화 협력 거버넌스 실태조사", p.903.
277) 최완규, "남북한 관계의 전망과 과제", 경남대 북한대학원 편, 『남북한관계론』(서울: 한울, 2005), p.355.

근래에는 북민협 내에서 일부 대형단체 중심의 운영에 반발하는 목소리가 제기되고 있다. 이는 단체가 서로 긴밀히 연계되어 상생의 협력을 이루지 못하고, 제각기 파편화되어 개별적으로 활동하고 있는 데서 기인한 것이다. 특히, 대형단체가 여러 대북지원NGO를 긴밀히 연계하여 하나의 연결망을 구축할 수 있는 허브(Hub)나 클러스터(cluster)로서의 역할을 수행하지 못한 채 권력자원을 독점하고 있기 때문이라 할 수 있다.

제2절 대북지원의 문제점

1. 대북지원의 정략적 이용: '협력적 적대관계'로서 남북관계

노무현 정부 시기 대북지원정책과 관련한 문제점으로는 먼저, 정부가 일정한 원칙이나 전략 없이 협상의 주도력을 상실한 채 북한이 원하는 대로 끌려가는 수동적인 모습을 보였다는 점을 지적할 수 있다. 정부의 지원이 인도적 차원의 지원임을 표방하였음에도 불구하고 국내적으로는 퍼주기라는 비난을 면치 못하였고, 북한은 남한의 이러한 지원을 오히려 '수혜'가 아닌 '시혜'의 개념으로 인식할 정도까지 되었다. 이는 정부가 대북지원을 남북관계 진전의 협상용으로 사용한 결과이며, 무엇보다 정권의 정당성을 획득하기 위해 대북지원을 하나의 수단으로 인식한 결과에서 비롯된 것이라 할 수 있다.

특히 앞서 논의한 바와 같이 정부가 대북지원을 각종 남북 간 회담이나 행사의 성사 조건으로 활용함에 따라, 사전에 국민적 합의에 기반을 둔 원칙을 바탕으로 투명한 지원이 이루어지지 못하고, 남북관계의 상황변동에 따라 즉흥적으로 정책결정이 이루어지는 문제점이 발생하였다. 다시 말해 정부는 남북관계의 안정을 통해 정치적 정당성을 도모하고자, 북한과 마찰을 빚을 수 있는 상황을 가급적 회피하려 했고, 심각한 안보 위협 상황에 적절히 대처하지 못하는 소극적인 자세를 보였다. 더욱이 대북지원이 동포애적·인도적 차원의 목적을 결여한 채, 일회적이며 정치적 성격의 이벤트성 지원이 이루어지기도 하였는데, 대표적인 사례 중 하나로 2007년 5월 17일 경의선과 동해선 열차 시험운행을 들 수 있다. 이 행사가 '퍼주기 지원'이라는 우려가 가시지 않는 것은 바로, 정부가 열차 시험운행 이틀 전 쌀 40만 톤(약 1,649억 원)과 경공업 원자재 8,000만 달러의 대북차관 집행을 서둘러 의결했다는 사실 때문이다. 더구나 북측에서는 실무형 인사가 탑승한 반면 남측에서는 대통령 측근인 명계남 초대 노사모 대표와 정치인들이 대거 탑승함으로써 이러한 우려를 더욱 가중시켰다. 동일한 사안을 두고 한쪽에서는 '민족의 혈맥을 이은 역사적 과업'으로 평가한 반면, 또 다른 한쪽에서는 '국민의 혈세를 낭비한 겉치레 행사'에 불과하다는 비난이 제기된 것을, 단순히 이념적 갈등의 한 부분으로만 일축해 버리기에는 사회적 분열에 따른 비용손실이 너무 크다는 점을 지적하지 않을 수 없다.

'남북관계발전법 제2조 2항'에서는 "남북관계의 발전은 국민적 합의를 바탕으로 투명성과 신뢰의 원칙에 따라 추진되어야 하며, 남북관계는 정치적, 파당적 목적을 위한 방편으로 이용되어서는 안 된다"라고 분명히 규정하고 있다. 이와 같이 법적으로 명문화된 기본원칙이 엄연히 존재함에도 불구하고, 정부가 이러한 원칙을 준수하지 않고 남북관계의 상황과 자의적 판단에 근거하여 지원을 결정한 것은 대북지원의 투명성과 적실성을 상실하게 만든 것이며, 이러한 이유에서 정부는 국내적으로 '퍼주기'라는 비판으로부터 자유로울 수 없는 것이다.

작금의 이러한 남북관계 상황은 남북한 공히 정권의 안정성을 기하기 위해 남북관계를 정치적 수단으로 이용하는 것으로서, 표면적으로는 남북 간 교류협력이 증대되고 협력적 상황이 연출되고 있는 듯 보이나, 실상은 남북관계의 안정을 내세워 자신들의 정치적 정당성을 유지하려는 데 목적이 있다고 볼 수 있다.

과거 냉전 시기 남북한은 각기 자신들의 체제와 정치적 기득권을 유지하기 위해 적대적 공존관계를 형성해 왔다. '적대적 의존관계'란 남북한이 서로 상대방과의 적당한 긴장과 대결국면 조성을 통해서, 이를 대내적 단결과 통합, 혹은 정권 안정화에 이용하는 관계를 말한다.[278] 6·15 정상회담 이후 벌어지고 있는 일련의 남북관계는 이른바 '협력적 적대관계'로 명명할 수 있는 특징을 보이고 있다. 즉, 위의 '적대적 의존관계'의 정의에 비추어 '협력적 적대관계'를 정의하면 "남북한이 서로 상대방과의 적당한 대화와 화해국면 조성을 통해서, 각자의 대내적 단결과 통합, 혹은 정권 안정화에 이용하는 관계"를 말하는 것이다.

다시 말해 과거에 남북한 정권 모두 안보위협을 끊임없이 강조하면서 안보위기 상황 조성을 통해 서로의 체제를 유지하는 통치기제로 삼았다면, 이제는 서로가 표면적으로는 협력을 강조하지만 이러한 협력이 실질적인 남북관계의 진전으로 이어져 평화공존 단계를 이루는 것이 아니라, 오히려 북한으로서는 체제의 안정을 돈독히 하는 수단이 되고, 남한에서는 정치적 지지를 획득하기 위한 소위 포퓰리즘(Populism)의 성격으로 기능하고 있는 것이라 할 수 있다.

대북지원과 직접적인 관련은 없지만 남한 정치권 인사들의 북한방문이 필수코스가 되어 버렸고, 만수대 의사당에서 김영남 최고인민위원회 위원장과 찍은 사진 한 장은 마치 공식 엠블럼과도 같은 상징적 의미를 담게 되었다. 또한 남북관계의 진전에 따라 일부에서는 안보를 강조하는 입장에 대해 수구 보수 세력으로 편 가르기를 하며, 평화는 마치 진보 측의 전유물처럼 인식하는 기이한 현상이 빚어지고 있다. 정부 당국자 역시 북한의 심각한 안보위협에 대해 응당한 대가를 요구하지도 않고, 무엇보다 북한의 핵개발을 군사용이 아닌 협상용 카드에 불과한 것으로 인식하고 있는 실정이다.

이는 평화와 안보가 동전의 양면과 같이 결코 분리될 수 없는 것임에도 불구하고, 남북관계의 파행을 막고자 하는 의도에서 정부가 지나치게 안보와 국방을 소홀히 하는 편향적인 인식을 가짐으로 인해 비롯된 문제라 할 수 있다. 그동안 우리

---

278) 이종석, 『분단시대의 통일학』(서울: 한울, 1998), p.33.

역사는 남북관계의 정략적 이용으로 인한 폐해를 고스란히 간직하고 있다. 남북한 모두 자신들의 정권을 위해 상대방을 정치적으로 이용하는 상황이 지속되는 한 한반도의 통일과 완전한 평화는 요원할 수밖에 없는 것이다.

2. 대북지원목표의 불일치: '넘침효과(spill‐over)'의 차단과 폐쇄

오늘날 우리 사회 일각에서 표출되고 있는 남남갈등의 주요한 원인 가운데 하나는 바로 북한 정치체제의 구조나 북한 주민의 경제사회적 모습 변화 여부 등에 대해 소위 '북한 변화론'과 '북한 불변론'의 시각이 상호 대립하고 있는 것이다.[279) 이러한 문제는 한국 정부의 대북지원이 과연 북한의 개혁·개방을 추동하는 데 기여하였는가에 대한 상반된 평가와도 연결된다. 즉, 국민적 합의에 기반을 둔 대북지원정책 목표의 합일점을 이루지 못해 지원의 효과성과 효율성을 이루지 못함은 물론, 목표의 불일치로 인해 지원의 적실성과 정당성 문제를 두고 사회적 갈등현상이 발생하고 있는 것이다. 이는 정부가 대북지원 목표를 '남북한 교류협력을 통한 북한의 변화 유도'에 두고 있음에 반해, 여타 행위자는 이와 같은 정책추진의 지향점에 대해 인식을 달리하는 목표의 불일치에서 기인한 것이라 볼 수 있다.

정부는 대북지원을 통해 남북관계의 발전을 기할 뿐만 아니라 북한의 개혁·개방을 이끌어 낸다는 정치적 의도를 공식적으로 표방하고 있다. 이와 같은 대북지원 목표 설정은 대북정책의 기본방향 안에서 설정된 것인데, 우리 정부의 대북·통일 정책의 기본인식은 간략히 표현하면 신기능주의 이론에 입각하여 경제·사회문화 분야의 교류협력이 '넘침효과(spill‐over)'를 이루어 군사·정치 분야의 통합으로 이어진다는 것이다.

---

279) 김영수, "세계화·정보화 시대 북한 시민사회의 형성과 변화", 손호철 엮음, 『세계화, 국가, 시민사회』(서울: 이매진, 2007), p.189.

그러나 정부의 의도와 달리 북한은 차단과 폐쇄를 통해 경제적 수혜의 효과가 군사·정치 분야로 전이되는 것을 적극적으로 방어하고 있다. 즉, 둑을 쌓아 물꼬를 다른 곳으로 돌리는 것과 같이 경제적 지원의 물꼬이 다른 분야로 넘치지 않도록 철저히 통제하며 단속하고 있는 것이다. 그동안 정부가 추진한 경제적 지원이 넘침효과로 이어졌다고 보기에는 그 효과가 미미하며, 오히려 북한은 지난 수년간 남한의 대북지원 물자 중 일부를 김정일 정권을 유지하기 위한 수단으로 악용하였다는 의구심까지 자아내고 있다.

더욱이 경제적 지원으로 정치군사 분야의 긴장을 완화시킬 수 있다는 주장과는 달리 다수의 주민이 굶주림으로 인해 고통받는 열악한 경제사정에도 불구하고, 군사적 목적의 미사일과 핵개발을 통해 한반도의 평화와 안정을 위협하고 있는 실정이다. 결국 대북지원과 교류협력을 통해 남북 간 격차를 줄이고 북한을 안정적 변화로 유도할 수 있다는 기본전제는, 북한이 핵무기를 통해 정치군사적으로 여전히 남한을 위협할 수 있는 적대국이라는 사실을 통해 그 적실성이 점점 상실되고 있는 것이다.

경제협력이 국가 간의 긴장완화에 도움이 될 수 있는 경우는 단지 그것이 체제문제와 관련된 영역을 벗어나 있거나 그것이 체제 내재적 어려움을 개선할 수 있는 방파제가 될 수 있을 때에만 가능한 것이다.[280] 따라서 이제는 북한이 자신들의 경제적 지원이 필요할 때마다 어김없이 주장하고 있는 '우리민족끼리'라는 민족공조[281]에 대해 비판적 검토가 이루어져야 하며, 대북지원의 허실을 냉철히 평가하여 햇볕정책의 그 햇볕이 과연 누구를 따뜻하게 만들어 주었는가를 점검해 볼 필요가 있다.

---

280) 게르하르트 베티히, 남현욱 옮김, 『동서진영의 갈등과 협력』(서울: 고려원, 1998), p.73.
281) 민족공조란 순수한 의미로 사용되는 것이 아니라 '사회주의 건설에 기여하는 자들'의 공조(북한 사회과학사전과 정치학 사전의 민족의 개념정의)를 의미할 뿐이다. 류재갑, "남북 정상급 회담 평가와 전망", p.84.

물론 김대중 정부 시기부터 시작된 남북한 화해협력 성과의 전부를 부정하자는 것은 결코 아니다. 과거 정부 시기와 비교할 때, 분명 2000년 이후 남북관계가 괄목할 만한 진전을 이루었다는 것은 부정할 수 없는 사실이다. 문제는 노무현 정부가 김대중 정부로부터 승계한 남북관계 진전 상황을, 이전 상태로 퇴보하게 만들어서는 안 된다는 조급함으로 인해, 북한의 의도에 일방적으로 끌려 다니면서 정책추진의 주도권을 상실하였다는 점이다. 즉, 노무현 정부가 남북관계 진전이라는 목적에 함몰되어, 분명한 원칙에 입각하지 않은 조급한 지원을 추진함으로써, 정책의 실효성 상실은 물론 소모적 논쟁과 사회적 갈등에 따른 국가적 역량의 손실이 빚어진 것이다.

결국 지난 10여 년 이상 추진해 온 대북지원과 교류협력의 실패 사례를 통해 정책 목표에 대한 문제점을 재점검하고 보완해야 함에도 불구하고, 노무현 정부가 정책추진의 과오를 인정하지 않은 채 국민적 합의에 기반을 두지 않은 무리한 정책추진을 강행함으로써 정책의 발전적 승계를 이루지 못하였다고 평가할 수 있다.

3. 북한 정권과 주민의 괴리: 지원물품 분배의 불투명성

대북지원 문제를 논할 때 주요한 관심사 중 하나는 바로 대북지원 물자가 일반 주민들에게 적절히 분배되는 것이 아니라, 소수 권력자의 정권을 연명하는 데 악용되고 있다는 지적이다. 대북지원 물자 전용 문제는 보·혁 간 갈등의 핵심적 사안이라 해도 과언이 아니다. 대북지원 물자의 전용가능성에 대해서는 국내외적으로 많은 우려의 목소리가 제기되기도 하였다.

한국 정부가 거의 연례적으로 시행하고 있는 대북 쌀 지원의 경우 연리 1%, 10년 거치 30년 상환의 차관 형식이지만, 나중에 이를 돌려받을 가능성은 현저히 낮다는 점에서 무상원조에 가까운 지원이라 할 수 있다. 문제는 이렇게 지원한 쌀이

기아와 굶주림에 고통받고 있는 북한 주민에게 인도적 차원에서 무상으로 지원되는 것이 아니라, 차관 상환금 적립 명목으로 1kg당 44-46원(2004년 기준) 정도의 가격으로 유상 판매되고 있다는 점이다. 이는 인도적 지원의 성격을 무색하게 하는 것이며, 무엇보다 이러한 자금이 북한 정부의 재정 운영 명목으로 전용될 수도 있다는 점이다. 분배지역과 관련해서도 각 도시의 인구분포에 따른 적정량이 배분이 아니라, 특정지역에 한정되고 있으며, 특히 상대적으로 다른 지역에 비해 풍요롭고 넉넉한 평양에 더 많은 쌀이 할당됨으로써, 긴급 구호와 인도적 지원의 성격은 많이 퇴색되고 있는 실정이다.[282]

이와 같이 북한에 지원하는 쌀이나 물자의 전용에 대한 우려가 불식되지 않는 것은, 북한 당국의 불투명한 분배체계의 문제점과 함께, 한국 정부의 모니터링 역시 객관적이고 투명한 검증시스템을 갖추고 있지 못하기 때문으로 볼 수 있다. 물론 한국 정부의 대북지원 물자에 대한 모니터링이 전혀 이루어지지 않는 것은 아니다. 정부는 북한으로부터 분배내역서를 받아 공개하기도 하며, 당국 차원의 모니터링을 지속적으로 시행하고 있다.

하지만, 정부가 지원물자 인도단을 북한에 파견하고 현장 모니터링을 실시하였으나, WFP의 절차에 부합되지 못하는 것으로 평가되었다.[283] 또한 북한에서 일방적으로 보내온 자료의 신빙성을 담보할 수 없다는 점과, 지원 모니터링 역시 북한에서 허용한 일부 지역에만 한정된다는 점을 지적할 수 있다. 2007년 통일부 국정감사의 자료에 따르면, 대북지원과 관련한 의원들의 질의는 주로 남북협력기금의 사용과 대북지원 물자에 대한 모니터링에 집중되었다. 그런데 의원들의 대북지원 물자 모니터링에 관한 자료 요구에 대해 정부의 답변 자료는 대부분 공개할 수 없다

---

282) 이종헌, 『반갑습네다 리선생: 8가지 코드로 본 오늘의 남북관계』(서울: 어문학사, 2007), pp.17-18.

283) Marcus Noland and Stephen Haggard, *Hunger and Human Rights: The Politics of Famine in North Korea*, US Committee for Human Rights in North Korea(2005.9), 참조.

는 입장으로 일관하며 객관적이고 투명한 자료를 제출하지 못하고 있는 실정이다.284) 또한 대북지원 물자에 대한 모니터링 체계의 불투명성은 대북 인도지원 요원으로 북한에 직접 다녀온 정부 관계자의 인터뷰를 통해 간접적으로나마 확인해 볼 수 있다.285)

> 인천에서 출발하여 북한 남포항에 도착하면 지원물품을 하역하고 인도인수 과정을 지켜본다. 하지만 이 지원물품이 실제로 어떠한 방식에 의해 각 지역으로 분배되는지 확인할 수 있는 길은 없다. 분배 모니터링을 위한 재방북이 있기는 하지만, 이 경우 북한이 보여주는 한정된 곳만 둘러보고 오기 때문에 정확하고 객관적인 분배 모니터링을 기대하기는 어려운 것이 현 실정이다.

결국 북한 현지의 지원체계 불투명성을 근본적으로 제거할 수 있는 방안이 모색되지 않은 상황에도 불구하고 대북지원이 이루어짐으로 인해, 대북지원 물자 전용 가능성에 대한 국민들의 의구심은 더욱 증폭되는 것이다. 한마디로 대북지원은 지원의 시작부터 마지막 단계에 이르기까지 정치적 문제와 결부되어 국내외적인 갈등과 논쟁의 시발점이 되고 있다.

만약 대북지원 물자가 인간으로서 누려야 할 최소한의 인권도 보장받지 못하고 있는 북한 주민들에게 직접 전달되지 않을 경우, 어떠한 명분으로도 대북지원은 정당화될 수 없다. 현재와 같은 분배체계에서는 정권과 주민의 괴리가 당연히 발생할 수밖에 없으며, '아사상태에 놓여 있는 북한 주민을 돕는다'는 취지의 인도주의가 오히려 '북한 주민을 아사상태에 놓이게 만든 특정 정권'을 돕게 되는 비인도적 지원으로 전락될 우려가 없지 않다.

더욱이 대북지원 물품 중 일부가 북한의 장마당에서 높은 가격에 거래됨으로 인해, 권력자는 더욱 부를 축적하게 되고, 주민의 삶은 오히려 피폐해지고 있다는 현

---

284) "통일부 2007 국정감사 요구자료"는 통일부 홈페이지 국회공개정보 코너 참조.
285) 한00(통일부 관계자), 2007년 9월 19일, 서울에서 인터뷰.

실을 감안할 때, 정권과 주민이 괴리되는 대북지원은 재고되어야 하는 것이다. 굶주림과 질병으로 죽어가는 가족들을 눈앞에서 그저 바라보며, 살아남은 자의 죄책감으로 고통 속에 살고 있다는 탈북자들의 증언은 김정일 체제가 이대로 존속되어서는 안 된다는 것을 단적으로 보여주는 것이라 하겠다. 천부의 인권을 지닌 인간이 최소한의 생존권도 누리지 못한 채 인권을 유린당하며, 제3국에서 탈북자라는 주변인으로 살아가고 있는 현실은, 탈북자 개인의 문제에만 국한되는 것이 아니라 남북한은 물론 주변국과의 외교적 마찰로 인해 지역안정을 해칠 수 있는 심각한 안보문제로 결부된다.

물론 현재 발생하고 있는 탈북의 동기가 과거와 같이 극심한 경제난과 식량난을 견디지 못하고 단순히 식량을 구하기 위한 목적의 '생존형 탈북'이 아니라, 더 좋은 삶의 기회를 찾기 위해 먼저 탈북한 가족을 좇는 이른바 '연계형 탈북' 형태도 있음을 인정한다.[286] 하지만 어떠한 동기에 의해 탈북을 했느냐가 중요한 것이 아니라, 목숨을 걸고서라도 그곳을 벗어나야 하는 탈북자의 수가 계속 증가하고 있다는 점과 잠재적 탈북자로서 북한 주민이 존재하는 한 그 체제의 존속은 정당화될 수 없는 것이다.

4. 남북협력기금 운영의 문제점: 남한 지원체계의 불투명성

앞서 지적한 북한 현지의 분배 불투명성 문제뿐만 아니라 남한의 지원체계 역시 투명한 원칙과 규범이 제대로 마련되지 못한 문제점이 있다. 정부는 대북지원NGO의 사업에 대해 남북협력기금을 지원하고 있는데, 이 과정에서 객관적이고 투명한 자료에 근거한 지원체계가 마련되어 있지 않은 문제점이 있다. 대북지원NGO는 북

---

286) 김귀옥, "탈북자 문제 해법/ '귀향권 보장' 등 남북공조로 해법 찾자", 월간 『말』 2004년 9월호.

한이 일방적으로 작성한 분배내역서를 넘겨받아 당국에 제출하고, 정부는 이를 근거로 하여 협력기금 지원을 결정하게 된다. 문제는 이 과정에서 사업실적이 부풀려 보고될 수 있는 개연성이 있다는 것이며, 만약 그러한 일이 발생한다고 해도 객관적이며 공정하게 검증할 수 있는 시스템이 갖추어져 있지 않다는 사실이다.

실제로 대북지원사업자로서 오랜 기간 동안 활동한 A단체의 경우 남북협력기금을 부정하게 챙긴 혐의(보조금의 예산 및 관리에 관한 법률)로 지난 2007년 11월 17일 검찰에 약식 기소되는 사건이 발생하기도 하였다. 이 사건은 남북협력기금 지원사업에 일부 문제가 있음을 통일부가 인정하고 자체감사를 벌인 결과, 대북지원용 물자의 단가를 과다 계상하는 방법으로 정산서류를 제출하여 기금을 수령한 혐의가 일부 발견되어 검찰에 수사 의뢰한 사건이었다. 이 단체는 대북지원사업용으로 손수레 1만여 대를 납품키로 한 모 기계업체에 물품대금을 지급한 것처럼 조작한 서류를 통일부 남북협력기금 사무 위임 기관인 한국수출입은행에 제출하여 보조금 2억 4700여만 원을 받아 낸 혐의를 받고 있다. 또한 국내의 한 창틀업체가 평양의 대학병원에 제공하기로 한 6억 원 상당의 창틀 대금을 모두 지불해 준 것처럼 서류를 꾸며 수출입은행으로부터 2억 4600여만 원의 보조금을 부당하게 교부받은 혐의도 받고 있다. 검찰 조사 결과에 따르면 이 단체는 북측에 물품을 제공하는 업체로부터 "대금 지급 업무상 필요하다"며 은행통장을 건네받은 뒤 해당 통장으로 돈을 입금했다가 곧바로 인출하는 거래를 반복하면서 물품 대금을 모두 치른 것처럼 입금내역을 조작해 수출입은행에 제출했던 것으로 드러났다.[287] 이번 사건을 주목할 필요가 있는 것은 이 단체가 소규모의 신규 대북지원사업자가 아니라 대북지원 초기 시기부터 국내외적으로 다양한 활동을 전개하며, 대북지원NGO를 대표할 수 있을 만큼의 대형단체였다는 데 의미를 둘 수 있다. 결국 금번 사건은 지금까지 시행된 남북협력기금 지원체계의 허점을 여실히 증명하는 것이며, 이에 대한 근본적인 대책이 시급함을 보여주는 사례라 하겠다.

---

287) "남북협력기금 5억 원 빼돌려", 『문화일보』, 2007년 11월 12일.

한편, 협력기금 지원 과정에서 정부로부터 더 많은 기금 확보를 위해 대북지원 NGO 간 과당경쟁 현상이 나타나고 있는 문제점을 지적할 수 있다. 대북지원NGO 는 기금의 확보를 위해 규모가 큰 사업을 추진할 목적으로 북한과 무리한 접촉을 강행하기도 한다. 문제는 남한의 대북지원NGO는 다양하지만 북한은 단일한 성격 을 지니고 있다는 점으로 인해, 북한에서 교묘하게 남한단체들 사이에 위화감을 조 성기도 한다는 점이다. 이러한 점을 감안하여 남한단체들이 공고한 유대의 틀 안 에서 정보를 교환하고 공동의 행동계획을 수립하여 대응해야 하는데 실상은 그렇 지 못한 형편이다.[288] 북한 측은 상대 단체에 대해 비방하거나 '흠집 내기'를 통해 단체 간 협력을 저해하는데, 이 경우 대북지원NGO가 상대방 단체에 대한 확인되 지 않은 정보와 내용을 그대로 전달하여 갈등을 겪게 되기도 한다. 이와 같은 대북 지원NGO 간 과당경쟁의 문제는 일면 정부의 협력기금 지원에 따른 경쟁적 상황 에서 시발된 점이 없지 않으며, 각 단체 간 특화된 사업을 중심으로 지원의 효율성 을 높이지 못하고 사업 규모가 큰 일부 단체에 사업이 집중되는 편향성에서 기인 하는 것이다.

제3절 대북지원정책의 실제 효과 평가

근래에 대북지원의 효과에 관한 논쟁이 분분한 가운데, 지난 10여 년 동안 추진 된 대북지원의 실제 효과의 평가에 대한 연구와 사회적 논의가 활발히 이루어지고 있다.[289] 그런데 대북지원의 효과를 평가하는 이러한 논의의 주된 관점이 주로 탈

---

288) 손기웅 외, 『한반도 통일대비 국내 NGOs의 역할 및 발전방향』(서울: 통일연구원, 2007), p.108.
289) 대표적 연구로는 양문수 "대북 인도적 지원의 성적표: 경제사회적 효과 분석"(우리민

북자를 대상으로 한국이 지원한 식량을 북한에서 본 적이 있는가라는 식의 단편적인 면에만 치중되고 있는 경향이 있다. 더욱이 조사대상으로서 탈북자의 거주 지역이 북한 전역을 대상으로 하는 것이 아니라, 일부 지역에 한정된 소수의 인원만을 대상으로 한다는 문제점이 있다. 즉, 북한에서의 계층이나 계급, 지역을 고려하지 않은 소수 탈북자만의 증언을 근거로 대북지원 물자가 북한 주민에게 분배되었다고 평가하는 것은, 소수의 특정 경험을 일반화·전체화하는 인식의 오류를 범하는 것이라 지적하지 않을 수 없다.

지난 10여 년 동안 정부와 대북지원NGO가 지원한 물자의 규모를 감안할 때, 역설적으로 보면 북한 주민이 지원물자를 북한에서 목격한 것은 어쩌면 당연한 현상이라 할 수 있다. 더욱이 다른 한편의 탈북자를 대상으로 한 조사에서는 그나마 이 정도의 지원물자마저도 북한에서 전혀 받아 본 적이 없다고 증언하는 사례도 있음을 주목할 필요가 있다.[290] 따라서 대북식량지원이 북한 주민의 인권개선에 영향을 미쳤는가의 여부만으로는 대북지원정책의 실제 효과를 평가하는 데 다소 미흡한 점이 있다.

한편, 한국 정부는 북한 인권문제와 관련하여, 북한 인권 개선을 위한 실질적 행동에는 최선을 다하되 북한에 대한 공개적 인권개선 요구에 대해서는 신중한 입장을 취하고 있다. 여기에서 실질적 행동이란 대북식량지원, 탈북자 지원, 이산가족

족서로돕기 평화나눔센터 제30회 정책포럼 발표논문, 2007.3.23), 윤덕룡, "인도적 대북지원이 북한 경제(농업)에 미치는 영향"(남북나눔 정책세미나 발표논문, 2007.11.5), 이금순, 『대북 인도적 지원의 영향력 분석』(서울: 통일연구원, 2003) 등 참조.

290) 미국 휴먼라이츠워치(HRW)의 케이 석 연구원은 자유아시아방송(RFA)과의 한 인터뷰에서, 탈북자들을 대상으로 조사한 결과, "북한에 있을 때 한국에서 지원된 쌀을 구경조차 하지 못했으며", "지원된 쌀이 북한 주민에게 돌아가는 것이 아니라 분배 과정에서 빼돌려져 장마당에서 팔리거나 북한 관리들의 뇌물로 사용된다", "한국에서 식량을 줄 때 관리들을 함께 파견해 이 식량이 누구한테 가는지 제대로 조사하면서 주면 좋겠다"는 말을 여러 명의 탈북자로부터 들었다고 강조했다. "미 지원식량, 배분 감시 철저히 해야", 『자유아시아방송(RFA)』, 2007년 10월 12일.

문제 해결 등을 의미한다. 하지만 정부가 직접적으로 대북인권 문제를 거론하지 않고, 인도적 해결 차원에서 대북식량지원을 실시한 것이 과연 북한인권 개선을 위해 실질적으로 어떠한 효과를 가져왔는지에 대해서는 의문의 여지가 있다.

따라서 본 연구에서 대북지원의 실제 효과 평가와 관련하여 논의의 초점을 두는 것은 대북지원이 북한 주민의 생존에 어떠한 영향을 미쳤는가와 같은 지엽적인 문제가 아니라, 대북지원정책이 과연 정부가 의도한 정책목표를 달성하였는가에 집중하고자 한다. 즉, 정부가 대북지원을 통해 이루고자 하였던 '북한을 개혁·개방으로 유도하고, 북핵문제 해결을 통한 남북관계의 안정적 관리'라는 목표가 실제로 소기의 성과를 거두었는가에 대한 평가인 것이다. 한마디로 대북지원정책이 국제적, 국내적, 남북관계 차원에서 우리에게 남긴 것은 무엇인가에 대한 질문이다.

1. 북한의 개혁·개방 유도 실패: '우상신권체제'의 본질적 변화 불가능성

2007 남북정상회담 이후 우리 사회는 두 가지 큰 쟁점으로 다시 한번 남남갈등의 높은 파고를 겪었다. 이는 첫째, 공동선언에서 합의한 각종 경협 사업에 소요되는 비용을 둘러싼 논쟁이며 둘째, 노무현 대통령의 발언에서 비롯된 것으로 '개혁·개방'이라는 용어에 대해 북한이 강한 거부감을 갖고 있어 역지사지의 입장으로 생각해 보아야 한다는 내용이다. 노무현 대통령은 첫 정상회담 직후 "개혁·개방이라는 용어에 대한 불신감과 거부감을 어제 김영남 상임위원장과의 면담, 오늘 김 위원장과의 회담에서 느꼈다"고 말했다. 또한 정상회담을 마치고 돌아오는 길에, 노무현 정부가 줄곧 개혁·개방의 상징이라 자평했던 개성공단을 방문한 자리에서 "이곳은 남북이 하나 되는 자리이지 누구를 개방·개혁시키는 자리가 아니다. 개혁·개방은 북측이 알아서 할 일이고 우리는 불편한 것만 해소하도록 노력할 것"이라고 언급하였다. 나아가 대통령의 이와 같은 발언이 있은 직후 통일부는 홈페이지에서 '개혁·

개방'이라는 표현을 모두 삭제함으로써 사회적 논쟁을 촉발시켰다.

지난 2007 남북정상회담을 두고 평가가 분분하지만, 가장 시급하고 중요한 의제였던 북핵문제 해결을 위한 구체적이고 실현 가능한 방안을 도출하지 못하였다는 점에서 그 성과는 부정적일 수밖에 없다. 특히 회담의 내실을 기하기 위해 조용하고 실용적 방향으로 논의가 진전되기보다, 군사분계선을 걸어서 넘는 이벤트성 행사와 북한 주민의 대규모 동원을 통한 차량 퍼레이드 행사 등은 남북관계를 정치적 수단으로 이용하는 포퓰리즘의 전형을 보여준 것이라 평가할 수 있다. 2000년 남북정상회담 이후 북측의 '낮은 단계 연방제'와 남측의 '연합제' 통일방안을 두고 사회적 논쟁과 대립이 끊이지 않았던 것과 같이, 2007 남북정상회담 이후에는 대규모 경협자금과 NLL 문제로 또 한번 사회적 갈등의 대결구도가 형성되고 있다.

본 연구와 관련하여 주목하는 것은 정부가 북한의 개혁·개방을 부정함으로 인해, 정부 스스로 자신들이 지금까지 추진해 온 대북지원정책의 실패를 자인했다는 사실이다. 김대중 정부 이래로 정부의 대북정책 기본 목표는 남한의 대북지원과 경제협력을 통해 북한을 개혁·개방으로 이끌어 내고, 이를 통해 남북관계의 안정적 발전을 도모하고자 하는 것이었다. 나아가 노무현 정부에 이르러서는 여기에 한 가지 목적을 더 추가하여 한반도 비핵화를 이루기 위한 수단으로서 대북지원의 목표를 천명하기도 하였다.

이러한 대북지원의 목표를 공식적으로 천명하고 지난 기간 동안 사회적 논쟁에도 아랑곳하지 않고 대북지원정책을 추진해 온 정부가, 북한을 개혁·개방으로 이끌어 내는 것에 대해 재고해 봐야 한다는 입장을 견지한 것은 분명 자신들의 정책 실패를 시인하는 것이라 평가할 수밖에 없는 것이다. 정부는 그동안 대북지원정책의 성과로 남북관계의 안정적 관리와 북한의 시장경제 원리에 대한 체득이라 주장했지만 실상 북한 최고지도자가 공식적으로 개혁·개방에 대한 강한 거부감을 표시함으로 인해 정책추진의 실효성은 완전히 상실되었다고 볼 수 있다.

그동안 대북 경제지원이 정부가 의도한 효과를 거두지 못하였다는 점은 북한이 미사일 발사와 핵실험 등을 통해 군사적 위협을 지속하였다는 점에서 이미 예견된 것이라 할 수 있다. 북한이 2007 남북정상회담에 합의한 것은 여러 가지로 분석할 수 있지만, 무엇보다 핵무기에 대한 암묵적 인정과 경제적 실리를 획득하기 위한 전략적 관점에서 이루어졌다고 평가할 수 있다. 즉, 한반도에 평화협력 무드를 조성하여 핵실험으로 고조된 국제사회와의 갈등을 불식시키고, 남한으로부터는 '우리 민족끼리'를 통해 대규모 경제지원을 이끌어 내며, 이를 통해 체제를 더욱 결속시킬 수 있다는 복합적 요인이 작용한 것으로 볼 수 있는 것이다. 이는 정치, 군사, 경제부분 모두에서 실리를 챙기는 것인데, 이것은 김정일 체제를 더욱 굳건히 하기 위한 전략적 수단이라 할 수 있다. 북한은 1998년 김정일 체제 출범 시 사회주의 강성대국(사상, 정치, 군사, 경제) 건설을 주장하고, 지금까지 이러한 방향에서 주민들을 선전 선동하며 체제를 유지하고 있다. 이러한 맥락에서 볼 때 북한 정권은 2006년 핵보유국 선언을 통해 미국의 압살정책에도 불구하고 군사대국을 이루었다고 선전하여 내부 결속력을 강화할 수 있는 기제를 마련한 것이라 볼 수 있다.

따라서 북한의 입장에서 핵을 포기한다는 것은 그 체제를 포기하는 것이라 할 수 있을 만큼 사활적 이해관계를 갖고 있는 것이다. 이제 군사대국 건설을 완성하였다고 인식한 북한 정권은 다음 차례로 경제대국 건설을 독려하며 북한 주민들을 결속하려 할 것이다. 이러한 측면에서 볼 때 정상회담 개최는 경제회생을 위한 물적 자원을 확보하려는 의도에 지나지 않는 것이다.

북한의 입장에서는 개혁·개방이 곧 체제의 붕괴를 가져올 수 있다는 절대적 위기의식을 담지하고 있기 때문에, 개혁·개방에 당연히 소극적일 수밖에 없다. 북한 정권의 최대 관심사는 자신들의 체제유지이며, 사회주의 강성대국 건설 역시 김정일을 정점으로 하는 우상신권체제를[291] 강화하기 위한 것이다. 이러한 측면에서 북

---

291) 미국의 한 종교 통계사이트(http://www.adherents.com)는 최근 북한의 주체사상이 신봉자 수에서 세계 10대 '종교' 안에 들어간다고 발표했다. 이 사이트는 신도 수에 따른 세계 주요 종교를 집계하면서 북한의 전 국민을 주체사상의 신자로 볼 수 있다고 했다. 한편, 박완신은 북한의 통치이념인 수령론이 주체사상에 근거한 것으로 '모든

미관계 개선이나 남한과의 경제협력은 체제강화를 위한 전략적 변용에 지나지 않는다고 볼 수 있다.

북한 체제는 특정 개인이 신적 권위에 기반을 둔 절대권력을 통해 다수의 주민을 억압·통치하고 있는 '우상신권체제'로서, 그 체제의 절대성과 영원성은 신성불가침의 성격을 갖는 것이다. 따라서 북한의 본질적인 변화는 정권(power)과 체제(system)가 동시에 변화되는 것을 의미하는데, 주민들로부터 절대적 숭배의 대상이 되는 김정일 정권의 내적 결속력을 볼 때 외부적 지원과 유도에 의한 개방가능성은 분명한 한계를 노정하고 있는 것이다.

북한의 딜레마는 개방(변화)하지 않으면 고사하게 되어 있고 개방(변화)을 하면 파탄을 맞을 것이라는 현실인식에 있다. 따라서 북한은 체제수호의 부담을 지고 있기 때문에 개방(변화)은 체제의 체질을 강화하기 위한 체질개선 작업의 방법적 활용에 불과하다고 볼 수 있다.[292]

이와 같이 지금까지 북한은 자신들의 체제 유지를 위한 전략적 수단으로서 일부 제한된 영역에 한해 남한의 제의를 받아들인 것으로 볼 수 있는데, 한국 정부는 이를 마치 북한이 개혁·개방의 길로 들어선 것처럼 인식하여 대북포용정책의 성과로 오인하는 정책적 우를 범해 왔던 것이다. 결국 금번 정상회담 시 북한이 개혁·개방에 대해 강한 거부감을 표시하고, 이에 대해 정부 스스로 개혁·개방에 대한 목표를 철회한 것은 대북정책의 방향이 전면 수정되어야 한다는 것을 단적으로 보여주는 것이다.

개혁·개방이 경제적 이익을 가져옴과 더불어 체제의 붕괴를 가져올 수 있는 '트로이의 목마'가 될 수 있다는 인식에 근거하여, 북한으로서는 개혁·개방에 대

정치·사회적 생명체의 중심이 수령이며 김일성과 김정일은 하나님의 위치에 놓이게 된다'는 게 그 핵심이라고 주장한다. 이에 대한 상세한 논의는 박완신, 『평양에서 본 북한 사회』(서울: 답게, 2002) 참조.
292) 류재갑, "한국의 대북한 정책: 성과와 문제점 및 향후 과제", 『統一安保硏究』, 제1권 1호(2001), p 42.

해 당연히 거부감을 보일 수밖에 없을 것이다. 하지만 북한이 개혁·개방에 대한 거부감을 보인다고 해서, 이를 철회하고 역지사지의 입장에서 봐야 한다고 언급한 것은 최고정책결정권자로서 매우 부적절한 발언이었다고 지적하지 않을 수 없다. 북한을 개혁·개방으로 유인한다는 공식적 목표를 철회하면서까지 대규모 경제지원 사업을 추진하려는 의도가 무엇인지 반문하지 않을 수 없는 것이다. 북한의 붕괴된 경제 재건을 위한 남한의 대규모 경제협력지원은 반드시 북한의 개혁·개방에 대한 요구가 수반되어야 한다. 남북 간 교류협력을 늘려 나가다 보면 언젠가는 북한 스스로 개혁·개방의 길을 모색할 것이라는 안이한 생각으로는 결코 한반도의 완전한 평화를 달성할 수 없음을 직시해야 한다. 북한의 개혁·개방을 전제로 하지 않는 지원과 경협은 현 북한 정권의 결속을 강화하는 하나의 수단에 지나지 않음을 명확히 인식하자는 것이다.

2. 대북지원과 핵문제 연계의 실패: 한반도 비핵화에 대한 불명확성

노무현 정부 시기 국제사회의 이목을 집중시킨 안보현안은 단연 북핵문제를 꼽을 수 있다. 북핵 해결을 위한 6자회담이 진행되는 과정에서 주변국들과 한국의 입장은 때로는 합일의 지향점을 찾지 못하고 난항을 거듭하기도 하였다. 특히 한국 정부는 북핵문제 해결과 남북관계 발전이라는 병행전략을 추진하면서 대북지원을 비롯한 남북교류협력사업의 지속성을 강조하였고, 이에 반해 국제사회는 북한의 안보적 위협에 강경하게 대응하며, 한국 정부가 추진하는 대북지원정책에 대해 비판적인 입장을 견지하기도 하였다. 특히 대북포용정책의 지지와 반대라는 큰 틀에서 대북지원에 대한 주변국의 입장이 상이하게 나타나기도 하였는데, 대북포용정책을 지지하는 한국과 중국·러시아는 식량지원에 우호적인 반면, 북한의 선(先) 행동 변화를 추구하는 미국·일본·유럽연합 등은 식량지원을 중단하거나 대폭 축소하

며 부정적인 입장을 보이고 있다.293)

　문제는 한국 정부가 대북지원문제와 북핵문제를 연계하여 추진하면서 대북지원 과정에 대한 국제사회와 한국 정부의 입장이 상이하게 나타났으며, 이 과정에서 한미공조의 균열 및 보이지 않는 외교적 마찰이 발생하기도 하였다는 점이다.

　6자회담의 틀 내에서 북핵문제의 우선적 해결을 강조하는 국제사회와, 남북관계의 병행발전을 이루고자 하였던 한국 정부의 입장이 대립되면서 대북지원 문제는 쉽사리 해결점을 찾지 못하였다. 한국 정부는 대북지원과 관련하여 국제사회와의 입장조율에 실패함으로써 정책 추진력을 상실하게 되었고, 이러한 국제사회와의 마찰은 국내적 차원의 보·혁 간 갈등으로 파급되어 사회적 혼란을 더욱 부추기는 결과를 초래하였다. 특히, 북한의 핵실험에 대한 국제사회의 강경책이 지속되는 가운데 대북제재가 전면적으로 단행되면서, 지속적인 대북지원 방침을 고수하던 한국 정부와의 마찰은 더욱 가시화되었다. 2006년 7월 북한의 미사일 발사 이후 미국과 일본은 UN을 통해 북한의 미사일 개발에 이용될 수 있는 물자와 자금의 거래를 중지하는 대북결의안을 통과시키는 데 적극적으로 임하였는데, 이는 곧 한국 정부의 대북지원을 위축하게 만드는 결과를 초래하였다.

　그런데 미국을 비롯한 국제사회가 아무리 대북지원에 대한 반대의견을 표명하였다 하더라도 한국 정부는 이에 아랑곳하지 않고 대북지원을 강행하였다. 또한 한국 정부는 2006년 7월 북한의 미사일 발사 여파로 인해 비록 대북지원 중단조치를 취하기는 하였지만, 이후 기회가 있을 때마다 대북지원 재개를 위한 조치를 강구하고자 하였고, 실제로 북핵문제가 해결되지 않은 상황에도 불구하고 2007년 3월 인도적 지원이라는 명분으로 대북지원을 재개하였다. 결국 북핵문제 해결과 한반도 평화정착을 위해 반드시 넘어야 할 산과도 같은 국제사회의 공조에 대해 노무현 정부는 6자회담과 남북관계의 병행발전이라는 원칙만을 고수하면서 대북지원에 대한 융통성을 발휘하지 못하였다고 할 수 있다.

---

293) 서보혁, 『북한인권: 이론·실제·정책』(서울: 한울, 2007), p.329.

정부의 북핵문제 해결과 대북지원 연계에 대한 정책방향은 결국 북한이 2006년 10월 9일 전격적인 핵실험을 단행함으로써 정책의 적실성을 완전히 상실하였다고 평가할 수 있다. 즉, 정부가 지난 10여 년 동안 추진한 대북포용정책과 대북지원이 북한의 정치·군사적 변화를 유인하지 못하였고, 종국적으로는 핵무기 개발이라는 위협으로 되돌아왔다는 점에서 정책의 한계를 노정하고 있는 것으로도 볼 수 있다.

노무현 정부의 대북정책은 대북지원의 확대와 지속을 위한 방향으로 전개되었고, 퍼주기라는 비판을 받을 만큼 무리하게 추진되었다. 대북지원을 통해 남북관계 개선과 북핵문제 해결이라는 두 마리 토끼를 모두 잡으려는 정부의 과욕은 곧 역량을 초과한 정책목표를 설정하게 되었고, 이를 무리하게 추진하려는 과정에서 국제사회와의 공조를 약화시키고 국내적으로 사회적 갈등을 초래하는 정책적 우를 범하게 된 것이다.

북핵문제는 북한이 미국의 압살정책에 대응하여 자신들의 체제를 지켜내고자 하는 의도에서 시작된 북미 대결 구도의 산물인 것이다. 따라서 북핵문제의 해결은 한국 정부가 해결할 수 있는 성격의 문제가 아님이 분명하다. 그런데도 한국 정부는 북한의 핵개발이 단순한 협상용에 지나지 않는다고 인식하고, 대규모 경제지원을 통해 북핵문제의 해결은 물론 북한체제를 개혁·개방으로 유인할 수 있을 것으로 인식하였다. 결국 이와 같은 지원과 교류협력에도 불구하고 북한이 핵보유를 공식 선언함으로써, '지원을 통한 변화'라는 정책방향은 그 적실성을 상실하게 되었다. 그나마 현재 6자회담을 통해 진행되고 있는 북핵해결의 진전 구도 역시 엄밀하게 보면, 대북지원을 비롯한 한국의 영향력이라기보다 미국의 정책변화에서 기인한 바가 크다고 볼 수 있다.

더욱 큰 문제는 현재 북한의 완전한 핵 폐기가 이루어지지 않은 상태임에도 불구하고, 2007 남북정상회담 선언에 기초한 대규모 경제협력과 지원이 예정되어 있다는 점이다. 6자회담 틀 속에서 9·19 공동성명과 2·13 합의 등을 통해 북핵 논의가 진전을 이루고 있다고 하지만, 북한의 핵 폐기에 대한 전망은 여전히 불확실성을 내포하고 있다. 아직 비핵화 2단계인 핵시설 불능화와 핵프로그램 신고 과정이 제대로 시작되지도 않은 상황에서, 종전선언이나 한반도 평화체제에 대한 논의는 시의성은 물론 정당성을 획득하기 어려운 것이다. 이에 북핵문제가 완전히 해결되지 않은 현시점에서 대규모 경협사업과 지원을 서둘러야만 하는 명분을 찾기란 쉽지 않다. 한반도 전역을 불바다로 만들 수 있는 핵무기를 그대로 둔 채 수많은 예산이 소요되는 경제협력과 지엽적인 개발 논의가 무슨 의미를 지니는지 반문하지 않을 수 없다는 것이다.[294] 또한 북한의 개혁·개방을 요구하지 않는 경제협력과 지원은 북한체제를 더욱 공고히 하게 만드는 수단으로 전락될 수도 있다는 우려가 있다. 한반도의 평화를 송두리째 파괴할 수 있는 핵을 보유한 채 한반도평화체제에 대한 논의는 사상누각에 지나지 않는다는 것이다. 평화는 결코 상징적 선언이나 협정만으로 이루어지지 않는다는 것을 다시 한번 명심할 필요가 있다.

3. 행위자 간 분열과 갈등 극대화: 대결구도 형성과 사회적 비용 손실

대북지원정책의 실제 효과를 평가하는 데 있어 중요하게 거론해야 할 점은 대북지원이 실시된 이래 지금까지 대북지원의 찬반을 둘러싼 논쟁이 보·혁 간 갈등으로 점철되어 사회적 분열과 혼란이 초래되었다는 점이다. 정책추진 과정에서 행위자 간 갈등은 필연적으로 수반될 수밖에 없으며, 갈등이 반드시 악영향을 끼치는 것만은 아니다. 오히려 갈등은 원만한 해결과정을 통해 발전적 대안을 모색할 수도

---

294) 2007 남북정상회담 이후 사회적 논란이 되고 있는 남북경협 소요예산의 경우, 정부에서도 명확한 비용을 산정하여 제시하지 못하고 있으며, 각 기관별 추정치 또한 현격한 차이를 보이고 있는 실정이다. 대표적으로 대외경제정책연구원은 116조, 한국교통연구원은 91조 1,502억(2015년까지), 산업은행은 59조 9,450억(2020년까지), 한나라당은 30조 5,300억, 현대경제연구원은 10조 3,700억, 토지공사는 10조 등으로 추정하고 있다.

있다는 점에서 일면 긍정적 기능을 수행하기도 한다. 그런데 문제는 이러한 갈등이 협의와 조정과정을 통해 합의점을 마련하지 못할 경우, 경제적 손실(Economic Losses), 사회적 스트레스(Social Stress), 협력관계의 파괴(Destroyed Partnerships), 사회적 난국(Social Impasses)과 같은 사회적 비용의 손실을 가져올 수 있다는 점이다.

대북지원정책의 경우 국내 공공정책과는 달리 보·혁 간 양자대립 양상으로 전개되어 각자의 지지층을 결집할 수 있는 정치적 사안 중의 하나이다. 또한 정책결과가 어느 특정지역이나 단체에 한정되는 것이 아니라 국가 영역 전반에 걸쳐 영향을 미친다는 점에서 리더십에 근거한 갈등 조정이 반드시 이루어져야 하는 영역이다.

하지만 이와 같은 사안의 중요성에도 불구하고 정부가 거버넌스의 근본 취지인 조정과 키잡이 역할을 제대로 수행하지 못하면서 국정운영의 난맥을 그대로 드러냈다고 평가할 수 있다. 정부가 거버넌스의 중추적 행위자로서 행위자 간 갈등을 조율하는 것은 차치하더라도, 오히려 대북지원과 관련한 최고지도자의 신중하지 못한 발언이 불필요한 소모적 논쟁을 유발함으로 인해 사회적 갈등이 더욱 증폭되었다는 점을 지적하지 않을 수 없다.

대북정책과 관련한 시민단체 갈등에 대한 한 연구를 보면[295] 시민사회 내에서 다른 어떤 영역보다도 남북관계와 대북정책을 둘러싼 갈등과 마찰이 첨예한 양상으로 나타나는 것은 바로 진보와 보수 간의 이념적 대립이 바탕에 깔려 있기 때문인 것으로 파악되었다. 이 연구에 따르면 이들 시민단체의 대북정책에 대한 시각, 접근방법, 접근속도 등에 대한 상이한 시각차에서 대북정책을 둘러싼 갈등이 표출된다는 것이다. 이러한 주장을 확대하여 본다면 대북정책 가운데서도 특히 대북지원에 대한 찬반양론을 둘러싼 시민사회단체 간 대립은 그 어떤 분야에서보다 더욱

---

295) 이정희, "통일관련 사회단체의 이념적 차별성 연구: 남북관계와 대북정책의 인식을 중심으로", 『國際政治論叢』, 제42집 4호(2002) 참조.

심각하고 극명한 대립각을 세우고 있음을 알 수 있다.

또한 정부가 자신들의 입장과 견해를 달리하는 행위자에 대해 대결과 투쟁의 관점으로 바라보게 되면서 불필요한 대결구도를 형성한 문제를 지적할 수 있다. 즉, 정책결정 과정에서 상호 이견을 보이는 여러 행위자들의 이해관계를 공론의 장을 통해 충분히 조정하지 못하고, 정부가 무리한 정책추진을 일방적으로 강행함으로써 갈등이 더욱 심화되는 양상을 보였다.

특히 정부와 일부 보수언론 간 대립은 갈등구도를 넘어 전쟁 상황으로까지 표현될 만큼 심각한 사회적 분열과 대립구도를 형성하였다. 정부와 언론 간 갈등을 조정할 수 있는 제도적 기구는 전무하였고, 무엇보다 국가의 최고지도자가 언론과 대립각을 세우며 투쟁 일변도로 정책을 추진하는 리더십의 한계를 노정하였다. '참여와 분권', '대화와 타협'을 국정운영의 원칙으로 설정한 노무현 정부가 유독 언론에 대해서는 대화와 타협을 거부하고 참여를 위한 포용을 발휘하지 못하였다는 점을 지적하지 않을 수 없다. 노무현 정부는 자신들이 역대 그 어느 정권보다 더 많은 성과와 업적을 이루었음에도 불구하고, 언론이 이를 왜곡하고 국민들과의 올바른 관계 형성을 방해하였기 때문에 평가가 제대로 이루어지지 않는다고 인식할 정도이다. 정부와 언론의 이와 같은 극한의 대립은 정부의 리더십의 한계를 극명하게 보여주는 단적인 사례이며, '참여와 분권'의 국정원리가 아닌 '행위자의 배제와 정부권력의 집중'으로 평가할 수 있는 부분이다.

한편, 정부와 언론 간의 문제뿐만 아니라, 민간부문 내부의 대립 역시 심각한 사회적 문제로 확산되었다. 보·혁 간 양대 진영은 안보적 현안이 대두될 때마다 길거리로 나서 대중운동 및 시위를 주도하였으며, 이를 통해 정부의 정책결정 과정에 영향력을 행사하고자 하였다. 이들은 주로 대북지원 찬반에 대한 결의문을 채택하고 시위 및 대중집회를 통해 정부의 정책변화를 촉구하였다. 이들 보·혁 간 양대 세력이 동일한 사안 발생 시 각기 다른 입장을 표명하며 시위와 집회를 주도함으로써 사회적 분열의 골을 한층 더 깊이 만드는 결과를 초래했다. 결국 시민사회단체는 보·혁 간 대립의 양대 축을 형성하여 국민적 여론을 형성하였으며, 이 과정에서 정부가 추진하는 대북지원정책에 대한 찬반입장을 명확히 표명하며 정책결정 과정에 영향력을 행사하였다. 결국 노무현 정부 기간 동안 보·혁 간 양대 세력의 극단적 이념대결 구도가 국가 전반에 확산되어, '친노 VS 반노', '평화세력 대 냉전세력' 등 극단적인 양자 대결구도가 형성되었다.

결국 대북지원을 둘러싼 불필요한 논쟁과 대립으로 인해 사회적 스트레스(Social Stress) 및 협력관계의 파괴(Destroyed Partnerships) 등과 같은 사회적 비용의 손실을 가져왔다고 볼 수 있는 것이다. 정부를 비롯한 일각에서는 대북지원이 장기적 관점에서 통일비용이라고 주장하지만, 실제로 통일비용에 대한 산정은 추상적일 수밖에 없으며, 남한 내부의 사회적 갈등을 초래하는 정책추진은 오히려 사회적·경제적 손실을 초래할 수 있다는 점을 고려할 필요가 있다. 즉, 남한 사회 내부의 사회적 갈등과 대립을 유발하는 대북지원은 통일비용으로서 가치를 지니기보다 오히려 사회적 비용의 손실로 인해 그 효용성과 정당성이 상쇄되고 있는 것이다.

제7장 바람직한 대북지원을 위한 제언

연구를 마무리하면서 기본적으로 대북지원정책은 지속적으로 추진되어야 한다는 입장을 견지하나, 이에 대한 조건으로 유연한 상호주의와 반대급부를 명확히 제시할 필요가 있음을 주장한다. 협력과 대결을 순환적으로 반복하고 있는 작금의 남북관계 상황은 마치 정체된 도로 위 차량 흐름이 가다 서다를 반복하는 모습에 비유할 수 있다. 가령 도로가 정체되었다고 해서 차량을 그냥 버리고 가는 경우가 없듯이, 남북관계가 정체되어 있다고 해서 남북관계의 모멘텀을 버릴 수는 없는 것이다. 정체된 구간에서 가다 서다를 반복할지라도 어느 정도의 지점이 지나면 일순간 차량 흐름이 원만하게 진행되는 것처럼 남북관계 역시 조바심을 내지 않고 정체된 구간을 견디다 보면 가속도를 붙일 수 있는 지점이 반드시 오리라 확신한다.

　　그런데 더 중요하게 고려해야 할 것은 만약 그 도로가 기능을 상실하여 상습정체지역으로서 불필요한 경제적 손실을 유발한다면, 도로를 확충하거나 구조를 변경하는 등 근본적인 대책을 마련할 필요가 있는 것이다. 이와 같이 대북지원 역시 긴급 구호 차원의 단기적 미봉책에 그쳐서는 안 되며, 근본적으로 북한 경제의 회생이나 주민들의 삶의 질을 증진시킬 수 있는 방향으로 전개되어야 한다. 이와 같은 기본방향을 전제로 무리하거나 조급함을 버리고 분명한 원칙에 기반을 둔 대북지원정책을 추진해 나간다면, 대북지원은 '북한 인민'과 '남한 주민'의 자유로운 소통을 이루는 사회적 통합에 기여하게 될 것이며, 나아가 완전한 통일[296]을 달성하는 데 분명 밑거름으로 작용할 것이라 확신한다. 이하에서는 지금까지의 연구결과를 토대로 바람직한 대북지원을 위한 제언을 하고자 한다.[297]

---

[296] 박광기는 한국의 통일정책 방향과 관련하여, 진정한 통일의 단계가 통합을 완성한 경우에야 비로소 달성될 수 있기 때문에, '비정치적인 사회 통합'의 단계로부터 '제도적·정치적 통합'을 통한 '재통일'의 완성, 그 다음에 '재통합'을 통한 '진정한 통일' 단계라는 방향으로 설정되어야 한다고 주장한다. 이에 대한 상세한 논의는, 박광기 "한국의 통일정책: 통일정책인가, 통합정책인가?" 『동북아연구』, 제3집(1998) 참조.

[297] 내용 중 일부는 강동완, "대북지원정책 거버넌스의 평가 및 개선방안," 『통일문제연구』 제20권 1호(2008년 상반기)에 요약발표된 내용임.

1. 메타거버넌스 시각으로서의 국가의 역할 조명

대북지원정책 거버넌스 형성으로 인해 민간부문의 역할이 점증한 것은 사실이지만 북한을 대상으로 하는 대북정책의 특수성을 고려할 때, 국가는 여전히 주도적인 행위자라 할 수 있다. 국가는 과거의 권한을 많이 상실했지만, 아직까지 사회의 어젠다를 설정하고 거버넌스의 운영을 주도하는 '동료집단 중 제1인자(primus inter pares)'의 지위를 유지하고 있다. 또한 국가는 세계화 시대의 거버넌스를 지향하는 단순한 '문지기'의 역할을 넘어 다양한 행위자들 사이에서 '연결고리(liaison)' 역할을 수행한다.[298]

그런데 앞서 살펴본 바와 같이 거버넌스의 형성 자체가 정책의 효율성이나 정당성을 자동적으로 담보하는 것은 아니다. 마치 거버넌스만 이루어지면 국가의 조정기제가 자율적이며 효율적으로 운용될 수 있을 것으로 보는 것은 적절치 않다. 지금까지 '국가의 실패'에서 기인하여 통치(government)로부터 거버넌스(governance)로 발전되어 왔다면, 이제는 거버넌스의 논의가 한 단계 진일보하여 바람직한 거버넌스(good governance)로서의 대안을 모색하는 것이 요구된다고 할 수 있다. 특히 노무현 정부 시기 나타난 행위자들의 과잉참여와 이에 대해 적절한 관리를 하지 못한 데서 비롯된 정책 효율성의 저하는 거버넌스의 실패로 나타났는데 이에 대한 새로운 대안이 절실히 요구된다. 나아가 남한내부의 행위자간 네트워크뿐만 아니라 북한의 참여를 견인할 수 있는 '남북관계형 거버넌스 모델' 개발이 절실히 요청된다. 아직까지는 북한 당국의 통제기제가 여전히 작동하여 대남 접촉 기관이나 단체의 자율적 운영이 제약을 받고 있기는 하지만, 향후 남북간 상호 접촉점을 확대해 나가며 북한 전반에 파급효과를 미칠 수 있는 전략적 네트워크 조정기제의 마련은 주요한 과제라 할 수 있다.

---

298) 민병원, "세계화 시대의 네트워크 국가", 하영선·김상배 엮음, 『네트워크 지식국가: 21세기 세계정치의 변환』, p.497.

이러한 면에서 거버넌스의 실패에 대한 대안으로서 국가 역할의 재조명을 위한 작업으로는 메타거버넌스(Meta Governance)의 개념을 준용할 수 있다.[299]

메타거버넌스 이론은 거버넌스적 현상이 등장한다고 해서 기존 정부의 역할이 축소되거나 사라지는 것은 아니며, 국가와 정부는 새로운 역할을 자임하며 여전히 중심적인 존재로 존속한다는 것이 이론의 핵심이다. 국가는 여전히 공적 행위자로서 거버넌스 구성단위들 간의 갈등과 경쟁을 해소하고 권력 정치적 현상을 조정하는 역할을 하지만, 기존의 국가행동과는 다른 행동패턴을 보인다는 것이다.[300] 즉, 메타거버넌스의 확립은 국가에 새로운 역할을 부여하는 것으로 각 단위들의 자기 조직화를 위한 제도적 지원을 뒷받침해 주는 역할을 하는 것이다. 예전에 허브(hub)를 중심으로 하나의 노드(node)들이 뻗어 나갔다면, 이제는 허브로서의 국가가 아니라 개별 네트워크를 후면에서 관리하는 후견자('작은 정부')의 기능이라 할 수 있다. 메타거버넌스는 국가를 제외한 여러 행위자들이 자율적으로 형성한 네트워크를 관리 또는 후원하는 것으로서, 이때 국가의 제도적 지원으로는 각 행위자들의 자율성, 전문성, 참여성 등을 고양하기 위해 예산 및 관련 정보와 지식을 제공하며, 나아가 개별단체들이 효율적 네트워크를 구성할 수 있도록 지원하는 것이다. 즉, 전략적 자원을 통해 국가가 메타적 조정기능(mata－steering)을 통해 후견자로서의 역할을 수행하는 것이다(다음의 <그림 7－1> 참조).

---

299) 전재성은 "한반도 평화번영 거버넌스 활성화를 위한 이론적 논의와 개념적 틀"이라는 연구(통일연구원 내부워크숍 발표논문, 2007년 5월 12일)에서, 밥 제숍(Bob Jessop)의 연구를 원용하여 바람직한 거버넌스 중 하나로 메타거버넌스(Meta Governance)를 제시하고 있다. 이에 대한 상세한 논의는 Bob Jessop, *The Future of the Capitalist State*(Cambridge: Polity Press, 2002) 참조.

300) 임성학 외, 『한반도 평화·번영 거버넌스의 활성화를 위한 이론적 논의와 개념적 틀』(서울: 통일연구원, 2007), pp.2－3.

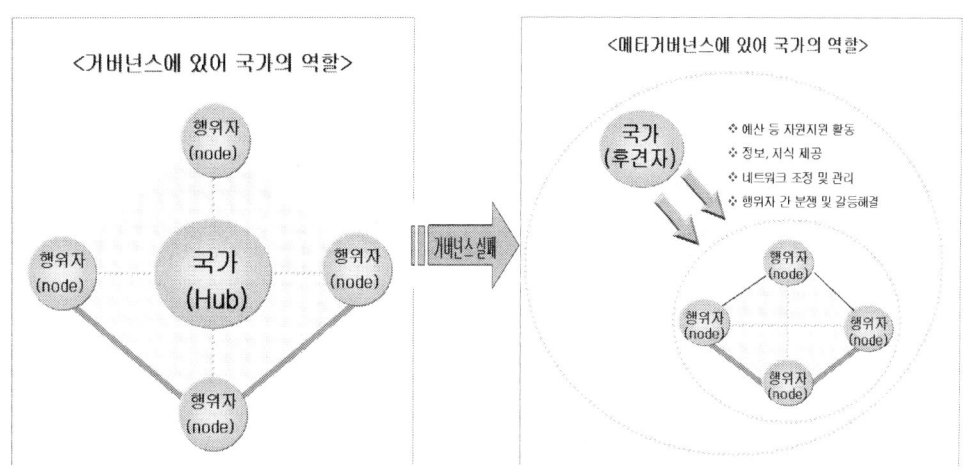

〈그림 7-1〉 거버넌스 실패에 따른 국가의 역할 재조명

대북지원 분야에 있어 메타거버넌스로서의 국가의 역할은, 정부를 제외한 비정부 부문의 다양한 행위자 간 네트워크가 형성될 수 있도록 지원하며, 이렇게 형성된 네트워크가 원활히 작동할 수 있도록 관리, 조정하는 역할을 수행한다. 앞서 지적한 바와 같이 현재 대북지원NGO의 경우 상호 간 네트워크 형성을 통해 시너지 효과를 극대화하기보다, 개별적 친분관계에 의해 2-3개(혹은 그 이상) 정도의 단체가 단순히 연계되어 있는 정도에 불과하며(다음의 〈그림 7-2〉 원자화·파편화 참조), 북민협 역시 단체 간 협의체 정도의 수준에 지나지 않는 문제점을 보이고 있다. 따라서 현재 '느슨한 연계' 형태를 띠며 단편적이고 파편적으로 나열되어 있는 단체 간 연계구조가 좀 더 긴밀하고 포괄적인 형태의 네트워크로 연계되어 자율적으로 운용될 수 있도록 정부의 적극적인 지원이 이루어져야 한다.

행위자 간 네트워크 유형은 지금까지 국가가 수행해 오던 네트워크의 허브(hub) 역할을(〈그림 7-2〉 허브와 바퀴살형 참조) 북민협이 대신 담당하여 대북지원NGO 간 원활한 네트워킹이 이루어질 수 있도록 해야 하며(〈그림 7-2〉 수레바퀴형 참조), 정부는 이러한 네트워크 전체를 후면에서 관리하거나 클러스터를 연계하는 연결자의 역할을 수행하는 것이다(<그림 7-2> 네트워크 간 연결형 참조). 이를 위해 네트워크 내에 권력을 독점하는 소수의 특정 대북지원NGO가 존재하지 않도록 권력 자원의 적절한 분배와 조정을 통해 네트워크를 관리해 나갈 필요가 있다.

그리고 현재 북민협 내에서 소수 그룹이나 대형 단체에 권력(power)이 집중되어 있는데, 이러한 문제를 해결하기 위해서는 대형단체가 원자화·파편화된 여타 대북 지원NGO와 쌍방향으로 교류할 수 있는 클러스터(cluster)로 기능할 수 있도록 해야 하며, 이후 이들 클러스터 간 '약한 고리(weak tie)'의 연결을 통해 그물망 네트워크가 구축될 수 있도록 해야 한다.

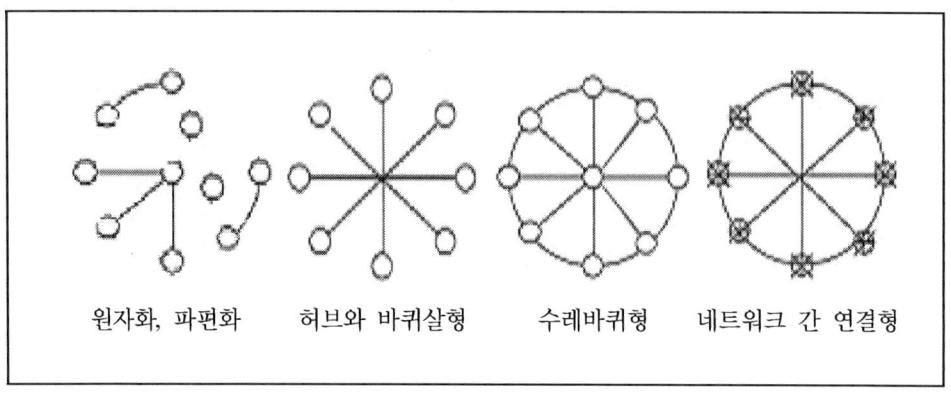

원자화, 파편화   허브와 바퀴살형   수레바퀴형   네트워크 간 연결형

〈그림 7-2〉 행위자 간 관계에 따른 네트워크의 유형

정부는 이러한 네트워크의 관리 기능을 수행하기 위해 기존의 정부 차원에서 행해지던 직접지원의 일정 부분을 민간부문, 즉 대북지원NGO를 중심으로 형성된 네트워크나 클러스터 단위에 위임하여, 조직 간 연결고리를 강화하고 국가는 후면에서 이들의 효율적인 운영을 돕기 위한 예산과 정보 및 지식을 제공하는 역할을 수행할 필요가 있다. 그리고 정부의 직접 지원 부분은 인도적 차원의 긴급구호 부분으로 한정하고, 민간부분이 주체적이며 자율적으로 운용하는 대북지원 거버넌스를

정부가 후견자로서 총체적으로 관리하는, 이른바 투 트랙(two‑track)으로 정부와 민간의 역할을 명확히 분화할 필요가 있다.

한편, 지금까지는 국내 행위자들만의 거버넌스 형성에만 집중하였는데, 메타거버넌스에서는 국내 행위자는 물론 국제사회의 다양한 행위자들의 참여를 확대하여 대북지원의 추진력을 강화할 필요가 있다. 현재의 인도적 지원 분야는 물론 앞으로 대북개발 지원이 본격화될 경우 국제기구와 주변국의 참여는 필수적으로 요청되는 부분이다. 대북지원 문제는 한반도 지역에만 국한되는 것이 아니기에, 이들 국제사회의 협력과 지지는 원활한 정책추진과 대북지원의 실효성을 증진시킬 수 있으며, 아울러 지원의 국제적 원칙과 규범을 북한이 수용하도록 촉구하는 일련의 과정을 통해 북한을 책임 있는 국제사회의 구성원으로 이끌어 내는 효과를 도모할 수 있다. 국제사회와의 공조를 통해 장기적 관점에서 북한 경제재건의 마스터플랜을 설정하고, 세계금융기구 및 지역 내 협력체계에 북한이 편입되어 원조 및 투자유치가 이루어질 수 있도록 제도적 장치를 마련하는 것이 필요하다.

아울러 상기에서 논의한 국제사회의 다양한 행위자들의 참여를 고려해야 하는 것과 동일한 맥락에서, 메타거버넌스에서는 북한을 주요 행위자로 반드시 고려해야 한다. 거버넌스의 행위자를 분석할 때, 북한을 단순히 블랙박스로 규정하고 남한 내부의 정책결정 과정만을 논하여서는 결코 정책의 효율성과 효과성은 물론 정책추진의 정당성도 담보할 수 없게 된다. 일반 공공정책 거버넌스의 경우 정부는 변화하는 정책 환경 속에서 대중을 '시민'이 아닌 '고객'으로 간주하고,[301] 정책의 수혜자인 국민들에게 더 높은 서비스를 제공하기 위한 방향으로 국정운영에 임하고 있다.

그런데 대북지원정책 거버넌스의 경우 국내 행위자뿐만 아니라 북한이라는 특정한 상대를 대상으로 하는 정책이기에 과연 누가 정책 수혜를 입는 고객인가의 문

---

301) 가이 피터스(B. Guy Peters), "참여형 정부의 구축: 스칸디나비아 및 북미국가의 교훈", p.125.

제가 대두된다. 당연히 현실적으로 북한을 정책수혜의 고객으로 보기에는 상당한 무리가 따른다. 이러한 문제의 해결을 위해서는 다소 원론적이기는 하지만, 모든 행위자가 윈 - 윈(win - win)할 수 있는 상생의 관점에서 해결방안을 강구할 수밖에 없다. 이러한 측면에서 메타거버넌스는 북한을 예측 가능한 행위자로 유인하여 협력적 연계망을 구축할 수 있다는 점에서 매우 시사하는 바가 크다. 즉, 거시적 측면에서 볼 때, 바람직한 대북지원 거버넌스는 북한의 변화를 유도하여 종국적으로 한반도의 공고한 평화를 달성할 수 있는 기제가 될 수 있으며, 미시적으로는 국내적 차원의 다양한 행위자들의 이해관계를 조정하여 사회적 갈등을 완화시킬 수 있는 효용성을 가지는 것이다. 결국 메타거버넌스는 국내적 차원의 행위자 간 이해관계를 조정하여 사회적 갈등을 완화하는 일반 공공정책 거버넌스 모델이 북한이라는 특정한 상대를 고려한 전략적 차원의 '남북관계형 거버넌스 모델'로 확장된 개념이라 할 수 있다.

2. 정부의 대북지원 목표 재설정 및 인식의 전환

앞서 언급한 바와 같이 정부와 민간의 역할을 분화하기 위해서는 무엇보다 정부의 대북지원 목표를 재설정하고 지원에 대한 인식의 전환이 선행되어야 한다. 현재 정부가 표면적으로 밝히고 있는 '대북지원을 통한 남북관계 개선'이라는 정치적 의도를 배제하고, 돈으로 평화를 이룰 수 있으리라는 인식[302]을 전환할 필요가 있다.

---

302) 프리드만(Thomas L. Friedman)은 '더블아치 이론'(맥도날드 햄버거 가게가 자리 잡고 있는 나라끼리는 전쟁을 하지 않는다)과 '공급망 평화이론'(델 컴퓨터의 글로벌 공급망 체계에 속해 있는 국가 사이에는 열전이 벌어지지 않는다)을 주장한다. 이러한 논리의 연장선상에서 우리 사회 일각에서는 '개성공단 평화론', '평화경제론' 등의 주장이 제기되고 있는데, 이는 남북 간 경제적 상호 의존도가 커지는 만큼 북한이 군사적 도발을 자제할 것이라는 희망에 기초하고 있다. 그런데 이러한 주장은 이론의 현실

무엇보다 중요한 것은 당국자 회담이나 각종 행사의 성사 조건으로서 지원을 수단화하는 이른바 대북지원의 정치적 의도성을 배제하는 것이 선행되어야 한다. 대북지원이 인도적 지원이라는 목적의 순수성을 상실하고 정략적 차원의 수단으로 변모하는 순간, 지원의 진정성은 상실되는 것이다.

지금까지의 정책추진경험과 결과를 비추어 볼 때 당국의 의도와는 무관하게 무조건적이고 일방적인 대북지원으로는 남북 간 정치, 군사적 신뢰구축이나 북한정치체제의 변화를 유인할 수 없다는 것이 입증되었고, 오히려 국민적 합의에 기반을 두지 않은 무리한 정책추진으로 인해 사회적 혼란만 가중되는 결과를 초래했다고 볼 수 있다.

최근 국민들의 통일의식에 대한 한 연구303)에 따르면, 우리 국민들은 여전히 북한의 무력도발 가능성이나 전쟁의 가능성을 매우 높게 인식하였는데(<그림 7-3> 참조), 이는 지난 시기 동안 추진된 대북지원이 정부가 의도한 바대로 북한의 변화를 이끌어 내는 데는 한계가 있었음을 간접적으로 시사하는 것이라 볼 수 있다.

적용 가능성 여부를 떠나 논의의 수준에서 살펴보더라도 한계를 노정하고 있다. 즉, 이러한 주장들은 평화의 개념을 적극적 평화와 소극적 평화로 구분할 때, 단지 전쟁이 없는 상태의 소극적 평화만을 고려할 뿐, 완전하고 적극적인 평화의 창출까지 이룰 수는 없다는 점에서 분명한 한계를 가지는 것이다. 프리드만의 주장에 대해서는 토마스 L. 프리드만, 신동욱 옮김, 『렉서스와 올리브 나무』(서울: 창해, 2001), Thomas L. Friedman, *World Is Flat: A Brief History of the Twenty-First Century*(New York: Farrar Straus & Giroux, 2005) 참조.

303) 이 연구는 서울대 통일연구소가 2007년 7월 14일부터 20일까지 전국 16개 시도에 거주하고 있는 성인 남녀 1,200명을 대상으로 통일의식을 조사한 연구로서, 크게 통일에 대한 견해, 대북인식, 대북지원에 대한 평가, 새터민에 대한 인식, 주변국과의 관계 인식 등으로 구성되어 있다. 이에 대한 상세한 논의는 서울대 통일연구소 편, 『2007 통일의식조사』(서울대 통일연구소, 2007) 참조.

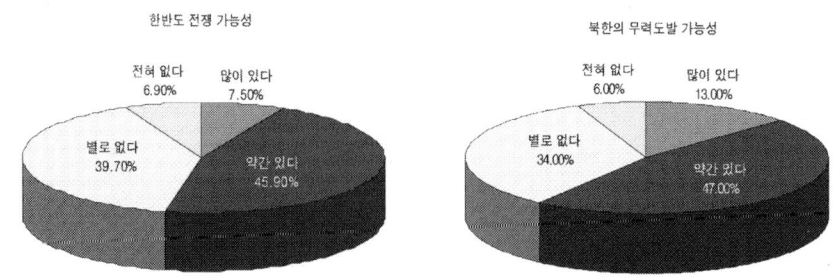

한반도 전쟁 가능성

전혀 없다
6.90%

많이 있다
7.50%

별로 없다
39.70%

약간 있다
45.90%

북한의 무력도발 가능성

전혀 없다
6.00%

많이 있다
13.00%

별로 없다
34.00%

약간 있다
47.00%

〈그림 7-3〉 북한의 무력도발가능성 · 한반도 전쟁가능성에 대한 국민의식 조사

　따라서 지금까지 정부가 추진해 온 대북지원정책의 목표와 방향을 재설정하는 것이 필요한데, 이를 위해서 정부의 대북지원은 '반대급부가 없는 인도적 지원'과 '정치·군사적 변화의 반대급부가 있는 조건부 지원'이라는 두 가지 방향으로 분리하여 추진할 필요가 있다. 남북관계발전법 제10조 1항에는 "정부는 인도주의와 동포애 차원에서 필요한 경우 북한에 대한 지원을 할 수 있다"고 분명히 규정되어 있다. 그런데 문제는 '필요한 경우'라는 표현의 불명료함으로 인해, 북한 주민의 실제 생존권 확보 차원과 국민적 합의를 기반으로 한 지원이 결정되기보다 정치적 상황에 근거한 정부의 자의적 판단이 개입될 수 있는 여지가 있다는 점이다. 실제로 대북지원을 둘러싼 사회적 논쟁이 끊임없이 대두되는 원인 중 하나는 정부가 원칙과 합의를 무시한 채 정치적 필요에 의해 일방적인 지원을 추진하기 때문이라 할 수 있다. 정부가 대북지원을 일방적이며 무리하게 강행한 결과 정부의 정책추진에 대해 국민들의 불신이 매우 팽배해 있는 상황이다. 이는 인도적 지원의 범위와 내용에 있어 국민들이 동의하거나 지지할 수 있는 수준에서의 합의가 이루어지지 않았기 때문이다.

　따라서 정부 차원의 지원이 반대급부가 없는 '인도적 지원'이라는 명확한 목표를 재설정하고, 국민적 합의에 기반을 두어 구체적이고 세부적인 지원의 규모와 범위, 시행원칙, 지원방법 등을 확립하는 것이 필요하다. 즉, 인도적 대북지원을 무조건

해야 한다가 아니라 왜 해야 하는지를 국민적 숙의 과정을 거쳐 충분하게 논의한 뒤 사회적 합의점을 마련하는 것이 중요하다. 이 경우 북한 주민의 생존을 위한 최소한의 실질적 지원임을 감안하여 남북관계의 상황변동에 관계없이 지속적이며 일관되게 추진할 필요가 있다. 인도주의의 인도(人道)가 '인간으로서 마땅히 지켜야 할 도리'라는 뜻임을 감안할 때, 이는 동포애적 차원이나 인류보편의 인권을 존중하는 국제사회의 일원으로서 한국 정부가 감당해야 할 당연한 의무이자 시대적 책임인 것이다.

결국 국민적 합의에 기반을 둔 인도주의 지원은 국내적으로 불필요한 논쟁을 일축시킬 수 있을 뿐만 아니라, 지원의 적실성과 실효성을 향상시킬 수 있다는 점에서도 매우 의미가 있다. 지금까지 대북지원이 주로 이벤트성 사업의 성격을 띠고 평양을 중심으로 한 일부 지역에 한정됨으로 인해, 북한 주민의 실질적 생존권을 확보할 수 있는 차원에 이르지 못한 한계를 갖고 있다. 따라서 인도주의 지원이 북한의 영유아, 아동, 노인, 임산부 등을 비롯한 취약계층에 우선적으로 지급될 수 있는 조치를 강구해야 한다.

한 가지 덧붙일 것은 지원과 관련한 다양한 표현의 혼동에서 비롯되는 문제점을 해소할 필요가 있다. 즉, '대북지원', '대북개발 지원', '인도적 지원', '대북협력사업', '대북지원사업', '개발협력' 등은 지원의 성격과 범위가 엄연히 다름에도 불구하고, 그 용어의 혼재로 인해 정책추진의 어려움은 물론 사회적으로 혼선을 겪고 있는 실정이다. 특히 지원 형식이 단순구호에서 개발 지원으로 전환되어 가면서, '개발 지원'에 대한 명확한 개념정립이 시급히 요청된다. 따라서 이에 대한 용어들의 개념정립이 선행되어야 하며, 국민적 합의를 바탕으로 각각의 지원에 대한 범위를 명확히 구분, 적용해야 할 것이다. 이는 여러 가지 표현의 혼재에서 오는 불필요한 논쟁을 제거하여 대북지원을 둘러싼 남남갈등을 완화시킬 수 있는 방안 중 하나라 할 수 있다.

3. 상생과 협력의 지원 패러다임 확립: 유연한 상호주의 원칙

앞서 대북지원의 정치적 악용에서 언급하였듯이 현재 한국의 대북지원은 일회성, 과시성, 일방성의 성격으로 이루어지고 있다. 이는 대북지원의 효과성 및 효율성의 저하는 물론, 국내적으로도 대북지원이 보·혁 간 갈등의 핵심이 되는 문제를 양산하고 있는 것이다. 따라서 남북한 모두가 상호 윈-윈(win-win)할 수 있는 새로운 지원과 협력의 패러다임 수립이 절실히 요구된다. 남한 내부의 갈등상황을 초래하고 대결구도를 형성하게 만드는 지원은 그 자체로서 이미 정당성을 상실하는 것이라 볼 수 있다. 지금까지 남한의 일방적인 지원 상황을 비유로 설명하면, 마치 식사 때마다 밥을 먹지 않겠다고 생떼를 쓰는 어린아이와 이를 달래려 하는 부모의 관계와 같다고 볼 수 있다. 어린아이가 밥을 먹지 않는다고 부모가 억지로 밥을 떠 먹여 주면 그 당시는 모면할 수 있을지라도 결국 아이의 인성을 해치는 결과를 가져올 수 있다. 물론 밥을 먹지 않는 아이를 바라보는 부모의 안타까운 심정은 충분히 이해할 만하다. 그럼에도 불구하고 매번 아이가 밥을 먹지 않을 때마다 부모가 억지로 밥을 먹여주면 아이의 인성이 올바르게 자라지 못할 뿐만 아니라, 학습효과에 의해 날이 갈수록 더욱 떼를 쓰게 되는 경향을 보이게 된다. 결국 아이를 망치는 것은 현명하지 못한 부모의 조급함이요, 잘못된 훈육방법에서 기인한 것이다. 북한에 대한 지원도 이와 비슷하다고 본다. 지금까지 당국 간 회담이나 남북관계의 안정을 위한다는 명목으로 북한에 일방적, 무조건적 지원을 추진한 결과, 학습효과에 의해 북한은 무엇인가 필요할 때마다 생떼를 쓰며 남한으로부터의 지원을 오히려 당연한 것으로 받아들이고 있는 실정이다.

이와 같이 대북지원이 '퍼주기'로 불릴 만큼 남한의 일방적 지원이 이루어지고 있는 점을 감안할 때, 일대일의 등가적 교환은 아닐지라도 유연한 상호주의 원칙을 적용하여 남북한 모두에게 이익이 되는 상생의 지원이 이루어지도록 개선방안을 강구할 필요가 있다. 북한과의 쌍방향 교류협력은 등가적 상호주의와는 성격이 다르다. 경제사정이 극도로 열악하고 시장경제가 확립되지 못한 북한과의 등가성 교류협력은 현실적으로 불가능하다. 호혜적 정신에 입각한 쌍방향 상호주의는 북한이 제공할 수 있는 반대급부를 확실히 규정하고 준수케 함으로써 북한이 향후 시장경제에 적응할 수 있는 조건을 마련해 줄 수 있다.304)

이러한 차원에서 대북지원은 북한 주민이 인간다운 삶을 영위할 수 있게 하기 위해, 반드시 인권문제와 연계하여 추진할 필요가 있다. 재해로 인한 긴급구호의 경우는 불가피하다 하더라도, 일반적 지원의 경우 북한 주민들의 생활환경 개선과 삶의 질을 제고할 수 있는 근본적인 대책을 수반하도록 북한 당국에 요구할 필요가 있다. 즉, 북한 당국이 제도 개혁을 통해 한국과 국제사회가 제공하는 사회간접자본과 설비투자를 생산적이고 경제성 있게 사용하고자 한다는 의지에 대한 확약이 수반되어야 한다. 특히 단순히 물자를 북한에 전달하는 형식을 지양하고, 북한 경제재건과 농업구조를 본질적으로 개편할 수 있는 정책을 우선적으로 추진할 수 있도록 북한 당국을 설득하는 노력이 있어야 한다.

이와 더불어 탈북자와 강제 송환자에 대한 인권문제 해결을 지원의 반대급부로 명확히 제시할 필요가 있다. 소위 독재정권의 탄압을 이겨내고 한국 사회의 민주화와 인권신장을 이룩해 내었다고 자부하는 현 집권세력이, 독재정권에서 고통받고 있는 절대다수의 북한 주민들의 고통과 아픔에는 왜 좀 더 적극적이며 적절한 대응책을 모색하지 못하는가에 대한 성찰이 필요하리라 본다.

김대중 정부로부터 시작하여 노무현 정부가 승계한 대북포용정책은 소위 헬싱키 과정(Helsinki Process)의 적용이라고 볼 수 있다. 임동원의 주장에 따르면 대북포용정책의 철학적 기초는, 당장 실현 가능한 남북 간 화해·협력 증진을 통해 점진적으로 포괄적인 군비통제(즉, 대량파괴무기 감축 및 전반적인 재래식 군비통제)를

---

304) 유호열, "현 정부 대북정책에 대한 종합 평가 진단 및 현 정부 대북지원정책과 북한 개혁·개방의 상관성", 『정부의 대북지원정책은 북한의 개혁 개방을 이끌었는가?』(북한민주화네트워크 주최 2차 북한전략포럼 자료집, 2007년 7월 4일), p.5.

실현하여 평화에 이르는 길을 가자는 것이다.[305] 그런데 두 정부를 지나면서 대북
포용정책은 헬싱키 과정의 화해협력 부분에만 매몰되어 정작 중요한 부분을 간과
하고 있는 듯하다. 즉, 헬싱키 방식에는 동구의 군비감축과 인권신장 문제가 포함
되어 있었다는 점으로, 1970년대 유럽안보협력회의(CSCE)의 목표와 활동은 서방과
동구 공산권과의 군축뿐만 아니라 인권개선에 큰 비중을 두고, 자유주의적 인권가
치를 동구권이 수용하도록 요구하였던 것이다.

　헬싱키 프로세스는 인권을 안보 및 경제협력과 연계시킴으로써 인권을 국제평화
와 우호관계의 발전을 위한 필수적인 요소로 인식하여 헬싱키 프로세스의 핵심의
제로 발전시켰을 뿐만 아니라, 국가 간의 양자 및 다자관계를 일반적으로 인권부문
에서의 약속을 이행한다는 조건하에 허용함으로써 안보와 경제협력을 인권보장의
효과적인 이행수단으로 활용하였다.[306] 이제 정부는 대북지원과 인권 문제를 연계
하여 북한 인권 개선에 대해 좀 더 능동적이고 적극적인 정책을 구사해 나갈 필요
가 있다. 그동안 남북관계의 변화를 우려한 나머지 북한에서 자행되는 수많은 인권
탄압을 외면하는 소극적 자세에서 벗어나 북한 주민의 생명을 구하고자 하는 적극
적 자세를 가져야 하는 것이다. 이러한 차원에서 대북지원은 북한 정권과 인민을
분리하여 접근하는 방식을 취해야 하며,[307] 대북지원이 인간으로서 누려야 할 최소
한의 권리도 보장받지 못한 채 고통 받고 있는 북한 주민의 삶을 펴주고,[308] 인간

---

305) 임동원 외교안보수석이 초청강연에서 표명, 류재갑, "한국의 대북한 정책: 성과와 문
　　제점 및 향후 과제", p.46 재인용.
306) 김민서, "헬싱키 프로세스의 대북유용성", 『북한인권문제의 다자간 협의: 헬싱키프로
　　세스의 적실성』(북한인권시민연합 창립 10주년 기념 학술토론회 논문, 2006년 12월
　　13일), p.48. 이외에도 헬싱키 과정(Helsinki Process)의 적용 가능성에 대한 논의는
　　류재갑, "위의 글", 손기웅, 『CSCE OSCE의 분석과 동북아 안보협력에 주는 시사점』
　　(서울: 통일연구원, 2004) 등 참조.
307) 북한의 선량한 인민들은 우리의 친구이자 동족이요 해방되어야 할 대상이지만 현재의
　　북한 정권은 자유민주 평화통일의 달성을 위해 타도되어야 할 대상이다. 김태효, "통
　　일한국의 외교와 대외정체성", 『신아세아』, 제9권 제3호(2002), p.80.
308) 북한 지역에 아궁이 개량사업을 지원하고 있는 '새천년생명운동'의 김흥중 이사장은

존엄을 실현하는 방향으로 추진될 수 있도록 해야 한다.

독일의 사례를 비추어 볼 때에 서독은 동독에 대해 상호주의 원칙을 적용하여, 지원에 대한 반대급부를 명확히 설정하고, 상황과 목적에 부합한 지원정책은 물론, 경제지원을 동독 주민의 인권신장과 민주화와 연계하여 추진하였음을 알 수 있다. 서독 정부의 경제지원은 궁극적으로는 통일의 그날까지 동·서독 관계를 돈독히 함으로써 민족적 동질성을 유지하고, 동시에 동독 정권으로 하여금 동독주민들의 인간다운 삶을 유지케 하려는 의도를 강하게 담고 있었다. 따라서 서독의 경제지원은 대체로 명시적·묵시적으로 일정한 조건하에 동독 측에 제공되었다.[309]

또한 일방적인 지원이 아닌 상황과 목적에 부합한 지원이 이루어졌는데, 가령 독일통일 과정에 지대한 영향을 미친 것으로 평가받고 있는 교회의 경우, 서독 교회는 동독 교회를 지원하는 과정에서 '언제나 무조건적이 아닌 명목 있는 지원'의 원칙을 갖고 도움을 제공하였다는 점을 각인할 필요가 있다.[310] 또한 서독은 동독의 군사적 사용 금지를 조건으로 현금을 지원하였지만 동독이 이를 어기고 군사기지 보수, 철조망 설치 등 군사목적에 전용하게 되자 이를 방지하기 위해 동서독에만 통용되는 특별화폐를 만들어 제공하고 동독은 이 화폐로 서독산 생산품만 구입하게 하였다. 이뿐만 아니라 1983년에 서독은 동독에 10억 마르크의 차관을 제공하면서 국경선에 설치된 기관총과 지뢰의 1/3을 제거케 하였던 것이다.[311]

이러한 독일의 사례에 비추어 우리의 대북지원 역시 반대급부를 명확히 설정하여

북한 주민들에 대해 어려운 고통으로 굽어진 허리를 펴주고, 움츠려들 대로 움츠러든 어깨를 펴주고, 편안히 잠들 수 있는 자리를 펴주고, 따뜻하게 살고 물을 끓일 수 있는 불을 펴주고, 가난하고 부족한 생활 형편을 펴주고, 남과 북이 함께 앉을 수 있는 방석을 펴주고자 하는 마음으로 '퍼주기'를 '펴주기'로 전환해야 한다고 주장한다.

309) 김학성, "동·서독 경제협력 사례의 시사점", 『통일문제』, No.1(1999), pp.65-66.
310) 고재길, "독일의 내적 통일을 위한 교회의 역할과 과제", 『사회주의 체제전환과 기독교─국제비교연구』(한반도평화연구원 주최 제5회 한반도평화포럼 자료집, 2007년 10월 4일), p.61.
311) 류재갑, "한국의 대북한 정책: 성과와 문제점 및 향후 과제", p.47.

조건부 지원을 통해 지원의 실효성을 높이고, 북한의 군사적 전용에 우려를 불식시킬 수 있는 철저한 검증작업이 병행되어야 할 것이다. 이제 북한이 우리를 믿게 해야 하고 우리는 인내를 갖고 기다릴 필요가 있다. 무조건적이고 일방적인 지원을 계속하며 북한이 개혁·개방으로 나오기만을 기다리는 것이 아니라, 북한의 군사적 신뢰구축을 위한 조치가 이행되는 시점까지 인내를 갖고 기다려야 한다는 뜻이다.

이제 대북지원은 북한 사회의 내적 동력을 확대하는 계기로 활용되어야 한다. 반세기 이상 나름대로 견고한 사회주의 체제를 유지해 온 북한 사회를 변화시키기 위해서는 북한 내부로부터의 변화의 동력을 확대시키는 것이 가장 효과적일 것이다. 대북지원은 바로 그러한 변화의 내적 동력을 확대하는 수단으로 기능할 수 있다.[312]

4. 지원의 투명성·적실성 증진: 분배모니터링 강화와 지원체계 개선

대북지원 문제를 논할 때 가장 첨예한 관심사 중 하나는 바로 대북지원 물자가 일반 주민들에게 돌아가는 것이 아니라, 소수 권력자의 정권을 연명하는 데 악용되고 있다는 문제다. 이는 정부의 지원체계가 불명확하며, 북한 내에서의 분배 모니터링이 제대로 이루어지지 않은 점으로 인해 대북지원에 대한 국민의 불신이 점점 가중되고 있기 때문이다.

따라서 지원의 투명성·적실성을 증진시키기 위해서는 먼저 분배원칙을 확정하고 모니터링 조건을 강화하여 지원물자 전용에 대한 국내외적 우려를 불식시키는 노력을 기울여야 한다. 남북관계발전법 제10조 2항의 "정부는 북한에 대한 지원이 효율적이고 체계적이며 투명하게 이루어질 수 있도록 종합적인 시책을 수립, 시행한다"는 조항이 사문화되지 않도록, 현 단계에서 실천 가능한 실질적이고 구체적인 조처를 취해 나가야 한다.

---

312) 손기웅 외, 『한반도 통일대비 국내 NGOs의 역할 및 발전방향』, pp.53-54.

이를 위해 먼저 정부의 대북지원NGO에 대한 남북협력기금 지원과정에서, 기금 지원사업에 대한 보다 체계적인 모니터링 및 평가 작업이 이루어져야 한다. 앞서 살펴보았듯이 현재 대북지원NGO가 사업집행 후 사후처리 방식으로 지급되고 있는 지원체계는 분명한 문제점과 한계를 노정하고 있는바, 사업추진 이전 단계부터 정부와 긴밀한 협의를 통해 사업의 적실성을 검토하고, 사업집행 이후 전문평가단을 구성하여 정례적으로 북한 사업장에 대한 공정하고 객관적인 현지 모니터링을 실시하여야 한다. 물론 북한 지역에 직접 들어가서 모니터링을 하기 위해서는 북한 당국의 협조가 수반되어야 하는데, 이러한 문제는 앞서 제시한 대북지원정책의 상호주의 원칙과 연계하여 북한 당국의 협조를 구하는 방식으로 추진하면 무리가 없을 것으로 보인다. 또한 국제적으로 인정받은 인도적 기준이나 국제적 규범 및 관례에 따라 전달, 분배, 모니터링을 실시하여, 지원의 투명성을 제고함은 물론 북한이 국제사회의 일원으로 참여할 수 있는 기반을 만들어 나갈 수 있다.

또한 대북지원이 단순히 남북교류협력에 목적을 두거나 남북관계 진전을 위한 수단으로 기능하는 것이 아니라,[313] 북한 주민의 생존과 직결되는 문제임을 감안할 때, 전시행정의 표본인 평양을 비롯한 일부 지역에 국한되는 지원방식에서 탈피하여 취약계층 위주의 북한 전역으로 확산시킬 필요가 있다. 이를 위해 현재 북한의 일부 특정 항구(港口)에 지원물품을 하역하고 돌아오는 전달방식이 아니라 수혜자의 접근성을 고려한 전달체계의 개편이 필요하다. 또한 특정 이벤트성 행사를 성사

---

313) 필자는 지난 2007년 5월 11－14일 평양에서 개최된 민간 남북교류협력 행사에 직접 참여하였다. 정부의 협력기금을 지원받아 개최된 이 행사의 당초 취지는, 남북한 자전거 동호인들의 만남을 통한 화합증진과 북한 주민의 생활 편의를 위한 자전거 지원을 표방하였다. 남한의 주민이 평양－남포 간 고속도로를 자전거로 달리며 북한 주민들과 접촉한 것은 민간교류 차원에서는 충분한 성과로 평가할 만하다. 하지만 대회에서 사용된 자전거를 북한에 지원하기로 하였는데, 중국에서 구매한 이 자전거는 제대로 탈 수 없을 만큼 품질이 좋지 않았다. 결국 민간교류협력이 하나의 이벤트성 행사로 끝나는 아쉬움이 없지 않았다. 이러한 지원이 실질적인 북한 주민의 삶의 질의 개선에 어떠한 영향을 미칠 수 있는지에 대해서는 다소 의문을 가질 수밖에 없는 것이다.

시키기 위한 하나의 조건으로 대북지원을 '끼워 넣기 방식'으로 추진하는 일은 반드시 재고되어야 할 부분이다.

한편, 지원의 적실성과 투명성을 증진시키기 위해 현재 대북지원NGO 회원 간 협의체 기구인 북민협의 개편작업이 이루어질 필요가 있다. 당초 지적한 바와 같이 북민협에 참가하는 일부 단체의 경우 적절한 성과도 없이 정부의 기금만을 바라고 참여함으로 인해 북민협의 실질적인 기능 수행이 매우 어려운 상황이다. 따라서 북민협이 명실 공히 정부의 정책을 비판과 감시 그리고 협력과 지지를 통한 정책 파트너로 기능할 수 있도록 자체 역량과 전문성을 개발하고 별도의 사무국을 신설하여 역량을 집결하는 노력이 필요하다.

대북지원이 본격적으로 시작된 지 10여 년 이상의 기간이 경과하면서, 이제 대북지원NGO의 공과에 대한 냉철한 성찰과 자성이 필요한 시점이 되었다고 본다. 그동안 조직이기주의와 과당경쟁 등 문제와 더불어 자생력의 문제나, 조직유지라는 관료제 법칙이 작용하여 왔기 때문이다. 이는 그동안 NGO가 중요한 역할을 수행하였다는 것이 앞으로도 같은 역할을 수행하여야 한다는 근거는 되지 못한다는 것을 의미한다. 따라서 새로운 상황에서 각 NGO별로 설립목적, 조직역량 등을 고려한 사업구상이 필요하다.[314) 이를 위해 단순히 지원물자를 모금하여 북한에 전달하는 방식 및 중복사업을 지양하고 각 단체별, 사업별로 전문화와 특성화를 통해 북한주민의 실생활을 개선할 수 있는 장기적이고 지속적인 사업을 모색할 필요가 있다.

5. 지속 가능한 개발 지원: 경제적 '성장'과 사회적 '성숙'의 균형

현재 북한의 위기상황은 긴급구호 차원의 인도적 지원만으로 해결할 수 없는 구

---

314) 이우영, "인도주의－인권의제와 대북정책: 북한 인권문제와 대북지원문제", 『급변하는 통일환경과 대북정책의 모색』(서울대학교 통일연구소 창립 1주년 기념 학술심포지엄, 2007년 6월 29일), p.77.

조적 문제를 내포하고 있기에, 일시적인 처방이 아닌 중장기적 관점에서 근원적인 대책을 강구해야 한다. 이를 위해 현재 '긴급구호' 형태의 지원과 함께 '개발 지원'을 병행 추진함으로써, 위기상황의 재발을 방지하기 위한 시스템의 변화를 도모할 필요가 있다.

북한에 대한 개발 지원은 국제사회의 기본적 규범이라는 큰 틀 속에서 고려되어야 하는데, 이 경우 지난 2000년 유엔총회에서 채택된 새천년개발목표(Millennium Development Goals)에 부합하게, 경제개발뿐만 아니라 사회개발 및 빈곤퇴치, 여성, 아동, 환경, 생태 등을 고려한 지속 가능한 개발 지원 협력이 이루어질 수 있도록 해야 한다. 특히 새천년개발목표 중 8항의 개발을 위한 협동(파트너십) 활동에는 "국내 또는 국제적으로 행위자들에게 올바른 관리체제(good governance)와 개발원칙을 고수하고 빈곤 퇴치에 대해서 반드시 참여하도록 한다"는 조항을 포함하고 있다.

앞으로 대북지원이 남북한 당국은 물론 민간부문과 국제사회의 협력적 체계 속에서 이루어져야 그 실효성을 더욱 향상시킬 수 있다는 점을 고려할 때, 개발 지원은 반드시 이러한 국제사회의 규범과 틀 속에서 전개해 나가도록 해야 할 것이다. 대북 개발 지원을 위한 굿 거버넌스(good governance)는 해당국가와 NGO, 기업, 그리고 국제기구와 국내기구 간의 효율적 협력체계의 구축을 전제로 한다.

또한 이 과정에서 종합적이고 체계적인 계획 없이 단순히 경제적 이득만을 고려한 난개발을 지양하고, 지속 가능한 개발을 염두에 두고 북한 주민의 실제 삶의 질을 높일 수 있는 지속적인 지원이 이루어지도록 해야 한다. 2007 남북정상회담 이후 북한에 대한 대규모 경협자금 문제가 대두되고 있는 가운데, 정부는 남북 간 경제협력과 지원을 양측 모두의 경제적 이익의 관점으로 봐야 한다고 주장하고 있다. 소위 노무현 정부의 대북정책을 지지하는 성향의 학자들 역시 향후 남북경협에 소요되는 막대한 예산문제에 대한 문제제기를 비생산적인 논쟁으로 치부하며, 남북경협은 저렴한 노동력 및 생산지 확보를 통해 한국 기업의 이익을 증진시킬 수 있다는 경제적 가치를 제시하고 있다.

하지만 이러한 주장은 경제적 관점에만 경도되어 자칫 북한을 마치 무조건 개발해야 하는 대상으로만 인식하게 하며, 대북투자가 반드시 성공을 담보한다는 오인을 불러일으킬 수 있다. 실제로 노무현 정부의 성과로 자평하고 있는 개성공단의 경우도 공단 조성 그 자체가 성과일 수는 없으며, 무엇보다 개성공단 입주 업체 중 성공사례가 그다지 많지 않다는 점은 대북사업 투자와 경제협력에 더욱 신중을 기해야 한다는 점을 시사하고 있다.

더욱이 개성공단에서 일하고 있는 북한 근로자에게 직접적으로 임금이 지급되는 것이 아니라, 북한 당국에 의해 지급되고 있다는 점을 지적하지 않을 수 없다. 북한은 지난 1990년대 중반 '고난의 행군' 시기를 지나면서 국가배급제가 붕괴되었고, 이로 인해 북한주민들이 식량을 구하기 위해 직장과 사회에서 이탈하는 현상이 발생하면서 북한 내부의 통제력이 약화되었다고 볼 수 있다. 즉, 생존을 위해 주민들이 직접 장사를 할 수밖에 없는 상황이 되었고, 장마당과 종합시장이 활성화되고 중국과의 밀거래가 늘어나면서 외부세계에 대한 정보의 유입이 이루어진 것이다. 결국 경제난 이후 지난 10년 동안 국가적 체제 결속력과 내구력이 상당히 약화되었다는 것인데,[315] 최근 개성공단의 시행을 통한 임금지급을 계기로 북한 당국이 부분적이나마 다시 주민들을 통제할 수 있는 기제로 작용할 수 있다는 우려를 제기하지 않을 수 없는 것이다.

북한의 입장을 고려할 때도, '경제 성장 우선주의 정책＝다수 주민의 민생 개선'

---

315) 서재진은 북한의 경제난으로 인해 북한이 지난 반세기 동안 온갖 정치교육과 물리적 통제를 통하여 구축한 사회주의체제의 원형이 급속히 침식되고 있다고 본다. 즉, 경제난으로 국가의 배급능력이 떨어지자 일반주민들은 암시장으로 발길을 돌리고, 간부들은 뇌물에 의존함으로써 급속히 체제의 기율을 무너뜨리고 물질적 만족을 위한 대안적 의식과 행위양식을 추구하게 된 것이라고 주장한다. 이에 대한 상세한 논의는 서재진, 『7·1조치 이후 북한의 체제 변화: 아래로부터의 시장사회주의화 개혁』(서울: 통일연구원, 2004), p.22.

이라는 등식(Trickle down theory)이 역사적으로 반드시 성립하는 것은 아님을 주지할 필요가 있다. 현재와 같은 대북경제협력 개념은 북한 내부에 지역 간(특구와 비특구, 우선성장 지역과 소외지역), 계층 간 격차(개혁과 개방의 승리자와 패배자)를 확대 재생산할 수 있으며, 이는 한번 고착되면 개선하기가 어려운 것이다.[316] 실제로 현재 북한에서 부익부 빈익빈 현상이 심화되고 있다는 사실은 북한에 대한 개발 지원이 단순히 경제 개발 차원으로만 접근되어서는 안 된다는 점을 다시 한 번 깨우쳐 주고 있다.

'북한판 마셜플랜'과 같은 방식의 접근은 개발 지원의 개념을 명확히 인지하지 못하고, 경제적 개발 차원만 강조하는 문제의 소지가 있다. 즉, 개발 지원이 경제적 인프라나 산업시설의 확충과 같은 경제적 차원뿐만 아니라, 보건의료, 교육, 인력개발, 농업, 여성과 같은 사회적 개발의 의미를 담고 있음을 간과하고 있는 것이다.

따라서 '시장의 성장'과 더불어 '사회의 성숙'을 도모할 수 있는 방향으로 대북 개발 지원이 이루어져야 한다. 북한의 개발 지원 역시 성장과 성숙을 양립시킬 수 없는 모순된 입장으로 볼 것이 아니라 앞서 제기한 유연한 상호주의 원칙에 입각하여 사회적 성숙을 전제로 한 경제성장이 이루어지도록 북한 당국을 설득하고, 남북 간 주민의 실질적 참여가 보장되는 제도적 기반을 확충할 필요가 있다. 단순히 남한에서 일방적으로 주는 형식이 아니라, 북한 내부의 자생력을 도모할 수 있도록 북한 주민의 의식함양을 고취시킬 수 있는 방안이 수반되어야 한다. 북한의 행정적·사회적 인프라가 구축되어 있지 못한 상황에서 남한의 일방적인 물적 자본을 통한 경제적 투자는 오히려 비효율적으로 낭비될 가능성이 크다는 것을 분명히 인식해야 한다.

---

316) 박형중, "정상회담 이후 대북지원 발전 방안", 『정상회담 이후 남북관계 전망과 대북지원 발전방안』(우리민족서로돕기운동 평화나눔센터 정책토론회 발표자료집, 2007년 10월 9일), p.13.

6. 사회적 통합 관점에서의 지원 패러다임 확립: '몸의 치유·마음의 상처' 극복

장기적 관점에서 남북한 주민이 하나로 어우러져 살아가기 위해서는 사회적 통합이 매우 중요하다. 정치경제적 통합이 이루어진다 하더라도 '사람과 사람' 사이의 소통이 이루어지지 않으면 진정한 통일을 이룰 수 없는 것이다.

이러한 관점에서 앞으로 대북지원은 남북이 파트너십에 기초하여 상생의 협력을 이루고, 남북한 주민들이 서로 '너나들이(서로 너니 나니 하고 부르며 허물없이 말을 건네는 사이')로 살아갈 수 있는 디딤돌의 역할을 한다는 새로운 패러다임으로 전개되어야 한다. 이를 위해서는 무엇보다 남북 주민들의 마음에 서로에 대한 부정적인 인식을 최소화하는 방향으로 지원 사업이 이루어질 필요가 있다. 가령 북한의 충격적인 참상과 실상에 대한 과도한 노출과 이에 따른 감정적 접근은 상대방의 자존심을 짓밟는 것으로 북한 주민들의 몸은 치료하면서 마음에는 상처를 주는 결과를 가져올 수 있다.

동시에 이러한 폐해는 남측 국민들에게도 북한 주민들에 대해 거리감을 느끼게 하고, 막연한 선입견을 갖게 하는 등 부정적인 대북 인식을 가져올 수 있다.[317] 더욱이 남북 경제협력을 통한 지원 과정에서 '남한의 기술과 자본 +북한의 값싼 노동력'이라는 등식이 성립되면서, 마치 우리의 무의식 속에 북한 주민을 이등국민으로 인식하게 되는 결과가 빚어지고 있다. 이는 앞으로 사람과 사람 사이의 소통을 가로막는 장애물이 되어 완전한 사회적 통합을 저해하는 요인이 될 수 있다.

따라서 북한의 실상에 대한 자극적인 보도나 캠페인 등을 지양하고,[318] 후원자의

---

317) 이는 새터민에 대한 남한 주민들의 인식에서 간접적으로나마 확인할 수 있다. 새터민들은 남한 정착과정에서 어려움을 겪는 문제 중 하나로 남한 사람들이 자신들을 바라보는 부정적인 인식과 시각이라고 말하고 있다. 이에 대한 상세한 논의는 박정란, "여성 새터민의 직업가치 연구", 『통일정책연구』, 제16권 1호(2007) 참조.

318) 평상시 대북지원에 대한 국민적 관심과 공감대를 확보하기 위한 방안으로서 인터넷 게임을 활용한 홍보방안을 고려할 수 있다. 현재 세계식량기구(WFP)는 푸드포스

감정에 호소하는 접근방식이 아닌 상호 협력적 관점에서 함께 나누고 보듬어야 할 대상으로서 인식의 지평을 확대해 나가야 한다. 앞으로 '북한 인민'이 아닌 '남북 주민'으로 함께 어우러져 살아가기 위한 터전을 만들어 나가기 위해서는, 시민참여의 관점에서 북한에 대한 지원활동에 자발적이고 적극적으로 참여하는 노력을 아끼지 말아야 할 것이다.

7. 바람직한 대북지원 추진체계 모형

이명박 정부 출범 후 북한의 강경책이 지속되고, 이에 대해 우리 정부가 무대응 전략으로 일관함으로써 남북관계가 경색국면을 맞고 있다. 이명박 정부에 대한 북한 당국의 비난 수위가 노골적으로 격화되며 남북간 대립의 강도가 점차 악화되고 있는 가운데 남북관계의 재조정이 이루어지고 있다.

그동안 인도적 차원에서 추진된 비료와 쌀 지원은 완전히 중단된 상태이며, 대북지원NGO를 비롯한 민간분야의 협력사업도 거의 이루어지지 못하고 있다. 이처럼 남북관계가 소강상태에 접어들면서 가장 우려할만한 점은 바로 북한 주민의 식량난 문제라 할 수 있다. 일각에서는 세계적 차원의 곡물가격 인상과 북한의 홍수로 인한 생산량 감소, 남한 및 중국의 지원 중단 등의 복합적 요인으로 인해 북한은 올해 '고난의 행군기'때와 같은 심각한 식량난에 직면할 것임을 경고하고 있다.

하지만 지난 노무현 정부 시기 대북지원을 둘러싼 사회적 갈등의 심화로 인해

(Food‐Force)라는 인터넷 게임을 통해 실세계의 기아상황과 WFP의 활동을 소개하며 난민 구호 의식을 고취하고 있다. 이와 같은 맥락에서 현재 우리 사회에서 청소년과 일반 국민들의 북한문제에 대한 관심도가 현격히 낮음을 고려할 때, 대북지원 활동 전반에 관한 내용의 인터넷 게임을 활용하여 좀 더 친숙하게 대북지원문제의 국민적 관심을 증진시킬 수 있다고 본다. 더불어 푸드포스의 한국판 제작 및 배포를 적극 추진하여 세계의 기아상황에 대해 좀 더 친숙하게 다가가려는 노력을 병행할 필요가 있다(푸드포스 홈페이지: http://www.food‐force.com).

대북지원 재개를 통한 남북관계 개선의 해결책을 마련하기란 그리 쉽지 않아 보인다. 이러한 측면에서 대북지원정책 거버넌스(Governance)는 갈등 해소를 위한 국내 행위자는 물론 정책의 실질적 수혜자인 북한을 동시에 고려할 수 있는 모델이라는 점에서 유용성을 갖는다. 즉, 대북지원정책 거버넌스는 다양한 행위자의 이해관계를 조정하는 민주성의 문제와, 북한이라는 특정 상대를 효과적으로 관리하기 위한 효율성을 동시에 고려할 수 있다는 점에서 더욱 유용성과 적실성을 갖는 것이다.

거버넌스의 관점에서 볼 때 이명박 정부의 대북정책 핵심이라 할 수 있는 '비핵개방 3000'은 남한의 북한에 대한 일방적 정책추진이라기 보다, 실질적 당사자로서 북한의 참여는 물론 국제기구와 주변국의 협력이 필수적으로 요청되는 이른바 '글로벌 거버넌스(Global Governance)' 차원의 복합적인 성격을 갖는 정책이라 할 수 있다. 또한 북핵문제 해결 과정에서 '비핵개방 3000'이 본격적으로 가동되기 전까지는 기존의 인도적 지원과 민간분야의 대북지원활동이 지속적으로 추진된다는 점에서 민관협력을 기반으로 하는 거버넌스의 필요성과 적실성은 여전히 지속된다고 볼 수 있다. 따라서 지난 노무현 정부가 추진한 대북지원정책 거버넌스의 시행착오를 발전적 대안으로 승화하여 남북한 주민들의 삶의 질을 실질적으로 향상시킬 수 있는 민관 협력체계 구축 방안을 마련해야 한다.

기존의 일부 대북지원은 일회성, 과시성, 일방성의 성격으로 추진되는 문제점이 있었다. 이는 대북지원의 실제 효과성 및 효율성의 저하는 물론, 국내적으로도 보·혁간 갈등요인이 되는 문제를 양산하였다. 따라서 대북지원정책은 북한주민의 삶의 질을 개선할 수 있는 실효성은 물론 우리 사회의 갈등요인이 되지 않는 남북한 주민 모두가 상호 윈-윈(win-win)할 수 있는 새로운 협력의 패러다임으로 추진되어야 한다. 남북한 통합과 통일 조성을 위한 차원에서 추진되는 대북지원정책이 오히려 남한 사회의 국론을 분열시키고 사회적 갈등을 유발한다면 이는 정책 자체의 정당성을 상실하는 것이라 할 수 있다.

이러한 맥락에서 통일부가 대통령 업무보고 시 정책추진 3대 목표가운데 하나로 제시한 "호혜적 인도협력 추진"이 남북한 어느 한 쪽의 일방적 수혜가 아닌 남북 주민 모두의 행복 추구를 목적으로 하고 있다는 점에서 매우 의미가 있다. 향후 대북지원정책은 이와 같이 효과성(북한 주민)과 정당성(남한 주민)을 동시에 충족시킬 수 있는 방향으로 추진되어야 한다. 이를 위해 대북지원의 방법이나 지원주체 등에 대한 다각화가 필요하다. 지금까지 정부가 추진해 온 대북지원정책의 목표와 방향을 재설정하는 것이 필요한데, 구체적으로 정부의 대북지원은 '반대급부가 없는 인도적 지원'과 '정치·군사적 변화의 반대급부가 있는 조건부 지원'이라는 투트랙(Two-Track) 방향으로 분리하여 추진할 필요가 있다.

한편, 현재 북한이 남한의 새로운 정부 출범에 대해 이른바 '길들이기' 차원의 강경책을 지속하고 있고[319], 남한 정부 역시 기존의 포용정책과는 궤를 달리하며 북한의 의도에 일방적으로 끌려가지는 않겠다는 강한 의지를 표방함에 따라 당분간 남북관계 경색은 지속될 것으로 보인다. 하지만 남북한이 서로 힘겨루기를 계속한다 하더라도 이러한 상황이 오래 지속될 수만은 없을 것으로 보인다.

이는 남북한 모두 현재와 같은 남북관계의 파행이 결코 이익을 가져다주지 못한다는 인식을 공유하기 때문이라는 점이다. 즉, 북한으로서는 '인민생활제일주의'를 내세우며 인민의 먹고사는 문제의 해결이 가장 시급하다는 점[320]에서 남한 정부의 지원이 절실한 상황이며, 남한의 입장 역시 시간이 경과할수록 북한의 기아 현실에 대해 침묵·방관한다는 국내외 비난과 여론을 의식하지 않을 수 없는 상황에 놓이게 되기 때문이다. 따라서 양측이 서로 힘겨루기를 지속하고 있는 현재의 상황을 타개해 나갈 수 있는 방안 중 하나로 비당국간 접촉이나 비정부기구를 통한 협상 재개를 고려할 수 있다. 한마디로 서로 자존심을 건드리지 않으면서 적정한 선에서 양보하여 타협하는 방안을 찾는 것이다. 이러한 맥락에서 남북간 당국자의 교량역할로서

---

319) 이명박 정부 출범 이후 북한의 대남인식 및 정책추진에 대한 상세한 논의는 최진욱, 『북한의 의도는 성공할 수 있을까』 (통일연구원 연례정세보고서, 2008.3) 참조.
320) 조선중앙통신, "공화국 창건 60돌을 맞는 올해를 조국청사에 아로새겨질 역사적 전환의 해로 빛내이자," (당보·군보·청년보, 2008년 신년 공동사설) 참조.

대북지원NGO를 비롯한 민간분야의 역할은 더욱 강조될 수밖에 없으며, 결국 민관 협력에 기반을 둔 거버넌스의 적실성이 더욱 증대되는 것이라 하겠다. 이상의 논의를 종합하여 대북지원 추진 체계의 모형을 제시하면 다음의 <그림7-4>와 같다.

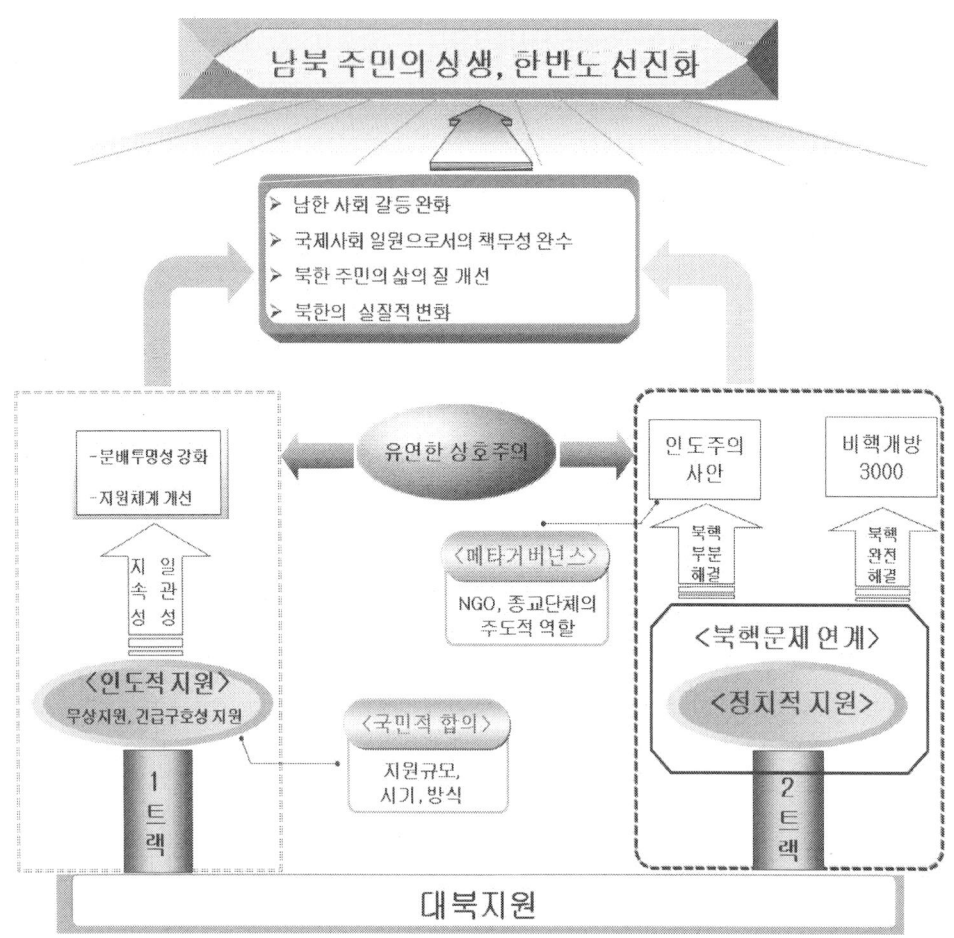

<그림 7-4> 바람직한 대북지원 추진체계 모형

연구를 마무리하면서 다시 한번 강조하지만 지금처럼 남한의 지원이 북한의 실질적 변화를 견인하지 못할 뿐만 아니라, 오히려 남한 사회 내부의 갈등까지 초래하는 방향으로 정책이 추진되어서는 결코 남북한 모두에게 이익을 가져다 줄 수 없는 것은 자명하다. 지금까지 대북지원정책이 남북관계의 안정적 관리를 위한 하나의 수단으로서 근시안적인 현상관리 차원에서 이루어졌다면, 이제는 남북한 주민 모두의 행복과 상생을 위한 실용적이며 거시적 차원에서 정책이 추진되기를 기대해 본다.

|참고문헌|

1. 단행본

<국문단행본>

강만길 외.『하늘길, 땅길, 바닷길 열어 통일로』. 서울: 다해, 2005.

강정석 외.『정부혁신의 이해: 참여정부의 혁신전략과 실천논리』. 서울: 한국행정연구원,
　　　2005.

경남대 극동문제연구소 편.『남남갈등: 진단 및 해소방안』. 서울: 경남대 극동문제연구소,
　　　2004.

경향신문·참여연대 엮음.『김대중 정부 5년 평가와 노무현 정부 개혁과제』. 서울: 한울,
　　　2003.

국가안전보장회의(NSC).『평화번영과 국가안보』. 2004.

권혁범.『국민으로부터의 탈퇴』. 서울: 삼인, 2004.

권혁범 외.『한반도와 통일문제』. 서울: 대왕사, 2002.

김계동 외.『한반도의 평화와 통일』. 서울: 백산서당, 2005.

김석준 외.『뉴 거버넌스 연구와 사이버 거버넌스 연구』. 서울: 대영문화사, 2001.

　　　　.『거버넌스의 정치학』. 법문사, 2002.

　　　　　.『거버넌스의 이해』. 서울: 대영문화사, 2002.

김국신.『미국의 대북정책』. 서울: 통일연구원, 2002.

김국신 외.『분단극복의 경험과 한반도 통일』. 서울: 한울, 1994.

　　　　.『남북한 통합을 위한 바람직한 통일정책 거버넌스 구축방안』. 서울: 통일연구
　　　원, 2005.

김규륜.『남북경협 거버넌스 활성화 방안』. 서울: 통일연구원, 2007.

김병로.『남북한 통합을 위한 종교교류 협력의 제도화 방안』. 서울: 통일연구원, 2002.

김수암.『미국의 대북인권정책 연구』. 서울: 통일연구원, 2004.

김수암 외.『북한인권백서 2007』. 서울: 통일연구원, 2007.

김영래·이정희 외. 한국정치학회 편.『NGO와 한국정치』. 서울: 아르케, 2003.

김영윤.『남북경협 실패사례 연구』. 서울: 통일연구원, 2004.

김영윤 외.『북한 핵문제와 남북관계의 진로』. 서울: 통일연구원, 2002.

김용학.『사회연결망분석』. 서울: 박영사, 2003.

김정훈.『자원순환사회와 NGO』. 서울: 대영문화사, 2006.

김준기.『정부와 NGO』. 서울: 박영사, 2006.

김충남.『대통령과 국가경영: 이승만에서 김대중까지』. 서울: 서울대학교 출판부, 2006.

남궁근 외.『스칸디나비아 국가의 거버넌스와 개혁』. 서울: 한울, 2006.

남시욱.『한국의 보수세력 연구』. 서울: 나남출판, 2005.

노시평·박희서·박영미.『정책학의 이해』. 서울: 비앤엠북스, 2006.

대북협력민간단체협의회·대북지원민관정책협의회.『대북지원 10년 백서』. 서울: 늘품, 2005.

데이비드 몰리 저. 조준일 옮김.『국경없는 의사회』. 서울: 파라북스, 2007.

마가렛 P. 칸스 & 카렌 A. 밍스트 지음. 김계동 외 옮김.『국제기구의 이해: 글로벌 거버넌스의 정치와 과정(International Organizations: The Politics and Processes of Global Governance)』. 서울: 명인문화사, 2007.

문순홍.『정치생태학과 녹색국가』. 서울: 아르케, 2006.

민경우.『민족주의 그리고 우리들의 대한민국』. 서울: 시대의 창, 2007.

민병원.『복잡계로 풀어내는 국제정치』. 서울: 삼성경제연구소, 2005.

박봉현.『대통령 리더십과 통일정책』. 서울: 한울, 2002.

박상필.『NGO학 강의』. 서울: 아르케, 2006.

_____.『NGO를 알면 세상이 보인다』. 서울: 한울, 2007.

박영호.『미국 외교정책에서의 정책연구기관(Think Tanks)의 역할과 한반도 문제』. 서울: 통일연구원, 2005.

박완신.『신 북한학』. 서울: 서울프레스, 1997.

_____.『북한학 교수가 직접 평양에서 본 북한사회』. 서울: 답게, 2001.

_____.『신 북한행정론』. 서울: 지구문화사, 2002.

_____.『21세기 북한종교와 선교통일』. 서울: 지구문화사, 2002.

박원순.『한국의 시민운동: 프로크루스테스의 침대』. 서울: 당대, 2002.

박재창.『지구시민사회와 한국 NGO』. 서울: 오름, 2006.

박종철.『2005년도 통일문제 국민여론조사』. 서울: 통일연구원, 2005.

박종철 외.『동북아협력의 인프라실태: 국가 및 지역차원』. 서울: 통일연구원, 2005.

_____.『통일관련 국민적 합의를 위한 종합적 시스템 구축방안: 제도혁신과 가치합의』. 서울: 통일연구원, 2005.

박형중.『북한의 경제관리체계』. 서울: 해남, 2002.

_____.『구호와 개발 그리고 원조』. 서울: 해남, 2007.

박호숙.『정책결정과 정책집행』. 서울: 조명문화사, 2005.

밥 제솝 지음. 유범상·김문귀 옮김.『전략관계적 국가이론: 국가의 제자리 찾기(State Theory: Putting the Capitalist State in its Place)』. 서울: 한울, 2000).

배정호.『동북아지역의 갈등 협력과 한반도 평화구축을 위한 대외전략』. 서울: 통일연구원, 2006.

백낙청.『한반도식 통일, 현재진행형』. 서울: 창비, 2006.

백영철 외.『한반도 평화프로세스』. 서울: 건국대학교 출판부, 2005.

백학순.『북한의 개혁·개방과 탈사회주의화 전망』. 성남: 세종연구소, 2001.

서보혁.『북한인권: 이론·실제·정책』. 서울: 한울, 2007.

서울대 통일연구소 편.『2007 통일의식조사』. 서울대 통일연구소, 2007.

서재진.『7·1조치 이후 북한의 체제 변화: 아래로부터의 시장사회주의화 개혁』. 서울: 통일연구원, 2004.

_____.『주체사상의 이반: 지배이데올로기에서 저항이데올로기로』. 서울: 박영사, 2006.

소에지다 다카히코 저. 신동욱 옮김,『누가 미국을 움직이는가』. 서울: 들녘, 2001.

손기웅.『대북농업지원 협력방안』. 서울: 민족통일연구원, 1998.

_____.『CSCE·OSCE의 분석과 동북아안보협력에 주는 시사점』. 서울: 통일연구원, 2004.

손기웅 외.『한반도 통일대비 국내 NGOs의 역할 및 발전방향』. 서울: 통일연구원, 2007.

송호근·김우식·이재열 편저.『한국사회의 변동과 연결망』. 서울: 서울대학교 출판부, 2006.

스티븐 해거드·마커스 놀랜드 저. 하태경 역.『기아와 인권: 북한 기아의 정치학』. 서울:

시대정신, 2006.

스티븐 해거드 · 마커스 놀랜드 저. 이형욱 역.『북한의 선택』. 서울: 매일경제신문사,
2007.

시민운동정보센터.『한국민간단체총람 2006』. 서울: 시민의신문 · 시민운동정보센터, 2006.

안네 메테 키에르(Anne Mette Kjær) 지음. 이유진 옮김.『거버넌스(governance)』. 서울:
오름, 2007.

알버트 라즐로 바라바시 지음. 강병남 · 김기훈 옮김.『링크: 21세기를 지배한 네트워크
과학(Linked: The New Science of Networks)』. 서울: 동아시아, 2002.

양현모.『남북관계 개선 및 활성화에 있어서의 NGO의 역할과 지원방안 모색: NGO 대북
인도적 지원활동을 중심으로』. 서울: 한국행정연구원, 2006.

양현모 외.『한반도 평화 · 번영을 위한 로컬 거버넌스 활성화 방안: 지방자치단체 남북교
류를 중심으로』. 서울: 통일연구원, 2007.

에드워드 윌슨 저. 최재천 · 장대익 공역.『통섭: 지식의 대통합(Consilience: The unity of
Knowledge)』. 서울: 사이언스북스, 2005.

에이프릴 카터, 조효제 옮김.『직접행동: 21세기 민주주의, 거인과 싸우다(Direct Action
and Democracy Today)』. 서울: 교양인, 2007.

여영무.『좌파 대통령의 언론과의 전쟁』. 서울: 뉴스앤피플, 2007.

여인곤 외.『정보화시대 통일정책 거버넌스 개선방안』. 서울: 통일연구원, 2004.

_____.『국제적 통일역량 실태분석』. 서울: 통일연구원, 2004.

오수길.『민관협력의 거버넌스: ‘지방의제 21’ 추진과정의 경험』. 서울: 한국학술정보,
2006.

요한 갈퉁 저. 이재봉 외 역.『평화적 수단에 의한 평화(Peace by Peaceful Means)』. 서
울: 들녘, 2000.

우석훈 · 박권일.『88만원 세대: 절망의 시대에 쓰는 희망의 경제학』. 서울: 레디앙, 2007.

은재호 외.『정부혁신의 이해 II: 참여정부 정부혁신의 연속성과 비연속성』. 서울: 한국행
정연구원, 2006.

이교덕 외.『북한체제의 분야별 실태평가와 변화전망』. 서울: 통일연구원, 2005.

_____.『남북간 사회문화 협력 거버넌스 활성화 방안』. 서울: 통일연구원, 2007.

이금순.『국제기구 및 비정부기구의 인도적 지원사례』. 서울: 민족통일연구원, 1997.

_____.『국제사회의 대북 인도적 지원현황: 북경NGO회의(1999.5.3 - 5) 참가보고서』. 서울: 통일연구원, 1999.

_____.『대북 인도적 지원 개선방안: 개발구호를 중심으로』. 서울: 통일연구원, 2000.

_____.『대북 인도적 지원의 영향력 분석』. 서울: 통일연구원, 2003.

_____.『대북지원 민간단체의 남북교류협력 연구』. 서울: 통일연구원, 2004.

이병웅.『평화의 기를 들고: 회담수석대표의 남북현장이야기들』. 서울: 늘품, 2006.

이석·박청문·송은주 편.『국제기구의 인도주의적 대북지원 요청문 모음집』. 서울: 통일연구원(내부자료), 2005.

이우영 외.『남북한 평화공존을 위한 사회문화 교류·협력 활성화 방안』. 서울: 통일연구원, 2001.

이우영·최수영.『한국 NGO 통일운동의 실태와 한계』. 서울: 한국행정연구원, 2002.

이원섭.『햇볕정책을 위한 변론』. 서울: 필맥, 2003.

이종석.『분단시대의 통일학』. 서울: 한울, 1998.

이종헌.『반갑습네다 리선생: 8가지 코드로 본 오늘의 남북관계』. 서울: 어문학사, 2007.

이 진.『노무현 정부, 절반의 비망록—노무현 왜 그러는 걸까?』. 서울: 개마고원, 2005.

임강택.『북한의 개혁·개방정책 추진 전망』. 서울: 통일연구원, 2001.

임성학 외.『한반도 평화·번영 거버넌스의 활성화를 위한 이론적 논의와 개념적 틀』. 서울: 통일연구원, 2007.

임지현.『적대적 공범자들』. 서울: 소나무, 2005.

임혁백.『IT와 공공 거버넌스의 새로운 패러다임』. 서울: 정보통신정책연구원, 2005.

임현진·정영철.『21세기 통일한국을 위한 모색: 분단과 통일의 변증법』. 서울: 서울대학교 출판부, 2005.

장 뿌아트라스·피에르 르노 지음. 박진·강버들 옮김.『갈등조정의 ABC』. 서울: 굿인포메이션, 2007.

장하준 지음. 이종태·황해선 옮김,『국가의 역할(Globalization, Economic Development, and the Role of the State)』. 서울: 부키, 2007.

전현준.『북한의 대남 정책 특징』. 서울: 통일연구원, 2002.

정선환.『세계를 움직이는 미국의 싱크탱크』. 서울: 모색, 1997.

정영태.『북한의 당·군·민 관계와 체제 안정성 평가』. 서울: 통일연구원, 2006.

정정길 외. 『정책학원론』. 서울: 대명출판사, 2006.

제임스 스미스 저. 손영미 역. 『미국을 움직이는 두뇌집단들』. 서울: 세종연구원, 1996.

조기숙. 『마법에 걸린 나라』. 서울: 지식공작소, 2007.

조 민. 『통일정책과 국민통합: 보혁갈등을 넘어』. 서울: 통일연구원, 2003.

조한범. 『NGOs를 통한 남북 사회문화 교류·협력 증진방안 연구』. 서울: 민족통일연구원, 1998.

_____. 『남북 사회문화공동체 형성을 위한 대내적 기반 구축방안』. 서울: 통일연구원, 2004.

조한범 외. 『비정부기구(NGO)를 통한 남북한 교류·협력 증진방안 연구』. 서울: 통일연구원, 2000.

조희연·홍일표·김정훈. 『정부·기업 정책형성과정에서 NGO의 역할』. 서울: 한국행정연구원, 2003.

주성수. 『글로벌 가버넌스와 NGO』. 서울: 아르케, 2000.

_____. 『공공정책 가버넌스』. 서울: 한양대학교 출판부, 2003.

_____. 『NGO와 시민사회: 이론, 모델, 정책』. 서울: 한양대학교 출판부, 2004.

_____. 『시민참여와 민주주의』. 서울: 한양대학교 출판부, 2006.

최수영. 『7·1경제관리개선조치 이후 북한경제 변화 전망』. 서울: 통일연구원, 2004.

최재천·주일우 엮음. 『지식의 통섭: 학문의 경계를 넘다』. 서울: 이음, 2007.

최 진, 『대통령 리더십』. 서울: 나남출판, 2003.

최진욱. 『부시 행정부의 대북정책과 남북관계 전망』. 서울: 통일연구원, 2002.

_____. 『김정일 정권과 한반도 장래』. 서울: 한국외국어대학교 출판부, 2005.

토마스 L. 프리드만 저. 신동욱 옮김. 『렉서스와 올리브 나무(The lexus and The olive tree)』. 서울: 창해, 2001.

_____. 김상철 옮김. 『세계는 평평하다(The World is Flat)』. 서울: 창해, 2006.

통일연구원 편. 『통일 환경 및 남북관계 전망』. 서울: 통일연구원, 각 연도.

통일부. 『남북기본합의서 해설』. 서울: 통일원, 1992.

_____. 『남북교류협력법규집』. 서울: 통일부, 2002.

_____. 『노무현 정부의 평화·번영정책』. 2003.

_____. 『통일백서(각 연도)』. 서울: 통일부, 1995－2006.

_____. 『노무현 정부 3년 평화번영정책 추진성과』. 서울: 통일부, 2006.

하영선 편. 『21세기 평화학』. 서울: 풀빛, 2002.

한국정치학회 편. 『NGO와 한국정치』. 서울: 아르케, 2003.

한나 아렌트. 양오석 역. 『국가의 퇴각: 세계 경제 내 권력의 분산』. 서울: 푸른길, 2001.

함택영 외. 『한반도 평화체제 거버넌스 활성화 방안』. 서울: 통일연구원, 2007.

허문영. 『한반도 냉전구조 해체방안에 대한 북한의 입장과 우리의 정책방향』. 서울: 통일
    연구원, 1999.

_____. 『6·15 공동선언 이후 북한의 대남협상 행태: 지속과 변화』. 서울: 통일연구원,
    2005.

헬무트 안하이어·메어리 칼도어·말리스 글라시우스 공저. 조효제·진영종 옮김. 『지구
    시민사회: 개념과 현실(Global Civil Society)』. 서울: 아르케, 2004.

황병덕. 『대북포용정책 추진전략: 발전을 통한 변화』. 서울: 통일연구원, 2000.

황병덕 외. 『동북아 지역내 NGO 교류협력 활성화 및 인프라 구축방안』. 서울: 통일연구
    원, 2006.

_____. 『한반도 평화·번영 거버넌스의 실태조사(상·중·하)』. 서울: 통일연구원,
    2006.

<영문단행본>

Abramowitz, Morton and Stephen Bosworth. *Chasing the Sun: Rethinking East Asian
    Policy*. New York: The Century Foundation Press, 2006.

Anderson, James E. *Public Policy Making*. 3rd ed. New York: Holt, Rinehart and
    Winston, 1984.

_____, James E. *Public Policy－Making*. Holt: Rinehart & Winston, 2000.

Bevir, Mark and Rhodes, Richard. *Interpreting British Governance*. London: Routledge,
    2003.

Burt, Ronald S. *Structural Holes: The Social Structure of Competition*, Cambridge, Mass:
    Harvard University Press, 1992.

_____ and Minor, Michael J. *Applied Network Analysis: A Methodological*

Introduction. Beverly Hills, CA: Sage Publications, 1983.

Commission on Global Governance, *Our Global Neighborhood.* Oxford University Press, 1995.

Degenne, Alain and Michael Forse. *Introducing Social Networks.* London: Sage Publications, 1999.

Dye, T. R. *Understanding Public Policy.* 5th ed. Englewood Cliffs, N.J.: Prentice − Hall, Inc, 1984.

Evans, Peter. *Embedded Autonomy.* Princeton, NJ: Princeton University Press, 1995.

Flake, L. Gordon and Scott Snyder eds. *Paved With Good Intentions: The NGO Experience in North Korea.* Westport, CT: Praeger, 2003.

Freeman, Linton C., Douglas R. White & A. Kimball Romney. *Research Methods in Social Network Analysis.* New Brunswick, NJ: Transaction Publishers, 1992.

Hajer, Maarten A. and Hendrik Wagenaar eds. *Deliberative Policy Analysis: Understanding Governance in the Network Society.* Cambridge: Cambridge University Press, 2003.

Heywood, Andrew. *Politics.* 2nd ed. New York: Palgrave, 2002.

Jones, C. *An Introduction to the Study of Public Policy.* 3rd ed. Monterey, Calif.: Brooks/Cole Publishing Company, 1984.

Kakabadse, Nada. *Governance, Strategy and Policy.* N.Y: Palgrave Macmillan, 2005.

Katzenstein, Peter ed., *The Culture of National Security: Norms and Identity in World Politics.* New York: Columbia University Press, 1996.

Kjær, Anne Mette. *Governance.* Cambridge, UK: Polity, 2004.

Kooiman, Jan ed. *Modern Governance: New Government −Society Interactions.* Vol.2nd. London: Sage Publications, 1994.

Lindblom, C. and E. Woodhouse. *Policy −Making Process.* New Jersey: Prentice − Hall, 1993.

Marsh, David & Rhodes, R.A.W. *Policy Network in British Government.* Oxford: Oxford University Press, 1992.

Mead, *Walter Russel. Special Providence.* New York: Routledge, 2002.

Mercy Corps. *Design, Monitoring and Evaluation Guidebook.* March 2003.

Myrdal, Gunnar. *An International Economy: Problems and Prospects.* New york: Harper & Brothers Publishers, 1956.

Nolan, Janne ed., *Global Engagement: Cooperation and Security in the 21st Century.* Washington, D.C.: The Brookings Institution, 1994.

Nye, Joseph. *The Paradox of American Power.* Oxford: Oxford University Press, 2002.

Nye, Joseph S. and Donahue, John D. *Governance in a Globalizing World.* Washington: Brookings Institute Press, 2000.

OECD. *Citizens as Partners: Information, Consultation, and Participation in Policy −Making −Executive Summary.* <www.oecd.org/dataoecd /53/57/2537528.pdf>.

Pease, Kelly −Kate S. *International Organizations: Perspective on Governance in the Twenty −First Century.* New Jersey: Pretice Hall, 2000.

Pierre, Jon and Peters, Guy. *Governance, Politics and the State.* NY: St.Martin's Press, 2000.

Robertson, Roland. *Globalization: Social Theory and Global Culture.* London: SAGE Publications, 1993.

Rhodes, R. A. W. *Understanding Governance: Policy Network, Governance, Reflexivity and Accountability.* Buckingham Philadelphia: Open University Press, 1997.

Rosenau, J. N. and E. O. Czempeil. *Governance Without Government: Order and Change in World Politics.* Cambridge: Cambridge University Press. 1992.

Salamon, L. and H. Anheier. *The Emerging Nonprofit Sector: An Overview.* London: Manchester University Press, 1996.

Salamon, Lester M. and Stefan Toepler. *The Influence of the Legal Environment on the Development of the Nonprofit Sector.* Baltimore: Center for Civil Society Studies, The Johns hopkins University Institute for Policy Studies, 2000.

Scott, John ed. *Social Network Analysis: Critical Concepts in Sociology.* London: Routeledge, 2002.

Scott, John. *Social Network Analysis: A Handbook.* London: Sage Publications, 1991.

Smith, Hazel. *Five −Year Review of the Caritas Programme in the Democratic People's*

    Republic of Korea(DPRK). Caritas International and Caritas Hong Kong, 2001.

Stone, D. *Policy Paradox: The Art of Political Decision Making*. New York: W.W. Norton, 1997.

Strange, S. *The Retreat of the State: the Diffusion of Power in the World Economy*. Cambridge: Cambridge Press, 1996.

UN OCHA. *Consolidated Inter−Agency Appeal 2003: Democratic People's Republic of Korea*. 2003.

UNDP, *Human Development Report, 1993*. Oxford University Press, 1993.

UNDP. *Human Development Report 1993*. <hdr.undp.org/reports/global/ 1993/en>.

_____. *Human Development Report 2002: Deeping Democracy in the Fragmented World*. Oxford: Oxford University Press, 2002.

Wasserman, Stanley and Katherine Faust. *Social Network Analysis: Methods and Applications*. Cambridge: Cambridge University Press, 1994.

2. 논 문

<국문논문>

강동완. "정책네트워크 분석(Policy-Network Analysis)을 통한 대북지원정책 거버넌스 연구."『國際政治論叢』. 제48집 1호, 2008.

_____. "대북지원정책 거버넌스의 평가 및 발전방안: 노무현 정부 평가 및 이명박 정부 정책제언을 중심으로."『새정부의 정책전환과 과제』. 한국정책학회 춘계학술회의 자료집, 2008.4.18.

_____. "기독교 대북지원NGO 및 교계의 바람직한 대북지원 추진방안."『한반도 국제정세와 선교』. 한국복음주의 선교신학회 제45차 논문발표회, 2008.3.8.

_____. "대북지원정책 거버넌스의 평가 및 개선방안."『통일문제연구』. 제20권 1호 (2008).

강동완·박정란. "새터민의 노동시장 진입을 위한 직업능력개발 지원 개선방안."『직업능력개발연구』. 제11권 1호, 2008.

고재길. "독일의 내적 통일을 위한 교회의 역할과 과제."『사회주의 체제전환과 기독교─국제비교연구』. 한반도평화연구원 주최 제5회 한반도평화포럼 자료집, 2007.

곽진영. "뉴 거버넌스와 주요 이슈·행위주체." 김석준 외.『뉴거버넌스 연구』. 서울: 대영문화사, 2000.

_____. "정당과 거버넌스: 정당 쇠퇴론에 대한 대안적 설명 틀로서의 거버넌스." 거버넌스연구회.『거버넌스의 정치학』. 서울: 법문사, 2002.

권태환·이재열. "사회운동조직간 연결망."『한국사회과학』. 20권 3호, 1998.

글로벌 거버넌스 위원회. 이근 역. "평화와 안보의 거버넌스."『21세기 평화학』. 서울: 풀빛, 2002.

길정우. "2004년의 한미관계, 그리고 민족공조." 제2회 우리민족서로돕기운동 평화나눔센터 정책포럼 발표논문, 2004.

김경주, "여성정책결정 과정에서의 정책네트워크 분석." 이화여자대학교 행정학과 박사학위논문, 2002.

김근식. "남북관계 중장기 발전전략: 정치 분야."『동북아구상과 남북관계 발전전략』. 통일연구원 주최 동북아시대 구상 확산을 위한 학술회의 논문, 2006.

김귀옥. "탈북자 문제 해법/ '귀향권 보장' 등 남북공조로 해법 찾자." 월간『말』, 2004년 9월호.

김덕준. "인도적 대북지원 동기에 관한 연구."『북한연구학회보』. Vol.9. No.2, 2005.

김민서. "헬싱키 프로세스의 대북유용성."『북한인권문제의 다자간 협의: 헬싱키프로세스의 적실성』. 북한인권시민연합 창립 10주년 기념 학술토론회, 2007.

김병로·강동완. "북한통일 관련 세대·계층·지역별 의식."『3차 한국종합사회조사 심포지움』. 서울: 성균관대 리서치센터, 2006.

김상묵. "중앙정부 정책과정과 시민참여."『한국행정논집』. 제16권 4호, 2004.

김상배. "정보화시대의 제국: 지식/네트워크 세계정치론의 시각."『세계정치』. 제26집 1호, 2005.

김성주. "남북한 통일외교정책의 비교."『사회과학』. 제35권 2호, 1996.

_____. "한반도통일을 위한 유엔활용방안."『정책연구』. 제128권, 1997.

_____. "주변국의 대한반도정책과 남북한관계."『외교』. 제38권, 1998.

_____. "김대중 정부의 대북 포용정책: 현황과 과제."『國際政治論叢』. 제39권 3호,

2000.

_____. "6.15남북정상회담과 동북아질서." 『한국정치외교사논총』. 제22권 2호, 2001.

_____. "세계화와 정보화시대 국제정치의 패러다임: 국가주권과 시장의 상관성." 『한국 정치외교사논총』. 제23권 1호, 2001.

_____. "6.15 남북정상회담이후 남북한 관계와 한반도평화체제 구축의 전제." 『國際政 治論叢』. 제42권 3호, 2002.

_____. "주권 개념의 역사적 변천과 국제사회로의 투영", 『한국정치외교사논총』. 제27권 1호, 2006.

김수암. "북한인권법 통과 이후 미국의 탈북자 정책." 『北韓』. No.415, 2006.

김영수. "세계화·정보화 시대 북한 시민사회의 형성과 변화." 손호철 엮음. 『세계화, 국 가, 시민사회』. 서울: 이매진, 2007.

김용학. "구조적 행위이론으로서의 사회연결망 이론." 『사회구조와 행위』. 나남, 1992.

김종래. "환경분야에서의 정부와 NGO 관계." 박재창 편. 『정부와 NGO』. 서울: 법문사, 2000.

김주환. "정책네트워크의 변화와 정책반응 연구: 의약분업정책을 중심으로." 고려대학교 행정학과 박사학위논문, 2004.

김준기. "법체계와 거버넌스." 『거버넌스의 정치학』. 서울: 법문사, 2002.

김준기·이민호. "한국의 네트워크 거버넌스에 관한 연구." 『행정논총』. Vol.44, No.1, 2006.

김태우. "김대중 정부 및 노무현 정부의 안보·북핵정책." 바른사회시민회의 편. 『혼란과 좌절, 그 4년의 기록』. 서울: 해남: 2007.

김태효. "북한정권의 위기관리 능력과 북한의 변화전망." 『전략연구』. 제5권 1호, 1998.

_____. "세계안보질서의 지구화에 대한 이론적 소고─신현실주의적 진단", 『국제정치연 구』, Vol.4, No.1, 2001.

_____. "통일한국의 외교와 대외정체성." 『신아세아』. 제9권 3호, 2002.

_____. "주한미군 재배치와 한미동맹의 재정립 방향." 『통일정책연구』. 13권 2호, 2004.

_____. "햇볕정책기 대북교류협력사업의 회고와 향후 서울-평양간 협력방안의 모색: 정치성의 최소화 문제를 중심으로." 『한국정치외교사논총』. 제28권 1호, 2006.

김학성. "남북 지방자치단체간 교류협력의 효율적 추진방안." 『대북정책에 관한 국민합의

기반 확충 및 각급단체 협력방안』. 통일문제연구협의회·동북아시대위원회 공동
학술회의 발표논문집, 2007.

남성욱. "남북협력기금의 현황과 효율적인 중장기 운영방향에 관한 연구."『북한연구학회
보』. Vol.7 No.1, 2003.

류재갑. "한민족의 역사적 과제: 평화통일과 평화안보의 실현."『한국정치학회보』. Vol.35
No.3, 2001.

_____."한국의 대북한 정책: 성과와 문제점 및 향후 과제."『統一安保硏究』. 제1권 1호,
2001.

_____. "북한 핵문제 해결과 한반도 평화."『統一論叢』. 제2권, 2003.

민병원. "세계화시대의 네트워크 국가." 하영선·김상배 엮음.『네트워크 지식국가: 21세
기 세계정치의 변환』. 서울: 을유문화사, 2006.

박광기. "한국의 통일정책: 통일정책인가, 통합정책인가?"『동북아연구』. 제3집, 1998.

_____. "정치과정 속에서의 시민참여운동: 과제와 전망."『대한정치학회보』. 제9권 1호,
2001.

_____. "세계화와 한국사회의 변화."『대한정치학회보』. 제10집, 3호, 2003.

_____. "부시 2기 미국 행정부의 대외정책과 한반도 정책 전망."『세계지역연구논총』.
제22집, 2호, 2004.

_____. "통합적 측면에서 고찰한 남북교류협력의 활성화 방안: 남북교류협력의 평가와
정책제안."『한독사회과학논총』. 제16집, 1호, 2006.

박균열, "대북 인도적 지원에 따른 진단과 통일정책을 위한 시사점."『국민윤리연구』.
Vol.58, 2005.

박상필. "『한국민간단체총람』2006년판 해설."『한국민간단체총람 2006(상)』. 서울: 시민
의 신문·시민운동정보센터, 2006.

박완신. "신(新)정부의 통일정책 과제."『북방학회논집』. Vol.5, 1999.

박정란. "여성 새터민의 직업가치와 진로의사결정과정 연구: 북한에서 남한에 이르기까지
의 맥락적 접근." 이화여자대학교 박사학위논문, 2005.

_____. "여성 새터민의 직업가치 연구."『통일정책연구』. 제16권 1호, 2007.

박진경. "성매매방지법 재정과정의 정책네트워크 분석." 이화여자대학교 정책과학대학원
석사학위논문, 2006.

박형중. "국제사회의 개발협력 동향과 대북개발지원의 새로운 모색." 우리민족서로돕기 평화나눔센터 32회 정책포럼 발표논문, 2007.

_____. "정상회담 이후 대북지원 발전 방안."『정상회담 이후 남북관계 전망과 대북지원 발전방안』. 우리민족서로돕기 평화나눔센터 정책토론회 발표자료집, 2007.

방민석. "電子政府 構築過程의 政策네트워크 分析" 성균관대학교 행정학과 박사학위논문, 2002.

배성인. "국제사회의 대북 인도적 지원."『國際政治論叢』. 제44집 1호, 2004.

백낙청. "동북아와 한반도의 평화체제는 가능한가." 한국인권재단.『한반도 평화는 가능한가?』. 서울: 아르케, 2004.

서창록. "국제기구와 거버넌스: UN 개혁을 중심으로." 거버넌스 연구회.『거버넌스의 정치학』. 서울: 법문사, 2002.

_____. "북한인권 개선을 위한 동아시아 다자간 인권 거버넌스."『북한인권문제의 다자간 협의: 헬싱키프로세스의 적실성』. 북한인권시민연합 창립 10주년 기념 학술토론회 발표논문, 2007.

서창록 · 이연호 · 곽진영. "거버넌스의 개념: 거버넌스의 개념과 쟁점에 관한 소고." 거버넌스 연구회 편.『거버넌스의 정치학』. 서울: 법문사, 2002.

손기웅. "남북정상회담 이후 남북관계 발전과 향후 과제." 통일연구원 주최 국제학술회의 발표논문, 2007.

_____. "동서독간 정치범 석방거래(Freikauf). "통일정세분석 2005 - 15. 서울: 통일연구원, 2005.

송미원. "이동통신 정책네트워크가 사업자선정에 미치는 영향에 관한 연구." 이화여자대학교 행정학과 박사학위논문, 2002.

송정호. "통일정책과 시민참여 현황."『시민사회와 NGO』, 제3권 1호, 2005.

_____. "21세기 통일정책 환경 변화와 시민참여: 참여민주주의에 관한 논의를 중심으로."『통일정책연구』, 제15권 1호, 2006.

_____. "한반도 평화번영을 위한 대북정책 거버넌스 실태조사",『한반도 평화번영 거버넌스의 분야별 현황과 과제』통일연구원 주최 협동연구 학술회의 발표논문집, 2006.

시민운동정보센터. "한국민간단체총람 2006 조사 · 분석 결과."『한국민간단체총람 2006』.

　　　서울: 시민의신문 · 시민운동정보센터, 2006.

신영균. "의약분업 정책결정 과정의 정책네트워크 유형변화에 관한 연구: 김대중 정부를 중심으로." 영남대학교 대학원 박사학위논문, 2004.

심지연. "한반도 평화와 협력: 민족공영의 모색." 백영철 외. 『한반도 평화프로세스』. 서울: 건국대학교 출판부, 2005.

양문수. "대북 인도적 지원의 성적표: 경제사회적 효과 분석." 우리민족서로돕기 평화나눔센터 제30회 정책포럼 발표논문, 2007.

양재대. "정책네트워크 관점에서 본 도시계획 결정과정에서의 지방의회 역할에 관한 연구" 서울시립대학교 박사학위논문, 2003.

여인곤. "EU의 대한반도 관계." 박영호 외.『21세기 동북아 정세와 북한 인권』. 서울: 백산자료원, 2006.

우수명. "네트워크의 개념 및 필요성."『사회복지 네트워크 분석』. 서울: 한국보건복지인력개발원, 2006.

유호열. "현 정부 대북정책에 대한 종합 평가 진단 및 현 정부 대북지원정책과 북한 개혁 · 개방의 상관성."『정부의 대북지원정책은 북한의 개혁 개방을 이끌었는가?』. 북한민주화네트워크 주최 2차 북한전략포럼 자료집, 2007.

윤재문. "김대중 정부의 대북 화해협력정책: 성과와 한계." 조선대학교 정치외교학과 박사학위논문, 2005.

윤환철. "바람직한 대북지원을 위한 남북간 검증체계 개선방안."『남북정상회담 이후의 인도적 대북지원』. 남북나눔 정책세미나 발표자료집, 2007.

이기범. "인도적지원, 교류 · 협력을 통한 남북관계의 발전적 전망."「2004 평화나눔센터 자료집」. 우리민족서로돕기운동본부 평화나눔센터, 2004.

이선미. "NGO의 권력이동." 박길상 편저. 『한국사회 권력이동』. 서울: 굿인포메이션, 2006.

이순호. "노동복지 정책네트워크의 변화: 고용보험제도를 중심으로." 고려대학교 행정학과 박사학위논문, 1999.

이연호 · 곽진영. "거버넌스의 개념: 거버넌스의 개념과 쟁점에 관한 소고." 거버넌스 연구회, 『거버넌스의 정치』. 서울: 법문사, 2002.

이우영. "대북지원의 쟁점과 대책", 우리민족서로돕기운동 평화나눔센터 제7차 정책토론회 발표논문, 2006.

_____. "인도주의 - 인권의제와 대북정책: 북한 인권문제와 대북지원문제." 『급변하는 통일환경과 대북정책의 모색』. 서울대학교 통일연구소 창립 1주년기념 학술심포지엄 발표자료집, 2007.

이재열. "민주주의, 사회적 신뢰, 사회적 자본." 『계간사상』. 제10권 2호, 1998.

이종무. 「대북인도지원 시스템의 발전 방안 연구」. 경남대 북한대학원 석사학위논문, 2005.

이종무·박형중. "대북지원 체계화를 위한 북한 평가 모델과 공동지원프로그램 개발에 관한 연구." 『2004년도 통일부 연구용역 보고서』 <http://www. unikorea.go.kr/index.jsp>.

이종무·최대석. "동북아 대북지원NGO의 현황과 교류협력 실태." 『동북아 NGO 연구총서』. 서울: 통일연구원, 2005.

이종운. "북한에 대한 국제기구의 경제지원 현황과 향후 과제." 『월간 KIEP 세계경제』. 2003. 6.

이진영. "아이덴티티 정치와 동북아 지역 협력." 『한국과 국제정치』. 제17권 제1호, 2001.

이혜승. "한국의 사회보험정책네트워크의 성격에 관한 연구: 국민건강보험 사례를 중심으로" 이화여자대학교 행정학과 박사학위논문, 2005.

임성학. "정책결정의 거버넌스: 이론적 접근." 한국정치학회 하계학술회의 발표자료집, 2001.

_____. "한국, 대만의 경제발전과 전통사상." 『한국정치외교사학회보』. 제23권 2호, 2002.

_____. "동서양 거버넌스: 수렴과 분화." 한국정치학회 추계학술회의 발표논문, 2005.

임용순. "동북아 환경변화와 남북한 통일의 과제." 『사회과학』. 제35권 1호, 1996.

_____. "세계화와 남북통일의 관계." 『국제관계연구』. 제1권 8호, 1996.

_____. "한국의 공동체적 안보개념에 관한 연구." 『사회과학』. 제38권 2호, 1999.

_____. "한반도 통일에 긍정 - 부정의 가능 可變 세력." 『자유공론』. 396권 3호, 2000.

_____. "남북한 그리고 미국의 삼각게임―남북관계강화로 미국의 온건정책 유도." 『통일한국』. 214호, 2001.

장호순, "남북 화해 시대의 언론의 역할." 김영욱 외. 『남북 화해 시대의 국민적 과제와 언론의 역할』. 서울: 한국언론재단, 2001.

전재성. "현실주의 국제재도론을 위한 시론."『한국정치학회보』. 제34집 2호, 2000.

_____. "안보와 거버넌스: 글로벌 거버넌스 논의와 안보." 김석준 외.『거버넌스의 정치학』. 서울: 법문사, 2002.

_____. "대북 포용정책의 이론적 고찰."『한반도와 동북아 평화』. 동북아시대위원회·경제인문사회연구회 공동주최 노무현 정부 출범 4주년 기념 심포지엄 발표논문집, 2007.

_____. "21세기 반테러 안보 거버넌스의 형성과 동아시아 안보구조의 변화." 2005년도 국제정치학회 연례학술회의 발표논문집, 2005.

정동근. "전환기에서의 정부와 NGO 관계." 박재창 편.『정부와 NGO』. 서울: 법문사, 2000.

정세현. "남북관계개선과 북한의 변화: 현황과 대처방안."『통일학연구원 개원기념 학술대회』. 이화여자대학교 통일학연구원, 2005.

정연정. "남북관계와 통일 NGO: NGO의 활동 유형과 발전 방향."『國際政治論叢』. 제40권 4호, 2000.

정형곤. "동서독간 경협활성화 지원정책과 시사점."『통일경제』. 7·8월호, 2001.

정형근. "대북인도적지원법안(1)." 평화재단 12차 전문가포럼 발표자료집, 2007.

조광희. "한국 정부의 대북정책과 언론의 의제설정에 관한 연구." 중앙대학교 신문방송학과 박사학위논문, 2000.

조 민. "통일정책과 국민통합: 보혁갈등을 넘어."『통일정책연구』제12권 2호, 2003.

조성한. "한국적 거버넌스 패러다임의 모색: 거버넌스의 논리와 적실성; 거버넌스 개념의 재정립." 한국행정학회 2005년도 동계학술대회 발표논문집, 2005.

조영기. "올바른 대북지원이 통일의 지름길이다." 김동길·복거일·이춘근 외.『북한자유선언』. 서울: 르네상스, 2007.

조한범. "북한사회연구의 쟁점과 과제."『현대 북한 연구와 남북관계』. 북한연구학회 2004추계학술회의 발표논문집, 2004.

최대석. "노무현 정부의 대북 인도적 사업 현안과 발전전망." 國際政治論叢. 제44집 1호, 2004.

_____. "긴급구호에서 개발지원으로: 국내 NGO의 지원경험과 향후과제."『북한연구학회보』제10권 1호 여름호, 2006.

최성욱. "거버넌스 개념에 대한 비판적 고찰."『정부학연구』. 제10권 1호, 2004.

최완규. "남북한 관계의 전망과 과제." 경남대 북한대학원 편.『남북한관계론』. 서울: 한울, 2005.

최철영. "대북포용정책에 따른 대북민간지원 활성화방안."『한국정치외교사논총』. Vol.21 No.2, 2000.

함인희. "남남갈등해소와 여성의 기여방안."『분단·평화·여성』. 통권 제6호 민주평화통일자문회의 사무처, 2002.

_____. "미디어의 권력이동." 박길상 편저.『한국사회 권력이동』. 서울: 굿인포메이션, 2006.

황병덕. "대북포용정책: 기본방향과 구조." 통일문제연구협의회.『대북포용정책과 한반도 평화체제의 모색』. 서울: 통일연구원, 1999.

황병덕·김갑식·강동완. "한반도 평화번영 거버넌스의 실태조사: 서론." 황병덕 외.『한반도 평화·번영 거버넌스의 실태조사(상)』. 서울: 통일연구원, 2006.

황병덕·김영호·강동완. "동북아 지역내 NGO 교류협력 활성화 및 인프라 구축방안: 서론." 황병덕 외.『동북아 지역내 NGO 교류협력 활성화 및 인프라 구축방안(총괄편)』. 서울: 통일연구원, 2006.

<영문논문>

Acharya, Amitav. "Will Asia's past be its future?" *International Security*. Vol.28, No.3(Winter 2003/04).

Alcantara, Cynthia Hewitt de. "Uses and Abuse of the Concept of Governance." *International Social Science Journal*. Vol.50, No.155, 1998.

Clarke, G. "Non-Governmental Organization and Politics in the Developing World." *Political Studies,* Vol.46, No.1, 1998.

Conference Proceedings. "International NGO Conference on Humanitarian Assistance to the DPR Korea: Past, Present and Future." Beijing, China, Sponsored by the InterAction DPRK Working Group, Washington DC. May 3-5, 1999.

Considine, Mark, and Lewis, Jenny M. "Bureaucracy, Network, or Enterprise? Comparing Models of Governance in Australia, Britain, the Netherlands, and New Zealand."

Public Administration Review. Vol.63, No.2, 2003.

Edwards, B. and M. Foley. "Civil Society and Social Capital beyond Putnam." *The American Behavioral Scientist,* Vol.42, No.1, 1998.

FAO/WFP. "Special Report ─ FAO/WFP Crop and Food Supply Assessment Mission to the Democratic People's Republic of Korea." various years.

Gould, Roger V. "Collective Action and Network Structure." *American Journal of Sociology.* Vol.58. 1993.

Hagelin, Bjorn *et al.* "International arms transfers." *SIPRI Yearbook 2006.* Oxford: Oxford University Press, 2006.

Hayward, J. "Organized Interests and Public Policies." J. Hayward and E. Page eds. *Governing the New Europe.* Cambridge: Polity Press, 1995.

Hewson, Martin and Sinclair, Timothy J. "The Emergence of Global Governance Theory." in Timothy J. Sinclair ed. *Global Governance: Critical Concepts in Political Science.* London: Routledge, 2004.

Hilson, C. "New Social Movements: the Role of Legal Opportunity." *European Journal of Public Policy.* Vol.9, No.2, 2002.

Hirst, Paul. "Democracy and Governance." Jon Pierre ed. *Debating Governance.* Oxford: Oxford University Press, 2000.

Jessop, Bob. "Governance Failure." in G. Stoker ed. *The New Politics of British Local Governance.* London: Macmillan Press, Ltd., 2000.

Jessop, Bob. "The Rise of Governance and the Risks of Failure: The Case of Economic Development." *International Social Science Journal.* Vol.50, No.155, 1998.

Kamat, S. "NGOs and New Democracy." *Harvard International Review,* Vol.25, No.1, 2003.

Kimbal, J. "NGOs Make an Important Contribution to Policy Development." *Public Management Forum.* Vol.3, No.3. OECD, 1997.

Kooiman, J.and M. Van Vliet. "Governance and Public Management." in K. A. Eliassen and J. Kooiman eds. *Managing Public Organization.* Londong: Sage, 1993.

Kooiman, Jan. "Societal Governance: Levels, Models, and Orders of Social ─ Political

Interaction." *Debating Governance.* New York: Oxford University press, 2000.

Krugman, Paul. "The Myth of Asia's Miracle." *Foreign Affairs.* Vol.73, No.6, 1994.

Marschall, M. "From States to People: Civil Society and Its Role in Governance." CIVICUS. *Civil Society at the Millennium.* West Hartford. CO: Kumarian Press, 1999.

Martha Finnemore and Kathryn Sikkink. "International Norm Dynamics and Political Change." *International Organization.* Vol.52, No.4, 1998.

Mathews, J. "Power Shift." *Foreign Affairs,* Vol.76, No.1, 1997.

OECD. "Impact of the Emerging Information Society on the Policy Development Process and Democratic Quality." <www.oecd.org/puma>.

Oliver, Melvin. "The Urban Black Community as Network: Toward a Social Network Perspective." *Sociological Quarterly.* Vol.29, 1988.

Peters, Guy. "Governance Without Government?" *Journal of Public Administration Research and Theory.* Vol.8, 1998.

Rhodes, R. A. W. "The New Governance: Governing without Government." *Political Studies.* Vol.44, No.3, 1996.

Snyder, Earl. "Protection of Private Foreign Investment: Examination and Appraisal." *International and Comparative Law Quarterly.* Vol.10, 1961.

Stehr, Nico and Richard V. Ericson. "The Ungovernability of Modern Societies: States, Democracies, Markets, Participation, and Citizens." R. Ericson and N. Stehr eds. *Governing Modern Societies.* Toronto: University of Toronto Press, 2000.

Stoker, G. "Governance as Theory: Five Propositions." *International Social Science Journal,* 1998.

UNDP. "Governance for Sustainable Human Development: Glossary of Key Terms." <magnet.undp.org>.

UNRISD. "The Role of Civil Society in Policy Formulation and Service Provision" *Report of the UNRISD Geneva 2000 Seminar.* New York, March 31, 2000.

Waarden, Van Frans. "Dimensions and types of policy networks," European Journal of Political Research 21, 1992.

Yishai, Y. "From an iron triangle to an iron dute? Health policy making in Israel." *European Journal of Political Research* 21, 1998.

3. 기 타

『대북지원민관정책협의회 운영규정』. 2005. 1. 20 제정.

『대북지원민관정책협의회 제1차 전체회의 자료』. 2004. 9. 1.

『대북지원민관정책협의회 제2차 전체회의 자료』. 2005. 1. 20.

『대북지원민관정책협의회 제5차 전체회의 자료』. 2006. 8. 11.

『북한 영유아 지원사업 2차 설명회 자료』. 2006. 7. 28.

청와대 브리핑. "12대 국정과제" <www.cwd.go.kr/cwd/kr/government/agenda_01. phpm=1>.

『경향신문』.

『국민일보』.

『뉴시스』.

『동아일보』.

『로동신문』.

『매일경제』.

『문화일보』.

『세계일보』.

『시민의신문』.

『연합뉴스』.

『오마이뉴스』.

『월간중앙』.

『자유아시아방송(RFA)』.

『조선일보』.

『조선중앙방송』.

『중앙일보』.

『프레시안』.

『한겨레』.

<http://www.615.or.kr>.

<http://www.adherent.com>.

<http://www.elandwelfare.or.kr>.

<http://www.food－force.com>.

<http://www.hwahap.org>.

<http://www.jiia.or.jp>.

<http://www.kinds.or.kr>

<http://www.kinu.or.kr>.

<http://www.krhana.org>.

<http://www.ksm.or.kr>.

<http://www.new2000.org>.

<http://www.ngotimes.net>.

<http://www.nira.go.jp>.

<http://www.nonviolentpeaceforce.org>.

<http://www.okedongmu.or.kr>.

<http://www.peacekorea.org>.

<http://www.peacemuseum.or.kr>.

<http://www.peacewave.net>.

<http://www.reliefweb.int>.

<http://www/un.org>.

<http://www.uniedu.go.kr>.

<http://unikorea.go.kr>.

<http://www.worldbank.org>.

· 저자 ·

강동완 · 약 력 ·
(姜東完)
성균관대학교 정치학 박사
아세아연합신학대학교 M.Div(목회학석사) 과정
현) 통일연구원(KINU) 책임연구원
  민주평화통일자문회의 자문위원
  한국정치 · 정보학회 사무국장
  대전대 강사

· 주요논저 ·
  - 논문
「대북지원정책의 문제점 및 향후 개선방안」
「정책네트워크 분석을 통한 대북지원정책 거버넌스 연구」
「기독교 대북지원NGO 및 교계의 바람직한 대북지원 추진방안」
「대북지원정책 거버넌스의 평가 및 발전방안:
  노무현 정부 평가 및 이명박 정부 정책제언을 중심으로」
「새터민의 노동시장 진입을 위한 직업훈련체계 개선방안」
「메타거버넌스 모델을 통한 원자력 수용성 증진방안」
  - 공저
『한반도 평화번영 거버넌스의 실태조사』
『동북아 지역내 NGO 교류협력 네트워크 구축방안』
『한반도 평화번영 거버넌스의 개선 및 활성화 방안』
『동북아 NGO 교류협력의 인프라 개선과 NGO 네트워크 활성화 방안』
『새터민 자립정착을 위한 직업능력개발훈련 현황과 개선 방안 연구』

'남남갈등을 넘어 '남북상생'으로
대북지원정책
거버넌스

· 초판 인쇄   2008년 5월 13일
· 초판 발행   2008년 5월 13일
· 지 은 이   강동완
· 펴 낸 이   채종준
· 펴 낸 곳   한국학술정보㈜
          경기도 파주시 교하읍 문발리 513-5
          파주출판문화정보산업단지
          전화 031) 908-3181(대표) · 팩스 031) 908-3189
          홈페이지 http://www.kstudy.com
          e-mail(출판사업부) publish@kstudy.com
· 등   록   제일산-115호(2000. 6. 19)
· 가   격 35,000원

ISBN   978-89-534-9098 ..... (Paper Book)
       978-89-534-9099-4 98340 (e-Book)